寧夏珍稀方志叢刊

乾隆 中衛縣志

[清]黃恩錫 纂修
韓超 校注

主編 胡玉冰

上海古籍出版社

圖書在版編目(CIP)數據

〔乾隆〕中衛縣志 /（清）黃恩錫纂修；韓超校注.
—上海：上海古籍出版社，2018.8
（寧夏珍稀方志叢刊）
ISBN 978-7-5325-8734-6

Ⅰ.①乾… Ⅱ.①黃… ②胡… ③韓… Ⅲ.①中衛市—地方史—清代 Ⅳ.①K294.33

中國版本圖書館 CIP 數據核字(2018)第 033679 號

寧夏珍稀方志叢刊
〔乾隆〕中衛縣志
（清）黃恩錫 纂修 韓超 校注
上海古籍出版社出版發行
（上海瑞金二路 272 號 郵政編碼 200020）
　(1) 網址：www.guji.com.cn
　(2) E-mail：guji1@guji.com.cn
　(3) 易文網網址：www.ewen.co
啓東市人民印刷有限公司印刷
開本 710×1000　1/16　印張 19.25　插頁 3　字數 346,000
2018 年 8 月第 1 版　2018 年 8 月第 1 次印刷
ISBN 978-7-5325-8734-6
K・2441　定價：98.00 元
如有質量問題，請與承印公司聯繫

國家社科基金重大項目（批准號：17ZDA268）成果
國家社科基金重點項目（批准號：12AZD081）成果
寧夏大學哲學社會科學重大創新項目（項目編號：SKZD2017002）成果

《寧夏珍稀方志叢刊》編審委員會

主　　任：姚愛興

副 主 任：崔曉華　金能明　張　廉　何建國　許　興　劉天明
　　　　　　謝應忠

委　　員：(按姓氏筆畫排序)　方建春　田富軍　安正發　李進增
　　　　　　李學斌　李建設　邵　敏　貟有強　馬春寶　湯曉芳
　　　　　　楊　浣　劉鴻雁　薛正昌　韓　超　韓　彬　羅　豐

學術顧問：陳育寧　吳忠禮

主　　編：胡玉冰

總　　序

胡玉冰

　　地方舊志在中國傳統的古籍"四分法"中屬於史部地理類,但它所記載的内容遠遠超出了歷史學、地理學範疇,舉凡政治、經濟、語言、文學等亦多有涉及,故舊志往往被稱爲一地之全史,其學術研究價值也就不言而喻。對舊志進行規範整理與研究,既有助於準確理解其内容,也有助於客觀分析其價值,從而達到古爲今用、推陳出新的目的。規範的舊志整理會爲今人研究提供極大的便利,否則就會有諤古人,貽誤後人。開展陝甘寧三省地方舊志整理與研究工作,是以筆者爲學術帶頭人的學術團隊長期堅持的學術方向。2012 年,筆者著《寧夏地方志研究》由中國社會科學出版社正式出版。2018 年,該書修訂後改名《寧夏舊志研究》,由上海古籍出版社正式出版。該書首次對寧夏舊志進行了系統全面的研究,基本摸清了寧夏舊志的家底,尤其梳理清楚了寧夏舊志的版本情況。2012 年,筆者主持的"寧夏地方文獻整理與研究"獲批爲國家社科基金重點項目。以此爲契機,筆者提出了全面整理寧夏舊志的科研設想,計劃用三年(2015—2018)時間,將傳世的寧夏舊志全部規範整理,成果分批出版,匯編爲叢書《寧夏珍稀方志叢刊》,首批 8 部成果由中國社會科學出版社 2015 年正式出版。

　　自元迄清,嚴格意義上的寧夏舊志有 38 種,傳世的寧夏舊志有 33 種,其中 9 種爲孤本。寧夏舊志中,元代《開成志》成書時代最早,惜已亡佚;完整傳世者最早編修於明代;清代編成者傳世數量最多。傳世舊志中,成於明代者 6 種,成於清代者 20 種,成於民國者 7 種。從舊志編纂類型看,有通志 7 種,分志(州志、縣志)26 種。除中國外,日本、美國等也藏有寧夏舊志。日藏數量最多,種類較全,8 家藏書機構共藏有 13 種原版舊志,其中兩種爲孤本。日本主要通過商貿活動與軍事掠奪這兩種方式輸入寧夏舊志。寧夏舊志整理研究工作主要始於 20 世紀 80 年代,在文獻著錄、綜合或專題研究、文本整理刊佈等方面取得了一定的成就,爲寧夏文史研究奠定了資料基礎。但也要實事求是地認識到,隨着各種與寧夏有關的新資料不斷發現,尤其是多學科研究視角的創新,已有成果中存在的諸多不足越來越明顯。如在文獻著錄時因部分舊志未能目驗,或者學術見解不同，致使著録内容存在分歧甚至錯誤。研究成果多爲概括性、提要式介紹，多角度、多學科深入分析的成果缺乏。整理成果只是部分解决了舊志存在的文字或内容問題，整理方法不規範、質量不高的現象較爲突出。學術發展的需要，要求舊志整理要更加規範化，整體質量要進一步提高。整理研究寧夏舊志，需要科學的理論與方法來指導。在充分吸收他人學術經驗的基礎上，通過整理研究實踐工作，我們也形成了一些自己的認識，在此想總結出來，與大家一起交流探討。

一、整理前的準備工作

整理舊志，前期需要全面了解整理對象，對其編修者、編修經過、主要内容、文本的語言風格、版本傳世情況等要深入研究。規範整理舊志，要以扎實的研究成果爲基礎，以便選擇最佳底本，準備合適的參校文獻，制定規範的整理方法。

（一）確定整理對象

爲保證舊志整理工作的順利開展，提高工作效率，確定整理對象是正式開始舊志整理前首先要做的，也是必須要做的工作。確定整理對象時，要綜合分析其學術價值、史料價值、傳世情況及今人閲讀理解該對象的困難程度等，一方面要認真通讀原作，另一方面，要同步查檢古今目録文獻對原作的著録情況。

通讀原作，有助於全面了解志書的内容及其史源、結構體例及其語言特點等情況。對内容及其史源的了解，可以幫助我們確定該志有無整理的必要。如傳世的民國十四年（1925）朱恩昭修纂 6 卷本《豫旺縣志》一直被學界當作寧夏同心縣重要的地方文獻在利用。實際上，這部舊志是撮抄之作，並非編者獨立編修。編纂者直接把《〔民國〕朔方道志》中與同心縣前身鎮戎縣有關的内容撮抄出來，參考《朔方道志》的體例，再雜以《〔光緒〕平遠縣志》的部分内容，把資料匯爲一編，取名《豫旺縣志》行世。在明晰了《朔方道志》與《豫旺縣志》的關係後，我們認爲没有必要再整理《豫旺縣志》，只需將《朔方道志》整理出來即可。

對舊志結構體例的了解有助於對舊志存真復原。如天津古籍出版社 1988 年版《寧夏歷代方志萃編》、海南出版社 2001 年版《故宫珍本叢刊》等叢書都影印出版了明朝楊壽等纂修的《〔萬曆〕朔方新志》，所據底本原有補版現象，某些版面的内容重複，特別在卷二有幾處嚴重的錯頁、錯版現象，天津、海南的影印本都未能給予糾正。這些問題若不能發現，整理成果就會出現内容錯亂現象。

每種舊志的編修都有其具體的時代背景，舊志的語言與內容一樣具有時代性，通讀舊志，了解其語言特點，掌握其語言規律，有助於更好地開展標點、分段工作。凡古籍，遣詞造句都有一定的時代風格和特點，只要其内容或文字無誤，就不能按當代行文習慣或理解對原文進行增、删、改等，否則就是替古人寫書。有些舊志語句原本就是通順的，符合特定時代的語言規範，若整理者在原志語句中隨意增加"之""於""以"等字，看似符合當代人的閱讀習慣了，實則畫蛇添足。

同步查檢古今目録文獻對舊志原作的著録情況，將著録内容與通讀舊志時了解的情況相對照，一方面，可以加深對舊志基本情況的了解，使得對舊志的了解更具條理性。另一方面，可以驗證著録是否準確，糾正存在的問題，以求對舊志基本信息的了解更符合實際。如朱栴編修的《寧夏志》，明朝周弘祖編《古今書刻》上編中就有著録，這是目録學著作中最早著録《寧夏志》的。張維1932年編《隴右方志録》時，據《〔乾隆〕寧夏府志》所載内容著録《寧夏志》，由於他未經眼《寧夏志》，以爲該書已佚，故著録其爲佚書，且將書名誤著録爲《永樂寧夏志》，《寧夏地方志存佚目録》《稀見地方志提要》等，都沿襲了張維的錯誤。較早披露日藏《寧夏志》信息的是《日本主要圖書館研究所所藏中國地方志總合目録》，但將"朱栴"誤作"朱㮮"。《中國地方志聯合目録》《寧夏地方文獻聯合目録》《甘肅省圖書館藏地方志目録》《中國地方志總目提要》等對《寧夏志》也作了著録或提要。其中《中國地方志聯合目録》以《寧夏志》重刻時間定其書名爲《萬曆寧夏志》，巴兆祥《中國地方志流播日本研究》下編《東傳方志總目》沿襲此說。

（二）了解整理對象的研究現狀

確定整理對象，並對其有基本的認識和了解後，還需要梳理、分析整理對象的學術研究現狀，主要包括目録著録、研究論著、整理成果等三方面的信息。

1. 目録著録

查檢古今目録的著録内容，可以對舊志修纂者、卷數、流傳、内容、館藏、版本等情況有基本的了解。對著録的每一條信息，都要結合原志進行核查，發現問題，一定要深入研究。如《中國地方志聯合目録》《甘肅省圖書館藏地方志目録》均著録了一部《〔乾隆〕平涼府志》，爲"清乾隆間修，光緒增修，抄本"。[①] 此書孤本傳世，原抄本藏於南京圖書館。甘肅省圖書館有傳抄本，筆者在開展陝甘舊志中寧夏史料輯校工作時，最初設想把此志作爲重要的參校文獻。國家圖書館出版社2012年版《南京圖書館藏稀見方志叢刊》第十五和第十六册即爲《平涼府

---

① 中國科學院北京天文臺編：《中國地方志聯合目録》，中華書局1985年版，第212頁。

志》。筆者通過研究發現,古代目錄書中沒有著錄過乾隆時期編修的《平涼府志》,且乾隆以後的平涼各舊志的編纂者也未曾提到過乾隆時期編修《平涼府志》一事,通過對比發現,南圖藏本實際上是撮抄《〔乾隆〕甘肅通志》中的平涼府部分而成,且成書時間不會早於同治十三年(1874),故其雖爲孤本,但無校勘整理價值,所以我們放棄了以此書做參校本的最初設想。

2. 研究論著

充分梳理、分析他人對整理對象的研究成果,一方面,可以使我們清晰地看到學界對整理對象研究的角度及深入程度,避免重複勞動。另一方面,發現已有成果中存在的問題,結合自己的研究糾正這些問題,提高對整理對象的研究水準。如現藏於日本東洋文庫的海内外孤本《〔光緒〕寧靈廳志草》是研究寧靈廳的一手材料,張京生最早撰文研究,[①]巴兆祥研究最爲詳實,[②]胡建東、張京生提供了整理文本。[③] 各家整理研究各有優長,部分整理研究成果亦多值得商榷之處。通過研究,我們的結論是:該本係編纂者稿本,正文內容有 67 頁。是書類目設置上全同《甘肅通志》,撰寫方法及輯錄內容則多同《〔嘉慶〕靈州志迹》。因其非定稿,故編修體例、內容、文字等方面尚需進一步完善、充實、修訂,但其在研究寧靈廳歷史、地理、經濟、教育、語言等方面的價值還是應該值得肯定。

3. 整理成果

充分重視研讀已有的整理成果,可以幫助我們了解目前整理所達到的水準,明確重新整理所要達到的目標。如《寧靈廳志草》出版過兩種整理本,通過比較研究,我們發現,兩整理本在整理體例、整理方式、整理結論等方面都存在缺憾。兩書出現多處標點錯誤,誤識原抄本文字,任意剪接原書內容,變亂原書體例,校勘粗糙,原稿中的多處錯誤未能校出,注釋不嚴謹,出現多處誤注現象,等等。有鑒於此,儘管《志草》已出版了兩種整理本,但我們決定還是要重新整理它。

(三) 確定底本,選擇參校本及其他參考文獻

通過查檢目錄著錄,實地開展館藏調查,將目驗的各本進行分析比較,梳理出舊志的版本系統後,最終確定一種爲工作底本。原則上,底本當刊刻或抄錄質量較優,內容最全。底本確定後,還要確定一批參校本和他校資料。一般而言,若舊志版本系統不複雜,建議將傳世各本都列爲參校本,以最大限度地發現底本

---

① 張京生:《〈寧靈廳志草〉考述》,《圖書館理論與實踐》1992 年第 1 期;《歷史的見證——日本藏清稿本〈寧靈廳志草〉的學術價值探析》,《圖書館理論與實踐》2008 年第 6 期。
② 巴兆祥:《日本藏孤本寧夏〈寧靈廳志草〉考述》,《寧夏社會科學》2002 年第 5 期。
③ 寧夏人民出版社 2008 年版胡建東整理本《光緒寧靈廳志》,陽光出版社 2010 年版張京生整理本《光緒寧靈廳志草》。

中存在的問題，整理出最優的文本。

他校資料的選擇，在通讀舊志時就開始着手進行。整理者可在通讀原本的基礎上，將舊志中明確提到的他書文獻進行梳理，列爲基本參考文獻，並在其後的整理實踐中不斷充實、完善。他校資料的確定，有的可以根據舊志本身提供的信息來選擇。如《〔弘治〕寧夏新志·凡例》言："宦迹在前代者據正史，在國朝者序其時之先後而不遺其人，備參考也。"這就提示我們，校勘《〔弘治〕寧夏新志》的《人物志》《宦迹》時，一定要以正史如《史記》《漢書》等爲他校材料。《凡例》又説："沿革、赫連、拓跋三《考證》，悉據經史及朱子《通鑑綱目》、本朝《續綱目》摘編。"這提示我們，《〔弘治〕寧夏新志》的三卷考證内容，必須要以宋朝朱熹、趙師淵撰《資治通鑑綱目》、明朝商輅撰《續資治通鑑綱目》爲基本的對校資料。《凡例》之後的《引用書目》列舉了編修《〔弘治〕寧夏新志》所引的42種文獻，基本按引書成書時代排序。這些文獻，只要有傳世，就一定要將其列入參考文獻之中，因爲它們都是《〔弘治〕寧夏新志》最直接的史料來源。

選擇他校資料時，切不可畫地爲牢，只關注某一地區，而是要結合一地的地理沿革情況，擴大他校資料的搜集範圍。歷史上，西北地方陝甘寧三地的地緣關係和政治、文化等關係都非常密切。寧夏在明朝隸屬陝西布政使司管轄，在清朝則隸屬甘肅省管轄，成於明清時期的陝西、甘肅地方文獻特别是舊地方志中，散見有非常豐富且重要的寧夏歷史資料。《〔嘉靖〕陝西通志》《〔萬曆〕陝西通志》《〔康熙〕陝西通志》等三志是陝西舊通志中寧夏史料最豐富者。《〔嘉靖〕平涼府志》所載明朝固原州、隆德縣史料非常系統、豐富。《〔乾隆〕甘肅通志》《〔宣統〕甘肅新通志》是甘肅舊通志中寧夏史料最豐富者。上述六種陝甘舊志中的寧夏史料，爲明清寧夏舊志編纂提供了最豐富、最系統的基本史料。明清寧夏舊志多因襲陝甘通志的材料和編纂體例。如寧夏《〔萬曆〕朔方新志》自《〔嘉靖〕陝西通志》取材，嘉靖、萬曆《固原州志》自《〔嘉靖〕平涼府志》取材，《〔光緒〕花馬池志迹》自《〔嘉慶〕定邊縣志》取材，《〔乾隆〕寧夏府志》《〔民國〕朔方道志》從體例到内容分别受《〔乾隆〕甘肅通志》《〔宣統〕甘肅新通志》的影響，等等。同時，明清時期的寧夏舊志也是研究陝甘文史、整理陝甘舊志的重要資料，如明朝正德、弘治、嘉靖三朝《寧夏志》成書時間均早於《〔嘉靖〕陝西通志》，都可爲整理後者提供重要的參校資料。所以，整理陝、甘、寧任何一省的舊志，尤其是通志及相鄰地區的舊志，確定他校資料時一定要同時關注另外兩省的舊志資料。

另外，出土文獻和檔案材料也是重要的他校資料，過去的研究者均未予重視。如慶靖王朱㮵之名，文獻中還出現過"朱㮵""朱㭎"等兩種寫法，筆者據出土於寧夏同心縣的《慶王壙志》，結合明清傳世文獻，考證認爲，慶王之名當爲"朱㭓"而非"朱柟",更非"朱旃"。① 再如,《寧夏府志》卷十三《人物》載,寧夏鄉賢謝王寵"壽七十三卒",而據寧夏靈武出土的《清通義大夫謝觀齋墓志銘》載,謝王寵生於康熙十年(1671),卒於雍正十一年(1733),享年六十三(虛歲),故可據以改正《寧夏府志》記載的錯誤。②

(四)編寫整理説明

整理説明的主要作用有二,一是規範整理方法,二是方便利用整理成果。整理説明要扼要、準確,方法力求易於操作,切忌繁瑣。一篇規範的整理説明是需要反復完善的。舊志正式整理之前,可先據常規的古籍整理規範,就標點、注釋、校勘等工作草擬出基本的整理要求,選擇部分舊志内容先開展預備性整理工作。再結合遇到的具體問題,對整理説明不斷完善。凡多人合作開展舊志整理工作,或在相對固定的時間内整理多部舊志時,整理説明的這些完善步驟尤其重要。必要時,可選擇典型問題,集體討論,形成統一意見。待整理方法合乎規範、易於操作之後,再最後定稿整理説明,讓它成爲大家都要遵守的原則要求,不能輕易改變。

二、整理的具體環節及方法

整理的前期準備工作結束後,就進入到具體的整理環節了。下面主要從"録文""標點""校勘""注釋"等幾方面談談具體的整理方法。

(一)録文、標點

具體整理舊志的第一個環節就是録文。高質量地將底本文字轉録爲可以編輯的文檔,可以有效減少由出版機構照原手稿重新録排造成的錯誤。一般來説,録文要求在内容上一仍底本原貌(包括卷帙、卷次、文字、分段等),不改編,以保持内容的原始性、完整性和獨立性,便於整理者與底本對校。將以繁體字出版的舊志,特别需要重視底本存在的異體字、俗體字、通假字、古今字等用字現象,除因特殊的出版要求外,志書原字形不當以意輕改。如有的整理者改"昏"爲"婚",改"禽"爲"擒",改"地里"爲"地理",等等,均顯係誤改。利用軟件進行繁簡字轉换時,要注意其識别率。有些簡體字,軟件無法將其轉换成繁體字,有些甚至會

---

① 參見胡玉冰:《寧夏舊志研究》,上海古籍出版社2018年版,第二章第一節。
② 參見胡玉冰、韓超:《清代寧夏人謝王寵生平及其〈愚齋反經録〉考略》,《圖書館理論與實踐》2015年第2期,第105—108頁。

轉換錯誤，如動詞"云"誤轉作"雲"，地支"丑"誤轉作"醜"，職官名"御史"誤轉作"禦史"，表示距離的"里"誤轉作"裏"。因出版要求，還要注意新舊字形問題，如"戶""呂""吳""黃""彥"等爲舊字形，相對應的新字形則是"户""吕""吴""黄""彦"。舊志用字，常有字形前後不一現象，如"強、彊、强""蹟、跡、迹""敕、勅、勑""爲、為"等幾組字，可能會在同一部舊志中交替出現，這類字的字形統一當慎重。整理時原則上遵從舊志原版的用字習慣，盡量用原書字形（俗字或異體字）。多種字形混用者，可統一爲出現頻次較多的字形。但有的整理者將"並、幷、竝、併""采、彩、綵、採""升、陞、昇"三組字分別統改爲"並""采""升"，就很值得商榷了。

不同的字形，若有其特殊的用途或意義，就不能隨意地合并統改。特別是地名用字，一定不能以今律古。如寧夏平羅縣之"平羅"係清朝開始使用的地名用字，《〔萬曆〕朔方新志》卷一《地理》中作"平虜"，《〔康熙〕陝西通志》卷二《疆域·寧夏衛》避清朝諱改作"平羅"。整理時不能將《朔方新志》的"平虜"改爲"平羅"，因爲明朝原本就叫"平虜"，清朝因避諱而改，因此不能因其今名而改動明朝舊志的地名用字。同樣，整理清朝舊志，就需要把明朝的地名回改爲當時的用字。如《〔乾隆〕寧夏府志》卷二《地里·疆域·邊界》"北長城"條"雖有平虜城""以故於平虜城北十里許"兩句，"平虜"原均作"平羅"，當據《〔萬曆〕朔方新志》卷二《外威·邊防》回改爲"平虜"。

整理者録文時對文稿要做一定的文檔編輯工作，認真閱讀原志，合理區別內容層次及隸屬關係，規範標注各級標題。舊志常用不同的版式風格和大小字體來區分不同類型的內容，録文時要給予充分的考慮。舊志常用不同類型的符號來標示內容的層級隸屬關係，充分理解了這一點，有助於録文時對內容進行分段。舊志原版中多雙行小字，有的雙行小字是補充說明性質的文字，有的雙行小字是解釋性文字。録文排版舊志原版中的雙行小字，若字體、字號同正文文字，就有可能使讀者不能正確判斷原志內容的隸屬關係，有的還可能造成標點符號的混亂，影響對文意的理解。故録文時，最好以不同的字體、字號把舊志原版雙行小字與正文區別開來。

處理舊志中的地圖等圖像文獻時要注意，舊志往往不用一整幅版面來呈現完整的圖像，而是分兩個半版來呈現，今人整理時最好能將其合二爲一。合成後的圖像文獻盡可能保持版面清晰，必要時可將原版中模糊不清的字迹、綫條等修飾清晰，以便他人的正確利用，但有一個原則，那就是不能以意亂改。不要改變原字體，不能改變原綫條走向等，盡量保持原版原貌。有些整理者會請專業的繪圖人員照舊志另外繪製新圖，上述原則也應該遵守。修飾原版中模糊不清的文字時，盡量結合正文中的相應內容如《疆域》《城池》等內容，避免出錯。

舊志標點，可根據現行標點符號的用法，結合古籍整理的通例，進行規範化標點，具體可參考中華書局編寫的《古籍校點釋例（初稿）》（原載《書品》1991年第4期）。爲統一舊志的標點工作，某些要求可以細化。如整理寧夏舊志時統一規定，凡原書中用以注明具體史料出處的"通志""府志""郡志""縣志""新志""舊志"之類，能考證確定所指文獻者，在正文中均加書名號，標點作《通志》《府志》《郡志》《縣志》《新志》《舊志》，並脚注說明具體所指文獻。如："府志：指《〔乾隆〕寧夏府志》。"凡不能確定具體所指者，則不加書名號，亦脚注說明。如："縣志：具體所指文獻不詳。"

（二）注釋

以往舊志整理，多注重對疑難字詞、典故、人名、地名等的注解，爲進一步提高舊志的利用價值，還應加强以下幾方面内容的注釋工作：

1. 史料出處的注釋

舊志於行文中有時會注明史料出處，但無定制，如朱栴《寧夏志》卷上《河渠》所引史料出處包括："酈道元水經""周禮""西羌傳""唐吐蕃傳""李聽傳""地理志""會要""元和志""元世祖紀""張文謙傳""郭守敬傳"等，考其諸文，分别指酈道元《水經注》、《周禮·地官司徒·遂人》、《後漢書》卷八七《西羌傳》、《新唐書》卷二一六下《吐蕃傳》、《新唐書》卷一五四《李晟傳附李聽傳》、《新唐書》卷三七《地理志》、《唐會要》、《元和郡縣圖志》、《元史》卷五《世祖本紀》、《元史》卷一五七《張文謙傳》、《元史》卷一六四《郭守敬傳》，如果整理者不對其引文細加考究并給予注明，讀者恐怕很難判斷引文的具體出處。

2. 原文體例中資料互見者的注釋

地方舊志行文時，常常會出現"見前""見《進士》""見《藝文》""詳見《人物》""詳見《鄉賢》"等字樣，對這些内容進行注釋，一方面可以驗證原志記載是否可信，另一方面，省去讀者查檢之勞。

3. 干支紀年及缺省内容的注釋

舊志紀年多以干支爲主，有的會承前省略帝王年號，有些行文中常常不出現人物全名，只稱某公，或只稱其職官名，具體年代及人物在原文中没有交代，故整理者當結合上下文來注釋，以幫助讀者正確理解。如多種寧夏舊志中均收録有唐朝楊炎《靈武受命宫頌并序》一文，記載了唐肅宗李亨至德元年（756）至靈武即皇帝位事，其中有"丁卯，廣平王俶、太尉光弼、司徒子儀、尚書左僕射冕、兵部尚書輔國"句。"丁卯"指何時，廣平王等具體指何人，若不熟悉該序寫作時間及歷史背景的話，很難搞清楚。有關唐肅宗李亨至靈武即皇帝位事，《舊唐書》卷十

《肅宗本紀》《新唐書》卷六《肅宗本紀》《資治通鑑》卷二一八《唐紀三十四》《通鑑紀事本末》卷三一中《安史之亂二》等有記載，有的記載相同，有的則相異。如肅宗李亨至靈武和即位的時間，四書記載一致，均記載他於七月辛酉（七月初九）至靈武，甲子（七月十二）即位。而大臣奏請李亨即皇帝位的上奏時間，《舊唐書》記載在七月辛酉，即李亨到達靈武的當天。《新唐書》記載在七月壬戌，是李亨到達靈武的第二天。《資治通鑑》《通鑑紀事本末》記載在七月甲子，是李亨到達靈武的第四天，也就是他即皇帝位的當天。而《靈武受命宫頌》記載的時間"丁卯"（七月十五）則是李亨到達靈武的第七天，是他即位後的第三天了，《資治通鑑》《通鑑紀事本末》都載，這天，上皇制以太子亨充天下兵馬元帥，領朔方、河東、河北、平盧節度都使，南取長安、洛陽。很明顯，楊炎所記時間與事實不符。關於上奏人，《舊唐書》《資治通鑑》《通鑑紀事本末》都記爲"裴冕、杜鴻漸等"，《新唐書》記爲"裴冕等"。而《靈武受命宫頌》所提及的李光弼、郭子儀此時均不在靈武。因此，整理者通過梳理文獻當注明，人物分別指廣平王李俶、太尉李光弼、司徒郭子儀、尚書左僕射裴冕、兵部尚書李輔國，但李光弼、郭子儀此時均不在靈武。所記上奏時間史書記載不一，楊炎所記"丁卯"疑誤。

（三）校勘

以往寧夏舊志的整理本中，有價值的校勘成果非常少見，更説明舊志整理一定要加強校勘工作。校勘的方法，常用的是校勘四法，即對校、本校、他校、理校，此四法往往需要綜合運用，不能只是簡單地運用其中的某一種方法。筆者校勘《寧夏志》卷上《祥異》"永樂甲戌歲金波湖産合歡蓮一"句，查明成祖"永樂"年號紀年干支名（自癸未至甲辰，1403—1424）中無"甲戌"。《寧夏志》卷下《題詠》錄有凝真（朱栴之號）七律《戊戌歲金波湖合歡蓮》一首，所詠即爲永樂年間金波湖出"祥瑞"合歡蓮一事。故知"永樂甲戌歲金波湖産合歡蓮一"句中"甲戌"當作"戊戌"，永樂戊戌歲即永樂十六年（1418）。

古籍整理要充分吸收已有研究成果，以最大限度地減少原始文本中存在的錯誤，避免利用者以訛傳訛。朱栴編修《寧夏志》卷下錄有兩篇重要的西夏文獻，其中《大夏國葬舍利碣銘》有"大夏天慶三年八月十日建"句，朱栴考證後認爲，葬舍利時間"乃夏桓宗純祐天慶三年、宋寧宗慶元二年丙辰也"。寧夏舊志編者甚至許多當代學者都認同這一結論。據牛達生先生考證，[①]"天慶三年"句當作"大

[①] 參見牛達生：《〈嘉靖寧夏新志〉中的兩篇西夏佚文》，《寧夏大學學報》1980年第4期，第44—49頁。

慶三年",故朱栱的考證結論當改作"乃夏景宗元昊大慶三年、宋仁宗景祐五年戊寅也"。

校勘所用他校資料不能失之過簡,亦不能失之過濫,某些關係明確的他書資料當作爲重要的他校資料重點利用,如《〔乾隆〕寧夏府志》大量内容來自《〔萬曆〕朔方新志》和《〔乾隆〕甘肅通志》,我們就要將這兩種舊志作爲《寧夏府志》最主要的他校資料。關於這一點,可以結合整理前要進行參校文獻篩選工作來理解。校勘成果的表達要規範、簡練,術語使用要準確。校勘時凡改必注,改動一定要有堅實的證據,否則只出異文即可。

三、整理研究舊志規範

(一) 整理力求存真復原

整理舊志,不能變亂舊式,隨意在原文中增加原本没有的文字内容,切忌以今律古。舊志,特别是明清舊志,都有一定的編修體式,不應隨意去變亂它。如許多舊志每條凡例之前都會有"一"這一符號,以使凡例眉目清晰,可有的整理者誤認爲其爲序號,將其改成阿拉伯數字或漢語數目字等。有舊志整理者爲便於讀者統計,往往在山名、河名、人名、詩題、文題等之前添加序數詞,看似眉目清晰了,實則違反了古籍整理的原則。實際上,古人在刻舊志時,往往有一套符號系統表示層次及隸屬關係,今人隨意增加,實在有畫蛇添足之嫌。更有甚者,會調整原書内容的次序、位置,任意删並原志,這就完全變成是當代整理者編修的地方志了。宋人彭叔夏在其《文苑英華辨證自序》中記載:"叔夏嘗聞太師益公先生(指宋人周必大)之言曰:'校書之法:實事是正,多聞闕疑。'"舊志整理要力求做到存真復原,按照一定的整理原則對舊志進行規範的整理。

(二) 研究需要實事求是

評價舊志,一定要實事求是,充分了解舊志編纂的時代性特點,不可苛求古人、求全責備。評價一部舊志的價值,常常從體例、内容兩方面着手,而内容猶重。譚其驤先生曾説過:"舊方志之所以具有保存價值,主要在於它們或多或少保留了一些不見於其他記載的原始史料。"[①]這實際上要求我們,在評價舊志内容價值時,要區別看待,只有獨見於志書的内容價值才更高些,而那些因襲其他

---

① 譚其驤:《地方史志不可偏廢,舊志資料不可輕信》,載《中國地方史志論叢》,中華書局 1984 年,第 12 頁。

志書,或者自其他史書中摘抄的内容,其價值就要另當別論了。如寧夏舊志,其科舉、賦税、公署、學校、藝文等資料多獨見於志書者,而人物類資料多自他志承襲,評價内容價值時,就要慎言人物類資料的價值。另外,寧夏舊志承襲前代史料時多未加以辨别考證,致使其中的錯誤也被承襲,甚至錯上加錯。如隋朝人柳或徙配地在"朔方懷遠鎮",自明朝《〔弘治〕寧夏新志》始,一直被作爲流寓寧夏的歷史名人而載之史册。明朝胡侍《真珠船》"懷遠鎮"條考證認爲,柳或徙配地"朔方懷遠鎮"在遼東,與今寧夏無關。《〔弘治〕寧夏新志》《〔嘉靖〕寧夏新志》《〔嘉靖〕陝西通志》《〔萬曆〕朔方新志》等均誤以爲柳或流放在今寧夏故地,故載柳或爲寧夏流寓者。《〔乾隆〕甘肅通志》亦襲其説。過去研究寧夏舊志者都僅限於舊志本身談其價值,没能從史料流傳上分析其價值。如評價《〔乾隆〕銀川小志》内容及學術價值時,有學者認爲該志幾乎將與寧夏有關的歷代詩文全部輯録在志書中,所輯録的水利、學校、風俗等資料都很有研究價值,等等,這些觀點值得進一步商榷。實際上,《〔乾隆〕銀川小志》相當多的内容都是照録明朝人所編寧夏舊志,並非汪繹辰的獨創。從内容的完整性和全面性來看,該志尚不能與明朝所編的寧夏舊志相比。① 有學者認爲,寧夏舊志中以資料而論有三條最爲珍貴,其中的一條就是《〔乾隆〕寧夏府志》中的《恩綸記》。可事實上此段史料最早出自《平定朔漠方略》,《〔乾隆〕寧夏府志》還將左翼額駙"尚之隆"誤抄作"尚之龍"。②

加强舊志的比較研究,會有助於提升舊志的研究水準。比如,以往從事西北古代文史研究特別是寧夏古代文史研究者常將寧夏舊志當作第一手資料來利用,而從史源學角度看,這些資料實際上並非"一手",而多是從陝甘地方志中輯録的。從現有的寧夏舊志整理成果看,學者也多没有把陝甘方志資料當作必需的參校資料來利用,致使寧夏舊志沿襲自陝甘方志的文字錯訛衍倒、内容遺漏及新增的文字、内容錯誤問題都没有得到糾正,使後人以訛傳訛。同時,從事陝甘古代文史研究、開展陝甘舊方志整理研究,也要注意借鑒寧夏舊志的整理研究成果。辨明史料正誤,以避免以訛傳訛。

(三) 成果確保完整呈現

一部完整的舊志整理之作,至少要包括五部分内容:第一,前言。主要介紹舊志的整理研究現狀、編修始末、編修者、版本、内容、價值等方面。第二,校注説

---

① 參見胡玉冰:《寧夏舊志研究》,上海古籍出版社2018年版,第三章第一節。
② 參見韓超:《甘肅舊志中的寧夏史料述考》,寧夏大學2014届碩士畢業論文,第43頁。

明。説明底本、校本等選擇情況，列舉標點、注釋、校勘等原則。第三，新編目錄。舊志一般都有原編目錄，但不便今人利用，故要據整理成果編輯眉目清晰、層次分明、使用方便的新目錄。第四，舊志正文。第五，參考文獻。目前出版的舊志中，有些不列舉參考文獻，有些參考文獻或按文獻出版時間排序，或按在文中出現的順序排序，或按或書名、作者名首字的音序排序，這些都起不到指導學術研究的作用。參考文獻要便於按圖索驥，最好能分類編排。依四庫法進行排列，就是很好的選擇。某些舊志，可根據需要增加索引、附錄等內容。編索引可方便使用者查找相關專題資料，附錄可在一定程度上彌補舊志正文內容不足的缺點。如民國時期寧夏地區對土地、資源等進行過較爲詳細地調查，形成的調查報告是最原始的檔案資料，這些資料往往散見且不能單獨成書，但它們對有關舊志而言具有很好的補充作用，故應該在附錄中予以保留。

目　　録

總序 …………………………………… 胡玉冰　1
前言 ……………………………………………… 1
整理説明 ………………………………………… 1

〔鍾蘭枝〕中衛縣志序 ………………………… 1
〔圖鏴布〕中衛縣志序 ………………………… 3
〔國棟中衛縣志序〕 …………………………… 4
〔黄恩錫〕應理志草序 ………………………… 5
修志姓氏 ………………………………………… 7
應理志草總目 …………………………………… 8
凡例 ……………………………………………… 10
〔閲批〕 ………………………………………… 12
〔圖考〕 ………………………………………… 13
　　〔中衛縣輿圖〕 …………………………… 13
　　〔水利圖〕 ………………………………… 15
【《續中衛志》序、修志姓氏、總目、凡例、圖考】 … 16
　　〔程德潤〕續修中衛縣志序 ……………… 16
　　〔鄭元吉〕續修中衛縣志序 ……………… 16
　　續修志姓氏 ………………………………… 17
　　應理志草總目 ……………………………… 18
　　凡例 ………………………………………… 19
　　圖考・縣城全圖 …………………………… 20
地理考卷之一 …………………………………… 22
　　星野考 ……………………………………… 22
　　沿革 ………………………………………… 23
　　疆界　附形勝 ……………………………… 23

山川 …………………………………………………………… 24
　　水利 …………………………………………………………… 28
　　　　河防附 ……………………………………………………… 32
　　風俗 …………………………………………………………… 32
　　物産 …………………………………………………………… 34
　　　　穀類 ………………………………………………………… 34
　　　　蔬類 ………………………………………………………… 35
　　　　果類 ………………………………………………………… 36
　　　　木類 ………………………………………………………… 36
　　　　藥類 ………………………………………………………… 37
　　　　草類 ………………………………………………………… 37
　　　　花類 ………………………………………………………… 38
　　　　羽類 ………………………………………………………… 38
　　　　毛類 ………………………………………………………… 39
　　　　水族 ………………………………………………………… 39
　　　　蟲類 ………………………………………………………… 40
　　　　貨類 ………………………………………………………… 40
　　　　附蠶桑考 …………………………………………………… 41
　　　　《豳風廣義》宜桑說 ………………………………………… 41
　　　　養蠶節錄 …………………………………………………… 42

建置考卷之二 ……………………………………………………… 45
　　城池 …………………………………………………………… 45
　　堡寨 …………………………………………………………… 46
　　官署　庫、獄附 ………………………………………………… 51
　　　　附養濟院 …………………………………………………… 52
　　　　附公館 ……………………………………………………… 52
　　倉廩 …………………………………………………………… 53
　　　　社糧附 ……………………………………………………… 54
　　學校 …………………………………………………………… 55
　　　　中衛縣儒學 ………………………………………………… 55
　　　　中衛縣城堡社學 …………………………………………… 55
　　祠祀 …………………………………………………………… 57
　　　　壇壝 ………………………………………………………… 57

文廟	57
寺廟附	60
〔文廟陳設圖〕	62
〔文廟樂舞圖〕	65
祥異附	66

貢賦考卷之三 …… 69
額徵	69
戶口	73
蠲恤附	73
勸捐粟煮粥碑記	75
稅課	76
鹽法	76
茶法附	76

邊防考卷之四 …… 78
塞垣	78
營制	79
邊界	80
驛遞	80
關梁	82

官師考卷之五 …… 84
官制	84
職官	84
名宦	95

獻徵表卷之六 …… 98
人物	98
〔明〕	98
皇清	99
忠節	101
〔明〕	101
皇清	102
孝義	102
國朝	103
列女	104

烈婦 ········· 105
節孝 ········· 105
　　節婦史金花傳 ········· 110
流寓 ········· 111
方技 ········· 111

選舉表卷之七 ········· 113
〔科甲〕 ········· 113
　　舉人 ········· 113
　　進士 ········· 114
　　武舉 ········· 115
　　〔武〕進士 ········· 118
鄉貢 ········· 119
　　明 ········· 119
　　皇清 ········· 122
　　誥贈 ········· 127
　　仕宦附 ········· 127
武階 ········· 128
　　鄉飲、耆年 ········· 130

古蹟考卷之八 ········· 133
古蹟 ········· 133
　　應理州重修廨宇碑記　補錄 ········· 135
中衛各景考并序 ········· 136
　　青銅禹蹟 ········· 136
　　河津雁字 ········· 137
　　香巖登覽 ········· 137
　　星渠柳翠 ········· 137
　　羚羊松風 ········· 137
　　官橋新水 ········· 137
　　牛首慈雲 ········· 138
　　黃河泛舟 ········· 138
　　石空燈火 ········· 138
　　暖泉春漲 ········· 138
　　黑山晴雪 ········· 138

炭山夜照 ·· 138
　　雜記附 ·· 139
藝文編卷之九 ·· 141
　御製 ·· 141
　　諭寧夏官紳兵民　　康熙三十六年 ······························ 141
　　聖祖仁皇帝御製平定朔漠告成太學碑　康熙四十三年 ·············· 141
　　雍正八年四月十三日 ·· 142
　奏議 ·· 143
　　谿免屯糧賠累疏　　明　朱笈 ·································· 143
　　屯田議　　明　張鍊 ·· 144
　　鹽法議 ·· 145
　論 ·· 146
　　馬政論　　明　趙時春 ·· 146
　記 ·· 147
　　河源記　　元　潘昂霄 ·· 147
　　重修中衛儒學碑記　　明　吏部尚書　三原　王恕撰 ·············· 148
　　美利渠記　　寗化知縣　王業　郡舉人 ·························· 149
　　改修七星渠碑記　　副使　譚性教 ······························ 150
　　重修中衛文廟碑記　　管律　郡人 ······························ 151
　　續修文廟碑記　　鄭元吉 ······································ 152
　　重修中衛學碑記　　周于人　衛人 ······························ 153
　　鳴沙州重修城隍廟碑記　　明　布政使司　潘九齡　靈州人 ········ 154
　　鳴沙州重修安慶寺碑記　　長使　張應台 ························ 154
　　慶府重建鳴沙州安慶寺永壽塔碑記 ······························ 155
　　敕賜慶王牧地重建香山碑記　　兵部主事　蒯諫 ·················· 156
　　皇清分巡寧夏道鈕公生祠碑記 ·································· 157
　　鈕公恩德碑記 ·· 158
　　文廟社學碑記　　黃恩錫 ······································ 158
　　改建馮城溝環洞碑記　　黃恩錫 ································ 159
　　捐修廣武河防碑記　　黃恩錫 ·································· 160
　　續修七星渠碑記　　鄭元吉 ···································· 161
　　應理書院碑記 ·· 161
　　龍神廟碑記　　張若敏 ·· 162

餘慶堂捐建義學義田記　俞汝欽……………………………………163
　　　重修棗園社學記　于三公…………………………………………164
　　　香山三蓬記　劉震元　生員　香山人……………………………164
　　　永康社學碑記　楊士美……………………………………………165
　〔序〕……………………………………………………………………166
　　　重刻《關學編》序　劉得炯………………………………………166
　書…………………………………………………………………………167
　　　上本府開採鉛洞情形書　乾隆二十一年　黃恩錫………………167
　　　上各憲言河崩沙壓請除差粮書　乾隆二十一年　黃恩錫………168
　　　詳夏朔靈粮車直運涼州上本府書　乾隆丁丑　黃恩錫…………169
　　　上各憲請建寧安倉就近征收額粮書　黃恩錫……………………169
　　　祥符縣五所鄉約公保軍河縣佐邦瑜趙丞呈稿……………………170

藝文編卷之十……………………………………………………………173
　〔傳〕……………………………………………………………………173
　　　兩義君傳　俞益謨…………………………………………………173
　　　魏蓋宣傳　王正常…………………………………………………174
　　　張孝子傳　張志濂…………………………………………………174
　〔賦〕……………………………………………………………………175
　　　黃河賦　晉　成公綏………………………………………………175
　　　黃河賦　明　薛瑄…………………………………………………176
　銘、詩……………………………………………………………………176
　　　車右銘　傅毅………………………………………………………176
　　　宿溫城望軍營　唐　駱賓王………………………………………177
　　　塞外　鄭愔…………………………………………………………177
　　　塞垣　崔融…………………………………………………………177
　　　送陳七赴西軍　孟浩然……………………………………………178
　　　關山月　儲光羲……………………………………………………178
　　　塞上聽吹笛　高適…………………………………………………178
　　　塞下曲　常建………………………………………………………178
　　　觀征人回　盧綸……………………………………………………178
　　　勸農　宋　范仲淹…………………………………………………178
　　　峽口山　宋　張舜民………………………………………………178
　　　庚辰西域清明　元　耶律楚材……………………………………179

黄河行　元　貢師泰	179
登廣武遠眺　明　總制　王瓊	179
邊城	179
壬子行邊暖泉暫憩　劉尚樸	180
塞上三首	180
書懷　分巡副使　殷仁	180
入塞曲五首　萬世德	180
峽口吟　齊之鸞	181
至威武堡三首	181
登牛首山　有序　寧夏總兵　蕭如薰	181
蘆溝烟雨　胡官升　流寓	182
暖泉春漲　失名	182
羚羊夕照	182
黄河曉渡	183
鳴沙過雁	183
蘆溝烟雨	183
石空燈火	183
石渠流水	183
黑山晴雪	183
紅崖秋風	183
槽湖春波	183
青銅禹蹟　國朝翰林院庶吉士　栗爾璋　郡人	184
爲提軍俞益謨贈公君輔入祀鄉賢　宗伯　韓菼	184
前題　編修　查昇	184
皇清孫烈婦詩	184
過大清閘　俞益謨	185
扈駕征噶逆班師入獨石口馬上口占	185
登牛首山和壁間韻　俞汝翼	185
書萬佛閣西壁　吳邑　莊琪	185
和前題　失名	185
書甲辰科題名錄後　明經　傅龍標　江南流寓	186
贈別碾伯黄大尹調任中衛　丁巳進士　前西寧府陞任岳常道 　紀虛中牧崖　文安	186

至營盤水　翰林改授寧夏理事廳　國棟	186
微雨山行至長流水	186
曉發石空寺過勝金關	187
青銅禹蹟　候補知縣　羅元琦　雲南石屏	187
星渠柳翠	187
黃河泛舟	187
石空燈火	187
黃河泛舟　原任安化縣　孫良貴隣初　善化	187
官橋新水	188
和黃素菴寅兄秋雨書懷韻　原任中衛縣　金兆琦沃園　宛平	188
廣武元昊避暑宮故址　黃恩錫	188
丁丑春日登中衛城	188
戊寅秋夜渡河	188
和張學山廣文聞逆回授首西師奏捷原韻	189
沙坡吟	189
朝發白馬寺	189
庚辰仲秋登廣武北城玉皇閣	190
辛巳季春廣武河隄告成	190
登牛首山寺	190
登石空寺	190
炭山夜照	190
〔蘇武廟〕	191
河南道中	191
永興道中	191
石空道中	191
春行雜詠	191
渠行雜咏	192
應理竹枝詞	192
樵雲黃同年惠中衛酒　舉人　李孝洋香柟　江西	195
和黃素菴明府新秋雨霽集飲魏氏餘耕樓　張若敏來修	195
中衛十二景　左琳　桐城	195
應理道中喜雨　范鑑雪槎　仁和	196
河津雁字　張淦雪濤　仁和	196
暖泉春漲	196

香嚴登覽　宋楫　天津	196
官橋新水　宋枚　天津	196
應理署中和樵雲居停聞雁元韻　范灝書田　仁和	196
頭髮菜	197
牛首慈雲　金蔚堂　北平	197
石空燈火　鄭秉鎮　靈州	197
朝陽百詠　錄四首　朝邑教諭　劉得炯煥章　舉人	197
紀黃邑侯詳除河崩賠賦　舉人　楊士美蓮堂　永康	198
紀黃邑侯施粥饑民	198
紀黃邑侯增建城堡社學	198
紀黃邑侯興修水利捐建馮城環洞	198
羚羊松風	198
暖泉春漲　明經　楊廷桂　永康人	199
香山牧馬碑　黃鈞孟和　永北	199
綿蓬酒	199
登古佛泉閣　即萬佛閣。　明經　魏殿元　縣治人	199
和中邑黃大尹月夜渡河原韻　江大錫賜公　如皋	199
老君臺　明經　李若樾蔭堂　邑人	199
黃河泛舟　明經　魏修德有隣　邑人	200
炭山夜照　陸嵩豫峯　棗園	200
羚羊松風　任鈞鼇瑤仙　邑人	200
南園春曉　魏繼相　武生　邑人	200
暖泉春漲　任景昉　生員　邑人	200
牛首慈雲　魏諫唐上箴　邑人	200
羚羊松風　尹光宗　邑人	200
勝金關懷古　周守域	201
〔羅元琦〕跋	201
〔楊士美跋〕	202

附錄：《重修中衛七星渠本末記》 205
　引言 　　韓超 205
重修中衛七星渠本末記卷上 　　中衛知縣王樹柟輯 209
　上陶督部議修七星渠書　光緒二十五年四月二十六日 210
　札中衛縣　光緒二十五年五月十五日 211

重修七星渠估計工程稟　　光緒二十五年六月初一日 …………… 211
　　估勘七星渠工費及一切章程摺 ……………………………………… 214
　　甘肅候補知府謝威鳳通勘七星渠稟　　光緒二十五年六月初一日 … 217
　　札中衛縣　　七月初十日 …………………………………………… 219
　　覆陳七星渠開口建閘河水足用稟　　光緒二十五年七月十二日 …… 220
　　移姚縣丞曾祺　　七月二十六日 …………………………………… 221
　　移喻副將柬高　　七月二十六日 …………………………………… 221
　　札渠寧巡檢高攀斗　　七月二十六日 ……………………………… 221
　　諭七星渠首士　　八月初一日 ……………………………………… 221
　　諭石廠匠頭　　八月初一日 ………………………………………… 222
　　諭監管石廠首士　　八月初一日 …………………………………… 222
　　諭監修渠局首士　　八月初一日 …………………………………… 222
　　諭楊承基　　八月初十日 …………………………………………… 222
　　會同四旅管帶官通報撥隊開工日期稟　　光緒二十五年八月初九日 … 223
　　諭起秋夫　　八月二十日 …………………………………………… 223
　　起秋夫示　　八月二十日 …………………………………………… 224
　　諭起車運料　　十一月初四日 ……………………………………… 224
　　諭灰匠　　十一月初五日 …………………………………………… 224
　　四旅管帶官會報停工日期稟　　十一月初六日 …………………… 224

重修中衛七星渠本末記卷中 ……………………… 中衛知縣王樹枏輯 226
　　按畝派夫示　　十二月十三日 ……………………………………… 226
　　徵收壩料錢文示　　十二月十八日 ………………………………… 227
　　開工日期稟　　光緒二十六年二月二十日 ………………………… 227
　　渠工閘工告竣稟　　四月二十二日 ………………………………… 227
　　敬陳文武員弁在工出力稟　　四月二十二日 ……………………… 229
　　敬陳七星渠首士在工出力稟　　四月二十二日 …………………… 229
　　致中衛縣　　六月初一日 …………………………………………… 230
　　小徑溝橋洞竣工稟　　光緒二十六年六月二十日 ………………… 231
　　寧夏本道府勘工札　　光緒二十六年七月初一日 ………………… 231
　　本道府憲勘工稟　　八月十六日 …………………………………… 232
　　札中衛縣　　閏八月初十日 ………………………………………… 233
　　請獎功牌稟　　九月初十日 ………………………………………… 233
　　七星渠報銷稟　　十月二十六日 …………………………………… 233

倉糧變價報銷稟　　光緒二十六年十一月二十六日 …………… 234
重修中衛七星渠本末記卷下 ……………… 中衛知縣王樹枏輯　236
　　懇請撥營籌費續修紅柳溝以下工程稟　　十二月初九日 ………… 236
　　藩台核議詳覆稿 ……………………………………………………… 236
　　請札派宣威中旂接修暗洞稟　　光緒二十七年八月二十五日 …… 237
　　紅柳溝暗洞工程告竣稟　　九月十八日 …………………………… 238
　　七星渠下段白馬灘一帶請籌款開通渠道稟　　十二月十六日 …… 239
　　請借用釐金局銀兩開工稟　　光緒二十八年二月十一日 ………… 240
　　札中衛縣　　四月十五日 …………………………………………… 241
　　起夫示　　七月初一日 ……………………………………………… 241
　　報明公出稟　　七月初八日 ………………………………………… 241
　　白馬灘渠道開通竣事稟　　八月二十九日 ………………………… 242
重修中衛七星渠本末記卷下 ……………… 中衛知縣王樹枏輯　244
　　在工文武員并首士請獎稟　　九月初七日 ………………………… 244
　　倉糧變價稟　　九月十五日 ………………………………………… 245
　　全渠告竣稟　　九月初四日 ………………………………………… 245
　　　　山河大壩 ……………………………………………………… 246
　　　　進退水閘 ……………………………………………………… 246
　　　　跳水矮垺 ……………………………………………………… 247
　　　　小徑溝飛橋 …………………………………………………… 247
　　　　豐城溝雙陰洞 ………………………………………………… 247
　　　　分水閘 ………………………………………………………… 247
　　　　紅柳溝暗洞 …………………………………………………… 248
　　　　通渠洞 ………………………………………………………… 248
　　　　補山開山 ……………………………………………………… 248
　　　　退水閘九座 …………………………………………………… 248
　　寧夏道勘駮渠工稟　　光緒二十九年正月十五日 ………………… 248
　　七星渠善後章程稟　　光緒二十九年正月二十三日 ……………… 250

參考文獻 ……………………………………………………………… 255
　一、古代文獻 …………………………………………………………… 255
　二、現當代文獻 ………………………………………………………… 258
後記 ……………………………………………………………… 胡玉冰　261

前　言

一、《〔乾隆〕中衛縣志》

《〔乾隆〕中衛縣志》十卷，黄恩錫於乾隆二十五年（1760）編修，二十六年（1761）定稿，二十七年（1762）初刻行世。

（一）整理與研究現狀

《隴右方志録》、《中國地方志聯合目録》、《寧夏地方文獻聯合目録》、《甘肅省圖書館藏地方志目録》、《中國地方志總目提要》等方志書目對該志都有著録或提要。《方志與寧夏》第二章《寧夏歷代修志綜覽》對《中衛縣志》也有綜述與研究。

高樹榆《寧夏方志録》、《寧夏方志評述》、《寧夏回族自治區地方志述評》等論文對《中衛縣志》都有提要式的介紹。杜玉冰《乾隆〈中衛縣志〉簡介》一文專題簡介《中衛縣志》，對縣志的編修者、内容及其研究價值都有涉及。胡迅雷《黄恩錫與中衛》一文利用《中衛縣志》對黄恩錫治理中衛的政績，特别是興修水利、舉辦學校等進行了較爲詳細的梳理與評價，並對《中衛縣志》的内容及特點等進行簡介。王子今《清代邊城文化風景：黄恩錫〈中衛竹枝詞〉》一文對《中衛縣志》所載黄恩錫輯録的《竹枝詞》進行角度獨特的分析，認爲可以將其看作是有價值的民俗史料、經濟史料和社會生活史料，其中關於中衛的軍事地理位置、中衛的鄉村經濟生活以及中衛的地方民間禮俗的内容，都藴含有豐富的歷史文化資訊。

《中衛縣志》原刻本藏於中國國家圖書館、甘肅省圖書館、哈佛大學圖書館、東洋文庫等。1965年，甘肅省圖書館油印傳世。寧夏圖書館亦油印傳世。1968年臺灣成文出版社出版《中國方志叢書》，1988年天津古籍出版社出版《寧夏歷代方志萃編》、寧夏人民出版社出版《寧夏地方志叢刊》，2008年鳳凰出版社等出版《中國地方志集成·寧夏府縣志輯》，2015年學苑出版社出版《寧夏舊方志集成》，都影印出版了《中衛縣志》。其中，鳳凰出版社據成文出版社本影印。但這些影印本、油印本無一部是乾隆二十七年原刻本，其内容與原刻有不小出入。1998年寧夏人民出版社出版范學靈等整理本《乾隆中衛縣志校注》。整理本以寧夏圖書館油印本爲底本，以原刻本、甘肅省圖書館藏本爲參校本，對志書進行標點、分段、補遺、注釋及勘誤，爲學者研究提供了便利。或因所選底本爲殘本，該整理本缺《中衛縣志》"參校採訪"者楊士美所撰《中衛縣志跋》。

（二）編修者生平

《中衛縣志·修志姓氏》記載，有 18 人參與了《中衛縣志》的編修、刊刻活動。名單中，"起草"者爲劉追儉，"纂修"者有黃恩錫等 4 人，"參校採訪"者有楊士美等 7 人，"校對繕寫"者有范灝等 4 人，"查卷督刻"者有劉福祉等 2 人。[①] 從志書資料看，黃恩錫對《中衛縣志》的成書貢獻最大。

1. 劉追儉

劉追儉爲陝西人，生卒年不詳，曾任中衛儒學教授。《中衛縣志》卷五《官師考》載："劉追儉，涇陽縣舉人，四十六年任。修學創志。"[②]他修著志書的事實在《修志姓氏》中也有記載："康熙辛卯，寧夏西路中衛儒學教授、涇陽劉追儉起草。"由此可知，劉追儉於康熙四十六年（1707）任中衛儒學教授，四年後即康熙五十年（辛卯年，1711）開始修《中衛縣志》。黃恩錫於四十九年後又組織新修《中衛縣志》時一定對劉追儉所修志書有所借鑒或沿襲，否則不會將其名列《修志姓氏》中。

劉追儉對中衛教育有一定的貢獻。《中衛縣志》卷二《建置考》"文廟"條載，康熙四十八年（1709）秋中衛地震，當地學宮遭到嚴重損毁，"教授劉追儉請商於西路同知高士鐸，倡率士民，設法捐助興修，歷三年乃告成"。他在當地較有威望，還曾爲列女鄭貞女題匾其堂曰"抱璞完真"。

2. 黃恩錫等"纂修"者

黃恩錫字素菴，號龍章，生卒年不詳。據《〔乾隆〕中衛縣志》卷五《官師考》載，系雲南永北府（今雲南永勝縣）人，乾隆十七年（1752）中壬申科進士，二十一年（1756）任中衛知縣。由志書資料可知，黃恩錫在任期間，帶頭興修水利，舉辦教育，建造倉厫，增置驛館，請求減免當地百姓差糧，積極撫恤災民，贏得了百姓的讚譽。

所修《中衛縣志》是中衛第一部傳世舊志，卷九、卷十收錄有黃恩錫詩文多篇，對於研究中衛及黃恩錫本人都有重要的史料價值。如《文廟社學碑記》是研究中衛教育的第一手文獻，《改建馮城溝環洞碑記》、《捐修廣武河防碑記》是研究

[①] "福祉"，《寧夏歷代方志萃編》影印甘肅省圖書館油印本誤刻作"福社"。
[②] 《前言》引《〔乾隆〕中衛縣志》，若無特別說明，均直接引自中國國家圖書館藏《中衛縣志》乾隆二十七年（1762）刻本，恕不一一注明。

中衛水利的第一手文獻。《中衛縣志》中有多處"素菴黃氏曰"的文字內容，説明黃恩錫本人的確是志書的主要纂修人，同時這些議論也體現了黃恩錫本人的治政理念。

"纂修"者除黃恩錫外，還有中衛縣儒學教諭張若敏、中衛縣典史李延鳳、分駐渠甯巡檢司舒采願等三人，但在《中衛縣志》各序中，對張若敏等三人參與纂修志書一事卻没有提及。從志書纂修實際情况看，名單中出現他們並非徒有虚名，這三人應該實際參與了纂修活動。

《中衛縣志》卷五《官師考》載："張若敏，富平縣舉人，廿年任……李延鳳，上元縣監生，二十四年任……舒采願，江西靖安縣監生，乾隆二十五年任。"卷九《藝文編》録張若敏撰《龍神廟碑記》，記敘黃恩錫等帶頭捐出俸禄，於乾隆二十三年五月至二十四年三月（1758 至 1759）修建龍神廟一事。卷十《藝文編》録張若敏撰《和黃素菴明府新秋雨霽集飲魏氏饁耕樓》詩一首。

3. "參校採訪"者

楊士美字蓮塘，①中衛永康人，生卒年不詳。雍正十年（1732）壬子科舉人，截取知縣。《中衛縣志》卷九録其《永康社學碑記》，卷十録其《紀黃邑侯詳除河崩賠賦》、《紀黃邑侯施粥饑民》、《紀黃邑侯甫建城堡社學》、《羚羊松風》等詩四首，撰寫《中衛縣志跋》一篇。

蔣前烈字有光，中衛人，生卒年不詳。康熙五十九年（1720）庚子武科舉人。原任浙江漕運千總。

羅全詩，中衛石空人，生卒年不詳，其父羅如倫曾任湖南衡陽等縣知縣。《中衛縣志》卷七《選舉表》載，羅全詩爲乾隆九年（1744）甲子科舉人，十七年（1752）壬申科進士。參修《中衛縣志》時，羅全詩還是截取知縣。據《〔道光〕續修中衛縣志》卷六《獻徵表·人物·羅全詩》載："任湖南安福縣知縣，②嚴明正直，邑人服之。"③

魏殿元，中衛廣武人，生卒年不詳。《中衛縣志》卷七《選舉表》載其爲乾隆十七年（1752）壬申科商學恩貢生。卷十録其《登古佛泉閣》詩一首。

魏德修字有隣，中衛人，生卒年不詳。《中衛縣志》卷七《選舉表》載其爲乾隆二十二年（1757）丁丑科貢生。卷十録其《黃河泛舟》詩一首。

生員汪兆鼇，中衛縣治人。柳峻，中衛鳴沙州人。兩人生平事蹟均不詳。

---

① 蓮塘，《乾隆中衛縣志校注》卷十誤印作"蓮堂"。
② 1914 年 1 月，因縣名與江西省安福縣同名，改名爲臨澧縣。
③ 《前言》引《續修中衛縣志》，若無特别説明，均直接引自中國國家圖書館藏道光二十一年（1841）刻本，恕不一一注明。

4."校對繕寫"者

四位"校對繕寫"者都爲生員。范灝字書田,德清人,①生卒年不詳。《中衛縣志》卷十錄其《中衛署中和樵雲居停聞雁元韻》、《頭髮菜》詩二首。

魏諫唐字上箴,中衛人,生卒年不詳。《〔道光〕續修中衛縣志》卷七《選舉表》載其爲乾隆三十年(1765)乙酉科拔貢,三十一年(1766)丙戌科朝考一等,未仕。《中衛縣志》卷十錄其《牛首慈雲》詩一首。

任景昉、尹光宗等二人都是中衛人,生平事蹟均不詳。《中衛縣志》卷十錄任景昉撰《暖泉春漲》、尹光宗撰《羚羊松風》詩各一首。

(三)編修始末及刊行時間

1.編修始末

黃恩錫在《〈應理志草〉序》中交代了《中衛縣志》編修最直接的原因和編修經過。他談道:"若今之志,應理則尤難矣。舊抄半册,本之《朔方新志》,所載者僅城堡、貢表、官師、學校數條,其他山川、祭祀、建置、沿革、渠道、土田闕略無徵。又廣武前隸乎寧郡,香山爲慶藩牧場,今皆宜彙入之,是不得不創爲編輯矣……陽湖蔣大方伯巡視河防,往來中邑,索邑志不獲,乃責余曰:'子以科第儒生,久宰邊邑,於其山川、古蹟、民生、吏治,獨不爲加稽考著述乎?'雖遜謝不敏,而責無可貸。兼以邑之紳士,聞此言而交相屬焉,此尚可以需之他日哉!因妄不自揣,於是秋七月操筆,至十月而脱稿。其間言期有用,事求可徵。雖成之似無多日月,而原之以四年來之心眼所歷,精神所到,殫志竭慮,搜考編排,亦幾經營之慘淡矣。第事事詳核,固不敢以易心處之。所憾自元、宋以前,地淪西夏,之後一切皆没於兵火,遂多缺文焉。至有明以來,凡興廢之由,教化之原,閭閻疾苦之故,則採訪而備論之。訂爲總志十卷,分目三十有六。撰次搜討,咸出余一人。參校訪錄,則邑之耆彥分厥事焉。"②從黃序可知,第一,曾有一部與中衛有關的舊志——《應理志草》,但因其内容過於簡略,有必要編修一部内容更爲詳實的志書;第二,自明迄清,中衛的轄境已經有了較大的變化,這需要在新的志書中加以體現;第三,上級官員對於中衛一直没有地方專志很不滿意,地方上有志之士又躍躍欲試要編修志書,這也在客觀上促進了中衛地方志書的編修速度;第四,志書主要由黃恩錫纂修,地方上也有參與者;第五,志書内容共十卷三十六目,因客

---

① 《乾隆中衛縣志・修志姓氏》原刻本載,范灝書田,德清人。"書田"爲字,"德清人"指籍貫。《道光續修中衛縣志》轉引《乾隆中衛縣志・修志姓氏》時,脱"德清人"三字,范學靈等《乾隆中衛縣志校注》中亦脱此三字。

② 《乾隆中衛縣志・目録》卷一至卷八的一級類目總數恰爲"三十有六",卷九、卷十《藝文編》還有九類目。故黃恩錫所言"三十六目"蓋指除《藝文編》之外的類目數。

觀原因,文獻無徵,志書略於宋元之事,而詳述明清之事。

黄恩錫提到的與中衛有關的志書,鍾蘭枝《〈中衛縣志〉序》中也談到了,他說:"向所傳《應理》一册,粗具梗概。"《中衛縣志·凡例》亦載:"應理舊有《志草》一册,第抄據《朔方志》所分載而增其粗略,殘缺殊多。"黄恩錫編修《中衛縣志》時應該是見到過這部抄本,且對其内容有相當的瞭解,並且在編纂《中衛縣志》時,"星野、建置、疆域仍舊《志草》,而其中舛訛者亦多,皆爲改正補缺。"由此可知,《中衛縣志》的部分内容還是沿襲了《應理志草》,黄恩錫甚至還把編修的《中衛縣志》取名爲《應理志草》。《中衛縣志·凡例》載:"志屬草創,又邊地典籍缺略,毫無考據,不揣固陋,隨意纂修。僅以吏事餘力,行館署燈,出一人之手,越三月而成其稿。雖編次務求詳而有體,而才識有限,文獻無徵,第取而名之曰《應理志草》,以俟博雅之討論裁正焉。"《中衛縣志》於《凡例》、《總目》均題書名爲《應理志草》,張維對此批評道:"以元代州名題清朝縣志,則好古而失例矣。"①

《中衛縣志》有些史料明確注明出處,有的則沒有注明。如卷一《地理考·山川》"蒲塘"條有"舊志稱:在縣北四十里,産蒲草,因名。""舊志"未詳其名。勘驗其文,與(乾隆)《甘肅通志》所載基本相同,但《中衛縣志》引《甘肅通志》時一般會注明爲"通志",故疑其星野、建置、疆域等類内容中所提"舊志"或即抄本《應理志草》。

從上述材料看,黄恩錫等人纂修《中衛縣志》並非首創而是有所承襲。除舊抄本《應理志草》對《中衛縣志》編修有影響外,清朝劉追儉康熙五十年(1711)就曾修《中衛縣志》,而黄恩錫是於四十九年後才又組織人員新修《中衛縣志》的。

2. 刊行時間

方志目録對《中衛縣志》的編修時間和刊行時間著録有異。編修時間上,《隴右方志録》著録該志於乾隆二十四年(1759)編著,《總目提要》著録於乾隆二十五年(1760)編修。根據志書所附各序資料特別是黄恩錫序和正文内容可知,兩種著録都有誤。實際上,《中衛縣志》當編成於乾隆二十六年(1761)。關於刊刻時間,《聯合目録》著録該志於乾隆二十六年(1761)刊刻,《寧夏目録》、《甘肅目録》著録在乾隆二十七年(1762)刊刻。後兩書著録較爲準確。

據前引黄恩錫序可知,《中衛縣志》於乾隆二十五年(1760)七月開始編修,十月正式脱稿。但從志書内容來看,脱稿後又有過修訂補充。如志書卷九《藝文編》輯録黄恩錫《捐修廣武河防碑記》,記載了黄恩錫於乾隆二十六年(辛巳年,1761)帶領百姓興修水利之事。碑記記載,乾隆二十五年(1760),廣武發生了嚴

---

① 張維:《隴右方志録》,《中國西北文獻叢書》據北平大北印刷局1934年版影印,蘭州古籍書店1990年版,第77册第704頁。

重的崩岸險情,清政府派布政使蔣某實地查看災情。這年冬天,黃恩錫倡捐物料,對崩岸地方進行加固,"於辛巳二月十一日興工,至三月底而工竣。"卷十錄黃恩錫《辛巳季春廣武河堤告成》一詩即抒發了他河堤修成後的喜悅之情。故知,乾隆二十五年(1760),《中衛縣志》並未最後定稿。

《中衛縣志》錄有乾隆二十六年(1761)隆甫撰《〈中衛縣志〉序》和同年羅元琦撰《〈中衛縣志〉跋》,所以〔道光〕《續修中衛縣志·凡例》稱:"志自乾隆二十六年鐫版後,迄今八十餘年未加修葺。"但《中衛縣志》又載乾隆二十七年(1762)鍾蘭枝序云:"余奉命視學秦中,閱試甯郡,黃君攜志來謁,且請之爲序。"這說明,《中衛縣志》初刻時間最早當在乾隆二十七年(1762)。故知,《聯合目錄》著錄有誤,《寧夏目錄》《甘肅目錄》是可信的。

傳世的《中衛縣志》另有在嘉慶二年(1797)據初刻本補版後印刷刊行的,時距初刻本35年。我們可以從《中衛縣志》卷五《官師考·職官》、卷十《藝文編》中找到相關的証據。

卷五《官師考·職官》記載中衛縣官員任職時間,任知縣者,在黃恩錫之後有許鉞等五人,乾隆五十八年(1793)任知縣的邱卿雲是任職時間最晚者;任教諭者,乾隆二十五年(1760)之後任職的有竹林賢等五人,五十五年(1790)任職的朱國權是任職時間最晚者;任訓導者,乾隆二十五年(1760)之後任職的有艾珵奇等八人,五十八年(1793)任職的紀大本是任職時間最晚者;任典史者,乾隆二十五年(1760)之後任職的有張德華等三人,五十三年(1788)任職的胡澄是任職時間最晚者;任甯安堡巡檢者,乾隆二十五年(1760)之後任職的有馬致達等五人,五十八年(1793)任職的張炯是任職時間最晚者;任副將者,有明確任職時間者中,乾隆二十五年(1760)之後任職者有五十九等六人,五十二年(1787)任職的文圖是任職時間最晚者;任都司者,乾隆二十五年(1760)之後任職的有王永茂等六人,五十九年(1794)任職的巴翰璧是任職時間最晚者。若文本印刷於乾隆二十七年(1762),當不會有此年後至五十九年(1763至1794)的內容。

卷十《藝文編》收錄有王正常撰《魏蓋宣傳》、張志濂撰《張孝子傳》。①《張孝子傳》記載乾隆五十一年(丙午,1786)冬之事,《魏蓋宣傳》記載嘉慶二年(丁巳,1797)秋七月事。這些史事一般同樣也不可能出現在乾隆二十七年(1762)印刷的《中衛縣志》中。

---

① 《〔道光〕續修中衛縣志》卷六《獻征表·張志濂》、卷七《選舉表》載,張志濂爲乾隆庚子科(四十五年,1780)舉人,乙酉科(道光五年,1825)進士。查《明清進士碑傳題名錄》,張志濂爲己酉科(五十四年,1789)進士,三甲第三十九名,賜同進士出身。乾隆五十五年(1790)爲清高宗八旬萬壽,改爲恩科,正科提前至本年舉行。校注者均沿襲〔道光〕《續修中衛縣志》之誤,當據改。據張志濂科舉情況推知,《張孝子傳》中談及的"丙午冬"當指乾隆丙午(五十一年,1786)。

《中衛縣志》爲什麼會出現這樣的現象呢？地方志再次修志時往往利用該志原刻的版片，根據實際情況補刻部分新内容後再次印刷刊行，志書的大部分内容還是據初刻版印刷出來的。所以出現了我們以上所分析的，應在乾隆二十七年（1762）初刻的《中衛縣志》中出現了記載乾隆二十七年（1762）後至嘉慶二年（1797）秋七月的史事了。

據《〔道光〕續修中衛縣志》卷五《官師考》記載，四川涪州進士文楠於乾隆六十年（1795）接任中衛知縣一職，嘉慶九年（1804），貴州玉屏縣舉人田均晉接任。根據舊志刊行的特點，《中衛縣志》極有可能是文楠在其任期内監刻刊行過。國家圖書館藏清光緒八年（1882）曹憲、周桐軒編《汾西縣志》卷四《職官》載，張志濂於嘉慶三年十一月至七年（1798至1802）任汾西縣知縣。按舊志編修特點，傳世本《中衛縣志》中增刻張志濂撰《張孝子傳》，極有可能是在他任汾西知縣後，中衛知縣爲顯示本地人文之盛，或向其示好，故於縣志中收錄其文。所以，《中衛縣志》更有可能就是在文楠任期内補刻後印刷過。

就《中衛縣志》而言，我們可以就其編修時間及刊行時間得出以下基本結論：該志於乾隆二十五年（1760）編修，二十六年（1761）定稿，二十七年（1762）初次刊刻行世。傳世的《中衛縣志》另有非原刻本者，最早是在嘉慶二年（1797）秋七月補版後重新印刷的。

（四）内容及其史源

《〔乾隆〕中衛縣志》爲中衛現存最早的一部志書，共十卷，二百七十一頁，每卷前都有小序，説明内容輯錄之由。黄恩錫對該志的編輯目的及内容有如下説明："今於一邑之志，上下數百年間，寥闊數百里之地，考輯編纂，俾山川、草木、雲物、魚鳥之蕃，皆得所發揚，而典祀、邊防、農田、水利以及人心風俗之微，皆得以講求而參互考訂焉。上以表章夫國家百十餘年教養之休，下闡揚乎忠孝節義之行，以風勵於當世。竊妄附諸陳詩觀風之末，俾將來國史、郡乘資采擇焉，抑亦生平所學者，一時之遭也。"今據哈佛圖書館藏乾隆原刻本對志書内容及史源作一介紹。

志書原有"序""跋"共六篇。其中"序"共四篇十五頁，依次是：乾隆二十七年（1762）鍾蘭枝《〈中衛縣志〉序》三頁，每半頁八行，行十二字，落款後"鍾蘭枝印""芬齋"印文墨方印；圖鏿布《〈中衛縣志〉序》三頁，每半頁八行，行十八至二十字不等，乾隆二十六年（1761）隆甫《〈中衛縣志〉序》四頁，①每半頁九行，行十一

---

① 原刻本無序題，筆者據其内容擬定。

字,落款後"國棟之印""隆甫"方形墨印;乾隆庚辰(二十五年,1760)仲冬朔六日黃恩錫《〈應理志草〉序》五頁,行款同鍾蘭枝序,落款後"黃恩錫印""龍章"方形墨印。"跋"二篇七頁,乾隆二十六年(1761)羅元琦跋三頁,每半頁九行,行十至十一字,落款後"羅元琦印"方形陰文墨印、"貞圃"方形陽文墨印。楊士美撰跋語四頁,每半頁七行,行十三至十四字,落款後"楊士美印"方形陰文墨印、"蓮塘"方形陽文墨印。

序後爲《修志姓氏》名單兩頁。

名單後爲《〈應理志草〉總目》二頁。首列《序》、《凡例》、《圖考》三目,其後爲各卷一級類目名稱、卷次及二級類目名稱,個別二級類目名稱下注明所附三級類目名稱。如"《地理考》卷之一《星野》、《沿革》、《疆域》(附《形勝》)、《水利》、《風俗》、《物產》(附《蠶桑》)"。目錄後爲《凡例》十七條四頁,每半頁九行,行二十一字。

《凡例》後爲《中衛縣域圖》、《水利圖》各一幅,共三頁,作爲全書重要的組成部分,可以將地圖與卷一相關內容聯繫起來研究。地圖方向爲上南下北,左東右西。圖中繪製的山脈、城池、村落、堡寨、邊牆(即長城)等內容均用立體的圖形符號來標示,樹木、河流也用寫實的技法來標示,地圖繪製達到了較高水準。

《中衛縣志》編成後曾呈送時任甘肅總督楊應琚、巡撫明德、按察司某某審閱,黃恩錫還請楊應琚作序,應琚批示曰:"據請弁言,隨後撰發送到,志草已查收矣。"但傳世的《中衛縣志》中並沒有楊序。三位官員的批示位於凡例之後,共一頁。

卷一《地理考》共三十三頁,包括《星野》、《沿革》、《疆域》(附"形勝")、《山川》、《水利》(附"河防")、①《風俗》、《物產》(附"蠶桑")等7類目。本卷頁碼的標示有別於各卷自爲起訖的傳統標法,採用了按類目分別統計標示的方法。其中《星野》三頁,《沿革》、《疆域》、《山川》共九頁,《水利》十頁,《風俗》四頁,《物產》三頁,附"蠶桑"四頁。

卷二《建置考》共三十五頁,包括《城池》、《堡寨》(附各灘、湖、山莊)、《官署》(附"庫獄"、"養濟院"、"公館")、《倉廩》(附"社糧")、②《學校》、《祠祀》(附"寺廟")、《祥異》等7類目。《學校》"書籍"條記載了二十二種學校用書,包括經部文獻《詩經》、《春秋》、《周易折中》、《十三經》,史部文獻《明史》、《資治通鑒綱目》,另外還有《上諭》、《聖諭廣訓》、《朱子全書》、《大清律》等。《寺廟》後附《文廟陳設

---

① 《〔乾隆〕中衛縣志·目錄》原無"河防"等類目名稱,但正文、版心中均標注有,據補。
② 《〔乾隆〕中衛縣志·目錄》標作"公署",正文、版心中均標示爲"官署",據改;附"庫獄""社糧",據正文標注補。

圖》五頁,《文廟樂舞圖》二頁,兩圖實景繪製了文廟大成殿、配殿、兩廡及崇聖祠中陳設祭品、樂器的式樣、擺設位置,並注明其名稱,重要的祭品還單獨繪圖,並配以文字,説明其製作方法、用途及由來。《中衛縣志·凡例》載:"文廟爲教化之藪而功德在民者,報享亦無可疏……至學宫祭樂器及陳設品物、儀舞次序,備加考校、繪圖,以俟典祀者之有所徵據而愈求其明備焉。"《中衛縣志》卷二還進一步記載,考校、繪圖者即黄恩錫:"文廟祭品:中邑祭品雖具,舊無陳設,亦不辨登、鉶、簠、簋、籩、豆之用,應實何物。乾隆丙子秋,縣令恩錫始蒞任與祭,爲詳考典制,列圖以示,今載入焉。"從圖像看,繪製的質量是比較高的。本卷《祥異》記載了寧夏發生過的幾次大地震,特别是對康熙四十八年(1709)九月十二日辰時大地震的真實情景有詳細描述,爲研究此次地震提供了難得的資料。

卷三《貢賦考》十五頁,包括《額征》、《户口》(附"蠲恤")、《税課》(附"市集")、《鹽法》(附"茶法")等四類目。本卷"蠲恤"後附黄恩錫於乾隆二十五年(1760)三月撰寫的《勸捐粟煮粥碑記》。卷四《邊防考》十頁,包括《塞垣》、《營制》、《邊界》、《驛遞》、《關梁》等五類目。

卷五《官師考》十六頁,包括《官制》、《職官》、《名宦》等三類目,附"俸薪養廉並夫役工食"。① 對於曾在中衛爲官者,按職官分類記載其姓名、籍貫、任職時間,有些還有簡單的事蹟介紹。如同知張羽翀,"大興縣舉人,順治二年任。詳請蠲豁青草,不憚再四,民受其利"。《名宦》記張文謙等七人事蹟。②

卷六《獻征表》十五頁,包括《人物》、《忠節》、《孝義》、《列女》、《流寓》等五類目。③《人物》明朝有十一人、清朝有八人入傳。《忠節》明朝有九人,清朝有一人入傳。《孝義》有九人入傳。《列女》等有五十三位入傳。《流寓》有二人入傳,《方技》有二人入傳。

卷七《選舉表》八頁,包括《科甲》、《鄉貢》、《武階》等三類目六頁,附"誥贈"、"仕宦"、"鄉飲耆年"等内容兩頁。《選舉表》記載,自明迄編志時止,中衛中文進士者三人,文舉人者十人,而中武進士者有八人,武舉人者達五十三人。④ 中衛昔稱"尚武之地",單從科舉來看也説明此言不虚。

卷八《古跡考》十二頁,包括《古跡》、《中衛各景考》等二類目,附《雜記》。本

---

① 《乾隆中衛縣志·目録》標作"俸薪養廉",今據正文内容標目及實際内容補作"俸薪養廉並夫役工食"。另,本卷《名宦》五頁内容版心頁碼當依次標作"十二"至"十六",《寧夏歷代方志萃編》影印甘肅省圖書館油印本卻標作"九"至"十三"。

② 張文謙,校注本誤印作"張義謙"。

③ 本卷正文中"列女"後還記載有"列婦"、"旌表"、"節孝"等三類目内容,"流寓"後還記載"方技"類目内容。

④ 武舉人"史紹畢",《乾隆中衛縣志校注》誤作"史給畢"。趙士勳,《〔道光〕續修中衛縣志》原刻本作"趙世勳"。

卷《古跡》後補録《應理州重修廨宇碑記》,是碑立於元朝至正八年(1348),黃恩錫撰文説明此碑發現經過,並對碑文略作分析,曰:"中邑元宋以前,一切建置設官,茫無可考。偶於縣城西北隅都司署内,見斷碑一通,爲至正八年立。其文義斷碎,拂塵摩擬補釋,大抵爲彼時萬壽節,慶祝彩帛,索之民間,荒歉莫措,應理達魯花赤、知州率屬公捐,不擾累里民,因建碑記事。此亦古跡千百猶存之一也,用録而存之。"所録碑文基本完整,包括主要内容、立碑時間、書丹者、立碑人等,對於研究中衛而言是一篇非常重要的第一手文獻。

《中衛各景考》考証中衛"青銅禹跡"等十二處景致的來龍去脈,黃恩錫撰寫《中衛各景考序》,從〔萬曆〕《朔方新志》所載中衛十景談起,聯繫自己編修《中衛縣志》的感受,闡述了對中衛十二處景致考証的重要意義。《雜記》共記十一則,多有傳説、神化色彩。

卷九六十六頁、卷十三十二頁,均爲《藝文編》,包括《上諭》、《議》、《論》、《書》、《記》、《序》、《傳》、《賦》、《銘》、《詩》等十類目。兩卷共録詩文一百八十篇,其中《上諭》三篇,《議》三篇,《論》一篇,《書》五篇,《記》十九篇,《序》一篇,《傳》三篇,《賦》兩篇,《銘》一篇,《詩》一百四十二首。詩文中,黃恩錫有《書》五篇,《記》三篇,《詩》四十六首。

(五) 編修質量及文獻價值

1. 編修質量

《中衛縣志》對於部分資料注明其出處,反映了編者編修態度的嚴謹,這也基本保証了志書的編修質量。《中衛縣志》引用資料既有傳世文獻,也有出土的碑石文獻。傳世文獻資料有些源自〔萬曆〕《朔方新志》。如卷一《地理考・風俗》引《朔方志》説明中衛人"性勇悍,以耕獵爲事,孳畜爲生"。卷四《邊防考・關梁》"綠楊橋"條下注:"《朔方志》在城南,今存。"卷五《官師考・官制》記載中衛官制的沿革時,明朝沿革情況"按《朔方志》所載明制職官"進行介紹。其他還有,卷一《地理考・山川》"天景山"條引明朝陸應陽編《廣輿記》,"沙山"條引明朝宋濂等編《元史》卷六〇《地理志》,"山河"條引《甘肅通志・山川》,[①]"物産""糜"條引明王象晉撰《羣芳譜》,卷六《獻征表・李日榮》引《李氏家譜》。《中衛縣志》還注意引用碑石資料,如卷二《建置考・祥異》引《安慶寺碑》,記敍嘉靖四十年(1561)六月十四日大地震。

除了在資料引用上注重用相對可信的資料外,《中衛縣志》還對部分史料進

---

① 《〔乾隆〕中衛縣志》省稱《甘肅通志》爲《通志》,非宋朝鄭樵撰《通志》。

行考辨，以確保資料有利用價值。志書完稿後曾提交上級官員審閱，其審閱意見代表了官方對此志的評價。總督楊應琚評價曰："該令於公務之暇，乃能留心治化，編輯成書，雖文獻無徵，艱於考訂，而規條詳備，亦堪稱一邑之完書。"巡撫明德曰："披閱編輯縣志，綱舉目張，考核亦極詳備，應即付梓。"按察司長官評價曰："該令簿書之暇，果能留心纂輯，以備考稽，殊足嘉尚。"這些官員對《中衛縣志》考証原始材料的做法都給予了充分肯定。《中衛縣志》並沒有一味全盤接受其他文獻中所記中衛事，而是對有些史料進行了考辨。如卷一《地理考·山川》"山河"條，編者有按語曰："縣境惟山河源自固原而來，與《通志》所稱河流甚狹相証，是一河而誤重爲二，今核正之。"《甘肅通志》卷六《中衛縣·山川》載："清水河……古所謂葫蘆河者是也，河流甚狹，自平涼界來，西注黃河，一名高平水。山河，自固原來，至甯安堡西二十里入河。"黃恩錫對《甘肅通志》所載史料進行分析，結合當地河流具體情況，考証後認爲，"山河"即"清水河"，源出固原，《甘肅通志》誤把一條河記載成了兩條河。卷二《建置考·祠祀》對部分建築集中進行考証。有引清朝陸稼書康熙二十四年（1685）修《靈壽縣志》考証文廟，引《史記·天官書》、《周禮·大宗伯》考証奎星閣，引《禮記·郊特牲》鄭玄注考証八蠟祠，引《周禮·校人》考証馬神廟，引《毛詩傳》考証聖母娘娘廟等。卷八《古跡考》更體現了據事實考証，不濫收資料的特點，引用《水經注》、《舊唐書》、《新唐書》、《太平寰宇記》、《明一統志》、《甘肅通志》、《廣武志》等文獻，對應理州、鳴沙廢州等古跡進行考証。卷八《古跡》"秦王古渡"條注明史料出自於《廣武志》，曰："《廣武志》稱：唐太宗爲秦王時，西征於此渡河。"接著引《唐書》對資料進行考辨，最後謹慎下結論曰："或相傳者久而誤也，然不可考矣。"

　　作爲一部志書，受當時編纂者學識及各種客觀條件如文獻無徵的限制，該志也存在缺點。如張維認爲，縣志於《古跡》中録唐朝溫池縣事，與史不合。縣志的類目名稱體例沒有統一，卷一至卷五均爲某某"考"，卷六、卷七則曰某某"表"，而卷九、卷十又稱某某"編"，"此雖小節，而多自歧紛，甚無謂也"。①

　　另外，部分內容編排也存在問題。如卷一《地理考·山川》先集中列山名，後集中列川名，而"老君臺山"卻列於川名"石甕水"之後，雜見於川名中。卷五《官師考》是按任職時間先後排序，"中衛學教授"李作屏、雍永祚都是康熙三十五年（1696）任，高際泰是三十八年（1699）任，楊淑是三十九年（1700）任，但名單中，高、楊二人卻排在李、雍二人之間。"西協參將"左方於弘治十二年（己未年，

---

①　張維：《隴右方志録》，《中國西北文獻叢書》據北平大北印刷局1934年版影印，蘭州古籍書店1990年版，第77冊第704頁。

1499)任,①馮正於正德元年(1506)任,路英於正德九年(1514)任,王淮於嘉靖元年(1522)任,但名單中把此4人排序爲路、王、馮、左。

更爲嚴重的是,《中衛縣志》部分文字有誤,需要辨明。卷五《官師考·官制》有"至雍正四年改縣"句,據《清實錄·世宗實錄》卷二五載,雍正二年(1724)十月丁酉,議復川陝總督年羹堯奏言,中衛改爲中衛縣,屬甘肅省寧夏府管轄,《中衛縣志》卷一《地理考·沿革》記載改衛爲縣時間同《實錄》。卷五《官師考·職官》記載,雍正三年(1725)奉旨改縣,江蘇常熟縣進士嚴禹沛爲首任知縣。故知,《官制》所載有誤。②

2. 文獻價值

第一,作爲中衛傳世的第一部舊志,《〔乾隆〕中衛縣志》較爲系統全面地總結了中衛地理、民情、經濟等資料資訊,特別是自雍正三年至乾隆二十五年(1725至1760)間的資料資訊更爲詳盡。正如圖錯布《〈中衛縣志〉序》所言:"凡土疆之沿革,河渠之灌溉,驛路之通達,風俗、物產之繁昌,以及科第、官師、材能、節義,靡不燦然臚列,包括無遺;而且被之以弦歌,暢之以吟詠,彬彬焉,郁郁焉,渾忘其爲風沙邊塞之區。"而這些資料資訊,其研究和利用價值也非常明顯,誠如羅元琦《〈中衛縣志〉跋》所言:"舉凡山川疆域之形勝,風俗政教之遷流,瞭然如指諸掌。使後起者覽幅員扼塞,則周知險阻控禦之宜;考戶口賦役,則備悉安輯拊循之要;稽學校選舉,則深思培養作育之源。可以鏡曩昔,即以詔來茲。洵有合於史氏之遺意,而足以導揚美盛,昭一統無外之鴻模矣。"

第二,志書部分內容反映出黃恩錫關注民生的治政理念。《凡例》載:"農桑爲生人之本。中邑務農力穡,逐末者少而蠶桑不興,往往一畝之所入不能製一衣。然城堡皆產桑,亦間有養蠶之家,特未大興其利耳。爲采《豳風廣義》數條,並附論以示勸。"卷一《地理考·物產》後所錄黃氏《蠶桑考》對中衛應當注重發展養蠶事業提出了前瞻性的建議,至今都有借鑒價值。他節錄的《豳風廣義·宜桑說》、③《養蠶節錄》則爲百姓提供了具體的養蠶種桑方法,對相關事業有很高的實際應用價值。卷一《地理考》所附"素菴黃氏曰",闡述了黃恩錫注重興修水利以促進中衛農業發展的認識,他說:"農田爲養民之本,而農田必資於水利。引河決渠,灌溉以興,斥鹵之區,盡爲膏腴……然水之利在渠,而渠之患,有因天時者,有因人事者……夫政在養民。力農務本,必先水利。"更爲可貴的是,他把自己治

---

① 原刻本原作"乙未",弘治紀年中無此干支年,有"己未"年,據改。
② 《乾隆中衛縣志校注》亦引《清實錄》資料指出此誤,但將《清實錄》誤作《明實錄》。
③ 《豳風廣義》三卷,清楊屾撰,屾字雙山,陝西西安人,其書述樹桑、養蠶、織紝之法,備繪諸圖,詳說其制。

水修渠的經驗都總結出來,爲後人提供了諸多有益的借鑒。

第三,志書中某些資料具有特殊的研究價值。如卷二《建置考·堡寨》"要崖"條載:"在縣東南二百三十里,分三莊。其龍柏、談木溝皆回民。要崖回民十之七,漢民十之三,今漢民亦分移附近之新莊矣。"這對於研究中衛民族問題有史料價值。卷九劉得炯《重刻〈關學編〉序》是研究明代馮從吾《關學編》的重要文獻,對研究西北地方性理之學家的學術傳承史有重要價值。

二、《〔道光〕續修中衛縣志》

《〔道光〕續修中衛縣志》(下文簡稱《續中衛志》)十卷,鄭元吉修,余懋官纂,道光二十年(1840)撰修,二十一年(1841)定稿並刊行。

(一) 整理與研究現狀

《隴右方志錄》、《中國地方志聯合目錄》、《寧夏地方文獻聯合目錄》、《甘肅省圖書館藏地方志目錄》、《中國地方志總目提要》等方志書目對該志都有著錄或提要。《方志與寧夏》第二章《寧夏歷代修志綜覽》對《續中衛志》也有綜述與研究。高樹榆《寧夏方志錄》、《寧夏方志評述》、《寧夏回族自治區地方志述評》等文對《續中衛志》都有提要介紹。杜玉冰《乾隆〈中衛縣志〉簡介》一文部分內容言及《續中衛志》。天津古籍出版社1988年版《寧夏歷代方志萃編》、鳳凰出版社等2008年版《中國地方志集成·寧夏府縣志輯》、學苑出版社2015年版《寧夏舊方志集成》都影印出版了《續中衛志》。1990年,寧夏人民出版社出版周興華等標注《標點注釋中衛縣志》,整理者未注明所據底本及參校本。

蘭州古籍書店1990年版《中國西北文獻叢書》第一輯《西北稀見方志文獻》第53卷,影印張維藏刻本《續中衛志》。該本前附張維1917年的題識,內容同《隴右方志錄》提要,上鈐有"臨洮張維"、"臨洮張氏"、"隴人張維"、"還讀我書樓藏書印"、"鴻汀"、"鴻汀張維"等印文印章。國家圖書館藏本同張維藏本均爲道光二十一年(1841)刻本,四周雙邊,單、黑魚尾。正文前序的行款各不相同,程德潤序每半頁六行,行十字,其他序均每半頁八行,鄭元吉序每行十四字,鍾蘭枝序同黃恩錫序均爲每行十二字,圖鏴布序每行十八至二十字不等,隆甫序每行十一字。正文每半頁九行,行二十一至二十二字。國家圖書館藏本於《中衛縣志·修志姓氏》名單中"陳獻瑞"次行有"光緒九年夏四月金城玉堂氏閱識"十四字,張維藏本無。

《續中衛志》刊版上存在缺陷,卷一《地理考·古跡》部分共五頁,頁碼獨立編序,但有一頁卷端題名作"古跡考卷之八",而版心題作"卷一古跡考",而本卷已有卷端題名"地理考卷之一",故不應再有"古跡考卷之八"的卷端題名出現,卷一的版心都應該統一爲"卷一地理考"。卷八《雜記》原題《古跡考》,續志把題名改了,刻版中卻無卷端題名,版心仍然題作"卷八古跡考",當改爲"卷八雜記"。續志把原志卷八"古跡"調整至卷一中了,可能在刊刻時沒有注意原志版式,所以出現了這樣的現象。

(二) 編修者生平

據《續中衛志·續修志姓氏》載,鄭元吉組成了一個比《〔乾隆〕中衛縣志》人數更多的編修隊伍,共有二十九人參與了縣志的續修工作,其中鄭元吉爲主要纂修人,"協修"者包括褚裕智、李廣廷、俞仁育、沈烜等四人,"編輯"爲余懋官,"採訪"人員有蓋奇文等九人,"校對"有鮑成龍等十人,"繕寫"有雍光祖、門秉仁等兩人,"查卷督刻書吏"有馬萬齡等三人。二十九人中,雍光祖身兼校對、繕寫兩職,最主要的修志人員是鄭元吉和余懋官。

1. 鄭元吉

鄭元吉字考堂,生卒年不詳。《續中衛志》卷五《官師考》載,鄭元吉爲江西金谿(今江西金谿縣)附監生,道光十九年(1839)任中衛知縣。

2. 余懋官

余懋官字子佩,江西人,生卒年不詳,前借補河州太子寺州判,直隸州州判。鄭元吉《〈續修中衛縣志〉序》載,《續中衛志》:"初稿定,復寓書蘭垣,延余君子佩州倅至署,公暇往復商榷。子佩於是按篇目而加以辨核,故地理有稽,建置有准,田賦有憑,官師有定,人物有詳,獻徵有據,雜記有條,各得其體要,以備采擇。"故知,余懋官參與了志書的實際續修工作,對有關內容進行過審讀、辨証,使原書內容的可信度有了很大的提高。

(三) 編修始末及編修方法

1. 編修始末

前文述及,黃恩錫於乾隆二十六年(1761)編成《中衛縣志》,至鄭元吉道光十九年(1839)任中衛知縣,中間經過了十四任知縣(包括鄭元吉)、近八十年時間,卻沒有一次真正意義上的續修《中衛縣志》。由於時過境遷,因革損益,舊志又有"漸就湮沒"的危險,客觀上需要對《中衛縣志》進行續修。鄭元吉深以爲憾,慨然視爲己任,"取舊志,網羅散失,始於庚子仲夏,成於辛丑仲春"。鄭元吉等自道光二十年(庚子年,1840)五月續修縣志,至二十一年(辛丑年,1841)二月修成並刊行，續修縣志共用了十個月的時間。

鄭元吉《〈續修中衛縣志〉序》對修志過程有詳細介紹，他説："於是商共寅僚，議集紳耆，下及里長黨正，皆充採訪。自春徂夏，各舉見聞以陳。鄉里山川古跡，悉因仍於舊志。倉儲學校之紛更，郵驛橋樑之增減，明神先哲之壇廟墳塋，户口錢糧之盈虚征斂，公卿大夫忠孝節義之尊美，薦舉科名營伍戰守之盛大，天人休咎之徵，山林遺軼之事，補遺正訛。每篇目輒條其顛末，博觀而約取之。"前文提及，鄭元吉組成了一支由二十九人組成的續修縣志隊伍，對《中衛縣志》做全方位的補充、訂正。《續中衛志》初稿完成後，又延請余懋官進一步審訂，最後才正式定稿。從實際情況看，《續中衛志》在内容上的確比原志豐富了一些，作爲續志，自有其獨特價值，並非像某些學者評價説其資料價值不大。

2. 編修方法

（1）編修體例與内容結構方面

《續中衛志》的編修體例、内容結構基本都照搬〔乾隆〕中衛縣志》。共十卷，每卷前都有小序，正文前内容共三十四頁。《中衛縣志》原有"序"共四篇，《續中衛志》按原志次序全部保留，均標題作"原序"，依次是：鍾蘭枝《〈中衛縣志〉序》三頁、圖鎝布《〈中衛縣志〉序》三頁、隆甫《〈中衛縣志〉序》四頁、黄恩錫《〈中衛志草〉序》五頁。續志新增序文兩篇，置於《中衛縣志》原序之前，依次是：道光二十一年（1841）孟夏（四月）程德潤《〈續修中衛縣志〉序》三頁、同年季春（三月）鄭元吉《〈續修中衛縣志〉序》兩頁。

《〔乾隆〕中衛縣志》序後呈送上級官員閲批的内容在續志中被删掉了，續志於序後接的内容是《中衛縣志·修志姓氏》兩頁、《續修志姓氏》兩頁、《〈應理志草〉總目》兩頁、《凡例》十條三頁。其後的地圖部分共五頁，新增《縣城全圖》一幅，繪製有城門、城牆、公署、壇廟等，置於《中衛縣境域圖》、《水利圖》之前。圖後即爲卷一至卷十正文内容，共二百六十九頁。最後是乾隆二十六年（1761）羅元琦撰《〈中衛縣志〉跋》三頁。

《續中衛志》在内容上還有與《中衛縣志》不一樣的地方。《續中衛志·凡例》述及志書内容輯録情況曰："星野、建置、疆域以及山川、村堡，悉仍舊志，惟額徵、户口、税課、職官、人物、忠孝、節義重加編輯。查户口倍繁於昔，而土田間多崩塌，税課、額徵亦屢邀豁免。其職官、人物、忠孝、節義，諭地方紳士備爲訪察。實有德可録，有善足記者，另爲之傳，庶不致湮没無傳。雖其意在善善欲長，亦不敢溢及無實。"從志書記載内容看，重加編輯的額征、户口、税課、職官、人物、忠孝、節義等内容的確與原志有較多的不同（詳見下文），有些地方明顯是據事實作了新的補充。如《中衛縣志》卷二《建置考·官署》載："中衛縣典史，無衙署。歷任皆寓寺觀民房。現在議請修建。"《續中衛志》前三句話照錄，把第四句"現在議請修建"改寫作："乾隆四十五年，典史王伯需因知縣王臣修理縣署餘貲，創建衙署，在縣署後。"續志很明顯是據實際情況補寫了相關的史實。再如，《中衛縣志》卷二《祠祀》"文昌閣、奎星閣"條後原附考証，内有"此道家之説，識者其辨之"語，《續中衛志》本句作"此道家之説，與朱竹垞老人所辨相歧矣，識者其知之"。① 續志很明顯對原志的考辨内容有思考，並據個人所知補充了重要的考証線索。

原志部分内容後附有黄恩錫的議論，鄭元吉往往於黄氏議論之後再附"考堂鄭氏曰"或"考堂記"，對黄氏的議論再發議論。如《〔乾隆〕中衛縣志》卷一《地理考·水利》後附"素菴黄氏曰"，闡述自己對發展農業水利事業的看法，《續中衛志》在其後附"考堂鄭氏曰：素菴留意水利，引河決渠，法可謂詳且密矣"云云。卷三《貢賦考》在"素菴記"之後附"考堂記"曰"按：素菴田賦一記，切中利弊"云云。

另外，《續中衛志》對於部分類目内容的次序進行了調整，部分類目名稱也有變更。如《續中衛志》將《〔乾隆〕中衛縣志》卷一《物產》内容移至續志卷三《貢賦考》；《〔乾隆〕中衛縣志》卷八原爲《古跡考》，包括《古跡》、《中衛各景考》、《雜記》等三類目，續志把本卷《古跡考》改名爲《雜記》，把原志《古跡》内容移至續志卷一，將原志"雜記"類目名改爲"軼事"，又把原志卷二《祥異》内容移至續志本卷。張維認爲該志"類例記載盡仍舊志，所續增不及十一，而自售'續修'，剜移成編，蓋好名之甚者"。指出該志把《〔乾隆〕中衛縣志》的部分類目内容進行移並，有些可取，有些則很牽强。補"雜志"一卷，卻未按原書體例補寫出"小序"，"因人之物而復如此舛錯，亦太疏矣"。② 有些類目内容的調整還是合理的，如《〔乾隆〕中衛縣志》卷七《選舉表》，科舉名單中先列舉人後列進士，這雖然符合科舉的次序，但舊志中一般都是先列進士，後列舉人，續志對《〔乾隆〕中衛縣志》所載就作了次序上的調整。《〔乾隆〕中衛縣志》同卷中把《武階》名單插入到附載的《仕宦》名錄後，顯然與體例不符，續志也作了調整，緊接在《鄉貢》之後，這也與續志目錄中標注的順序相一致。

遺憾的是，續志没有把原志内容編排上存在的部分問題給糾正過來，而是把問題沿襲了下來。如《〔乾隆〕中衛縣志》卷一《地理考·山川》"老君臺山"雜見

---

① "朱竹垞老人"指清代學者朱彝尊（號竹垞），在其《曝書亭集》卷六九《開化寺碑》中對文昌之名有所考辨。
② 張維：《隴右方志錄》，《中國西北文獻叢書》據北平大北印刷局 1934 年版影印，蘭州古籍書店 1990 年版，第 77 册第 705—706 頁。

於川名中,卷五《官師考》"中衛學教授"任職時間晚的高際泰、楊淑排序在任職時間比他們早的李作屏、雍永祚之間,"西協參將"左方、馮正、路英、王淮的任職順序排成了路英、王淮、左方、馮正。①

(2) 行文方面

《續修縣志》大部分內容都直接過録《〔乾隆〕中衛縣志》原文,也有相當多的行文表述的內容雖與原志不同,但模仿原志使用字、詞、句的痕跡非常明顯。如〔乾隆〕《中衛縣志·凡例》最後一條載:"志屬草創,又邊地典籍缺略,毫無考據,不揣固陋,隨意纂修。僅以吏事餘力,行館署燈,出一人之手,越三月而成其稿。雖編次務求詳而有體,而才識有限,文獻無徵,第取而名之曰《應理志草》,以俟博雅之討論裁正焉。"《續中衛志·凡例》最後一條載:"志自乾隆二十六年鑴版後,迄今八十餘年未加修葺,元吉以吏事餘力,行館署燈,集諸紳士所採訪者,核舊志而損益之,復與友人商榷可否,越三月而稿成。惟邊地典籍毫無考據,不揣固陋,隨意纂修,以俟博雅之討論裁正焉。"②兩者比較可知,續志有些句子原封未動,有些據實際把句子改寫了,有些是把句子順序調整了一下,但行文的特點則是一致的。

(四) 正文內容及編修質量

卷一《地理考》共三十二頁,包括《星野》、《沿革》、《疆域》(附"形勝")、《山川》、《水利》、《古跡》、《風俗》等七類目。《星野》後所附星圖的内容比《〔乾隆〕中衛縣志》詳細,③多繪出"天狗"、"天狼"、"弧"、"矢"、"積水"、"老矢"等六處信息。續志删掉了原志的《星象歌》。《水利》"七星渠"、"張恩堡通濟渠"條據實際情況把灌溉田數作了更改,原志作"七星渠"澆田七萬二千一百餘畝,"通濟渠"灌溉二千五百五十二畝,續志分别改爲"六萬四千九百畝"、"二千八百餘畝",其他文字均過録《中衛縣志》原文。

卷二《建置考》共三十九頁,包括《城池》、《堡寨》(附各灘、湖、山莊)、《公署》(附"養濟院""公館")、《倉廩》、《學校》、《祠祀》(附"寺廟")等六類目。《城池》"中衛城"條補充了道光二年(1822)、十二年(1832)修城史實。《倉廩》各倉支糧信息與原志有異,新增了"白馬、鳴沙倉"的資料,"應理倉"條增加了嘉慶四年(1799)

---

① 《標點注釋中衛縣志》把這些問題都已經糾正過來了。
② 自乾隆二十六年(1761)編成《中衛縣志》當年算起,至道光二十一年(1841)續修縣志刊行,相距八十一年,故程德潤、鄭元吉等人言"八十餘年"。另據程德潤序,鄭元吉等自道光二十年(1840)五月續修縣志,至二十一年(1841)二月修成並刊行,續修縣志用了 10 個月的時間。《凡例》套用《乾隆中衛縣志·凡例》原句"越三月而成其稿",與續修縣志所用時間事實不符。
③ 星圖中星宿名稱,《〔乾隆〕中衛縣志》"東井",《〔道光〕續修中衛縣志》作"井"。

知縣文楠添建廠房事。《學校》新增了"鎮靖堡義學"、"石空堡興文社"等兩條資料，鄭元吉還有議論附在其後，"中衛縣儒學"，"應理書院"，宣和堡、鎮羅堡、永康堡等社學各條目中都增加了乾隆二十六年（1761）之後的新資料。《祠祀》中新增了"文昌宫"資料，關帝廟中增加了道光八年（1828）興修的資料，本條資料後又附鄭元吉的一段補充材料，談及關帝廟原有古碑一通，碑文記載了明朝崇禎十六年（1643）關帝廟與當地回民清真禮拜寺爲擴址而爭鬥事，具有較爲重要的資料價值。"河渠龍神廟"中補充了乾隆五十八年（1793）、嘉慶十七年（1812）、道光十年（1830）修建之事。

卷三《貢賦考》二十頁，包括《額征》、《户口》（附"蠲恤"）、《税課》（附"市集"）、《物産》、《鹽法》（附"茶法"）等五類目。本卷内容資料很多，續志對原志所記有保留，亦有補充、修改。兹舉一例説明。《續中衛志》記載："一公用養廉田七十五畝。每畝科糧二斗六升，應徵本色糧一十九石五斗，又每畝新增糧一斗八升，共增糧一十三石五斗二，共應徵糧三十三石。一上則全田二千一百三十頃五十五畝一分二厘零。每畝科糧一斗二升，草三分，銀一厘。内有田三十五頃七十一畝一分六厘零。其地稍薄，例不征銀，止該征銀地二千九十四頃八十三畝九分五厘零。共征地畝銀二百九兩四錢八分三厘零，共征本色倉斗糧二萬五千五百六十六石六斗一升四合，草六萬三千九百一十六束五分三厘。"本段文字中，"一公用養廉田七十五畝"句至"共應徵糧三十三石"、"共征地畝銀二百九兩四錢八分三厘零"句至"草六萬三千九百一十六束五分三厘"句兩段文字爲《〔乾隆〕中衛縣志》所無，"一上則全田二千一百三十頃五十五畝一分二厘零"句至"止該征銀地二千九十四頃八十三畝九分五厘零"系續志原文過録《〔乾隆〕中衛縣志》。

卷四《邊防考》八頁，包括《塞垣》、《營制》、《邊界》、《驛遞》、《關梁》等五類目。《驛遞》比《中衛縣志》内容有刪減、改動，如《〔乾隆〕中衛縣志》載："中衛驛：西路廳經管舊額馬四十五匹，於乾隆九年八月，内奉文歸縣管理。嗣於乾隆二十年五月，内奉文新添馬一十五匹，至乾隆二十五年，奉文裁撤馬二十匹。"《續中衛志》載："中衛驛：西路廳額馬十八匹，歸縣管理。"兩志記載内容差别很大，鄭元吉對此解釋曰："按《賦役全書》與舊志所載各驛額馬數目不符，因西路廳及各驛丞裁缺，額馬亦歷年屢經增減，故爲《賦役全書》所未詳、舊志所未及載也。兹就現在歸縣管理之額數一一登記，至後有增減，其稽核以俟來者。"《關梁》較《中衛縣志》增加了嘉慶七年（1802）在甯安堡所設"泉眼山渡"。

卷五《官師考》十七頁，包括《官制》、《職官》、《名宦》等三類目，附"俸薪養廉"。《中衛縣志》與續志《職官》所載文職通判、同知、中衛掌印指揮、掌印守備、經歷等五種職官，武制西協參將、中軍守備等兩種職官名單全同，文職的知縣名單中增加乾隆六十年（1795）文楠至道光十九年（1839）鄭元吉共九人，教諭中增加李蓉等六人，訓導中增加史旌直等三人，典史中增加吳治安等五人，巡檢中增加余林等十二人。續志關於武官的記載較《〔乾隆〕中衛縣志》有大的增加，這要得益於鄭元吉的重視，他説："官師有文職，不能無武階，而邊邑爲用武之地，其有功德於民者，尤不可略而弗記也。中邑自乾隆五十二年以後，至道光二十年以前，武階名氏缺於稽考，其何以紀捍禦之勳而企功德之慕乎！此元吉所以耿耿不能釋諸懷也。"武官部分，續志新增廣武營遊擊六人、廣武營守備八人、石空營守備五人、古水營守備十一人，這些《〔乾隆〕中衛縣志》原無。副將名單中，續志較《〔乾隆〕中衛縣志》新增蕭福禄等十人，都司名單中，①新增石寶森等八人。

卷六《獻征表》二十四頁，包括《人物》、《忠節》、《孝義》、《節女》、《流寓》等五類目。與《中衛縣志》相比，續志《流寓》、《方技》入傳人數同《〔乾隆〕中衛縣志》，但《人物》中新增梁朝桂等六人入傳，《忠節》新增羅全亮一人入傳，《孝義》新增張雲等五人入傳，《烈婦》新增計氏等三人入傳，《節孝》新增陳氏等七十四位入傳。

卷七《選舉表》十二頁，包括《科甲》、《鄉貢》、《武階》等三類目，附"誥贈"、"仕宦"、"鄉飲耆年"等内容。根據中衛八十多年科舉的變化情况，續志在《科甲》中新增楊掄、張志濂等進士二人，楊掄等舉人十三人，探花孫掄元一人，新增田禮、魏朝臣等武進士二人，范起鳳等武舉人五十四人；《鄉貢》中新增魏諫唐等四十三人；《武階》中新增魏朝臣等十四人。附載的"誥贈"新增范登元等十一人，"仕宦"新增畢鐘奇等二十四人，"鄉飲耆年"新增何其福等八人。

卷八《雜記》九頁，包括《各景考》、《祥異》、《軼事》等三類目。《祥異》中增加了三件道光年間發生的事情，其他内容與《〔乾隆〕中衛縣志》同。卷九七十頁、卷十三十八頁，均爲《藝文編》，包括《上諭》、《議》、《論》、《書》、《記》、《序》、《傳》、《賦》、《銘》、《詩》等十類目。這部分内容增加不多，在《記》中增加了鄭元吉的《續修文廟碑記》、《續修七星渠碑記》、《應里書院碑記》等三篇，《詩》中增加了周守域的《勝金關懷古》一首。

（五）文獻價值

該志編修參與者人數衆多，文本中錯誤也不少。文本整理者已經多有補漏、校正、校勘，如補《皇清分巡寧夏道鈕公生祠碑記》脱漏四十五字，改"王士安"爲"王子安"、"李白平"爲"李北平"，等等。但《〔乾隆〕中衛縣志》志書中仍有部分問

---

① 《〔乾隆〕中衛縣志》卷五《官師考》載，雍正九年（1731）改設都司，《〔道光〕續修中衛志》誤載爲"雍正元年（1723）"改設。

題未被整理者發現。《〔乾隆〕中衛縣志》卷二《建置考》"祠祀"中"厲壇"載："厲壇，在城西北。每歲三祭，祭日奉城隍神以主厲祭，設無祀鬼神之位於壇下。春則清明，秋則七月十五日，冬則十月初一日。祭儀節省於各壇，止行一跪三叩禮。"《續中衛志》載曰："厲壇，在城西北。每歲三祭。春則清明，秋則七月十五日，冬則十月初一日祭。"續志顯然把《中衛縣志》中的祭祀物件及儀節形式這樣非常重要的内容脱漏了。更爲嚴重的是，續志對原志部分内容不知何故，全部删除，這樣做是很不應該的。如《中衛縣志》對於文廟祭品、祭器、樂器、舞器的名稱、數量都有詳細的記載，並配以《文廟陳設圖》、《文廟樂舞圖》説明，但續志只存圖，文字内容全都删除了。《〔乾隆〕中衛縣志》卷一《地理考·物産》後原附黄恩錫撰《蠶桑考》、節録的《豳風廣義·宜桑説》、《養蠶節録》，這些資料對於指導當地養蠶事業的發展很有價值，但續志也全部删除了。卷五《官師考》，續志目録中標注附録有"俸薪養廉"，但正文没有相關内容，原志中載録的内容也全部被删掉了。

儘管有上述這些問題存在，加上《續中衛志》從編修體例到内容結構、甚至遣詞造句等因襲《〔乾隆〕中衛縣志》的痕跡非常明顯，所以有學者認爲續志没有太大的資料價值，續增内容甚少，無甚特色。其實不然。從前文所述可以看出，《續中衛志》提供了比《〔乾隆〕中衛縣志》更爲豐富的資料，所以該志還是有其積極的文獻價值的。

續志成書於《〔乾隆〕中衛縣志》修成八十多年後，鄭元吉在很多類目内容中都有史料方面的補充，特別像户口、賦税、田畝等類内容會發生變動，職官上、人事會有正常的變動、調整，科甲方面也會有規律性變化等，《續中衛志》都能較爲準確地反映出來。部分史料詳細程度也比《〔乾隆〕中衛縣志》高，如《〔乾隆〕中衛縣志》卷二《建置考》後附養濟院、公館的資料，關於養濟院記載道："養濟院，在城西門外。乾隆二十三年，署西路廳富斌、知縣黄恩錫捐建。"交代了所處位置、興建時間及興修人，《續中衛志》除這些資料外又補充如下："額設孤貧二十名，日支糧一升，每月共支糧六石，計一歲支倉斗數糧七十二石。"補充的資料介紹了養濟院的規模及開銷問題，將《中衛縣志》與續志的資料合在一起，對養濟院的瞭解才會更深入。關於公館，《中衛縣志》只記載了東路勝金關公館、南路鳴沙州公館和安寧堡公館、西路長流水等官房，續志則補充記載了黄恩錫任後幾任官員添建的大公館、二公館、乾塘子、營盤水、沙坡底等五家公館，形成了中衛縣公館的完整資料。

因此，《續中衛志》不僅基本保存了《〔乾隆〕中衛縣志》的全部内容，同時又補充了新的内容，所以就研究中衛的歷史、政治、經濟、地理等問題而言，《續中衛志》的資料更全面，使用上也更爲便利。

整理説明

一、本書主要以標點、校勘、注釋等方式對《〔乾隆〕中衛縣志》、《〔道光〕續修中衛縣志》進行整理。《〔乾隆〕中衛縣志》以美國哈佛大學圖書館藏乾隆二十七年（1762）刻本爲底本，部分整理成果參考寧夏人民出版社1998年版范學靈等整理本《乾隆中衛縣志校注》。《〔道光〕續修中衛縣志》以中國國家圖書館藏道光二十一年（1841）刻本爲底本，部分整理成果參考寧夏人民出版社1990年版周興華等整理《標點注釋中衛縣志》。

二、《〔道光〕續修中衛縣志》絶大多數内容與《〔乾隆〕中衛縣志》雷同，爲省篇幅，避免重複，本書以《〔乾隆〕中衛縣志》的體例、内容爲基本框架，輯入《〔道光〕續修中衛縣志》中增補或因時代變遷而改變的内容，《續修中衛縣志》簡稱《續中衛志》。輯補方法如下：

（一）將《續修中衛縣志》的序文、凡例、目録、修志姓氏等置於《中衛縣志》之後，用"【《續中衛志》序、修志姓氏、總目、凡例、圖考】"標注説明。

（二）《續修中衛縣志》增補内容以小五號宋體字輯入《中衛縣志》相應類目之後，用如"【《續中衛志》卷一《地理考·水利》】"類字樣標注出處。

（三）《續修中衛縣志》承襲《中衛縣志》過程中産生的異文或脱、訛、衍、倒等，均以卷末注形式出校説明。

三、整理成果以繁體横排形式出版。注釋條目以當頁脚注形式注明，用圈碼①②③之類排序，校勘記以[1][2][3]之類排序，放在卷末。正文或脚注中以"□"符號表示原本漫漶不清或破損的文字，一個"□"符號代表一個字；原本缺漏内容較多者脚注説明，並以"……"符號表示；正文中以"〔　〕"符號括注的文字，均係整理者增加。

四、以【校勘記】字樣於各卷末注校勘成果。校勘以校異文爲主，酌校内容異同。因用字習慣不同而出現人名、地名、族名等同名異寫現象，均出校説明。底本或對校本中存在明顯的誤、脱、衍、倒等現象，於正文中校改後出校説明。雖有異文但意可兩通者，不改正文，僅在校記中説明。除特殊需要外，校本有誤，一般不出校。

五、兩志在刊刻時明顯誤刻之字,如"戊""戍"誤作"戌","己""已""巳"及"曰""日"互混等,校勘時徑改,不一一出校説明。"飢渴""飢寒""飢餓"等詞語之"飢"誤作"饑","征伐"之"征"誤作"徵",等等,皆徑改,不一一出校。

六、兩志刊刻或引用他書文獻時,因避當朝名諱而改前朝文字者,如"宏治""萬歷""崇正""元宗"之類,均據原字或原書回改爲"弘治""萬曆""崇禎""玄宗"等,僅於首見處出校説明,餘皆徑改,不再一一出校。

七、底本用字中存在的異體字、俗體字、通假字、古今字等現象,一律不出校説明其字形相異。某些不規範的異體字、俗體字、古今字等,或前後用字不一者,均按出版要求適當統改成規範、統一的字體,不出校記。兩志轉引他書文字内容,引文若與該書通行版本文字不同,除引文確實有誤,如誤録人名、地名、時間等需要出校説明外,凡不影響文意理解者一般不改動引文。

八、當頁脚注徑出注釋條目。注釋内容主要包括:原文易致惑者(如文獻簡稱或省稱、干支紀年等)、原文提及的詩文或史料出處、原文體例中資料互見者、整理者對輯補史料的出處説明和整理者的補充文字等。

九、脚注中,凡言"本志"者,指《〔乾隆〕中衛縣志》,凡言"《續中衛志》"者,指《〔道光〕續修中衛縣志》。凡言"本志書例"者,指《〔乾隆〕中衛縣志》編修體例,凡言"《續中衛志》書例"者,指《〔道光〕續修中衛縣志》編修體例。徵引文獻之版本,凡"中華書局點校本"簡稱"中華本","文淵閣《四庫全書》"本簡稱"《四庫》本"。書名較長者沿用習慣簡稱,具體簡稱參見《參考文獻》。

十、脚注中,凡引古代文獻,均只注明書名、卷次、篇名等,其作者、版本等詳見《參考文獻·古代文獻》。凡引現當代文獻,均只注明作者、書名或論文篇名、頁碼等,其出版社、刊物名、發表時間等詳見《參考文獻·現當代文獻》。若被引用古代文獻已有整理成果,一般直接吸收其合理意見,不再重複叙述校注理由,注明"參見××"字樣。引文出處、他校資料或他人校勘、考証成果,亦注明"參見××"字樣。

十一、《參考文獻》分《古代文獻》和《現當代文獻》分别著録。其中,《古代文獻》分陝甘寧舊志、經、史、子、集等五類著録,《現當代文獻》分著作、論文兩類著録。

十二、中國國家圖書館藏王樹枏輯三卷本《重修中衛七星渠本末記》是一篇非常重要的寧夏水利歷史文獻,本書首次對其進行整理,附録於後,以便學者研究利用。

〔鍾蘭枝〕中衛縣志序①

　　自扶風易龍門八《書》爲十《志》，此志之所由始也。厥後郡縣莫不有志，所以備輶軒之採擇，貢之上國爲史乘，資任綦重矣。非有作之於前，則後之踵而輯之者，苦於無因，或作矣而未備，非有推而廣之，使別類分門，犂然具舉，又不足以稱完書。甚矣，志之難也。

　　中邑自五代迄宋，淪入西夏，荒滅不可考矣。元置應理州。明改寧夏中衛。國朝因之，至雍正三年始爲縣。[1]向所傳《應理》一册，粗具梗槩。前後數百年間，事多放失，觀風者不無遺憾焉。陝北黄君以名進士莅斯土，歲且四稔，政和人洽，百廢皆興。平時目之所歷，耳之所聞，故老遺民之所傳述，與夫地形風俗，因革利病，下至一名一物，莫不瞭然於心。因慮文獻之無徵，網羅散佚，參互考訂，廣舊抄爲十卷。麟麟炳炳，卓然成一家之言，斯真可以信今而傳後矣。

　　余奉命視學秦中，閱試寧郡，黄君携志來謁，且請爲之序。余維古明盛之時，太和翔洽，凡在一鄉一里，沾厚澤而被深仁，咸駸駸乎臻於上理。我國家聿隆至治，涵濡百餘年之久，薄海内外，共享昇平之福。中邑經勝國兵燹之後，沐浴聖化，既庶且富，敦崇禮教，人文蔚茂，燦然與三代同風。班固有言：②"國藉數世之基，[2]家承百年之業，士食舊德之名氏，農服先疇之畎畝，商循族姓之所鬻，[3]工用高曾之規矩。"以是編徵之，豈不信哉。

　　乾隆壬午初夏，③陝甘督學使者海昌鍾蘭枝撰。

---

①　鍾蘭枝《中衛縣志序》與下文圖錯布《中衛縣志序》、黄恩錫《中衛志草序》，《續中衛志》均題作《原序》。
②　參見《後漢書》卷四〇上《班固傳》。
③　乾隆壬午：乾隆二十七年（1762）。

【校勘記】

［1］三年：據《清世宗實録》卷二五載，中衛改縣事在雍正二年（1724）。參見魯人勇等《寧夏歷史地理考》卷十五《清朝》。
［2］數世：《後漢書》卷四〇上《班固傳》、《文選》卷一《賦甲·京都上·兩都賦》等均作"十世"。
［3］族姓：《後漢書》卷四〇上《班固傳》、《文選》卷一《賦甲·京都上·兩都賦》等均作"族世"。

〔圖鎯布〕中衛縣志序

　　中衛，古邊邑也。襟帶河山，幅幀寥闊。昔爲用武之地，五代而後，多淪於西夏。職方紀載，皆無得而徵焉。我國家版圖式擴，聲教覃敷。百餘年來培養振作，舉干戈戎馬之塲，已被以禮樂衣冠之盛矣。而素菴黃君適調玆邑，下車之初，即期與民相休息。仰承聖天子德意，軍輸供億，一絲一粟不遺累於閭閻，葺學宮，修水利，數年之間，不遺餘力。當大功告成之後，上下無事，乃慨文獻之無稽，期昭垂於勿替。於是公務餘暇，登眺山川，諮詢原隰，凡舊蹟所遺留，暨目前所布置，悉皆遐徵旁引，酌古準今，起例發凡，條分縷析。閱數月之經營，而後裒然卷帙，洋洋乎有巨製之觀也。書既成，不憚數千里，遠致於予。予惟古者天子巡狩以觀風，太史陳詩以貢俗，所以朝廷有史，郡國有志。志者，志也。一邦之人，有事於此而悉志之；一邑之宰，有事於此而亦志之。志之者，所以昭是非之炯鑒，助教化於無窮，固無異於史也。故必廣搜博採，而後無遺蹟；必循名責實，而後無訛傳；必辭正義確，而後無蔓語；必類序倫分，而後無亂章。其載欲詳，其書欲直，其文欲簡，否則蕪也、略也、舛且支也。此才華之士，操觚染翰，千言可以立待。至進之以史，則雖學綜二酉，文富百城，而於一字之下，未嘗不含毫閣筆，遜謝不遑者，有由然也。

　　素菴以名孝廉來試南宮，爲予經房首薦，與列魁選。接待間，見其胚摯安詳，不徒以文章自炫者流，即以實用期之。今製錦邊疆，果能加意民生，振興儒術。觀其所採輯者，凡土疆之沿革、河渠之灌溉、驛路之通達、風俗、物產之繁昌，以及科第、官師、材能、節義，靡不燦然臚列，包括無遺；而且被之以絃歌，暢之以吟咏，彬彬焉，郁郁焉，渾忘其爲風沙邊塞之區。在古之循良，未知何若，然亦可謂不負所學、盡心於司牧之職者矣。將壽之金石，不且與河山增色也哉。猶憶予成童時，自寧夏赴平涼，路出中衛道上，長河廣漠、積莽孤烟，助旅況之蕭條者，未嘗不心焉感之。乃廿年之後，轉移荒僻之地，漸爲文物之邦，以上副國家鼓舞陶成之化者，素菴得與其盛焉。則覩斯編也，益不能不流連三復云爾。是爲序。

　　賜進士出身、中憲大夫、日講官起居注、翰林院侍讀加二級，遼陽圖鎯布書。

〔國棟中衛縣志序〕

　　古者國有史，郡邑有乘，族有譜，家有訓，人有傳，皆所以志也。經無史志名，然《尚書》、《春秋》，經而史、史而經矣。周漢以還，遷、固等之兩《漢書》，星歷以至河渠，條分而次之，後世取法焉，而猶不能無遺議。此史志之難也。

　　中邑爲前代應理州地，被服文教，歷有年所。及我朝，改寧夏衛爲府，中邑爲屬縣。幅員數百里，漸仁摩義，風俗駸駸日上，彬彬雅雅，科第人文，相繼而起，而志乘猶缺焉未講。其附見於《朔方志》者不過數條，且係前明故簡，與時事大相逕庭。黃公素菴來令茲邑，獨慨然深念之。顧以朝廷方有事準夷，軍書旁午，未暇及也。歲丁卯，①準夷蕩平，並勃律堅昆諸部，亦相率內屬，拓地萬餘里，事大竣。庚辰夏，②前大方伯蔣公巡視銀夏，亦以縣志未成屬公。公乃以數年來旁搜博採、邐稽遠覽者，加以參究，務得精實，準今酌古，選義考詞。自秋徂春，手自編纂，裹然成書，犁然有當於人心。嗚乎，可謂勤矣。非講明而切究之已久，能若是乎？公之言曰："彰往可以察來，信今斯能傳後。士人甫離鉛槧，膺民社寄，入境而心茫然。山川何似，人民何似，習俗何似，田賦若何，戎政若何，天文、地理何屬，曩哲之遺徽何若，問胥吏則莫對，詢士民則未逮。求一展卷而了然於目，了然於心，了然於口，舍志其奚恃乎？後有作者踵是而增美焉，其易爲力也。抑且宣上德意以與民，沐浴膏澤而歌咏勤苦者，有司之事也。紀休烈，揚善行，俾慕義而思就者，導民之善術也。若謂作志書必良史才兼三長始操筆焉，則邊地之山川風物，亦終草莽委之矣。"余曰："善。"遂書以爲序。

　　時乾隆二十六年，歲在辛巳夏五之吉。賜同進士出身、誥授奉政大夫、署甘肅寧夏府理事同知、候補同知、前左春坊左庶子、仍兼吏部考功司掌印郎中、考功司郎中、員外郎、主事、翰林院庶吉士、長白國棟隆甫氏撰。

---

① 丁卯：乾隆十二年(1747)。
② 庚辰：乾隆二十五年(1760)。

〔黄恩錫〕應理志草序

粤稽往古，山川土田，載諸《禹貢》。陳詩觀風，職在太史。此殆國史之所自起，而郡邑列乘所由昉乎。蓋史爲天下之志，而郡邑先之，故其事宜詳而有體。然而求具史之才，兼史之法，以勝其任，則志良難矣。夫史多撮記其要，志則必詳綜其實，且事在傳信，非可以意爲之，故必有所可因，斯足以証其可據。若今之志，應理則尤難矣。舊抄半册，本之《朔方新志》，所載者僅城堡、貢表、官師、學校數條，其他山川、祭祀、建置、沿革、渠道、土田闕畧無徵。又廣武前隸乎寧郡，香山爲慶藩牧場，今皆宜彙入之，是不得不創爲編輯矣。

予承乏兹邑，忽踰四載。每登覽山川，遍歷各堡，慨在昔戎馬之郊，屢經兵火地震之變。漢唐迄元，眴卷、應理、鳴沙雖相傳已州縣其地，而官斯土者何人，治斯土者何事，産斯土而著名者何人，皆湮没無可見之跡，杳茫無可証之書，夫亦以志之不作也。今庚辰仲夏，①陽湖蔣大方伯巡視河防，往來中邑，索邑志不獲，乃責余曰："子以科第儒生，久宰邊邑，於其山川、古蹟、民生、吏治，獨不爲加稽考著述乎？"雖遜謝不敏，而責無可貸。兼以邑之紳士，聞此言而交相屬焉，此尚可以需之他日哉！因妄不自揣，於是秋七月操筆，至十月而脱稿。其間言期有用，事求可徵。雖成之似無多日月，而原之以四年來之心眼所歷，精神所到，殫志竭慮，搜考編排，亦幾經營之慘淡矣。第事事詳核，固不敢以易心處之。所憾自元、宋以前，地淪西夏，之後一切皆没於兵火，遂多闕文焉。至有明以來，凡興廢之由，教化之原，閭閻疾苦之故，則採訪而備論之。訂爲總志十卷，分目三十有六。撰次搜討，咸出余一人。參校訪録，則邑之耆彦分厥事焉。

予自成童進學，弱冠教書，爲諸生者二十一載，亦嘗肆力於經史，雖幸獲一第，濫膺民社，不能進躋詞垣秉史筆。今於一邑之志，上下數百年間，寥闊數百里之地，考輯編纂，俾山川、草木、雲物、魚鳥之蕃，皆得所發揚，而典祀、邊防、農田、水利以及人心風俗之微，皆得以講求而參互攷訂焉。上以表章夫國家百十餘年教養之休，下闡揚乎忠孝節義之行，以風勵於當世。竊妄附諸陳詩觀風之末，俾

---

① 庚辰：乾隆二十五年(1760)。

將來國史、郡乘資採擇焉,抑亦生平所學者,一時之遭也。

　　庚辰仲冬朔六日,書於香山行館。賜同進士出身、甘肅寧夏府中衛縣知縣、軍功加二級又加一級、隨帶紀錄三次,滇賧北黃恩錫謹序。

修志姓氏

康熙辛卯,①寧夏西路中衛儒學教授,涇陽劉追儉起草。
乾隆庚辰,②寧夏府中衛縣知縣、軍功加二級,滇叙北黃恩錫纂修。
寧夏府中衛縣儒學教諭、頻陽張若敏丙辰。
中衛縣典史李延鳳,鎮江人。
分駐渠寧巡檢司舒采願,南昌人。

參校採訪

截取知縣、壬子科舉人楊士美蓮塘,③邑永康人。
原任浙江漕運千總、庚子武科舉人蔣前烈有光,④縣治人。
壬申科進士、⑤截取知縣羅全詩,石空人。
貢生:魏殿元,廣武人;魏修德有隣,縣治人。
生員:汪兆鰲,縣治人;柳峻,鳴沙州人。

校對繕寫

范灝書田,德清人。
生員:任景昉,縣治人;魏諫唐,縣治人;尹光宗,縣治人。

查卷督刻書吏

劉福祉、陳獻瑞。⑥

---

① 康熙辛卯:康熙五十年(1711)。
② 乾隆庚辰:乾隆二十五年(1760)。
③ 壬子:雍正十年(1732)。
④ 庚子:康熙五十九年(1720)。
⑤ 壬申:乾隆十七年(1752)。
⑥ 中國國家圖書館藏《續中衛志》此後有"光緒九年夏四月金城玉堂氏閱識"十四字。

應理志草總目

序　凡例　圖考
地理考卷之一
　　　星野　　沿革　　疆域附形勝　　山川　　水利　　風俗　　物産附蠶桑
建置考卷之二
　　　城池　　堡寨附各灘、湖、山莊　　公署附養濟院、公館　　倉廩　　學校
　　　祠祀附寺廟　　祥異
貢賦考卷之三
　　　額征　　户口附蠲恤　　税課附市集　　鹽法附茶法
邊防考卷之四
　　　塞垣　　營制　　邊界　　驛遞　　關梁
官師考卷之五
　　　官制　　職官　　名宦附俸薪、養廉
獻徵表卷之六
　　　人物　　忠節　　孝義　　列女　　流寓[1]
選舉表卷之七
　　　科甲　　鄉貢　　武階誥贈、仕宦、鄉飲耆年附
古蹟考卷之八
　　　古蹟　　各景考　　雜記附
藝文編卷之九
　　　上諭[2]　議[3]　論　記　序　書[4]
藝文編卷之十
　　　傳　賦　銘　詩

【校勘記】

[1] 流寓：本志正文"流寓"目前有"烈婦、節孝"二目；後有"方技"一目。

[2] 上諭：本志卷九《藝文編》正文作"御製"。
[3] 議：本志卷九《藝文編》正文作"奏議"。
[4] 書：此字原在"記"前，據本志卷九《藝文編》正文内容順序改。

凡　　例

一、應理舊有《志草》一册，第抄據《朔方志》所分載而增其粗略，殘缺殊多。夫志爲實録，郡邑之志，法宜該詳。凡沿革、風俗、山川、形勢、水利、農田、邊隘、關梁，今皆廣搜詳核，纂輯成篇。惟歷代事蹟遺亡無考，不能無所挂漏，姑以俟之踵事修飾者。

一、星野、建置、疆域仍舊《志草》，而其中舛訛者亦多，皆爲改正補缺。其山川、村堡舊《志》略焉，今凡一邱、一巒、一泉、一澗、城堡、村寨備細載注，使無荒略。

一、農桑爲生人之本。中邑務農力穡，逐末者少而蠶桑不興，往往一畝之所入不能製一衣。然城堡皆産桑，亦間有養蠶之家，特未大興其利耳。爲採《豳風廣義》數條，並附論以示勸。

一、中邑河南北兩岸數萬户，衣食所賴惟資渠壩，而利弊相半，工有難易。兹將各渠延長里數、支渠埧閘所溉田畝，備爲載注，俾司事者寓目，知爲民命所關，不致草率從事。

一、中邑昔爲戎馬之郊，至我朝百十餘年安養恬熙，已成樂土。而邊牆六十里外即爲蒙古駐牧之所。其河之東西暨香山、沙泉一帶，地方遼闊，戰爭所在，往蹟闕不可考。今惟即口隘、營汛、兵制、邊界，詳核而載之，使留心邊備者，可按册而稽云。

一、治莫重於學，室鮮絃誦，膏火無資，皆撫字之責也。今將城堡各社學學舍、學田若干，悉載入之，以俟留心文教者益有以廣其化云。

一、文廟爲教化之藪而功德在民者，報享亦無可疎。其壇壝典祀外，舊有遺愛祠祀，亦并存之。至學宫祭樂器及陳設品物、儀舞次序，備加考校、繪圖，以俟典祀者之有所徵據而愈求其明備焉。此外，寺觀之修其來已久者，亦爲附載而間附論説，以資考辨。

一、物産。廣武、朔方舊志所載，尚未詳悉的確。今條析搜考，凡有益民生日用者，即一草一木，皆爲詳核分注，以便省覽。

一、中邑鄉獻，宋元以前無可考。舊册載前明貢表暨人物、忠節數頁，今并考之《朔方志》《通志》。復諭地方紳士，備爲訪察，核酌備載。其有德可錄、有善足紀者，另爲之傳，庶不致淹没無傳。雖其意在善善欲長，亦不敢濫及無實。

一、列女有節烈可風已蒙旌表者，俱據事書入。其窮簷苦寒，未經表揚，實屬貞操難泯者，并詳悉訪查，一體載入，以示風勵。

一、中邑昔稱尚武之地，今士習丕變，已駸駸乎日盛，而文翰闕如，不惟無以見藝苑之華，即王猷布告、名臣疏議概無傳播，亦屬疏略。兹特廣搜博採，分體收錄，冠以聖朝誥諭，用以示風教之所自開云。

一、山川景物、文人歌詠，雖無關於著作，而風土之所在，里俗之所傳，亦有足資採覽者。大抵中土之藝文苦其多，邊地之藝文苦其少，故不無收錄從寬者。此後文教愈隆，作者踵起，亦可資裁訂焉。

一、廣武舊隸寧郡，今設縣後，已入中邑版圖。所有田土、貢賦、差役、户口、山川、藝文，俱因《廣武志》彙載之。惟職官、武秩仍從其略。

一、坊表。中邑自明以來，兵燹、地震之後已無存者。至節孝之家，有曾旌表建坊，或未經旌表，不無節行可風者，故不復備錄。

一、陵墓。中邑宋代淪入西夏，漢、唐亦無可考。自明迄今，仕宦忠節，雖不乏人，而特予祭葬者，殊鮮傳聞。即道碑、墓志，莫資徵信，故亦闕而不錄。其間有聞見者，另爲附載。

一、採訪所及舊傳、遺蹟，事疑附會及他瑣言細故，則另以雜記别之。或亦《齊諧》志怪、《酉陽》新語之類，博洽者所不廢焉。

一、志屬草創，又邊地典籍闕略，毫無考據，不揣固陋，隨意纂修。僅以吏事餘力，行館署燈，出一人之手，越三月而成其稿。雖編次務求詳而有體，而才識有限，文獻無徵，弟取而名之曰《應理志草》，以俟博雅之討論裁正焉。

〔閱　　批〕

呈送志稿奉制憲楊大人閱批：①郡邑圖籍記載，人文略而未詳，尚未足以信今傳後，何況竟無志乘耶。該令於公務之暇，乃能留心治化，編輯成書，雖文獻無徵，艱於考訂，而規條詳備，亦堪稱一邑之完書，據請弁言，隨後撰發送到，志草已查收矣。

又奉撫憲明大人閱批：②披閱編輯縣志，綱舉目張，考核亦極詳備，應即付梓。志稿并發。

又奉臬憲文閱批：③志乘一書，徵文考獻於風俗，淳澆大有關係，甘肅州縣中，不講久矣。該令簿書之暇，果能留心纂輯，以備攷稽，殊足嘉尚。餘已悉。

---

① 據《宣統甘志》卷五二《職官志·職官表·總督》，楊大人或指陝甘總督楊應琚，漢軍正白旗廕生，乾隆二十四年(1759)任。
② 據《宣統甘志》卷五二《職官志·職官表·布政使》，明大人或指甘肅巡撫明德，滿洲正黃旗人，乾隆二十年(1755)任。
③ 據《宣統甘志》卷五二《職官志·職官表·按察使》，文或指按察使文綬，滿洲鑲白旗舉人，乾隆二十六年(1761)任。

〔圖　　考〕

〔中衛縣輿圖〕

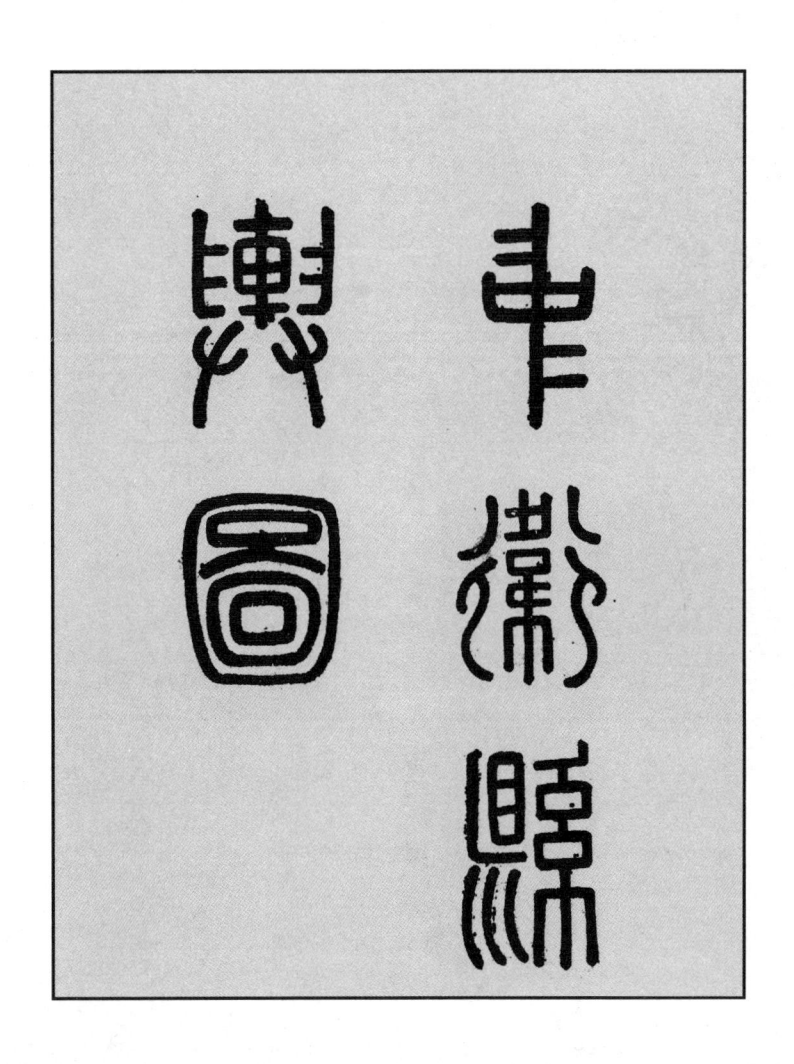

14 〔乾隆〕中衛縣志

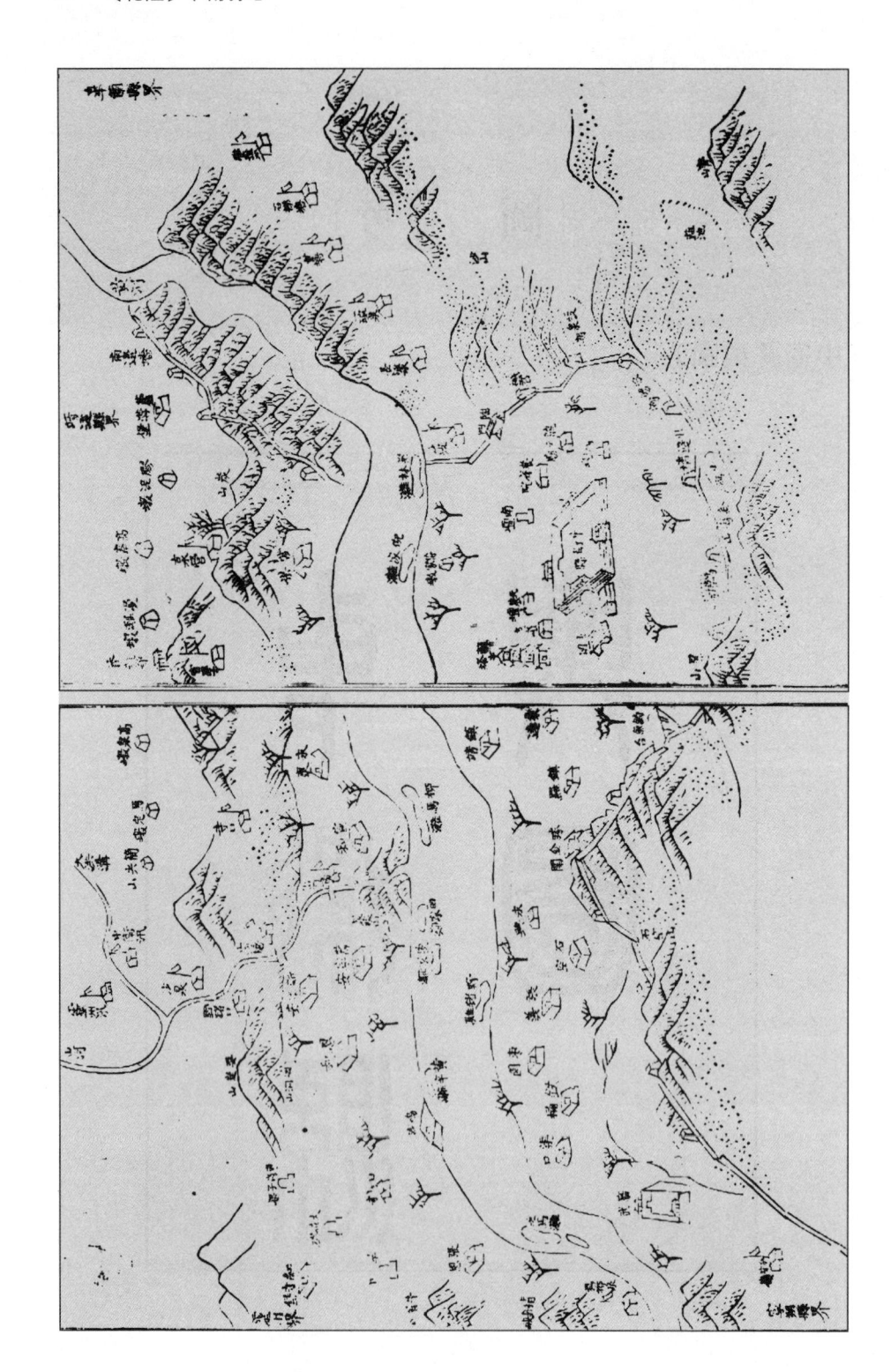

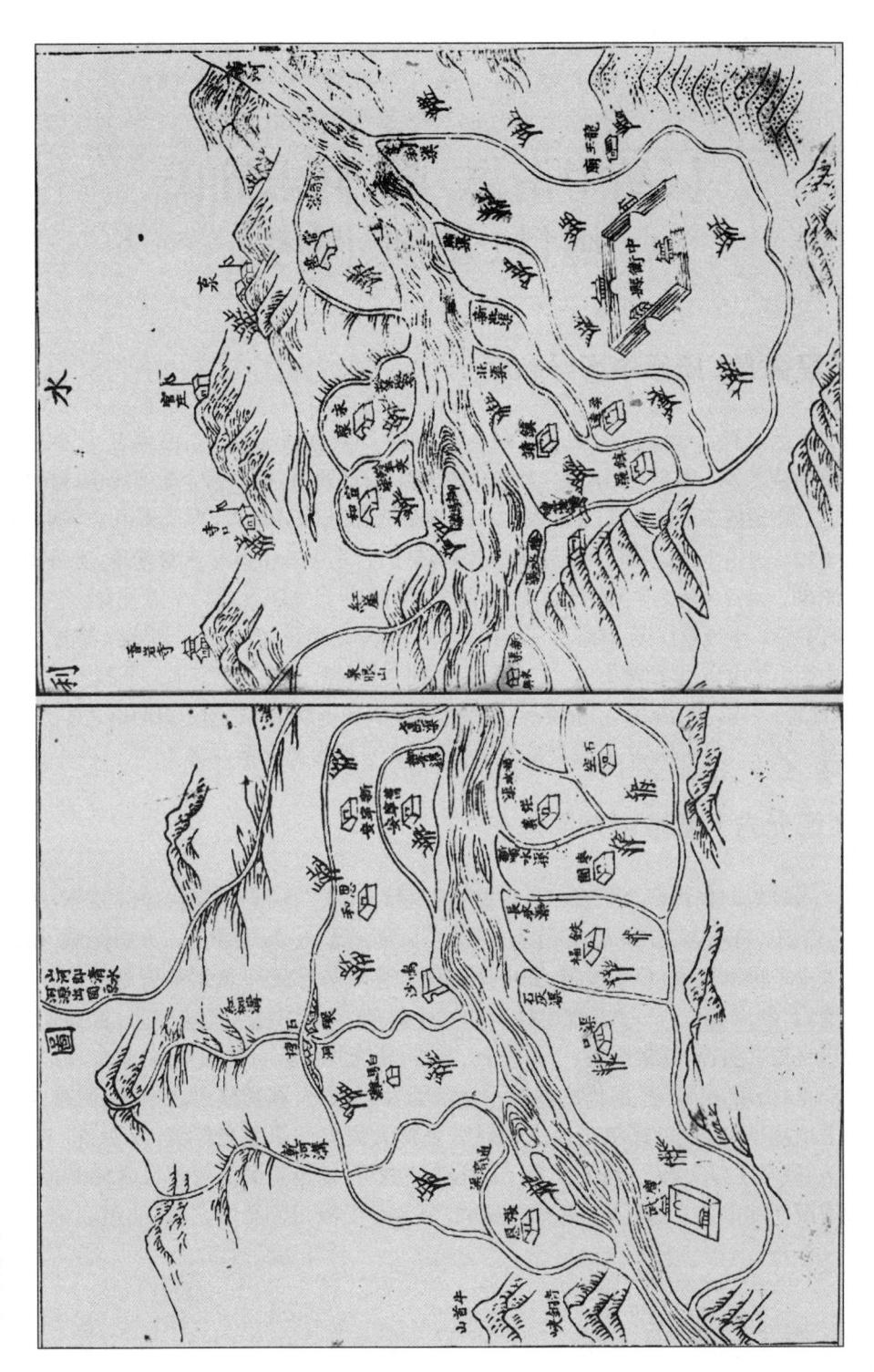

〔水利圖〕

【《續中衛志》序、修志姓氏、總目、凡例、圖考】

〔程德潤〕續修中衛縣志序

邑之有志,猶國之有史也。國無史,則孰知興衰理亂之由。邑無志,則孰知因革損益之事。顧今之爲志者,大率抄撮成篇,沿襲爲事,欲以信今而傳後也,難矣。

中衛邑宰鄭君考堂,予老友也。道光辛丑春,①因公來省,携所葺邑志,就正於予,云:中衛向無志乘,自前宰黄恩錫創爲此書,迄今八十餘年未嘗修葺,志且漸就湮没。元吉公餘之暇,取舊志,網羅散失,始於庚子仲夏,②成於辛丑仲春。乞予一言弁首。予披覽往復,詳略得宜,信乎師《武功志》之遺意,而非徒襲其緒餘者也。吁!中衛山水甲雍州,稻隴桑田,沃埜千里。予三宦邊陲,未曾一至其地。今觀考堂所編《地理》一志,某山某水,引據甚悉,不啻置身於鳴沙流泉間矣。遂走筆而爲之序。

道光二十一年辛丑歲孟夏月,甘藩使者玉樵程德潤撰并書。

〔鄭元吉〕續修中衛縣志序

自龍門創爲紀、傳、書、表、世家,孟堅特易"書"爲"志",歷代並師其意,故有一統志、有通志、有郡志、有邑志。郡、邑以備通志、一統之採擇。方輿紀載,彬彬大備。操觚之家,薈萃成書,獨中衛缺如。乾隆辛巳歲,③黄素菴舊令莅邑,時有稽索,参以據依,三月志書成帙。今八十餘年,因革損益,書缺有間,吉甚怏焉。於是商共寅僚,議集紳耆,下及里長、黨正,皆充採訪。自春徂夏,各舉見聞以陳。鄉里、山川、古蹟,悉因仍於舊志。倉儲學校之紛更,郵驛橋梁之增減,明神先哲之壇廟墳塋,户口錢粮之盈虚、徵斂,公卿大夫忠孝節義之尊美,薦舉、科名、營伍、戰守之盛大,天人休咎之徵,山林遺軼之事,補遺正譌。每篇目輒條其顛末,博觀而約取之。初稿定,復寓書蘭垣,延余君子佩州倅至署,公暇往復商権。子

---

① 辛丑:道光二十一年(1841)。
② 庚子:道光二十年(1840)。
③ 乾隆辛巳:乾隆二十六年(1761)。

佩於是按篇目而加以辨核，故地理有稽，建置有準，田賦有憑，官師有定，人物有詳，獻徵有據，雜記有條，各得其體要，以備採擇。

道光二十一年，歲在辛丑季春之月下浣，敕授文林郎、中衛縣知縣鄭元吉撰。

續修志姓氏

中衛縣知縣鄭元吉，江西人，附監。

協修

前署中衛縣教諭、候選訓導褚裕智，西寧人，拔貢。

中衛縣教諭李賡廷，西安人，廩貢。

中衛縣渠寧巡檢俞仁育，順天人，供事。

中衛縣典史沈烜，順天人，供事。

編輯

前借補河州太子寺州判、直隸州州判余懋官，江西人，副榜。

採訪

揀選知縣、壬辰科舉人蓋奇文。①

己卯科舉人光有耀。②

戊寅科武舉呂元龍。③

乙酉拔貢生陳玉祝。④

恩貢生張炳南。

廩貢生、候選訓導侯得民。

廩貢生、候選訓導杜若煜。

縣學廩生張楷。

縣學廩生梁生華。

校對

縣學廩生鮑成龍。

縣學廩生張允諧。

府學廩生呂開陽。

縣學廩生呂超羣。

縣學廩生張從龍。

---

① 壬辰：道光十二年（1832）。
② 己卯：嘉慶二十四年（1819）。
③ 戊寅：嘉慶二十三年（1818）。
④ 乙酉：道光五年（1825）。

縣學廩生張東銘。
縣學增生雍光祖。
縣學增生魏紹鼎。
縣學增生章雲漢。
縣學增生房書聲。

繕寫
縣學增生雍光祖。
戶房書吏門秉仁。

查卷督刻書吏
馬萬齡、王勳臣、李鍾岱。

應理志草總目

凡例　　圖考[1]

地理考卷之一
　　星野　　沿革　　疆域[2]附形勝　　山川　　水利　　古蹟　　風俗

建置考卷之二
　　城池　　堡寨附各灘、湖、山莊　　公署[3]附養濟院、公館　　倉廩
　　學校　　祠祀附寺廟

貢賦考卷之三
　　額徵　　戶口附蠲恤　　稅課附市集　　物產[4]　　鹽法附茶法

邊防考卷之四
　　塞垣　　營制　　邊界　　驛遞　　關梁

官師考卷之五
　　官制　　職官　　名宦附俸薪、養廉

獻徵表卷之六
　　人物　　忠節　　孝義　　節女[5]　　流寓[6]

選舉表卷之七
　　科甲　　鄉貢　　武階誥贈、仕宦、鄉飲耆年附

雜記卷之八
　　各景考　　祥異　　軼事

藝文編卷之九
　　上諭[7]　　議[8]　　論　　記　　序　　書[9]

藝文編卷之十
　　傳　賦　銘　詩

凡例

一，應理舊有《志草》一册，第抄據《朔方志》所分載而增其粗畧，殘缺殊多。夫志爲實錄，郡邑之志，法宜該詳。凡沿革、風俗、山川、形勢、水利、農田、邊隘、關梁，自乾隆二十六年，前知縣黃恩錫廣搜詳核，纂輯成篇。雖歷代事蹟遺亡無考，不能無所挂漏，而中邑有志，實自黃始。故不能不踵事修飾，以繼前賢。

一，星野、建置、疆域以及山川、村堡，悉仍舊志，惟額徵、戶口、稅課、職官、人物、忠孝、節義重加編輯。查戶口倍繁於昔，而土田間多崩塌，稅課、額徵亦屢邀豁免。其職官、人物、忠孝、節義，諭地方紳士備爲訪察。實有德可錄，有善足紀者，另爲之傳，庶不致湮沒無傳。雖其意在善善欲長，亦不敢溢及無實。

一，中邑鄉獻，宋、元以前無可考。惟自前明及國朝有可考據，然猶恐採訪者之猶有缺畧也。

一，中邑昔爲戎馬之郊，至我朝百十餘年，安養恬熙，已成樂土。而邊牆六十里外即爲蒙古駐牧之所。其河之東西曁香山、沙泉一帶，地方遼闊，戰爭所在，往蹟闕不可考。今惟即口隘、營汛、兵制、邊界，詳核而載之，使留心邊備者，可按册而稽云。

一，文廟爲教化之藪，而功德在民者，報享亦無可疏。其壇壝典祀外，舊有遺愛祠祀，亦并存之。至學宮祭樂器及陳設品物、儀舞次序，備加考校、繪圖，以俟典祀者之有所徵據，而愈求其明備焉。此外，寺觀之修來已久者，亦爲附載，而間附論說，以資考辨。

一，藝文。山川景物、文人歌詠，雖無關於著作，而風土之所在，里俗之所傳，亦有足資採覽者。大抵中土之藝文苦其多，邊地之藝文苦其少，故不無收錄從寬者。此後文教愈隆，作者踵起，亦可資裁訂焉。

一，廣武舊隸寧郡，今設縣後，已入中邑版圖。所有田土、貢賦、差役、戶口、山川、藝文，俱因《廣武志》彙載之。惟職官武秩，舊志從畧，今則查明備載。

一，坊表。中邑自明以來，兵燹、地震之後已無存者。至節孝之家，有曾旌表建坊，或未經旌表，不無節行可風者，故不復備錄。

一，陵墓。中邑宋代淪入西夏，漢、唐亦無可考。自明迄今，仕宦忠節，雖不乏人，而特予祭葬者，殊鮮傳聞。即道碑、墓志，莫資徵信，故亦闕而不錄。其間有聞見者，另爲附載。

一，志自乾隆二十六年鋟版後，迄今八十餘年未加修葺。元吉以吏事餘力，行館署燈，集諸紳士所採訪者，核舊志而損益之，復與友人商榷可否，越三月而稿成。惟邊地典籍毫無考據，不揣固陋，隨意纂修，以俟博雅之討論裁正焉。

圖考·縣城全圖

【校勘記】

[1] 圖考：《續中衛志》正文有《縣城全圖》《縣境輿圖》《水利圖》等三圖，但無"圖考"標目。
[2] 疆域：《續中衛志》卷一《地理考》正文作"疆界"。
[3] 公署：《續中衛志》卷二《建置考》正文作"官署"。
[4] 物産：《續中衛志》卷三《貢賦考》"物産"内容位於"附茶法"之後。
[5] 節女：《續中衛志》卷六《獻徵表》正文作"列女"。本志正文此目後又有"烈婦、節孝"二目。
[6] 流寓：本志正文此目後有"方技"一目。
[7] 上諭：《續中衛志》卷九《藝文編》作"御製"。
[8] 議：《續中衛志》卷九《藝文編》作"奏議"。
[9] 書：此字原在"記"前，據《續中衛志》卷九《藝文編》内容順序改。

地理考卷之一

按《周禮》，司空"量地以制邑，度地以居民"，①而體國經野，分疆定治，於是乎在焉。中衛爲夏屬沿邊一隅，然而山川、土田、原隰、墳衍、風雨、陰陽之所和會，其幅員式廓。凡歷代疆圉因革之由，及風俗土宜之故，考治者所必詳也。作《地理考》。

星野考

《周禮》：②保章氏以星土辨九州之地。《史記·天官書》：③二十八舍主十二州。故古者所封，封域皆有分星，以觀妖祥，從來遠矣。中衛爲寧夏屬境，《禹貢》雍州之域。《朔方志》云：④天文井、鬼分野。按《唐志》則夏州東井之分。⑤ 今《通志》謂：⑥寧夏北地郡地，[1]入尾十度。考蔡邕《月令章句》：自井十度至柳三度，謂之鶉首之次，秦之分野。秦太史張猛則曰：⑦箕、尾，燕之分野；東井，秦之分野。⑧ 蓋自東井十六度至柳八度爲鶉首，於辰在未，秦分，屬雍州。合參諸說，夏境在西北隅爲秦分，則夏州東井之分爲有據。謹繪圖以備考。

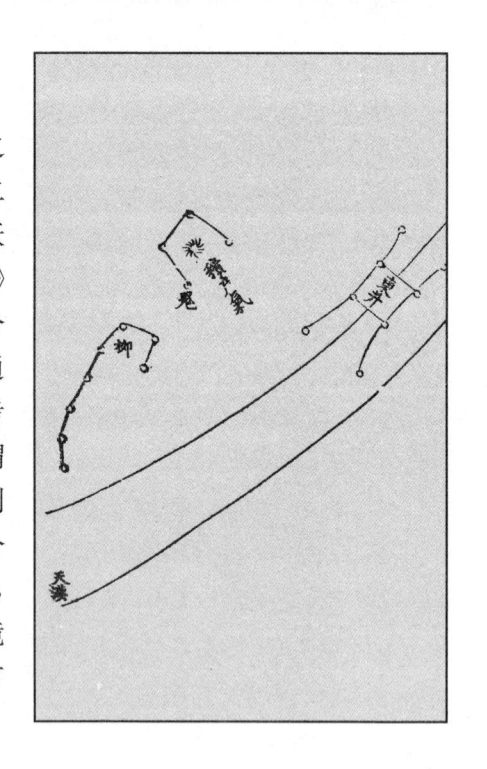

---

① 參見《禮記·王制》。按：《周禮·冬官》今亡佚，故無"司空"篇，此句蓋出自《禮記·王制》。
② 參見《周禮·保章氏》。
③ 參見《史記》卷二七《天官書》。
④ 參見《朔方新志》卷一《天文》。
⑤ 參見《新唐書》卷三一《天文志》。
⑥ 參見《乾隆甘志》卷二《星野·躔次》。
⑦ 秦指南北朝之前秦。
⑧ 參見《太平御覽》卷一二二《偏霸部六·苻堅》。

星象歌

東井八星河中淨,[2]鬼宿四星如櫃形。中央白者積尸氣,八星曲頭是柳星。

東井八星列河中,積水一星上中明。井下天狼一個紅,左畔九個灣弧弓。一矢擬射天狼胸,輿鬼四星似櫃形,中央積尸氣乃影。【《續中衛志》卷一《地理考·星野考·步天歌》】

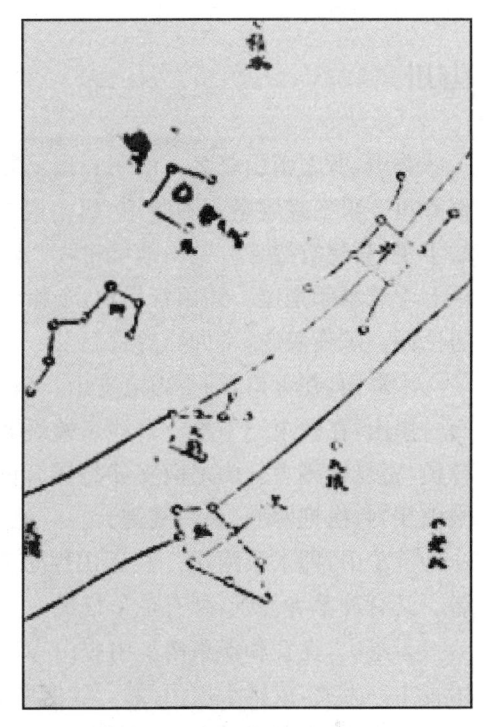

〔《續中衛志》卷一《地理考·星野考·步天歌》〕

沿革

中衛在寧夏西路。春秋時,羌戎雜居。秦爲北地郡地。漢置朐卷縣,屬安定郡。後魏爲靈州地。隋、唐爲靈武郡地,置鳴沙縣。五代迄宋,没於西夏。元置應理州,屬寧夏路,鳴沙亦置州,各自爲治。明洪武中,州皆廢。三十二年,[3]建寧夏中衛,屬陝西行都司,裁鳴沙州并焉。皇清因之。雍正二年,[4]裁衛始改置縣,屬寧夏府。

疆界　附形勝

治在府西南三百八十里。東南至大嵐溝靈州界二百里,西南至柴薪梁靖遠縣界二百里,南至白崖口靈州界一百三十五里,北至邊牆十里,西至營盤水皋蘭縣界二百一十里,東至廣武分守嶺朔縣界二百二十里。[5]

按:縣治,北背邊牆,南面大河,據銀川之上游。其東則青銅牛首,鎖鑰河門,其南則香巖雄峙,列若屏障。左倚勝金之固,右憑沙嶺之險。《元史·志》云:①"左聯寧夏,右通莊浪,東阻大河,西據沙山。"《朔方志》亦稱"邊陲要路"云。②

---

① 參見《元史》卷六〇《地理志》。按:此内容亦見於《嘉靖寧志》卷三《中衛·形勝》,曰:"後接賀蘭之固,前有大河之險,左聯寧夏,右通莊浪,邊陲之要路也。東阻大河,西據沙山。"其中僅"東阻大河,西據沙山"句同《元史》,本志誤。

② 參見《弘治寧志》卷三《寧夏中衛·形勝》、《嘉靖寧志》卷三《中衛·形勝》、《朔方新志》卷一《山川》。

山川

　　香山，縣之南山總名。前明爲慶藩牧場，至國朝，始入縣治。其地周環約五百餘里。東南接壤靈州胭脂川，西南與靖遠柴薪梁、高峯子、蘆溝聯界。山巔高約十里，舊建香巖寺。其山地可耕牧。山民隨水而居，多穴處爲土窰，喜牧畜，舊稱七十二水頭是也。然田皆旱地，全賴雨暘時若乃可種可收。大抵歲旱偏災，十居三四。賑貸體恤，率仰給於官儲云。

　　米鉢山，在寺口，即香山之支山。舊有米鉢寺，故名。

　　黑山，在縣東三十里。自沙嶺蜿蜒西來，綿亘起伏，至縣東結爲石山。其色皆黑，盛夏常積雪。山之南支如怒犀奔飲於河，即勝金關山也。石峯橫峙，與泉眼山相對，拱抱縣城，爲一關鍵云。

　　羚羊山，即永康南山。其近山渠道有羚羊角、羚羊殿、羚羊夾渠，殆因山得名。又有羚羊寺各景，列有羚羊松風。見《藝文》。①

　　天景山，在宣和堡東南。由香山寺口至寧安之南，遠望峯巒屏列，蒼翠可挹，殆香山一大支，或稱天成山云。又《廣輿記》有天都山，②殆即此。

　　沙山，在縣西五十里，因沙所積，故名，爲西通蘭、凉驛路。隨沙嶺曲折而上三十里，至長流水。人馬憚行，浮沙没脛。《元志》所謂"西據沙山"者是也。③

　　石空寺山，在縣東八十里，[6]石空堡西北十里。山石橫亘，嵯峨中空，若陶穴。因石鑿削，鏤成佛像。舊建梵宇，皆倚山結構。僧夜燃燈，如星懸天際。有詩，見《藝文》。④

　　牛首山，在廣武大河之東，峯巒聳峙，巖壑蒼秀。東面靈州，西枕大河。上有梵宫，相傳以爲小西天。見《藝文》、《各景》。⑤ 山南産石煤。

　　磨盤山，即牛首山西南之支，以形似，故名。其山土色赤，中産花石，紫質黑文。

　　青銅峽，兩岸石壁劈立，黃河行其中。對山交錯，緊束洪流，乃中邑山川一大關鍵也。

---

① 參見本志卷十《藝文編·銘詩》載失名《羚羊夕照》及楊士美、任鈞鼇、尹光宗《羚羊松風》。
② 參見《增訂廣輿記》卷九《臨洮府》。
③ 參見《元史》卷六〇《地理志》。
④ 參見本志卷十《藝文編·銘詩》載失名、羅元琦、鄭秉鎮《石空燈火》。
⑤ 參見本志卷十《藝文編·銘詩》載金蔚堂、魏諫唐《牛首慈雲》，卷八《古蹟考·中衛各景考並序》"牛首慈雲"條。

回軍山，又名尖峯山，在廣武西北三十五里。相傳在昔西征軍士遇大雪迷道，惟見此山一峯獨青，望之而行，四日得還，故名。

　　羊頭山，在廣武西南三十里，長城經其下。

　　觀音山，舊志在縣北五十里，有觀音洞，故名。[7]今考惟縣北七十里金塌溝有山，俗呼爲"官材山"，或即觀音山。遠望則山半隱隱有洞，殆所稱"觀音洞"云。

　　觀音山，舊志在縣北五十里，有觀音洞，古名。今考惟縣北七十里金塌溝有山，俗呼爲"官材山"，或即觀音山。遠望則山半隱隱有洞，殆所稱"觀音洞"歟？亦不敢遽爲臆斷也。【《續中衛志》卷一《地理考·山川》】

　　雪山、冷山，俱在大河西南。二山相連，即靖遠永安堡界。

　　大泉山，在白馬灘南。西連平山，東接牛首。

　　聚寶山，山足有白馬寺，在縣東南一百五十里。

　　豐臺山，在古水南，與雪山、冷山相接。山勢高聳，草木頗蕃。産青羊。

　　麥垛山，在鎮羅堡之北三十里，以形似，故名。其山頂平，舊有營址，相傳昔曾駐兵於此。

　　分守嶺，在廣武堡二十里，爲朔縣、中衛交界。

　　炭山，在縣西南三十里，産炭。夜有火光。見《藝文》各景。①

　　平山，在鳴沙州紅柳溝迤北，爲土人孳牧之地。

　　大沙子山，在縣西七十里。舊志云：迤西近莊浪、蘭州界。[8]殆即今之寫沙坡，第去縣實百里云。

　　硯瓦石井，在棗園、石空之北。産石，純墨色，可爲硯，因名。

　　泉眼山，在寧安堡西三十里，爲七星渠口。相傳山下有泉七眼，若列星，故取以名渠云。

　　泉眼山，在寧安堡西三十里，爲七星渠口。相傳山下有泉七眼，若列星，故取以名渠。近因春潛不力，水不周流，而田畝近渠者，民多曲防之弊，每因爭水涉訟。道光二十年，元吉親詣渠所，督率居民，協力疏濬，水乃暢足，遠近皆資其利，而訟始息。有記，詳《藝文》。②【《續中衛志》卷一《地理考·山川》】

　　大洪溝，在寧安堡南七十里，産石炭。

　　簡尖山，在香山之南。其東南接長流水、胭脂川、靈州界。山上有墩，爲古水營汛界。

---

　　① 參見本志卷十《藝文編·銘詩》載黃恩錫、陸嵩《炭山夜火》，卷八《古蹟考·中衛各景考並序》"炭山夜火"條。

　　② 參見《續中衛志》卷九《藝文編·記》載鄭元吉撰《續修七星渠記》。

高泉山,在香山七眼井東南。相傳山頂舊有泉,因名。

黃河,在縣南十里。[9]河自冰溝峽入境,其上流至靖遠、蘭州,水勢湍駛,穿崖觸石,激射而下。惟木筏可順流浮放,銀郡材木取給焉。至中邑之西四十里沙坡下,始平流。沿河開美利等渠一十八道,灌田八千餘頃,歲不憂旱,河之利亦溥矣。自中邑至夏城,[10]水道四百餘里,舟楫可通,頗稱安瀾。過青銅峽出境,入靈州、朔縣界。[11]

山河,即清水河。《通志》云:①發源六盤山,遶固原城東北,流入鳴沙州,即古所謂葫蘆河,一名高平水。其下復有山河,亦云:自固原來,流至寧安西二十里入河。②按:縣境惟山河源自固原而來,與《通志》所稱河流甚狹相証,是一河而誤重為二,今核正之。

南河,考詢即舊志所訛為清水河者,在寧安堡南一里,為改今名。其流清,夏秋水漲頗大,係七星、柳青、貼渠各退洩之水合流。自寧安登蘇灘起,至恩和蔣家崖入河。

洛陽川,在縣西二十里。一名洛陽湖,俗訛為晷塲湖。

蒲塘,舊志稱在縣北四十里,產蒲草,因名。今考即蒲塘墩地,尚有蒲草。第水止夏秋集潦,殊不能遠流入河矣。

古水井,水自地湧出,該堡兵民,汲飲不竭。其味稍鹹,一名苦水井。

長流水,在縣西七十里,源出寫沙坡下,東南流至冰溝峽入河。其地舊在口外。土民因水聚居,引灌田數十畝。為通涼、蘭驛路。

一碗泉,在縣西一百一十里。水出沙溝內,僅盈一碗,取之亦不竭,因名。今其地設塘遞、軍臺。

石井水,在縣西一百六十里,乾塘子之南十餘里。乾塘為口外戈必之地,[12]惟此水恃以汲飲。相近有周家水,亦累石為井。[13]歷年軍需,乾塘供支,往來官兵,解西馬駝,皆香山鋪民人擔驢馱以給,雖不至匱乏,而民力勞矣。

營盤水,其地西北通涼州驛路,正西通莊浪、西寧驛路。居人鑿井而飲。其北山下泉味甘。驛南沙溝,井水味苦。

瑜井,在廣武營蔭子山。水色白而味甘冽,迥異他井。相近有俞提軍墓,俞氏結亭覆之。

石頭井、營盤井,俱在鳴沙州紅柳溝迤北,為土人牛羊牧飲之所。

---

① 參見《乾隆甘志》卷五《山川·固原州》、卷六《山川·寧夏府》"清水河"條。
② 參見《乾隆甘志》卷六《山川·寧夏府》。

沙梁泉，在鎮羅北，麥垛山下。自沙地湧出，流里餘入地。

紅井，在縣北邊牆外六十里。地平敞，草葳茂，邑人牧飲駝、馬、羊於此。其水出紅土崖下，因名。

石硼水，在香山教佛臺南。水出上石硼，又合石縫滴水下流，四時涓涓不息，流十餘里至紅石硼一帶。其水春流溝外，則入於河，夏流至半溝十餘里許即入地。

高泉水，自山坡流下，故名。在永康堡東南五十里，俗稱烟洞山。

深井，井在溝灘中，深三丈餘，故名。其地村居頗稠，土民汲飲不竭。在香山東旗。

七眼井，在香山南。水從石溝浸出，土人累石爲之。相傳泉眼有七，故名。

紅石崖水，在香山寺口。水出紅石崖下，四時常流，可灌田園。

寬口井，在天景山下。水自地湧出，夏秋雨後，可潴澆附近田禾。

魏鎖井，在耍崖西南，水出甚旺。土人牧畜於此，日可飲羊數千。

龍潭泉，舊志載縣西二十里。其水夏則潴蓄，冬不凝冰，一名暖泉。禱雨有應。

紅泉，在香山之北。水出紅石縫中，因名。

沙池，在鳴沙州耍崖迤北約六十里。沙池三處，每遇雨水積池，產土鹽，土人賴之。但味苦，人別稱小鹽云。

紅柳溝，在鳴沙州東南五里。源出靈州螺山下，流入河。跨溝建環洞爲飛槽，渡七星渠水，流澆白馬灘。詳《鈕觀察祠碑記》。①

石甕水，在大澇壩。水自山崖流注，因雨作瀑布。其下石池，天生若甕，所注水四時不竭。

老君臺山，在古水東，三面山相環抱。舊有老君廟，故云。

楊柳泉，在青銅峽，自半崖垂流，下入於河。其地石徑險窄，明季朱國瑞嘯聚螺山爲盜，曾出没於此。至今設汛防焉。

艾泉，在沙坡下，近河。泉三眼，自沙中湧出，合爲池，流數武，[14]澆蔬畦十餘畝。相傳舊爲番王園。其中一泉水畔，[15]產艾頗佳，人稱"九葉艾"，因以名之。

釀泉，中衛酒爲甘省著名，其釀酒，惟縣城內各井之水作酒，味清冽，至城外之水即不及。

---

① 參見本志卷九《藝文編·記·皇清分巡寧夏道鈕公生祠碑記》。

水利

　　美利渠，自元以來名蜘蛛渠。舊由石龍口，尾達勝金關。嗣因岸徙，渠淤口窒，不能受水。嘉靖壬戌，①撫軍毛中丞始命道參文武督本衛丁夫，改濬於舊口之西六里。甫月餘而渠成，易今名。至我朝康熙中，渠岸漸高，不能引水。三十年，乃於舊口上流議開石渠，勞費工料，數載弗成。至四十年，協鎮袁公鈐開石壩疊埧，水復通流。第渠口稍狹，北岸石根雄勁，南岸口埝坻缺，渠口受水不多。四十五年，西路廳高士鐸鳩工開鑿，比舊加深三尺，廣闊一丈，南岸亦砌石爲埧，從斯水利溥焉。前此荒廢地，[16] 墾復五百餘頃，皆成稻田。且不辭心勞，清核包隱夫役，省察勤惰，向之計期五旬，且撥門夫助役者，今按田分出夫，率一月工竣矣。自沙坡下開口，延繞東北至馬草湖、八塘灣，共澆地四萬六千五百畝。渠口下至迎水橋十五里許，設閉水閘一道，計六空。旁鑿減水閘一道，凡五空。其下有趙通閘、頭閘、營兒閘、王家閘、汪家閘、李家閘、官閘爲堵水，分入支渠，歲通力合作焉。渠尾出油梁溝勝金關西入河。渠身闊三丈五尺，深一丈，沿長二百里。

　　美利渠，自元以來名蜘蛛渠。舊由石龍口，尾達勝金關。嗣因岸徙，渠淤口窒，不能受水。嘉靖壬戌，撫軍毛中丞始命道參文武督本衛丁夫，改濬於舊口之西六里。甫月餘而渠成，易今名。至我朝康熙中，渠岸漸高，不能引水。三十年，乃於舊口上流，議開石渠，勞費工料，數載弗成。至四十年，協鎮袁公鈐開石壩疊埧，水復通流。第渠口稍狹，北岸石根雄勁，南岸口埝坻缺，渠口受水不多。四十五年，西路廳高士鐸鳩工開鑿，比舊加深三尺，廣闊一丈，南岸亦砌石爲埧，從斯水利溥焉。前次荒廢地，墾復五百餘頃，皆成稻田。且不辭勞瘁，田畝清核包隱夫役，省察勤惰，且撥門夫助役，按田分出夫，率一月工竣矣。自沙坡下開口，延繞東北至馬草湖、八塘灣，共溉田四萬一千五百餘畝。渠口下至迎水橋十五里許，設閉水閘一道，計六空。旁鑿減水閘一道，凡五空。其下有趙通閘、頭閘、營兒閘、王家閘、汪家閘、李家閘、官閘爲堵水，分入支渠，歲通力合作焉。渠尾出油梁溝勝金關西入河。渠身闊三丈五尺，深一丈，沿長二百里。【《續中衛志》卷一《地理考·水利》】

　　貼渠，自縣西南邊牆抵河處開口，引水東北流，溉城南暨柔遠堡地二萬三千一百餘畝，至黎家莊、范家莊下，沿長六十里，亦歸油梁溝入河。渠口下有閘七道，退水三處，大橋三處，暗洞一道，飛槽九處。

　　貼渠，即今之太平渠也。自縣西南邊牆抵河處開口，引水東北流，溉城南暨柔遠堡，共溉田二萬二千四百餘畝。至黎家莊、范家莊下，沿長六十里，亦歸油梁溝入河。渠口下有閘七道，退水三處，大橋三處，暗洞一道，飛槽九處。居民每歲公派夫料、護渠，故渠水暢足。【《續

---

①　嘉靖壬戌：嘉靖四十一年（1562）。

中衛志》卷一《地理考·水利》】

　　鎮靖堡北渠,自縣南河沿開口,引水東北流,過甄塔寺繞堡東南,沿長三十里入河。計溉田一萬一千八百四十畝。[17]渠身闊二丈五尺,深五尺。自口至身,有三百戶閘、北渠閘、高渠閘,杜家樹退水,雍家莊、潘家灣二退水暗洞,有堡門南大橙槽、富家橙槽等處。

　　鎮羅堡新北渠,自縣南河沿開口,引水東北流,至李家莊繞堡東南,抵石家渠入河。延長四十里,闊二丈五尺,深四尺。計溉田一萬九百五十畝。[18]出水一道,暗洞一道。

　　永興堡新渠,自鎮羅南李家嘴開口,引水向東北,分爲南、北二渠,南渠分溉長灘一帶,北渠分溉雷家莊一帶。二渠共閘一十一道,橙槽二道,暗洞一道。溉田共六千二十餘畝。[19]渠身闊一丈五尺,深四尺,延長二十五里,稍入河。

　　石空寺堡勝水渠,自縣城東南得勝墩開口,引水向東流,至本堡東北,環過東南倪家營,延長七十里,溉田二萬餘畝。[20]渠身闊二丈五尺,深三尺,渠稍入河。

　　張義堡順水渠,自石空寺堡西南河沿開口,引水向東北流,至棗園西北山脚,延長十五里,溉田三千三百七十七畝。[21]渠身闊一丈五尺,深三尺,渠稍入河。

　　棗園堡新順水渠,舊與石空、張義、棗園三堡共一渠。至明天啟五年,堡人郭珠倡衆,自石空寺東南倪家營另開新口,引水向東北流,至炭窯墩。延長七十里,闊一丈八尺,深四尺。貼渠,自石空寺趙家灘開口,引水至朱家臺,延長二十里,闊一丈,深三尺。兩渠共溉田一萬九百餘畝,[22]兩稍俱入河。閘一十一道,暗洞三道。乾隆十五年,本堡生員陸嵩管渠,續開減水閘共五道,併原閘一十六道。

　　鐵桶堡長永渠,舊自于家營河沿入口,[23]工力浩費。至乾隆二十三年秋,渠垻岸盡爲河溜冲汕,崩壞約四里有餘。岸高水下,民力不能修。知縣黃恩錫適代行水利,以士民請,爲親身相度。另於舊引水塌垻微上小支河北岸,棗園于家莊下,跟尋舊渠水道於李姓田中,近河買地四畝,因勢作口,引水自白馬湖下荒灘,行五里許。渠身闊一丈六尺,深四尺。時棗園近渠民,糾衆控阻。縣爲手自舉鍤導以渠路,始得興工。越二旬餘,督夫併力而作,渠遂通,得達舊渠接流而下。至二十五年,水勢頗溢於前,乃於堡東越石灰渠駕木槽,渡水於新淤灘,墾復舊荒焉。渠稍至炭窯墩下入河。延長二十五里許,溉田四十五頃。[24]其渠自口至堡,西南有陰溝二,[25]爲棗園渠稍洩水,用木棚暗洞,覆土築槽,渠行於上,爲最要云。

　　渠口廣武堡石灰渠,自鐵桶碾盤灘起,至廣武五塘溝止,延長六十里,溉田一萬二千三百餘畝。[26]康熙中,渠壩壅崩,歲修夫少,力不及,提軍俞公益謨爲捐金建閘疏滯,堡民有"千金渠"之譽。渠舊有上水閘四道,曰攔河閘、李祥閘、趙行閘、上沙渠閘。退水閘四道，曰永安閘、雙閘、小閘、拖尾閘。近年沙勢日逼渠岸，或山水大風隨為沙累淤塞，歲數挑濬，功力殫矣。

常樂堡羚羊角渠，自堡西南邊牆石廠溝開口，引水向東流，至陸家園灣，延長二十八里，溉田二千四百畝。[27]渠身闊一丈五尺，深三尺，稍入河。該渠口受水頗高，工重夫少，修濬不易。

永康堡羚羊殿渠，自堡西燕子窩灘開口，引水由楊家灘東流，至宣和堡東嶽廟，延長四十里，多石難濬，稍入宣和堡渠。渠身闊二丈，深四尺。渠口緊逼燕子窩溝，去口二里許，為山水口子。兩處山水一發，渠流中斷。康熙四十七年，西路司馬高公士鐸捐俸，委本堡貢生閻鳳寧於山水口子搭暗洞一道，長百十餘丈，至今賴之。暗洞東北為左張堎，洪流激盪十餘年，漸廢。雍正十二年，司馬吳公廷元倡捐穀米四十石，築壩以禦，約八百餘丈，閱三年乃成，易名"甘來堎"。去堎五里許，為藉家嘴，南逼山，北近河。渠埝一綫，約二百餘丈，為通行往來官路。其下有艾家山溝、林家石排溝、大山溝、雙山溝、左家山溝、曹家山溝，皆為渠害。每歲秋夏挑濬不時，民力殫矣。通渠有楊家灘退水一道、閘一道，閻家閘一道，劉家灣退水一道、閘一道，晏公廟減水一道，曹家山溝閘一道。共溉田一萬四百餘畝。

道光十三年，道憲蔣委員疏濬倪家灘西北渠。道光十五年，知縣馮侍稷又疏濬晏公廟東渠。共溉田七千八百八十餘畝。【《續中衛志》卷一《地理考·水利》】

宣和堡羚羊夾渠，本堡舊與羚羊殿渠一渠使水。至康熙十五年，自永康堡東北三里許，買田開口，引水向東流，至泉眼山，延長四十餘里。共退水八道、閘七道、暗洞四道。溉田一萬八千一百六十畝。[28]渠身闊二丈，深五尺，渠稍入河。堡南沙多，每有山水，渠即壅淤。渠稍紅崖一帶，澆灌既遠，必司渠務者為留意焉。此外，柳馬灘另自有渠。

舊寧安堡柳青渠，自堡西泉眼山下開口，引水向東流，至堡南，繞入恩和堡葫蘇灘。延長四十里，溉田二萬九千八百餘畝。[29]渠身闊一丈五尺，深四尺，渠稍入口。此外，有貼渠，李家灘、孔家灘、康家灘各渠，皆另開口引水。

七星渠，自泉眼山開口，引河水東南流。歷有明經撫軍焦中丞馨，委韓郡丞洪珍改修，澆屯田，由新寧安恩和至鳴沙。詳譚副使性教《記》。① 斯渠灌田既多，工費視他渠數倍。康熙間，復經西路同知高士鐸倡捐，募匠督修石口，創流恩閘，修鹽池閘，挑濬蕭家、馮城兩陰洞，渠乃通暢，無山水之患。至雍正十二年，寧夏道鈕公廷彩於紅柳溝創議，詳請動帑，建環洞五空，上為石槽，引水下行，墾白馬灘至張恩地三萬八百五十六畝零。勞費鉅萬，至今資其利。詳《鈕公生祠

---

① 參見本志卷九《藝文編·記》載譚性教撰《改修七星渠碑記》。

記》。① 越乾隆十六年，紅柳環洞下山水沖崩八十九丈，經知縣金兆琦詳請修補。至二十一年夏，山水復沖崩環洞上三十七丈，而馮城陰溝石洞盡爲山水沖去無存。經西路同知伊星阿詳修，奉檄飭知縣黃恩錫估計修補。其馮城陰洞，舊例皆民力修建，錫奉府勘估。於時，陰洞石料胥隨沙水沖没，渠身中斷，乃議改於舊洞之上新建環洞，上爲石槽。民力方出夫濬修口閘，而紅柳溝辦運石料實屬艱鉅，乃捐俸採石，令堡民出辦夫料。自丁丑三月興工，②迄於四月，與補修紅柳環洞，先後告竣。詳《馮城環洞碑記》。③ 按：渠自泉眼渠口至白馬、張恩段，延長一百四十里。去口五里，有正閘一道，瀉水閘二道，石橋一道，舊有橋房，今圮。渠流二十里，下至寧安茶房，建有宜民蕭家閘。再流二十里至恩和堡，有鹽池閘，閘下有蕭家溝陰洞、馮城環洞、紅柳環洞。洞下十里許，舊有乾河溝木槽以避山水，後爲瀑水冲廢。每歲山水過，築土埂以障水，接渠而下行。渠稍至張恩堡入河。共澆田七萬二千一百餘畝。[30]

張恩堡通濟渠，延長四十里，溉田二千五百五十二畝。[31] 渠稍入河。

素菴黃氏曰：農田爲養民之本，而農田必資於水利。引河決渠，灌漑以興，斥鹵之區盡爲膏腴，河之獨爲利於西夏，自古已然。由漢唐以迄於元，經董文用、郭守敬諸公後先開濬，更立堰堨，治渠之法駸備矣。夫河自積石山入河州，匯浩亹、湟水，洪流奔注，歷蘭、靖而下，崖岸陡削，水勢湍駛，至中邑之西四十里，始落平川。沿河支分節取，開口導渠，滋漑之澤溥焉。然水之利在渠，而渠之患，有因天時者，有因人事者。凡霖雨不時，山水暴漲，冲口斷決，沙石壅淤，此天時之難防，用人功之數倍，春疏秋濬而外，歲所難免者。更有冲口繁多，疏濬方畢，冲淤隨者。於是立暗洞之法，鑲石爲洞，掩覆其面，山水行於上，渠水行於下。其山水溝深，渠身中斷，則立陰溝環洞之法，渠水上行於飛槽，山水下行於陰洞。至河漲水湧，渠不勝水，潰埂決堤，則立閘道，跳水以瀦洩之。凡諸冲口閘道，則設水手、口頭以防禦之，亦可謂規利而避害矣。然必督率於職其事者，每歲清明興工，立夏放水，爲春工。收成後，則有秋濬，以預澆冬水，爲來歲春耕計。司渠務者，分任有委管、渠長，其下有鍬頭、小甲，記夫則有字識，皆所以分督夫役者。修濬口閘，歲需物料有石塊、閘板、柳樁、柴茨之類，皆取給於堡民，按田分以出焉。每歲立春，令委管、渠長，即督堡民採柴茨、[32] 石塊於近山，伐柳樁樹枝於田畔，如期集夫，秉公勤事。自口及身以至於稍，凡圳及閘以至於岸，殫厥心力，務疏通而堅固，則勞於春濬，利於夏秋，旱潦無憂，收成有慶矣。然其間木石物料用之壩

---

① 參見本志卷九《藝文編·記·皇清分巡寧夏道鈕公生祠碑記》。
② 丁丑：乾隆二十二年（1757）。
③ 參見本志卷九《藝文編·記》載黃恩錫撰《改建馮城溝環洞碑記》。

口、閘道,而取辦斂錢於差役、小甲,則私收侵漁者有之。其夫役、柴茨經理於管渠之人,則侵隱包折者有之。或因此而刁詭玩事之人,欠料脫夫者有之。將物料不足,人力鬆懈,期月竣事,敷衍了局。而水手、口頭巡守疎慢,遂有開水未幾而埂斷口決、淤漫田禾、淹泡廬舍,反以災告者。此人事之不修,而渠水轉爲患矣。夫政在養民,力農務本,必先水利。前人之立法皆善,後人之率由非難。且民各有心,衣食之原,誰弗念焉。司厥職者,誠勤於其事,察乎其弊,歲身勞而力率之,清厘而實稽之,其爲利當何如也。至立堰築埧、捲埽截河,及閘道啟閉、跳水宣洩、鑲石作底、下椿穩石、洗沙度水諸法,老於渠者皆知之。今於各渠要害,備考而畧存其概,亦區區之意云。

考堂鄭氏曰:素菴留意水利,引河決渠,法可謂詳且密矣。無如近年人心不古,民力亦惰,渠多淤塞之患,民鮮疏濬之功。以各渠溉田之數計之,今且漸就減少,不力爲整飭,農利將日至荒落。是在司牧者,公事餘閒,巡行各堡,寓省耕省斂之法,示春疏秋濬之勤,庶農業興而水利亦溥焉。【《續中衛志》卷一《地理考·水利》】

河防附

按:寧夏河防,歷無歲修成例,以分渠決流,河性夙稱平馴故也。然中邑自癸酉大水以後,①河勢稍趨西北岸,而廣武爲甚。自戊寅夏秋,②冲刷葛家橋一帶,額田、道路俱塌入河。錫乃詳請議修河堤,[33]動借口糧五百石以資工作。於己卯春,③興築土堤馬頭。越庚辰,④水勢愈大,幾覆近城舊堤。通聞各憲,制軍吳公委方伯蔣公親勘,[34]乃飭動隣堡人夫助役,[35]捐辦物料,於庚辰春,加築隄岸,並詳請仍借口糧以資工食。復蒙制憲奏撥河員來甘,於橫城、廣武議辦修防,爲寧屬河防之始。詳見《藝文》碑記。⑤

風俗

《朔方志》云:⑥中衛人性勇悍,[36]以耕獵爲事,孳畜爲生。今攷中俗,樸厚強力,士業《詩》《書》,能取科第,有衣冠文物之風。貧則躬自耕鑿,逐末者少。儒童肄業,惟春冬居館,夏秋太半從父兄治田,皆耕讀相兼云。

---

① 癸酉:乾隆十八年(1753)。
② 戊寅:乾隆二十三年(1758)。
③ 己卯:乾隆二十四年(1759)。
④ 庚辰:乾隆二十五年(1760)。
⑤ 參見本志卷九《藝文編·記》載黃恩錫撰《捐修廣武河防碑記》。
⑥ 參見《弘治寧志》卷三《寧夏中衛·風俗》、《嘉靖寧志》卷三《中衛·風俗》、《朔方新志》卷一《地里·風俗》。

民務稼穡,事牧畜,不治蠶桑。布帛所需,俱以粟易。仲春消凍,則糾衆濬渠。六月收夏,八月收秋。秋收後再濬渠道,澆灌冬水,爲來歲春種之計。力田供賦,費多而獲薄,山地則賦輕而多旱,故鮮蓋藏云。

百工治作俱樸實,不務奇巧,其華飾工麗者皆他產。

市肆多山陝人。春出布帛,售諸居人,夏收取償;夏售布帛,秋成取償,價必倍之。居人償則以穀菽者多,其價復賤。鄉村之民去城市遠者,多困於商。穀賤傷農,信不誣矣。

冠禮,成人之始,世俗不講久矣。中邑惟成童則隨俗冠之,三加之禮闕焉。

婚禮,問名、納采、納聘,行古之遺。具酒食,會賓客,獨不親迎。花燭之次日,男攜盒至女家,曰"謝親",并拜其親族,女之親族亦往答拜焉。三日,新婦廟見拜翁姑,具酒食,會拜夫之親族於堂。後婚再醮,多索財禮,有翁叔舅氏因分財禮搆訟者,殊爲惡俗。[37]

喪用佛事,動鼓樂,士大夫家鮮有禁者。親隣弔之,則不問服制,送帛必遍。每七日奠,客至則宴,以多爲勝。俑送頗尚華飾,或演劇爲觀美。近示之《文公家禮》①,始漸知所講求云。[38]祭無宗祠,各奉主於其家。

凡除夕新歲,家必設饌三日。屆清明則出郊展墓,多具酒餚會親族。秋,亦有祭拜墓田者。[39]至十月朔,則具紙楮剪服,奠酒於户外,曰"送寒衣"。午日、中秋、長至,俱設饌奠於堂。至季冬念三日及除夕,則祀竈云。

歲節元旦,男女夙興,肅衣冠,燃燭炷香,[40]拜天地、家神。卑幼拜尊長畢,出賀親友鄉里必遍,曰"拜年"。迎春賽賀,士女競觀,上元張燈,連夕嬉遊,有太平之象焉。

河冰既泮,漁者率以網以釣,競取以市,謂之"開河魚"。

春暖則沿鄉樹鞦韆。至清明日,士女雜沓出遊,商集諸貨相貿易。

季春三日,士女趕會三皇廟及去城十里之華嚴寺。又廿八日,進香東嶽廟,皆如清明日。

孟夏朔八日,諸寺僧尼爲浴佛會,婦女俱集。

午日,插艾、菖蒲,飲雄黃酒,啖角黍,相餽遺。

季夏六日,儲水造麴,水經月不腐。

孟秋七日,閨人以指工、茗菓作乞巧會,甚有羣聚歌舞,俗稱"跳巧"者。

中秋,作月餅,具瓜菓祀月,親舊以菓餅相餽遺。

季秋九日,釀酒曰"重陽酒"。是月採蔬,鹽漬以備冬。

---

① 文公家禮:指《朱子家禮》。

長至，祀神、祭祖，親族相拜者，作羹具酒以飲。

季冬八日，以米、豆、雜肉爲粥，名"臘八粥"。

念三日，燃燈，用雞、果祀竈神，俗云"送竈"。至除夕，設如前，曰"接竈"。

歲除，貼春聯，易門神，具酒餚，長幼以次稱壽，燃燈徹夜，曰"守歲"。

居，惟公署覆瓦，民家悉土房，其上積薪。暑甚，或羣宿房上云。[41]

厨房房上出烟洞，高至二三尺許，大如斗，蓋由屋小簷低，烟無所散，憑洞以通氣耳。【《續中衛志》卷一《地理志·風俗》】

按：中邑據諸父老稱，國初此地衣冠惟布素，器用取諸本境土窰。今服多紈綺，家用饒南磁矣。向年市肆寥落，諸用則賤，今貨肆豐盈，十倍於前，而人情日以浮薄，日用漸至奢靡。育子弟，或重武輕文，貴財賤義。甚且尚巫覡，信緇黃，修醮立會，勉力布施，獻戲賽神，屢朝連夜。游手聚博，少長紛集，而婦女亦向夜觀劇。近年雖嚴禁之，[42]其風未盡息也。此邊俗之急宜易者矣。嗟夫，《記》稱"移風易俗，天下以寧。"[43]而積習錮蔽，牢難遽破。所恃以挽回風會者，惟紳士望族勿爲踵事之增，常思古風之儉，以孝弟力田植其本，以忠信敦睦教其家，還醇返樸，講求四禮，崇尚六行。其挽頹靡而愈臻善俗，不能不有望於來者。[44]

物產

穀類

粳稻。

糯稻。水稗附。

蘪，苗似蘆，高二三尺，葉有毛，結穗散垂，薄壳而光滑，即稷也。米似粟，稍大而黃，故時稱"黃米"。《羣芳譜》"關西謂之蘪"，殆此也。又一種，種遲而成速，六十日還倉，爲"小蘪子"。

穀，即粟米之連穀者。本五穀之一，梁屬也，西北皆謂之穀。脫壳則爲粟米，亦曰"小米"。有二種：其紅穀，米性粘，當爲黍；其白穀，米色黃，粒大於紅穀，當爲梁。姑記之，以俟博物者考辨焉。

麥，有大麥、小麥、青稞、白麥、燕麥。大麥早收。青稞、白麥種殊少，夷達歲以鹽易之，作炒麵食。燕麥爲山地多種，收其草，可飼牲畜，粒細不堪作麵。

蕎麥，一名蕎，莖弱而翹然，易長，其磨麪如麥，故名。有苦蕎、甜蕎二種，南方亦有之。中邑惟甜蕎一種，山地多種之。

蜀秫，即高粱，少種，間有。

脂麻，間種，收最薄，故少。

胡麻,似脂麻而色紅滑,取油佳。
黃豆,俗謂青豆,以其色亦有青者。土人於小麥行中種之,麥熟後八九月收。
黑豆,似黃豆,圓而色黑,故名。可飼馬,勝青豆。
紅豆、綠豆、花豆,三種俱間種於穀地。
小扁豆,莖、粒皆矮小,南方名冰豆。
豌豆,餵馬佳。宜山地,水地齷,則種多收薄。

蔬類

山藥,近年始種成,惟宣和堡有之。
白菜。
韭。
貝翁菜。
蒜。
白蘿蔔。
胡蘿蔔,紅、黃二種。
蔥,有羊角蔥、白蔥、長蔥。
芥。
芹。
窩苣。
蔓菁菜,葉似菁而根少圓大者,非諸葛菜也。
菠菜。
芫荽。
茼蒿。
莧,間有。
豇豆,[45]俗名紫羅帶。
刀豆。
甜菜。
生菜,似窩苣,色白,斷之有白漿。
黃瓜。
倭瓜。
菜瓜。
南瓜。
甜瓜。

西瓜,紅瓤、黃瓤二種。
茄,有紫而長者,有紫而圓者,亦有白者。
葫蘆,惟圓者多,即瓠也。
以上園植。
沙葱。
沙芥。
苦菜,殆即《詩》所謂"荼"也。[46]水地多有之,夏秋採食不竭。有二種,花黃根白者,俗稱"曲曲菜"。
羊奶芝,葉色藍,莖微高,斷之漿出若乳,故名。民間夏秋於田畔、湖灘採食。
頭髮菜,出邊外沙地,似髮,可食。
地椒皮,一名地軟,出邊外沙地,形微似木耳。
以上野蔬。

果類

棗,永康棗樹園爲多,木作車輞良。
梨。
杏,木可作車輞。
林檎。
花紅。
沙果。
秋子。
蘋婆,間有。
桑椹。
葡萄,間有。
茨菰、黑果,殆荸薺之類,而味乾澀。二物係水果。
沙棗,木有黑紋。

木類

榆,材可作器。
椿。
槐。
柳,土人取紅柳柔條作筐簍。
青楊、白楊,二種木皆可作車。

桑。

樺，出北沙地，土人取以作薪。

藥類

甘草。

枸杞，寧安一帶，家種杞園，各省入藥甘枸杞，皆寧産也。

兔絲子。[47]

茴香。

麻黄。

蒼耳。

蒺藜。

蒲公英。

柴胡。

瑣陽。

蓯蓉。

車前子。

薄荷。

艾。

郁李仁、旋覆花、苦參、瞿麥、王不留行、狗尾草。【《續中衛志》卷三《貢賦考·物産》】

草類

沙竹，其草名沙冰。叢生，至秋抽莖出穗，土人取梗編箱作箕，勝紅柳。

蒿。

沙蒿，結子可和麥作麵，布商販以助染梭。

芀芨，可作蓆簾，編繩織囤，皆可用。

葦。

蒲，花可和石灰用。

馬蘭，葉似蒲而色青，三四月作藍花，似蘭。

獨帚，子名地膚子，入藥。其枝莖一樹即可爲箒。一名"鐵帚"。

蓬，有綿蓬、刺蓬、水蓬。子皆可食，而味苦澀。遇旱，山民採以救荒。綿蓬子亦可釀酒。見《藝文·三蓬記》。①

---

① 參見本志卷九《藝文編》載劉震元撰《香山三蓬記》。

苜蓿。

登粟,出邊外沙地。刺壳中結子,可作麵食,亦可糖食。一名"沙米"。

花類

芍藥。

萱。

葵,有向日蜀、[48]蜀葵。

罌粟。

海納,即鳳仙。

藏金蓮。

七月菊,以子種。

九月菊,惟黄色者多。

虞美人。

剪絨,俗稱"繡毬花"。

羽類

雞。

鴨。

鵝。

鴿鴿。

沙雞,足似鼠,一名"半翅"。

秧雞。

山雞。

鷐老。

雁。

鳧。

燕。

鵲。

鴉。

鳩。

梟。

魚鷹,飛鳴田間,形狀似鷹,捕食水物,而嘴足皆紅。

毛類

馬。
牛。
羊。
駱駝。
驢。
豬。
犬。
貓。
黃羊。
青羊。
狐,邊外間有。
兔。
狼。
艾虎,邊外沙地有,可豢之捕鼠。
刺蝟,間有。
獾,間有。
玉鼠,毛白,俗稱"白兔",皮可爲裘。能鑽地爲穴,近山土人豢之。
黃鼠,南山出,肉可食。
跳鼠,俗稱"跳兔",出邊外沙地,形即鼠,足前短後長,走似跳而疾。

水族

鯉。
鯽。
鮎。
脚魚,即鱉。
沙嘴。
白鰷。
鰌魚。
鰍。
馬郎,似白鰷,鱗微黑而身圓。
田螺。

蟲類

蜥蜴。

蛇,間有。

蚊。

白翎,形微白,翅似蚊而最毒。

牛蝱。

蝎。

蠅。

蟻。

蜂,有土蜂、馬蜂。

蝶。

羌郎。

蟋蟀。

田蛙。

蝦蟆。

蚯蚓。

馬蝗,即水蛭。

蝙蝠。

貨類

酒,惟縣城內各井取水釀之味佳,至城外之水即不及。[49]

牛油石。

礬。

石炭。

鹽,縣北邊外三十里有池產鹽,白而味好。其石空邊外有紅鹽池,皆蒙古之利,河北各堡民皆販買爲食。

毛,有羊毛、駝毛。

皮,有羊皮,牛、駝、驢皮。

土窑器。

麱。

附蠶桑考①

民生衣食並重，而耕桑爲衣食之原，其蠶織之興宜與耕事同爲急務明矣。然養蠶首重務桑，而或謂西北風土不宜於蠶，因於種植之務，略而弗講。夫蠶與桑葉，因時而生，猶兒之於乳者然，此造化相因之義也。錫蒞任中邑，於今四載，每於鄉園、近城，見桑生殊茂，其葉肥大，有如魯産者。亦有植於田畔，生而蔓衍，所謂柔桑者，民或以妨田作而刈之。及詢據居人，知中邑亦有養蠶之家，東城之李生、永康之閆明經及西南鄉寧安、棗園、廣武等堡皆有。養蠶成效，曾歲獲蠶絲，已織成繭紬、綿紬者，或紡絲繩及織成幅巾、繫帶者。特以種桑不廣，育蠶亦少，眠蠶、煮繭、抽絲、紡絲之法未盡嫻習，是以織紉不克大興。而民間泥於久安，婦女歷無織紡，遂使可興之利棄而不務焉。

錫自蒞中邑，地屬邊衝，軍需旁午，有志未逮。今西戎即敘，軍事已息，陞任少司農陽湖蔣大方伯因巡查河工經過，面諭以纂修邑志。因於考載物産，旁求種桑養蠶之道，博採而備列之。並遍示城鄉，共相勸勉，力期於來歲爲振興之舉。其法則取諸《豳風廣義》，②証之《羣芳遺譜》，良屬大利之可取，並非土産之不宜。如果羣相鼓舞，比户同心，知種桑不必擇地，道旁宅邊，在在皆可樹植。養蠶已有成機，隨地因時良法，不妨嘗試。錫將計年而卜具成焉。

庚辰重陽前二日，③黄恩錫書。

《豳風廣義》宜桑説

地卑水淺處，最宜生活。[50]或插條、或種子、或壓枝，不過三年，即可獲利。夫居濕地，其田必貴，恒種麥穀，每畝即收二石，豐年不過值銀二兩有餘。[51]若使種桑，[52]每畝歲可收絲九觔，值銀十餘兩。如有田四五十畝，即栽桑十餘畝，即逢歉年，賣絲買穀，豈非大益。

河决水淹之地，七八月間往往霖雨，日久河水暴漲，漂没田禾，惟桑柳雖被泥壅，却自無恙。若水侵之地，[53]使盡栽桑樹，每歲養蠶收絲，反獲大利，焉有乏食之苦，意外之災。蓋養蠶在春時，多無雨水，即三月有水，桑亦不畏。誠能廣布，歲歲收絲，即田禾難成，[54]亦補缺乏。況蠶絲之利，更數倍於五穀，果肯依法培

---

① 《續中衛志》不載。
② 《四庫全書總目》卷一〇二《子部·農家類》載：《豳風廣義》三卷，國朝楊屾撰。屾字雙山，西安人。其書述樹桑、養蠶、織紝之法備，繪諸圖詳説其制，而雞豚畜字之法亦附見焉。考指月條桑，《豳風》所述，則其地非不可蠶桑。而近代其法久廢，故貧民恒以無衣爲虞。屾之所述，蓋秦民之切務。近時頗解織紝，故所作之帛世稱"秦紗"，俗曰"繭子"，四方往往有之，或亦講求之力歟。
③ 庚辰：乾隆二十五年(1760)。

植,雖沃土種穀者亦不及也。

桑乃裕國福民之大寶,豈他木可比。家中樹桑多者,不惟得絲,且宜婦人。蓋桑本箕星之氣下映而生者,箕乃女相之星,下映其室,婦人少病而無夭折之患。況桑又能祛邪,逐邪者用桑木弓即此義也。[55] 如有陰陽術士,[56] 妄談桑與喪同音,樹之不吉者,此愚迷無識之輩,不可聽信。孟夫子言王政,必教以"五畝之宅樹牆下以桑"。① 豈有心通造化、亞聖之識,以不吉祥之事教天下哉。再於路旁、門前、塌圍、城壕,悉爲種植,不使有尺寸曠土,則遍地皆錦繡之資矣。

種法:於九十月間,揀最好的柔桑條子,或單枝,或二三相連,砍來。將地造成畦子,[57] 其闊二尺餘,其長一丈。將地掘起打細,再用糞與土相和。每相去八九寸,盤一條,每畦兩行,須築令實,少露桑條稍尖,隨即澆過。次日再蓋浮土一層。冬月可澆一二次,以腐草苫蓋,迨至春月搜去,三四日一澆。立夏以後,二三日一澆,總不使地皮乾燥。上搭矮棚,遮蔽烈日,晝舒夜捲,處暑後撤去。[58]

養蠶節錄

蠶乃天駟之精,孕絲蟲也,衣帛所出,功與穀同,非他蟲可得而比。形乃氣化,性屬純陽。蠶室坐北向南者爲上,向東者次之,向西者又次之。屋宜乾宜暖,務要刷掃潔淨,按時飼養。香能散氣,臭能結氣,故蠶聞香氣則腐爛,聞臭氣則結縮,凡一切有氣息不潔之物,皆不可入蠶室。總之,喜燥惡濕,食而不飲。百工商賈,殫終歲之勤勤以求利益,而所獲之多寡,尚未可知。養蠶者,不過費三十日之辛勤,而即獲一歲之利益。精絲造綾緞,上可完賦稅,粗絲織絹帛,下亦能衣被一家。綿可使高堂溫體,絮可令妻子禦寒。蠶之有功於人如此,何憚而不爲哉。考之歷代皇后與諸侯夫人,親蠶之事昭然可見,況庶人之婦可不務乎。

考《豳風廣義》,關中蠶織亦屬近年始成。其事先於種桑,桑成則勤勞於三十日,即可獲一歲之利。若使二十畝以上至數十畝之家,度地三四畝,起蠶室一二間,此地土房易得溫暖,不與居室一處,便能潔淨。周圍樹之柔桑,稍遠田畔、隙地亦多種桑,以備蠶長食多。所造蠶室,養蠶畢可以收農具作莊房。所度之地蓋房外,尚可種瓜菓蔬菜。一二年桑成,責婦女以蠶事,採桑飼蠶,其事亦易學而能。又《羣芳譜》稱:"桑葉多積,荒年可濟饑,亦可喂豬、羊牲畜。桑柴備炊,制藥尤良,蠶事畢,採收以備用。"若循而行之,凡屬空隙之地,多植有用之財。而地氣春融,節候較他處亦稍早,清明後和暖,便可養蠶。行之易而得利多,奈之何棄而

---

① 參見《孟子·盡心上》。

不務也。

　　恩錫再書。

【校勘記】

[1] 寧夏北地郡地：《乾隆甘志》卷二《星野·躔次》作"寧夏府古北地郡地"。

[2] 净：原作"静"，據《通志》卷三八《天文略》、《中國恒星觀測史》五章一節《校訂〈步天歌〉》、《敦煌天文曆法文獻輯校》所錄嘉慶抄本《步天歌》改。

[3] 三十二年：據《明太宗實錄》卷十六、《明史》卷四二《地理志》載，建寧夏中衛在永樂元年。

[4] 二年：原作"三年"，據《清世宗實錄》卷二五改。參見魯人勇等《寧夏歷史地理考》卷十五《清朝》。

[5] 朔縣：《乾隆甘志》卷四《疆域·寧夏府》作"寧朔縣"。

[6] 八十：《弘治寧志》卷三《寧夏中衛·山川》、《嘉靖陝志》卷四《山川下·寧夏中衛》、《朔方新志》卷一《山川·中衛》均作"七十"。

[7] 故名：《續中衛志》卷一《地理考·山川》作"古名"，誤。

[8] 蘭州界：《朔方新志》卷一《山川·中衛》作"涼州諸界"。

[9] 十里：《弘治寧志》卷三《寧夏中衛·山川》作"十五里"。

[10] 夏城：《續中衛志》卷一《地理考·山川》作"寧夏城"。

[11] 朔縣：《續中衛志》卷一《地理考·山川》作"寧朔縣"。

[12] 戈必：《續中衛志》卷一《地理考·山川》作"戈壁"，疑是。

[13] 井：《續中衛志》卷一《地理考·山川》此字後有"故名"二字。

[14] 數武：《續中衛志》卷一《地理考·山川》作"不竭"。

[15] 畔：《續中衛志》卷一《地理考·山川》作"半"，疑誤。

[16] 此：《續中衛志》卷一《地理考·水利》作"次"。

[17] 計溉田一萬一千八百四十畝：《續中衛志》卷一《地理考·水利》作"計共溉田八千七百四十餘畝"。

[18] 計溉田一萬九百五十畝：《續中衛志》卷一《地理考·水利》作"計共溉田一萬五百六十餘畝"。

[19] 溉田共六千二十餘畝：《續中衛志》卷一《地理考·水利》作"共溉田七千二百六十畝"。

[20] 溉田二萬餘畝：《續中衛志》卷一《地理考·水利》作"共溉田一萬六千九百餘畝"。

[21] 溉田三千三百七十七畝：《續中衛志》卷一《地理考·水利》作"共溉田三千六百畝"。

[22] 一萬九百：《續中衛志》卷一《地理考·水利》作"一萬二千"。

[23] 于家營：《續中衛志》卷一《地理考·水利》作"俞家營"。

[24] 溉田四十五頃：《續中衛志》卷一《地理考·水利》作"共溉田二千五百餘畝"。

[25] 二：《續中衛志》卷一《地理考·水利》作"一"。

[26] 溉田一萬二千三百餘畝：《續中衛志》卷一《地理考·水利》作"共溉田七千九百餘畝"。

[27] 溉田二千四百畝：《續中衛志》卷一《地理考·水利》作"共溉田一千一百畝"。
[28] 溉田一萬八千一百六十畝：《續中衛志》卷一《地理考·水利》作"共溉田一萬五千三百餘畝"。
[29] 溉田二萬九千八百餘畝：《續中衛志》卷一《地理考·水利》作"共溉田二萬九千二百畝"。
[30] 共澆田七萬二千一百餘畝：《續中衛志》卷一《地理考·水利》作"共溉田六萬四千九百畝"。
[31] 溉田二千五百五十二畝：《續中衛志》卷一《地理考·水利》作"共溉田二千八百餘畝"。
[32] 即：《續中衛志》卷一《地理考·水利》作"勤"。
[33] 錫：《續中衛志》卷一《地理考·水利·河防附》作"知縣黃恩錫"。
[34] 吳公委方伯蔣公：《續中衛志》卷一《地理考·水利·河防附》兩"公"字均無。
[35] 乃：《續中衛志》卷一《地理考·水利·河防附》無此字。
[36] 勇悍：此同《弘治寧志》卷三《寧夏中衛·風俗》、《嘉靖寧志》卷三《中衛·風俗》，《朔方新志》卷一《地里·風俗》作"勇幹"。
[37] 殊爲惡俗：《續中衛志》卷一《地理考·風俗》作"是所冀於鄉士大夫之返其俗焉"。
[38] 近示之文公家禮始漸知所講求云：《續中衛志》卷一《地理考·風俗》作"近俗漸改多有講求文公家禮者"。
[39] 墓田：《續中衛志》卷一《地理考·風俗》作"先墓"。
[40] 燃：《續中衛志》卷一《地理考·風俗》作"然"。下文"燃燈"之"燃"亦同作"然"。二字通。
[41] 云：《續中衛志》卷一《地理考·風俗》無此字。
[42] 近年：《續中衛志》卷一《地理考·風俗》作"官斯土者"。
[43] 天下以寧：《禮記正義》卷三八《樂記》作"天下皆寧"。
[44] 不能不有望於來者：《續中衛志》卷一《地理考·風俗》作"是則司教所深望也"。
[45] 豇豆：《續中衛志》卷一《地理考·風俗》作"紅豆"。
[46] 殆即詩所謂荼也：《續中衛志》卷一《地理考·風俗》無此七字。
[47] 兔絲子：《續中衛志》卷一《地理考·風俗》無此三字。
[48] 蜀：疑當作"葵"。
[49] 不及：《續中衛志》卷一《地理考·物產》作"不足"。
[50] 地卑水淺處最宜生活：《豳風廣義》卷上《地卑水淺處甚宜樹桑説》作"地卑水淺種桑最易生活"。
[51] 二兩：《豳風廣義》卷上《地卑水淺處甚宜樹桑説》作"一兩"。
[52] 種：《豳風廣義》卷上《地卑水淺處甚宜樹桑説》作"樹"。
[53] 侵：《豳風廣義》卷上《河決水淹之地急宜樹桑説》作"浸"。
[54] 田禾：《豳風廣義》卷上《河決水淹之地急宜樹桑説》作"禾苗"。
[55] 桑木弓：《豳風廣義》卷上《家宅墳園宜樹桑説》無"木"字。
[56] 術士：《豳風廣義》卷上《家宅墳園宜樹桑説》作"衛士"。
[57] 將：《豳風廣義》卷上《盤桑條法》此字下有"園中"二字。
[58] 撤：《豳風廣義》卷上《盤桑條法》作"撇"。

建置考卷之二

古者司空度土功，司徒鳩民力，審三時，庀八材，而營建以興。殆不獨城郭宮室頒其法，凡官府、閭塾以及積貯、禱祀，靡不備舉焉。中邑建置有因有創，迨我聖朝，化洽銀疆，設險保民，作新之功，次第敷布，用民之力而取費於官，其所以使民不知勞，而用亦不匱，是在良有司矣。作《建置考》。

城池

中衛爲應理舊治，元以前創建無可考。舊址狹隘，明正統二年，都指揮仇廉奏增爲五里八分。天順四年，參將朱榮復請增修，高三丈五尺，濬池深一丈，闊七丈八尺。城門二：東曰"振威"，西曰"鎮遠"。嘉靖二年，參將周尚文始開南門一，爲"永安門"。門皆有樓。萬曆二年，參將張夢登始奏請磚甃，遂爲西路堅城，完固甲於諸塞。迨本朝康熙四十八年九月十二日，地大震，崩塌十之七八，樓垣盡傾，雖司事者力捐金修復，僅完葺東西二門。迄乾隆三年十一月二十三日，地復大震，寧郡城垣、公廨、民房傾頹殆盡，中邑幸稍安，而城垣已不復固，較前之崩塌愈甚矣。前陝督部堂鄂、撫都院元，①因災會疏奏請建中衛縣城。其城仍故城舊址，東西長，南北促，若舟形。週圍五里七分，高二丈四尺，女牆五尺九寸，浚濠環城六里三分。城門三，上建樓，外護月城，增角樓三、敵樓八、門臺六、炮臺十四。東西街立二市，鄉民以曉集，交易粟帛。今列肆豐盈，人烟湊集，居然富庶之風矣。城東關，萬曆初，②巡撫羅鳳翔奏建，[1]週圍二百四十八丈。十一年，巡撫張一元題請甎甃爲東西二門。[2]中多店舍，往來行旅栖托焉。迨經康熙己丑地震後，③門垣大半傾圮矣。西南向無關廂，近亦夾道市肆修列，逆旅比連，殆因邊路爲歷年軍需往來之衝云。[3]

---

① 《明清宮藏地震檔案（上卷）》、《宣統甘志》卷五二《職官志·職官表》載，鄂係川陝總督鄂彌達，元係甘肅巡撫元展成。
② 《乾隆甘志》卷七《城池·寧夏府》載，事在萬曆三年(1575)。
③ 康熙己丑：康熙四十八年(1709)。

道光二年，知縣李棟通請帑補修，東西南城外於護城河橋處各建二木牌坊：東坊一名"紫氣朝來"，一名"銀川門戶"；西坊一名"爽挹西山"，一名"鳴沙保障"；南坊一名"襟帶河流"，一名"晌卷古邑"。東門附城有鼓樓，建自明崇禎年間，至嘉慶二十二年五月十四日不戒於火，樓成灰燼，僅剩基址。道光十二年，知縣艾椿年率典史沈烜捐貲重建。樓豎三層，上祀奎宿，中祀文昌，下祀觀音、火神、雷神、財神。樓可以望遠觀河，極東城之壯觀云。【《續中衛志》卷二《建置考·城池》】

廣武城，本夏興州地。明正統九年，巡撫金濂以其地當西路之衝，負山河之阻，奏請築城，摘中、右衛官軍居之，移都指揮防守，後改遊擊。城週圍二里，成化九年，[4]遊擊陳連展築為三里。弘治十三年，巡撫王珣又拓之，高二丈五尺，池深一丈五尺。南門一，上有樓，北建玉皇閣。今城近在河岸，乾隆四年重修，週圍五百五十七丈，門樓牆堞皆加築整齊，與棗園、石空、鎮羅為西路完城矣。第河勢日徙西北，夏秋水漲，聲撼城郭，舊堤單薄，固護修防廣武，切近急務也。在縣東二百里。形勝：舊志"西河要衝"，①又山環河遶，密邇邊塞，為靈夏之襟帶，寔固靖之藩屏。

棗園城，弘治元年建，至乾隆四年重修，週圍四百二十四丈六尺，向南門一，甕城甃以甎石，建城樓二座。舊志：設把總防守。近城東南有三皇廟。

石空城，萬曆十三年，巡撫張一元題建，設守備駐防，今仍之。週圍五百八丈二尺。乾隆四年重修，向南門一，上建樓，甕城甃以甎石。土垣女牆，皆完葺。城樓三座，角樓四，炮臺二，其北城臺建有玉皇閣。在縣城東九十里。

鎮羅堡城，弘治元年建，設把總防守，今仍之。在縣東三十里。乾隆四年重修，向南門一，甕城甃以甎石。城樓三，角樓四，炮臺二，堡門左有關帝廟。

古水城，在縣西南五十里，西與靖遠蘆溝通，其東南與香山聯絡。重山複嶺，潛通固靖。萬曆四十三年，[5]巡撫崔景榮以其曠遠，請設弁兵防守，守備孟應熊始剗山築城。今仍舊制，其城署皆傾頹矣。

堡寨

附各灘、湖、山莊，凡有村落者俱各載入。其附某堡當差，亦各分晰，以便稽考。

渠口堡，舊為渠口墩，明萬曆三十九年始築堡。[6]在縣東一百七十里。

鐵桶堡，近河，舊為渡河通津孔道。天啟七年，總旗王思敬始率屯民捐築土堡，至十年乃告成。今堡在縣東南一百五十里。

張義堡，萬曆十四年建，設把總防守，今裁。在縣東一百一十里。

永興堡，在縣東六十里。萬曆十四年建，後崩於河，今存其名耳。

---

① 參見《弘治寧志》卷三《廣武營》、《嘉靖寧志》卷三《西路廣武營》、《朔方新志》卷一《山川》等。

鎮靖堡，在縣東南二十里，近河。宣德元年建，俗稱"前所營"。

柔遠堡，在縣城東十里，俗稱"中所營"，明興改屯衛時建。

常樂堡，在縣西南二十里，古水之東，堡近河。其南境接大澇壩，舊通蘆溝驛堡。西有邊牆一道，延長跨西南山，直抵蘆溝堡、喜鵲溝，長二百四十九里。牆外臨河有紅蟒牛墩，至今設汛防焉。

永康堡，在縣東南三十里，羚羊山之足，近河。成化間建堡。東南六十里，達香山寺口。

宣和堡，在縣東南五十里。萬曆間建，俗稱"七百戶"。

寧安舊堡，成化二十二年建，在縣東南一百里。堡東南通靈州、固原，西南通蘭、靖，爲河南衝衢。商賈往來，市肆亦稠。縣令黃恩錫於乾隆二十三年捐建倉五間，就近徵收恩和、寧安額糧，民頗便之。二十四年，復詳准添設巡檢司一員，分駐彈壓。

寧安新堡，嘉靖九年，巡撫崔鵬奏建。在縣東南一百三里。

恩和堡，舊爲威武堡，建於萬曆間。前僉事齊之鸞有《威武堡》詩，載見《藝文》。[1] 乾隆十一年，縣令姚恪以其民多尚武而抗粮，爲改今名，俗或稱"四百戶"。今漸傾頹，內居民僅四五家，餘皆就田築莊以居。

鳴沙州，漢鳴沙州鎮地，相傳其地沙踐之有聲，故名。後周移置會州於此，尋廢。隋置鳴沙縣，屬環州。大業初，州廢。唐貞觀初，以縣再屬靈州。神龍初，爲默啜所據，咸亨中收復，置安樂州，以處吐谷渾部。後沒於吐蕃，大中時收復，改置威州，徙治於方渠，以縣屬焉。元置鳴沙州，明初州廢，徙其民於長安，惟空城耳。正統中，巡撫金濂奏葺故城，摘調官軍守之，隸中衛。土城週圍三里七分，城之西北大半已塌於河，至今州人倚東城築垣以居。其城南有舊安慶寺、城隍廟存焉。在縣城東南一百四十里。

張恩堡，在縣東南二百八十里，牛首山下。隆慶元年建堡。東達青銅峽，接秦壩口靈州界。

馬槽湖，在縣北三十里。[7]其地畝於乾隆十八年報墾，至二十三年陞科，附本城。

黑林灘，在縣西二十里，附本城。

常家湖，在縣北十五里。

倪家灘，在縣南十里。俱附本城。

姜家灘，附鎮羅堡。

田家灘，附石空堡。

---

[1] 參見本志卷十《藝文編·銘詩》載齊之鸞撰《至威武堡三首》。

蒲王灘,附棗園堡。
湃灘,附渠口堡。
黄辛灘,附鳴沙州。
野猪灘,附張義堡。
乏馬灘,附張恩堡。
康家灘,孔家灘,俱附寧安。
柳馬灘,附宣和堡。
以上至倪家灘,俱在河之中。
白馬灘,近山有白馬寺,故名。其地自明季紅柳飛槽爲山水冲斷,遂成荒萊。自雍正十二年,寧夏道鈕公詳請動帑,建環洞五,洩紅柳山水入河,上爲石槽,長二十餘丈,七星渠水始下澆白馬通灘。招兩河各堡民,領地分墾。自紅柳溝下至張恩堡,佃民隨田築莊以居,分九段。今則土地開闊,村落相望。乾隆二十五年秋七月,始於適中之恩、棗段,因舊築土垣爲設市集,以便民交易焉。
香山。山民資水草牧耕,多因山崖築室,或陶穴以居。舊有七十二水頭,分東西八旗。今生齒漸蕃,皆成村落。其差徭附於縣城。所有各莊住址編户及接壤隣封,俱爲分晰詳注,以便察考。
深井莊。人户獨蕃於他莊。西十里,靖遠縣界。
寺兒井,在香巖寺山下。
官莊子,在寺兒井下,設把總、兵弁防守。
苦水沙河。
韓鎖井。
紅泉廟。
大柳樹。
羅全灣。
趙麻井。
以上各莊,東一旗。
驃馬井,其地水自石縫中流出。
羊兒水。
史家水,其地水從石澗流出,至高家水入地。
騷羊水。
小柳樹。
紅圈子,地勢頗平,人居亦稠,莊南十五里,至臭泥井靖遠縣界。
以上各莊,東二旗。

高泉莊，水自山坡流下，故名。

張家窑頭，其近山，產煤。

碾盤水，其地水自溝灘流出，約十里許入地。

孫家山。

放馬嶺。

吳布袋。

三岔溝。

喬家寨。

伊家寨。

杏樹溝。

劉家山。

校尉川。

黨家水，爲通蘭、靖必由之路。有李都督日榮神道碑。其東南四里，至白崖口靈州界。有汛防。

以上各莊，東三旗。

紅石堡，在縣南三十里。由韭菜溝至高峯子，爲通靖遠捷徑，第山路較險窄耳。

亂柴溝。

醮佛臺，有佛閣在石巖上。

高家水。

澗溝兒。

青土崖。

黃沙水。

銅塌堡。

寺口子，爲通蘭州、平凉、鹽茶廳要路，設有汛防。兩山雄峙，一溝中通，南達靈州白崖口，東北通寧安、永宣諸堡，山坡石徑頗崎嶇。下惟流水、蹊澗。

狼嘴子，在寺口東南，倚天景山。人户蕃於他莊。在東近喜鵲嶺靈州界。產鉛，有舊鉛洞。

甘柳樹。

七棵樹，舊稱產鉛，有鉛洞。

以上各莊，東四旗。

大滂壩，其地水從石灘流下，至里許入地，土人爲壩蓄之，故名。西七十里至蘆溝堡，爲大蘆驛故道。

土圈。

柴家畔。
西蘆泉。
亂井子。
任厨寨，莊南三里至臭泥井靖遠界。
土坡。
白土崖。
黄家套。
鴉兒崖。
韓祥水。
以上各莊，西一旗。
綻家水，莊西十里靖遠縣界。
車路溝。
羅鍋井。
蘆草井。
磨兒井。
高崖水。
周家寨。
牛條嶺。
紅寺臺。
磣子井，莊南五里靖遠界。
以上各莊，西二旗。
窰洞水，四面皆山，惟南一線山徑。其山阜有石巖，爲明季李彩負固之所。
繭家寨。
高峯子，莊路南爲靖遠界。
景家寨。
三眼井。
張蠻圪塔。
新莊子。
以上各莊，西三旗。
黑龍井。
上下石棚。
韭菜溝。
白崖子。

新水村，有都督李日榮墓。

七眼井。

以上爲西四旗。

耍崖，在縣東南二百三十里，分三莊。其龍柏、談木溝皆回民。耍崖回民十之七，漢民十之三，今漢民亦分移附近之新莊矣。

康馬頭，近耍崖，皆漢民，與耍崖三莊差役，皆附鳴沙州堡。

中衛舊未有朝賀之所，乾隆十九年，各士民始於通衢適中之元帝廟前面，建萬壽亭一座，大門六楹，隨以貲力不繼停工，垣牖尚闕。至二十四年，知縣黄恩錫復爲亟力倡捐，修其垣牖，於亭之東西建朝房各四楹，其前移舊坊重建，如式彩繪。告成於二十五年之五月，往來咸瞻仰焉。

道光二十年，知縣鄭元吉捐廉重修，鑲鏝衢道，整飭拜臺，彩繪重新，悉遵舊制，往來咸瞻仰焉。【《續中衛志》卷二《建置考·堡寨》】

官署[8] 庫、獄附

西路同知署，舊在城東南隅。順治七年，移建通衢，南向。康熙四十八年，地震，傾覆。前任同知高士鐸重修。

乾隆三十七年，裁缺。【《續中衛志》卷二《建置考·官署》】

中衛縣署，在城西通衢，南向，爲舊衛署。康熙四十八年，地震傾圮。前衛守備陳紀，重修雜項庫一間，在縣堂右側。監獄在縣署右。

知縣李棣通添修上房三間，小廳三間，額"萱壽堂"，在署三堂左。知縣艾椿年改修小房三間，爲早晚辦公之所，在署二堂右。道光二十年，知縣鄭元吉重修月臺，築砌衢道，大堂東西修庫各一間，一貯地丁粮價，一貯贜罰各欵。【《續中衛志》卷二《建置考·官署》】

副將署，在縣城東大街，南向。康熙四十八年，地震傾圮。副將王登朝重修。署堂前左側，有古槐一株，相傳以爲元以前物。

都司署，在縣城西北，南向，年久傾側。乾隆二十五年，都司倭赫詳修。考斷碑，署爲元應理州舊址。

廣武營遊擊署，在廣武城東，南向。

廣武營守備署，在廣武城東南。

石空寺守備署，在石空城東北。

古水井守備署，在古水堡。

棗園堡把總署，在堡東北。

鎮羅堡把總署，在堡北。

中衛縣典史無衙署，歷任皆寓寺觀、民房。現在議請修建。[9]

乾隆四十五年，典史王伯需因知縣王臣修理縣署餘貲，創建衙署，在縣署右。【《續中衛志》卷二《建置考·官署》】

渠寧驛巡檢司，乾隆二十五年新設，詳建衙署。在舊寧安堡。

中衛廣武營千總、把總各員，舊無衙署。

附養濟院

養濟院，在城西門外。乾隆二十三年，署西路廳富斌、知縣黃恩錫捐建。

額設孤貧二十名，日支粮一升，每月共支粮六石，計一歲支倉斗粮七十二石。【《續中衛志》卷二《建置考·官署》】

附公館

中邑爲沿邊之衝。錫自乾隆丙子蒞任，①適軍需旁午，差使絡繹於道。東西各站外，其西南之通蘭、靖，東南之通靈、固，星軺客使，適館授餐，舍所必需也。於是因舊補缺，度地酌增，庶裨往來棲息得所止云。

中邑爲沿邊之衝。知縣黃恩錫自乾隆丙子蒞任，適軍需旁午，差使絡繹於道。東西各站外，其西南之通蘭、靖，東南之通靈、固，各建館舍，以爲星軺棲息之所。嗣乾隆丙子後，歷任添建本城大公館一所、二公館一所、沙坡底公館一所、營盤水公館一所外，長流、石口、廣武、寺口四站，向無公館，遇有星使適館授餐，租賃民房，官及時代爲修理。供應之繁，倍於曩昔矣。

本城大公館一所，因乾隆三十七年西路同知裁缺，三十八年，知縣王臣將公署改建公館。

本城二公館一所，嘉慶十一年，知縣金宜創建。【《續中衛志》卷二《建置考·官署》】

西路乾塘子公館一所，上房三間，東西廂房四間，後房一間，大門一座，插屏一座。乾隆二十二年，知縣黃恩錫修。

營盤水公館創自何人、建自何年，無可稽考。

沙坡底公館一所，官廳一間，東西房各一間，後廳三間，東西套房各一間，西厨房一間，茶房一間。乾隆五十五年，知縣胡紀謨建。【《續中衛志》卷二《建置考·官署》】

東路勝金關公館一所，上房三間，東西廂房四間，厨房二間，大門一座，圍牆、照壁全。知縣黃恩錫修。

南路鳴沙州公館一所，上房三間，右小房三間，東廂房三間，西廂房三間，書房三間，大門三間，二門過廳三間，厨房、馬棚全。舊係徹毀邪教經堂。[10]乾隆二十三年，知縣黃詳修，改置公館。

嘉慶十年，傾圮，木植尚存。【《續中衛志》卷二《建置考·官署》】

---

① 乾隆丙子：乾隆二十一年（1756）。

南路寧安堡公館一所，上房三間，東西廂房四間，過廳三間，厨房一間，小房一間，大門一座。
　　道光三年，傾圮，地界尚在。【《續中衛志》卷二《建置考·官署》】
　　西路長流水、營盤水官店，東路廣武、石空寺官店，南路寺口、黨家水官店，皆官爲修理，以便往來差使。本城公館，係典修狄姓房一所，立有卷案。

倉廩

　　應理倉，一在南門大街，新建大倉四十五間，舊倉九十五間；一在老關廟巷，倉八十間，俱新建。徵貯本城、柔遠、鎮靖、鎮羅、永興、宣和、永康額徵糧，供支中衛營。每年應支糧料七千七百一十七石二斗，内兵糧五千七百三十石，馬料一千九百八十七石二斗。
　　每年應支糧料四千六百二十七石六斗，内兵糧三千五百八十石，馬料一千四十七石六斗。嘉慶四年，知縣文楠添建廠房十間，老關廟創建廠房十間。後因老關廟廠房不貯糧石，漸就傾圮，前各縣陸續解拆，所剩木料爲添補衛署之用。【《續中衛志》卷二《建置考·倉廩》】
　　石空倉，在堡内東南。新建十五間，舊廠二十四間。徵貯本堡額糧，歲供石空兵馬糧料七百九十四石八斗，内兵糧六百七十六石，馬糧一百一十八石八斗。
　　石空倉，在堡内。舊廠三十九間，又添建廠四十八間，徵貯本堡額糧，歲供石空營兵馬糧料五百四十六石八斗，内兵糧四百八十二石，馬料六十四石八斗。【《續中衛志》卷二《建置考·倉廩》】
　　棗園倉，在堡内。新建倉二十間，舊廠三十一間。徵貯本堡額糧，歲供棗園汛兵馬糧料二百石。
　　棗園倉，在堡内。舊有倉廠五十一間，添建倉廠十四間，徵貯本堡額糧，歲供棗園汛兵馬糧料一百七十四石八斗。
　　白馬、鳴沙向無倉廠，民納糧，運至廣武貯倉。乾隆二十三年，知縣黃恩錫日念隔河寫遠，民運維艱，在於鳴沙州安慶寺廟内暫爲收貯，俟農隙時，仍運至廣武貯倉，以備供支兵糧之需。嘉慶元、二兩年，即在安慶寺内建蓋小房二十間，以爲積貯之所。嘉慶五年，河流暴漲，小房冲塌，知縣田均後將糧那至白馬灘存貯。户民公懇，於白馬寺創建倉廠二十間。此白馬、鳴沙與廣武分貯倉糧之始基也。【《續中衛志》卷二《建置考·倉廩》】
　　廣武倉，舊倉五十九間，新建大倉四十五間，收鳴沙、白馬、張恩、渠口、鐵桶、廣武額糧，供支廣武營兵馬，歲四千五百三石八斗，内兵糧三千一百七十石，馬料一千三百三十三石八斗。
　　廣武倉，舊倉一百四間，添建六十三間，收張恩、渠口、鐵桶、廣武、黃辛灘額糧，供支廣武營兵馬，歲二千六百八十三石六斗，内兵糧一千九百六十石，馬料七百二十三石六斗。【《續中

衛志》卷二《建置考·倉廩》】

古水倉，舊建倉十間，在古水堡。今於附近之常樂收貯常樂、永康糧石，以供支該營兵馬糧料，歲七百九十四石，内兵糧六百七十六石，馬料一百一十八石八斗。

古水倉，舊建倉十間，在古水堡。今於附近之常樂收貯常樂、永康糧石，以供支該營兵馬糧料，歲五百五十石八斗，内兵糧四百八十六石，馬料六十四石八斗。【《續中衛志》卷二《建置考·倉廩》】

寧安倉，舊恩和、寧安，俱於廣武倉納糧，隔河路遠。乾隆二十三年，知縣黃恩錫因行館舊有倉三間，爲捐俸添建五間於堡西北隅，詳准就近收貯恩和、寧安額糧。

寧安倉，舊恩和、寧安俱於廣武倉納糧，隔河路遠。乾隆二十三年，知縣黃恩錫建倉八間，後又添建七十二間於堡西北隅，收貯恩和、寧安額糧。【《續中衛志》卷二《建置考·倉廩》】

社糧附

縣城：社糧一百五石，息糧十石五斗八升。

石空：社糧二十四石五斗三升，息二石四斗五升。

道光元年，貢生張坦勸捐，續置典田五十畝，以田所出爲本堡鄉會試斧資。【《續中衛志》卷二《建置考·倉廩·社糧附》】

棗園：社糧二十二石九斗四升七合，息二石二斗。

寧安：社糧六十石七斗八升，息六石七升八合。

永興：社糧二十一石六斗四升，息二石一斗。

新寧安：社糧一十六石九斗二升，息一石六斗九升。

恩和：糧九石八斗四升九合，息九斗八升。

鳴沙州：糧十一石三斗七升四合，息一石一斗三升。

鎮靖：糧二十三石一升五合，息二石二斗一合。

張恩：糧五石三斗五升七合。

柔遠：糧二十二石二升三合，息二石二斗二合。

鎮羅：糧一十九石二斗三升，息一石九升二升三合。

鐵桶：糧一十二石九斗三升七合，[11]息一石二斗九升三合。

渠口：糧一十三石一斗三升，息一石三斗。

廣武：糧九十三石六斗，息九石三斗六升。

常樂：糧一十二石一合，息一石二斗。

永康：糧一十八石二斗三升，息一石八斗二升。

宣和：糧一十七石二斗三升，息一石七斗。

以上各堡社糧、民捐即貯各堡，[12]設社正、社副經理。

或經理未善，歸官籌備耶；或歲久朽腐，陳新未易耶。嘉慶二十五年，知縣李棣通不知何以虧短。道光十年，歸入盤查案内報銷。【《續中衛志》卷二《建置考·倉廩》】

學校

中衛縣儒學

在新鼓樓西，文廟之右。教諭署堂室一十五間，訓導署堂室一十二間。

訓導，道光十二年裁缺，署堂室猶存舊址。【《續中衛志》卷二《建置考·學校》】

明倫堂，在學署之前，堂五楹，東西齋房各六楹，大門、儀門各四楹。內立順治九年二月《御製曉示生員條教臥碑》，康熙四十一年正月《御製訓飭士子文》。

學額：廩生二十名，增生二十名。學生每七年三貢。每歲考取入文生員十四名，武生十五名。科考取入文生員十四名，歲科撥入府學四五名。河南各堡辦銷惠安鹽引，歲科商學，赴惠安考試，取入無定額。

現在商學名目，不知裁自何年，無案可考。【《續中衛志》卷二《建置考·學校》】

學田，在縣東郊，東至舊演武場，西至官路，南至民田，北至驛路。地窪下，間歲一種稻。

書籍：《御製朋黨論》一本；《上諭》一部，共二十四本；《聖諭廣訓》一本；《上諭》一本；《瑞穀圖》一本；《諭旨錄》一部，共十本；《平定青海告成太學碑》墨刻一張；《性理》四部，每部五本，共二十本；《詩經》四部，每部二十四本，共九十六本；《書經》四部，每部二十四本，共九十六本；《周易折中》四部，每部十本，共四十本；《春秋》四部，每部二十四本，共九十六本；《朱子全書》四部，每部三十二本，共一百二十八本；《十三經》一十二套，共一百二十本；《二十一史》五十套，共五百本；《明史》一部，共一百一十二本；《四書解義》四部，每部十二本，共四十八本；《駁呂留良四書講義》八部，每部八本，共六十四本；《大清律》一部二套，共二十本；《上諭》八部，每部十本，共八十本；《欽定四書文》四部，每部二十二本，共八十八本；《資治通鑑綱目》一部，共四本。

中衛縣城堡社學

縣城應理書院，在南門，學舍十一間，西路同知高士鐸建。社學，在學宮尊經閣北，學舍七間，知縣黃恩錫建。學租田三十六畝，坐落城北八字渠。乾隆二十五年，置租田八十畝，每年納租銀四兩八錢，李生甲、生瑞、生茂、生新承種。李城等種學田六十畝，歲納租銀三兩。

嘉慶二十年，前署縣周濂置買吳姓房屋一所，改建講堂。院內上房、東西廂房、院外廂房，共二十六間。道光二十一年，元吉與紳士籌議修葺，升高講堂、牆垣、照壁，大門重加改建，舊房二十六間亦俱改造，需費約計二千餘金。有碑記，詳《藝文》。① 至書院山長束脩、[13] 生童

---

① 參見《續中衛志》卷九《藝文編·記》載鄭元吉撰《應理書院碑記》。

膏伙，俱由縣管理，如公項不敷，亦由縣捐廉添補。【《續中衛志》卷二《建置考·學校》】

宣和堡社學，學房九間，在堡內東元帝廟右側。學田一方，王鎬等開種，歲納租銀四兩。

乾隆四十八年，義學房屋傾頹，將木料移至堡內奎星閣下，修蓋房屋八間。閣下空地一塊，以所出爲修義學之費。至王鎬承種之田，久被水冲。嘉慶十九年，知縣翟樹滋詳請豁免學租銀四兩。道光十年，復在堡北開墾灘地一道以作學田，張遵王承種，立有縣案，歲納錢十六千文。【《續中衛志》卷二《建置考·學校》】

白馬灘社學，在白馬寺。乾隆二十五年，置學田六十畝，歲納市斗租粮十二石，坐落恩、棗段，七星渠夾岸。

廣武堡社學，在堡內，學舍十間，學田四十二畝。原任湖廣提督俞益謨置，有碑記，見志《藝文》。①

鎮羅堡社學，學舍七間，在堡內奎閣下。乾隆二十四年，置學田七十五畝，歲納市斗租粮十一石二斗五升。孟、王、張等承種。

鎮羅堡社學，學舍七間，重建十五間，在堡內奎閣下。乾隆二十四年，置學田七十五畝，復增二畝，歲納市斗租粮十一石二斗五升。孟、王、張等承種。道光十八年，合學公議核計七十七畝。所出分作三項，以十四畝爲文昌宮祭田，以三十畝爲義學延師束脩，以三十三畝爲科生鄉會資斧。【《續中衛志》卷二《建置考·學校》】

永康堡社學，在堡東關帝廟。乾隆二十四年，置學田一方，坐落燕子窩灘，閻多祝等承種，歲納租銀八兩。張大經等市舖租銀五兩五錢。

永康堡社學，在堡東關帝廟，學舍十間。乾隆二十四年，置學田一方，坐落燕子窩灘，閻多祝等承種，歲納租銀八兩。又張大經等市舖租銀五兩五錢。至乾隆五十八年，河水北流，闔堡衆工築埧濬灘以灌學田。後將燕子窩學田所出，歸入銀川書院。本堡士民不忍社學廢弛，公禀前祟文楠立案，歲給社學銀六兩，着堡約催取，以爲延師修斧。至閻多祝承種之田，河流形勢不定，灘多崩塌，故承種者亦人屢更易也。

鎮靖堡義學，爲處士孫振前議倡，工將竣而振前謝世，事遂廢。兹道光二十年，堡人復議，捐灘地二塊，坐落堡渠之南，以建義學。廩生高秉彝有記。【《續中衛志》卷二《建置考·學校》】

恩和堡社學，在堡南，學舍十間。乾隆二十四年，置學田八十畝，歲納租銀八兩，坐落沙湖，徐靜等承種。又楊克舉種學田二畝，歲納租銀三兩。李均等種學田一方，歲納租銀二兩。又曹下迤田八畝，因徐璋等詰訟，攻入。前知縣姚置學田一塊。

寧安堡社學，在文昌閣。學租市舖三十二間，歲納租銀二十兩。乾隆二十四年，置學田二十畝，坐落孔家灘尾。

鳴沙州社學，在安慶寺。學田六十畝，歲納市斗四色租粮十二石。[14]雍可立等承種，坐落紅柳溝南。

---

① 參見本志卷九《藝文編·記》載俞汝欽撰《餘慶堂捐建義學義田記》。

棗園堡社學,在堡內北,學舍十二間。乾隆二十四年,置于忠、李聰賢、郭自成等學田五十七畝,坐落東莊。

　　石空堡興文社,爲恩貢生張坦勸捐,典田五十畝。每值鄉會試,以田所出酌爲赴陝入都斧貲。廩生張楷有碑記,立於堡內之文昌宮垣。復立惜字社,有廩生祝平成、增生何偉業、馮克榜共襄其事。

　　古者家有塾,黨有庠,州有序,國有學,所以厚風俗而培養士氣也。中邑崇尚古風,各堡多立義學、社學,置橡舍以爲肄業之所,捐學田以作延師之費。承種佃人,亦俱殷實,立法之善,至周且密。近查各堡學舍、學田,俱多名實不符,雖滄海桑田,變遷不一,而亦不能不歸咎於經理者之未善也。"夫莫爲之前,雖美弗彰;莫爲之後,雖盛弗傳"。① 是在里長、黨正盡心稽核,毋墮前業,俾家絃户誦,俗尚詩書,此則予之厚望也夫。考堂記。【《續中衛志》卷二《建置考‧學校》】

祠祀

壇壝

　　先農壇,在城東南,雍正五年奉文建。內耤田四畝五分,每歲春耕耤日致祭。禮儀、祭品牲帛,同社稷壇。[15]

　　社稷壇,在城西南,雍正十年建。每月春秋仲月戊日祭,祭品:香燭、帛、酒、羊一、豕一、鉶一、籩四、豆四、簠二、簋二。②

　　風雲雷雨山川壇,在城南,雍正十年建。春秋仲月戊日,[16]奉遷城隍神主共祭,[17]祭品如社稷壇。考漢、唐、宋以來,風、雷、雨各分壇以祀,不及雲。明洪武中,詔春秋祭風、雲、雷、雨爲一壇,嗣又以風、雲、雷、雨、山川、城隍合祭於壇。

　　厲壇,在城西北。每歲三祭,祭日奉城隍神以主厲祭,設無祀鬼神之位於壇下。春則清明,秋則七月十五日,冬則十月初一日祭。儀節省於各壇,止行一跪三叩禮。

文廟

學宮

　　中衛明以前學制不可考。正統八年,鎮撫陳瑀始請建學,[18]在城東北隅。後巡撫徐廷璋以學宮偏在城隅非宜,[19]命改建於街衢適中,左廟右學如制,苐臺址殊狹。至弘治十三年,訓導李春等請於大中丞王公珣,撤相近逼礙之保安寺以闊之,展堂齋,建庖廩。尚書三原王公恕爲《記》,載《藝文》。③ 嘉靖三年,參將周尚文重修。萬曆三十五年,同知錢通、參將于翔儀重修。衛人周于人有《記》。[20]

---

① 參見《東雅堂昌黎集注》卷十七《與于襄陽書》。
② 《續中衛志》卷二《建置考‧祠祀‧壇壝》不載祭品。
③ 參見本志卷九《藝文編‧記》載王恕撰《重修中衛儒學碑記》。

至康熙四十八年秋,地大震,兩廡、明倫堂、齋房盡傾圮,惟正殿獨存。教授劉追儉請商於西路同知高士鐸,倡率士民設法捐助興修,歷三年乃告成。計大成殿六楹,兩廡各八楹,戟門四楹,東西角門各兩楹,欞星門木坊一座,東西柵欄全。至乾隆五年,重修縣城工竣,諸生請各捐貲,因修城所餘甃石,愈加築正殿臺階以陛之。其東西廡,暨名宦、鄉賢祠,泮池,戟門,欞星門皆增飾,較前尤為弘備。於名宦祠左,添建忠義祠四楹。

尊經閣,在大成殿後,雍正三年建,三轉五成,樓高二層。

崇聖祠,歷年既久,屋脊瓦皆脫漏,其前圍牆亦狹隘,五王神牌字畫間有錯訛,四配從祀神牌則卑小陳暗。[21] 乾隆二十五年,署西路同知富斌、知縣黃恩錫倡各衿監捐金,補修屋脊,拓開垣牆門樓。恩錫乃於各神牌皆更正,泥金大成殿扁額,十哲神牌皆重加修飾。欞星門右更衣房四楹,亦重修焉。[22]

道光二十年,知縣鄭元吉倡捐重修。自廟門至廟中、廟後、尊經閣、崇聖祠,逐加修葺。搆料不假手胥吏,鳩工庀材皆諉任能明紳士,故工匠石木較前尤為堅實,而廟前照壁及欞星門備極輝煌壯麗,煥一邑之文明焉。有《記》,詳《藝文》。① 【《續中衛志》卷二《建置考·祠祀·文廟》】

文廟祭品:中邑祭器雖具,舊無陳設,亦不辨登、鉶、簠、簋、籩、豆之用應實何物。乾隆丙子秋,② 縣令恩錫始蒞任,與祭,為詳考典制,列圖以示,今載入焉。明初,國子監用籩豆各十,天下府州縣各八。成化十三年,禮部尚書周洪謨奏加籩豆各十二,外府州縣各十。我朝因之。今按據《大成通考》,用籩、豆各十。

祭器:白筐二十個,白磁爵四十二隻,登一件,鉶二十三件,簠一百六十四件,簋一百六十四件,籩六百五十八件,豆六百五十八件,罇十件,罇棹二張,罇冪十件,罇勺十件,銅爵一百五十隻,牲俎二十件,俎棹十八張。

樂器:麾旛二杆,座二個,琴八張,棹八張,瑟二張,架二個無棹,搏拊二個,棹二張,柷一件,敔一件,龍笛二隻,鳳簫二隻,洞簫二管,笙四攢,篪二桶,塤二個,金鐘一十六口,玉磬一十六塊,鐘磬架二副連鐵環,應鼓一面連座一副。

舞器:節二杆連穗座二個,翟三十六件,籥三十六件,干一十六面架一座,戚一十六柄架一座。

崇聖祠,陳設祭品同至聖,前惟不設登,無太羹、豚、胎、脾、胏。各配陳設同十哲,從祀陳設同兩廡。明以前無祠,嘉靖九年始建祠祀啟聖公。國朝雍正元年,追封先師孔子五代,以五世祖為肇聖王,高祖為裕聖王,曾祖為詒聖王,祖為昌聖王,父為啟聖王。祠內四氏:東配西向,顏氏無繇、孔氏鯉;西配東向,曾氏點、孟孫氏激。從祀五儒:東儒西向,周輔成、張迪、蔡元定;西儒東向,程珦、朱松。

---

① 參見《續中衛志》卷九《藝文編·記》載鄭元吉撰《續修文廟碑記》。
② 乾隆丙子:乾隆二十一年(1756)。

名宦祠，在戟門東。

鄉賢祠，在戟門西。

忠義祠，在名宦祠左。

考陸稼書《靈壽志論》云：①"余讀《安州志》，言祀事之失嚴敬曰：'壇壝廟宇，宿莽積塵。神主龕籠，傾欹破毀。几案皆鳥鼠之蹟，庭除有人畜之糞。及祭祀屆期，齋戒視爲虛文，執事何嘗告戒。拂拭者濁膩重重，滌濯者污垢斑斑。[23] 菹醢不問生熟，犧牲未知精潔。[24] 帶泥連草之菁芹，含蚛蒙塵之棗栗。凡百供陳，盡托僕隸，師生不躬親，有司不省視。'嗚乎！今天下如此者多矣，豈獨安州哉！"惟恃知禮之君子，相爲留心其間云。

節孝祠，城西南隅。舊祠卑濕、傾圮。乾隆二十六年，知縣黃恩錫改建於通衢文廟右側。

文昌宮。中衛向無文昌宮殿，每遇春秋祭祀，各官詣東城鼓樓之文昌閣展祭。道光元年，知縣李棣通在南門創建宮宇，南城上建奎星閣。道光二年復重修。【《續中衛志》卷二《建置考·祠祀·文廟》】

文昌閣，在新鼓樓。

奎星閣，在東南城臺。

考司馬遷《天官書》：②斗魁戴筐六星爲文昌：[25] 一曰上將，二曰次將，三曰貴相，[26] 四曰司命，五曰司中，六曰司祿。《周禮·大宗伯》：③以槱燎祀司中、司命。鄭康成亦云：季冬之月，祀天之神祇，司中、司命與焉。④ 所從來久矣。學宮前東南，舊有文昌、奎星之祀，貌而象之，於文昌則號爲梓童帝君，此道家之説，[27] 識者其辨之。[28]

關帝廟，每歲春秋仲月、五月十三日致祭。祀以太牢，禮儀照先師廟。

關帝廟，在東門外。每歲春秋仲月、五月十三日致祭。祀以太牢，禮儀照先師廟。道光八年，知縣李棣通、副將邢承誥倡捐興修捲棚，添設欄杆。

廟中有古碑，載前明崇禎癸未年間，⑤山東秀才陳益修事。緣廟後有空地，毗連禮拜寺。寺爲回民禮拜之所，規模狹隘。回欲占廟地以廣寺制，無有爭之者，獨益修堅不肯與。回始賂以金，益修介不受。後加之害，益修得不死。雖碑記語多附會，而益修至誠感神，真足以風世矣。考堂記。【《續中衛志》卷二《建置考·祠祀·文廟》】

---

① 參見《三魚堂文集》卷三《雜著·靈壽志論》。

② 參見《史記》卷二七《天官書》。

③ 參見《周禮·大宗伯》。

④ 《曝書亭集》卷六九《碑·開化寺碑》、《三魚堂文集》卷十《記·新修文昌祠記》皆載："《月令》：季冬之月，畢祀天之神祇。鄭成成謂司命司中與焉。"知"季冬之月祀天之神祇"非鄭康成語。考《禮記·月令》曰："乃畢山川之祀，及帝之大臣，天之神祇。鄭玄注曰："天之神祇，司中、司命、風師、雨師。"

⑤ 崇禎癸未：崇禎十六年（1643）。

城隍廟,在大街舊鼓樓東。

按:城隍春秋祭於壇,朔望行香於廟。其封則始於明洪武元年,府曰"公",州曰"侯",縣曰"伯"。三年,削封號,稱某府、州、縣城隍之神,制亦尊矣。今廟宇香火之盛,立儀仗,建寢宮,神及配具有誕辰,男女雜遝以祭。其附會不經之甚,大抵皆原於二氏之説耳。

八蠟祠,在縣東城外三皇廟。

按:八蠟見《禮記·郊特牲》,鄭注云:先嗇一也,司嗇二也,農三也,郵表畷四也,貓虎五也,坊六也,水庸七也,昆蟲八也。① 或疑昆蟲不當祭,不知所祭乃主昆蟲者。考古祭八蠟在十二月,近代於春秋丁祭之後,殆亦春祈秋報之意云。

馬神廟,在縣東門外正南。

按:馬神之祀,《周禮·校人》:②春祭馬祖,夏祭先牧,秋祭馬社,冬祭馬步。注云:馬祖,天駟星也;[29]先牧,始養馬者;馬社,始乘馬者;馬步,神爲災害馬者。四時各有所祭,今則惟夏六月廿四日,俗通祭之,而春秋之祭亦無常典,失古禮之意矣。

河渠龍神廟,乾隆二十四年,署西路同知富斌、知縣黃恩錫倡率士民捐建。教諭張若敏有《記》。③

乾隆五十八年,知縣邱卿雲建廳房三間。嘉慶十七年,知縣翟樹滋改建廳房六間。道光十年,知縣馮侍稷添建套房二間、廚房一間、茶房一間。【《續中衛志》卷二《建置考·祠祀·文廟》】

按:宋始有五龍廟、九龍堂,以祈雨。龍王之祀,古無有也。然禮有功德於民則祀之,中邑導河引水,斥鹵皆可耕,推之通舟載物,食河之澤多矣,其祀河渠之神也固宜。

寺廟附

玉皇閣,在城北臺。

三皇廟,在城東郊。

按:三皇始於元時,令天下通祀伏羲、神農、黃帝,此立廟所由來也。明洪武四年,始罷天下府、州、縣祀三皇。

東嶽廟,在東關。

火神廟,在城南門外。

牛王寺,在城東南隅。

玄壇廟,在城西門。

藏經閣,在協署前。

---

① 參見《禮記正義》卷二六《郊特牲》。
② 參見《周禮·校人》。
③ 參見本志卷九《藝文編·記》載張若敏撰《龍神廟碑記》。

真武廟。

按：真武，殆即古所謂玄冥，北方之神也。世俗雜以不經之說，君子當辨其誕妄焉。

華嚴寺，有甎塔，在城東南十里，俗呼"甎塔兒寺"。

香巌寺，在香山頂。

羚羊寺，在永康堡東。

塔兒寺，在寧安堡西十里。

白馬寺，在白馬灘永鳴段，近山。

安慶寺，在鳴沙州，前明慶藩建。

石空寺，注見《藝文》各景。①

蘇武廟、米缽寺，俱在寺口。

金龍王寺，在鳴沙州東五里紅柳溝。廟旁有鈕公祠，祀詳修環洞石槽、原任寧夏道鈕公廷彩。

屏山寺，在棗園堡北。山形擁翼若屏，故名。寺建於山半。

晏公廟，在永康渡口。

聖母娘娘廟。

按：俗有聖母娘娘之祀，其左右多塑嬰孩，考其義，則廣嗣宫也。按《毛詩傳》，古者"玄鳥至之日，以太牢祀於郊媒"，即廣嗣之義歟。今雜佛老之教，以附會不經之説，煽惑愚婦，以爲入廟燒香之地，此邪説之當禁者。愚意或如陸稼書《靈壽縣志》所載，土人祀帝嚳、姜嫄，正其稱號，或猶不失古意云。

遺愛

高公祠，爲前任西路同知高士鐸建，在東關外。

王公祠，在廣武堡，祀遊擊王正，本名禎，《通志》以避諱易今字。遼東人，順治十年任。[30] 爲地方興利不惜資囊，除害則不畏豪強。時忽河水大漲，溢堤。身爲捍衛，毀花園磚石，立運河堤，疊加坏埂，捍衛城垣。兵民爲建祠祀焉。每年春、秋二季致祭。

文廟、社稷、山川風雲雷雨、馬神、土神、厲壇、雩壇，共領祭祀銀六十六兩七錢五分二厘零。每年春、夏、秋三季致祭。

文昌宫，春秋二季，共領祭祀銀十六兩七錢六分。【《續中衛志》卷二《建置考·祠祀·寺廟附》】

關帝廟，共領祭祀銀二十一兩八錢八分零，每年祭。

先農壇，祭祀銀三兩，額設耤田四畝五分，在於田内粮石變價。

---

① 參見本志卷十《藝文編·銘詩》載無名氏、鄭秉鎮撰《石空燈火》，卷八《古蹟考·中衛各景考並序》"石空燈火"條。《古蹟考·中衛各景考並序》載："寺在石空堡西北十里許。"

〔文廟陳設圖〕

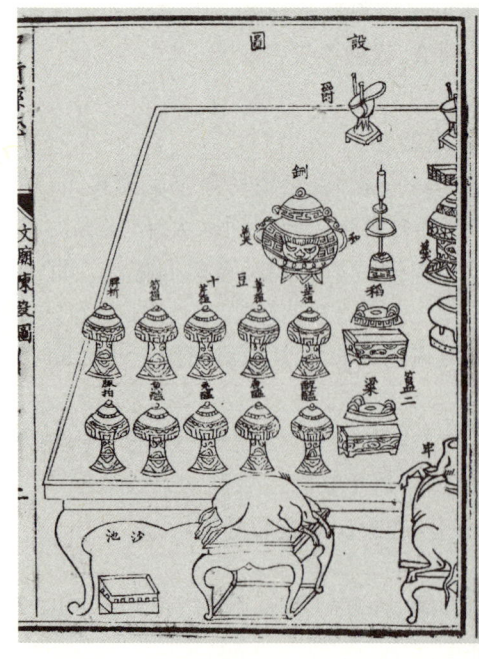

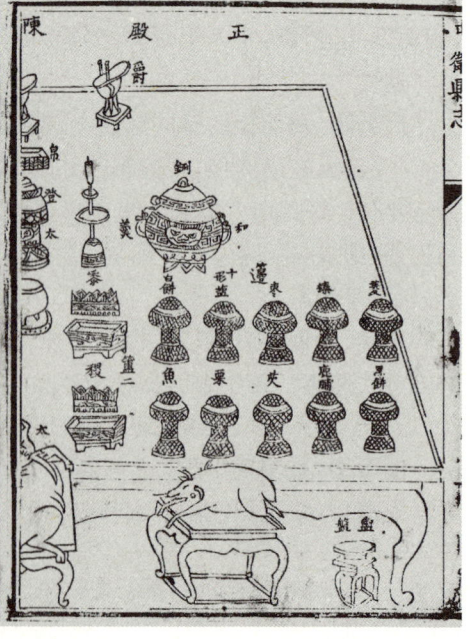

建置考卷之二　63

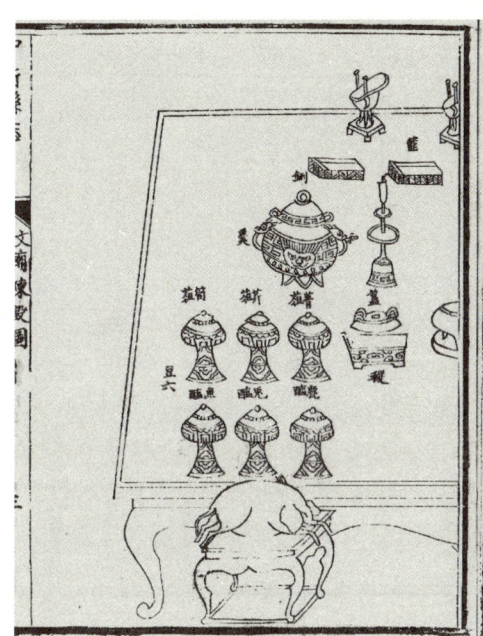

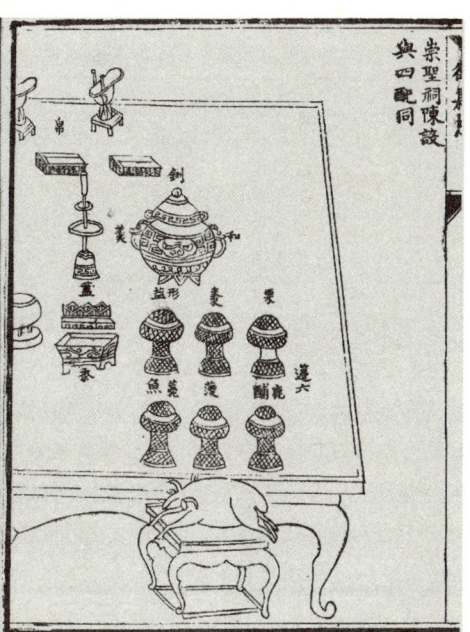

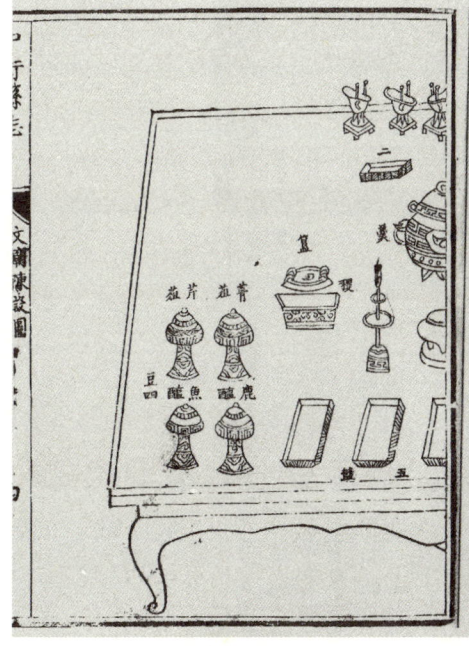

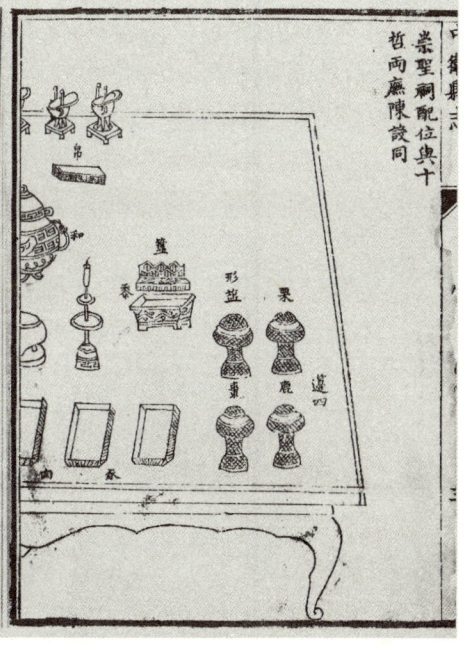

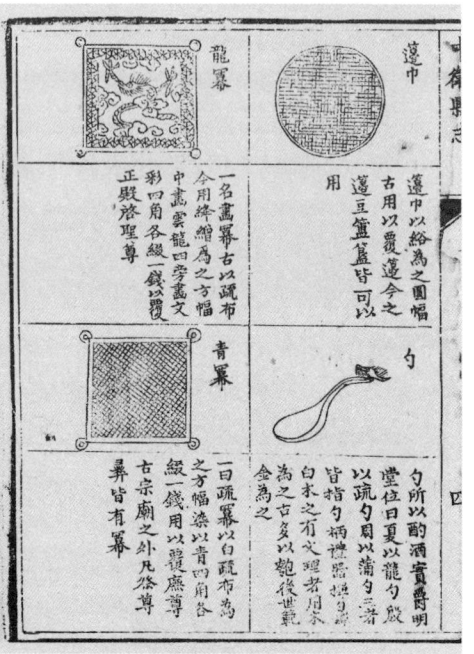

衛縣志文廟陳設圖

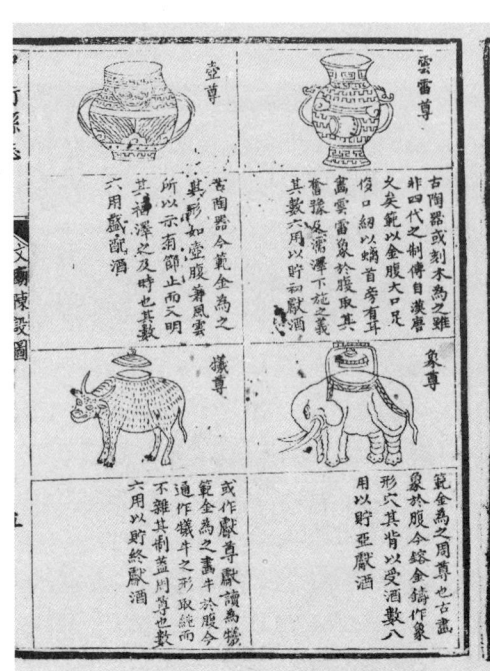

雲雷尊

古陶器或刻木為之難非四代之制傳目然膳久矣乾以龍腹蝸首受有耳儀口䌁以金腹大口足，蓋雲雷之象於腹取其萬雲之澤以示菊節山而又明其謂澤之及時也其數六用以貯盎酒

壺尊

古陶器或以木為之範形如壺腹有風雲萬雷之象其數六用以貯醴酒

犧尊

或作獻尊獻讀為犧範金為之周尊也古畵犧牛於腹今鎔金鑄作犧牛之形穴其背以受酒其數六用以貯終獻酒

象尊

乾金為之周尊也古畵象於腹今鎔金鑄作象形穴其背以受酒數八用以貯亞獻酒

邊巾

邊巾以紛為之圓幅古用以覆邊豆籩盧皆可以用

龍冪

一名畫冪古以疏布為之方幅中畵雲龍四旁畵文彩以冪六通尊正殿啟聖尊

青冪

一曰疏冪以白疏布為之方幅四旁䌁以青四角綴一錢用以冪庶尊冪皆有幂

勺

勺所以酌酒實者時明堂位曰夏后氏以龍勺殷以疏勺周以蒲勺三代禮器皆有勺栖禮器之指勺有文遉者大以毛為之白朮之有文遉者皆用白朮多以柏後之範為

山尊

或以為即雲雷尊諸禮樂書有雲雷尊復有山尊範金為之夏后氏之尊也其數二

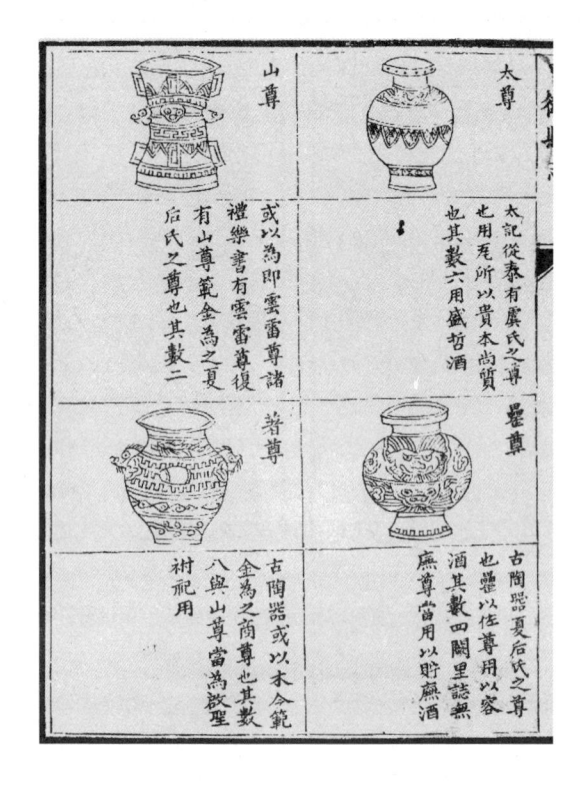

太尊

太記從泰有虞氏之尊也用瓦所以貴本尚質也其數六用盛醴酒

著尊

古陶器或以木令範金為之商尊也其數八與山尊當為祫祭祔祀用

罍尊

古陶器夏后氏之尊也罍以佐尊用以容酒其數四闕里誌無庶尊當用以貯庶酒

〔文廟樂舞圖〕

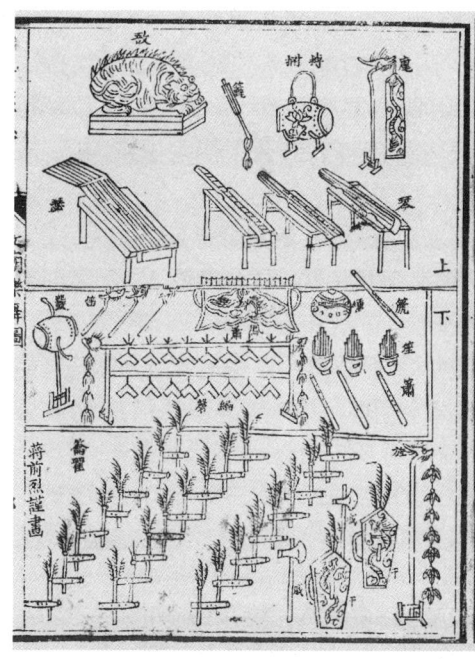

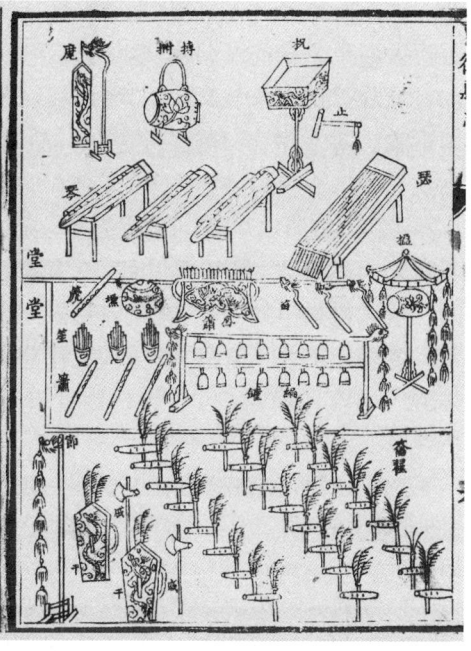

祥異附

唐貞觀二十三年四月，靈州境內河清。長慶元年，[31]靈州奏黃河清，從陝至定邊界二百五十里。

明萬曆三十六年八月，寧夏中衛等處地震。

安慶寺碑云：嘉靖四十年六月十四日，地大震，山崩川決，城舍皆傾圮。安慶寺永壽塔頹其半，後慶王重修。至康熙四十八年地震，塔復崩其半云。

崇禎十六年十月初三日，黃河水一夕驟合，香山寇因之渡河，劫擾鎮靖、柔遠二堡。

順治二年，廣武營麥秀兩歧。[32]見《通志》。①

順治三年夏，蝗自東來，飛蔽天日，不落田間，有飛過河南者，有飛過邊牆者。邊外數十里沙草俱盡，[33]而中衛田苗不傷，亦異事也。

康熙三十四年八月初旬，隕霜殺草，秋禾俱槁。

康熙四十八年九月十二日辰時，地大震。初，大聲自西北來，轟轟如雷。官舍、民房、城垣、邊牆皆傾覆。河南各堡平地水溢沒髁，有魚游，推出大石有合抱者，井水激射高出數尺，壓死男婦二千餘口。自是連震五十餘日，勢雖稍減，然猶日夜十餘次，或二三次。人率露棲，過年餘始定。

康熙庚寅三月七日申刻，②黃氣自縣西起，亙天。忽大風拔木，壞民居。天晝晦者四日。官飭民間寒食以防火。

乾隆三年十一月二十四日，地震。香山尤甚，窰居者多死。初，土人以窰覆，知不救。閱十餘日，有掘窰搜物者，洞開而人猶生，問之，云："探盆中粟嚼之，故不死。"

乾隆十四年二月中，田鼠遍地生，至夏傷禾稼，歷秋冬彌野皆是。其先，人家所畜貓犬哺食之，後貓與鼠戲，不復捕。鄉農每掘一窟，鼠多至數十，食之則傷人。或云鼠為田蛙所化，有鑽穴見鼠尚半蛙形者。次年春始滅。

乾隆二十二年五月初七日，大雨雹，傷中衛近城田禾。雹有大至如雞子、胡桃者。至六月初六日，黃氣自西北起，大風，晝晦，室中點燈。其風氣觸人皆鬱熱。

道光三年，宣和堡民吳興之妻產，生三男。

道光十年三月二十八日卯時，天忽昏黑，室內燃燈。至午，天復明。

---

① 《乾隆甘志》卷二四《祥異》載："順治二年春，太白經天見秦分，廣武營等堡麥秀兩岐。"
② 康熙庚寅：康熙四十九年（1710）。按：此條原在"康熙三十四年"條之前，按時間順序移此。

道光十七年，宣和堡麥秀雙歧。【《續中衛志》卷八《雜記·祥異附》】

【校勘記】

[1] 羅鳳翺：原作"羅鳳翔"，據《朔方新志》卷一《城池》、卷二《内治·宦蹟》等改。

[2] 張一元：《朔方新志》卷一《城池》作"張九一"。《明史》卷二八七《王世貞傳》載"張九一字助甫"，又《續文獻通考》卷一九六《經籍考》載："九一字助甫，號周田，新蔡人，嘉靖進士。官至右僉都御史，巡撫寧夏。《明史·文苑傳》附見《王世貞傳》中。"則"一元"爲"張九一"之字、之號或係誤，尚疑。

[3] 往來之衝云：《續中衛志》卷二《建置考·城池》作"往來衝途之故"。

[4] 九年：原作"元年"，據《弘治寧志》卷三《廣武營》、《嘉靖寧志》卷三《西路廣武營》改。

[5] 四十三年：《朔方新志》卷一《衛砦》作"四十一年"。

[6] 三十九年：《朔方新志》卷一《衛砦》載："渠口墩，萬曆四十一年，巡撫崔景榮築，設把總。"此言"舊爲渠口墩"，則無三十九年築堡之理，疑之。

[7] 北三十里：《乾隆甘志》卷六《山川》作"東三十里"，《大明一統志》卷三七《寧夏中衛·山川》、《嘉靖陝志》卷四《山川下·寧夏中衛》均作"東北二十五里"，《弘治寧志》卷三《寧夏中衛·山川》作"東北二十里"。

[8] 官署：本志《應理志草總目》作"公署"。

[9] 現在議請修建：《續中衛志》卷二《建置考·官署》無此六字。

[10] 徹：《續中衛志》卷二《建置考·官署·附公館》作"撤"。

[11] 一：《續中衛志》卷二《建置考·倉廩·社粮附》無此字。

[12] 即貯：《續中衛志》卷二《建置考·倉廩·社粮附》作"積貯"。

[13] 束脩：原作"束修"，據文意改。下同。

[14] 十二石：《續中衛志》卷二《建置考·學校》作"十三石"。

[15] 禮儀祭品牲帛同社稷壇：《續中衛志》卷二《建置考·祠祀·壇壝》無此十字。

[16] 戊日：《續中衛志》卷二《建置考·祠祀·壇壝》此二字後有"致祭"二字。

[17] 奉：《續中衛志》卷二《建置考·祠祀·壇壝》無此字。

[18] 陳瑀：此同《嘉靖寧志》卷三《中衛·學校》。《弘治寧志》卷三《中衛·學校》、王恕《中衛儒學記》均作"陳禹"，疑是。

[19] 徐廷璋：原同《弘治寧志》卷二、《嘉靖寧志》卷二《寧夏總鎮·宦蹟》、《萬曆陝志》卷二二《名宦》，作"徐廷章"。據《明史》卷一七七《葉盛傳》、卷一九八《楊一清傳》、《嘉靖陝志》卷十九《文獻七·巡撫延綏都御史》、《朔方新志》卷二《外威·邊防》、《康熙陝志》卷十七《職官》等改。

[20] 周于人：此同本志《選舉表》卷七《鄉貢》、《藝文編》卷九《重修中衛學碑記》，《續中衛志》卷二《建置考·祠祀·文廟》、《獻徵考》卷六《人物》作"周於人"。

[21] 陳暗：《續中衛志》卷二《建置考·祠祀·壇壝》作"模糊"。

[22] 重修焉：《續中衛志》卷二《建置考·祠祀·壇壝》作"加重修"。
[23] 斑斑：原作"班班"，據《三魚堂文集》卷三《雜著·靈壽志論》改。
[24] 犧牲：《三魚堂文集》卷三《雜著·靈壽志論》作"犧粢"。
[25] 戴筐：《史記》卷二七《天官書》作"戴匡"。
[26] 貴相：原作"貴神"，據《史記》卷二七《天官書》改。
[27] 此道家之説：《續中衛志》卷二《建置考·祠祀》此五字後有"與朱竹垞老人所辨相歧矣"十一字。
[28] 辨之：《續中衛志》卷二《建置考·祠祀》作"知之"。
[29] 天駟星：《周禮注疏》卷三三《校人》鄭注作"天駟"。
[30] 十年：《康熙陝志》卷十七《政事一·職官·皇清武職官制》作"八年"。
[31] 元年：原作"七年"。"長慶"年號紀年僅四年，《唐會要》卷二九載，長慶元年"九月，靈州奏黃河清，從硤口至定遠界二百五十里見底"，據改。本志與《嘉靖陝志》卷四〇《政事》、《康熙陝志》卷三〇《祥異》、《乾隆甘志》卷二四《祥異》同誤。
[32] 廣武營：《續中衛志》卷八《雜記·祥異附》作"廣武堡"。
[33] 俱盡：《續中衛志》卷八《雜記·祥異》作"盡吃"。

貢賦考卷之三

攷《禹貢》，則壤成賦，而"任土作貢"之義以明。蓋古者，惟恐傷民之財，勞民之力，而民亦樂輸恐後。此盛世屢豐致頌，百物流通，農末相資，上不匱而下亦不困。其户口蕃滋、閭閻和樂之象，每令人神往焉。中邑雖邊隅，而開渠灌田，民皆力農，正供幾三萬。[1]然一畝四色，銀糧芻草並征者，十之六七。民力易殫，其體察而保惠之，是不能不望之作民父母者。作《貢賦考》。

額徵[2]

中衛額地，歷年實在開除外，共田三千一百二十五頃四分八厘零。歲征本色倉斗糧共二萬七千四百五石三斗七升零、本色草八萬八千八十八束五分零，共征地丁銀一千五百二十四兩六錢六分。

中衛額地，歷年實在開除外，共田三千一百二十五頃四分八厘零，歲徵本色倉斗糧二萬七千五十八石八斗二升、草八萬八千七百二十七束二分五厘、地畝銀一千二百五十兩八錢三分六厘。【《續中衛志》卷三《貢賦考·額徵》】

按：兩河南北，地多近河，積年河勢遷徙靡常，歲有沖崩，貧民賠累者，往往而然。乾隆二十二年，知縣黃恩錫於征比時，詢得其情，又親於所到各堡，細加清查，共崩塌地一萬一千二百八畝零。據情禀請各憲，嗣蒙批查，乃據實造報。除數年報墾新增之地，詳請陞科抵補外，尚有無着糧四百五十七石六斗二合，草五十九束。蒙撫部堂吳奏准，二十四年十月初一日，奉部議覆，准其停征，以除民累。其上各憲請除民累書，載《藝文》。①

一、公用養廉田七十五畝。每畝科糧二斗六升，應徵本色糧一十九石五斗，又每畝新增糧一斗八升，共增糧一十三石五斗二，共應徵糧三十三石。【《續中衛志》卷三《貢賦考·額徵》】

一、上則全田二千一百三十頃五十五畝一分二厘零，每畝科糧一斗二升、草三分、銀一厘。內有田三十五頃七十一畝一分六厘零，其地稍薄，例不征銀，止該征銀地二千九十四頃八十三畝九分五厘零。[3]

---

① 參見本志卷九《藝文編·書》載黃恩錫撰《上各憲言河崩沙壓請除差糧書》。

共徵地畝銀二百九兩四錢八分三厘零,共徵本色倉斗粮二萬五千五百六十六石六斗一升四合,草六萬三千九百一十六束五分三厘。【《續中衛志》卷三《貢賦考·額徵》】

一、中則全蘆湖田一百九十七頃四十二畝八分,每畝科粮六升、草三分,共征本色倉斗粮一千一百八十四石五斗六升八合、草五千九百二十二束八分四厘。

一、下則半蘆湖田九十一頃五十四畝五分八厘零,每畝科粮三升、草三分,共征本色倉斗粮二百七十四石六斗三升七合五勺六抄、草二千七百四十六束三分七厘。

一、公用田五頃,每畝征銀三錢,共銀一百五十兩。

一、下則全磏田六百一十一頃四十二畝七厘零,每畝征銀一分三厘、草三分。內有全磏田九十頃五十七畝八分四厘零,例不征草。止該通計征草田五百二十頃八十四畝二分二厘零,征銀七百九十四兩八錢四分六厘九毫零、草一萬五千六百二十五束二分六厘零。

一、下則半磏田一十七頃二十畝七分七厘九毫,每畝征銀六厘五毫、草三分,共銀一十一兩一錢八分五厘、草五百一十六束二分三厘。[4]

一、下則半硝磏田七十一頃一十畝一分三厘零,每畝征銀一分二厘,共銀八十五兩三錢二分一厘零。又征均載丁銀二百七十三兩八錢三分一厘八絲零,額征地丁二頃,共銀一千五百二十四兩六錢六分七厘零、本色粮二萬七千五十八石八斗二升零、本色小草八萬八千七百二十七束二分五厘零。

一、乾隆二十三年,在於詳請豁除民累事案內,[5]查出縣屬城堡開墾陞科地九千七十九畝二分五毫。[6]內全田一百三十六畝四分二厘,每畝科粮一斗二升、草三束、銀一厘,共征本色粮一十六石三斗七升一合零、草四十束九分二厘零,銀一錢三分六厘。

又自乾隆四十四年起,至道光十年止,在詳請陞科等事案內,報明縣屬滾子井、旱天窪、馬路灘、豐臺山、深井莊、沙泉莊、天成山、沽茅山、黃茨灘、城西莊、西灘大沙坑等處,報墾入額陞科,共地八十五頃一十五畝。二項新增入額,共地一百七十五頃九十四畝二分五毫。內上則全田一頃三十六畝四分二厘,每畝科粮一斗二升、草三分、銀一厘,共徵本色粮一十六石三斗七升一合零、草四十束九分二厘零、銀一錢三分六厘。【《續中衛志》卷三《貢賦考·額徵》】

一、中則全蘆湖田一千七百九十二畝二分,[7]每畝科粮六升、草三分,共征本色粮一百七石五斗三升二合,草五百三十七束六分六厘。

一、下則半蘆湖田一千八百六十九畝七分九毫,每畝科粮三升、草三分,共征本色粮五十六石九升一合零,草五百六十束九分一厘。

一、下則半蘆湖田二十頃九十一畝七分九毫,每畝科粮三升、草三分,共徵本色粮六十二石七斗五升一合,草六百二十七束五分一厘。【《續中衛志》卷三《貢賦考·額徵》】

一、下則全磏田一千四百七十三畝六分七厘零,每畝該銀一分三厘、草三分，共征銀一十九兩一錢五分七厘、草四百四十二束一分。

一、下則全磽田二十三頃九十三畝六分七厘，每畝科銀一分三厘、草三分，共徵銀三十一兩一錢七分七厘、草七百一十八束一分。【《續中衛志》卷三《貢賦考·額徵》】

一、下則半磽田三千八百七畝一分九厘九毫，每畝征銀六厘五毫、草三分，共征銀二十四兩七錢四分六厘、草一千一百四十二束一分五厘。

一、下則半齂田四十七頃六十二畝一分九厘九毫，每畝徵銀六厘五毫、草三分，共徵銀三十兩九錢五分四厘、草一千四百二十八束六分五厘。

一、山田六十四頃一十八畝，每畝科銀六厘，共徵銀三十八兩五錢八厘。

以上舊額並新增，通計共地三千三百頃九十四畝六分九厘。各起科徵不等，應徵本色倉斗糧二萬七千二百四十五石四斗七升四合、草九萬二千八十束九厘、地畝銀一千三百五十一兩六錢一分。【《續中衛志》卷三《貢賦考·額徵》】

一、乾隆二十三年，在於詳請豁除民累事案內，查出縣屬城堡自乾隆五年起至二十一年止，河崩、沙壓民人賠累無着地九千二百七十八畝七分一厘。內全田四千五百九十九畝一分一厘，每畝科糧一斗二升、草三分、銀一厘，共征糧五百五十一石八斗九升三合二勺、草一千三百七十九束七分三厘三毫、銀四兩五錢九分九厘。全蘆湖田一千一十一畝一分，每畝科糧六升、草三分，共征糧六十石六斗六升六合、草三百三束三分三厘。半蘆湖田八百三十四畝六分，每畝科糧三升、草三分，共征糧二十五石三升八合、草二百五十束三分八厘。全磽田二千二百一十八畝九分，每畝征銀一分三厘、草三分，共征銀二十八兩八錢四分五厘七毫、草六百六十五束六分七厘。半磽田六百一十五畝，每畝征銀六厘五毫、草三分，共征銀三兩九錢九分七厘五毫、草一百八十四束五分，共賠累無着銀三十七兩四錢四分二厘三毫一絲、本色糧六百三十七石五斗九升七合二勺、草二千七百八十三束六分一厘三毫。於乾隆二十四年十月初一日奉准，部覆除新增地畝抵補銀三十七兩四錢四分二厘三毫一絲，新增尚長餘銀六兩五錢九分八厘六毫二絲五微；歸入新增項下征收抵補糧一百七十九石九斗九升四合五勺一抄；尚該不敷賠累無着糧四百五十七石六斗二合六勺九抄，抵補草二千七百二十三束七分六厘一毫五絲；尚該不敷賠累無着草五十九束八分五厘一毫五絲。准部議覆，注冊停征，以除民累。

一、乾隆二十三年，在於彙報各屬偏隅被災情形事案內，縣屬城堡河崩共地一十九頃二十九畝五分。內全田一十五頃五十二畝，每畝科糧一斗二升、草三分、銀一厘，共征糧一百八十六石二斗四升、草四百六十五束六分、銀一兩五錢五分二厘。全蘆湖田七十二畝五分，每畝科糧六升、草三分，共征糧四石三斗五升、草二十一束七分五厘。半蘆湖田一頃七十五畝，每畝科糧二升、草三分，共征糧五石二斗五升、草五十二束五分。全齂田八十五畝，每畝征銀一分三厘、草三分，共征銀一兩一錢五厘、草二十五束五分。半釐田四十五畝，每畝征銀六厘五毫、草三分，共征銀二錢九分二厘五毫、草一十三束五分。於乾隆二十五年正月二十四日，奉准部覆銀糧照數開除。

一、除乾隆十九年並二十四、五、六、七等年，在彙報各屬偏隅被災情形事案內，奉旨豁除水崩無存不能耕種共地二十四頃九十三畝二分五厘。

一、除乾隆三十年，在彙報各屬偏隅被災情形事案內，奉旨豁除廣武等堡被水淤成沙濠不能墾復地一頃八十二畝。

一、除乾隆三十一年，在彙報各屬偏隅被災情形事案內，奉旨豁除宣和、永興、白馬灘等處淤壓不能耕種地一頃七十六畝。

一、除乾隆三十三年，在彙報各屬偏隅被災情形事案內，奉旨豁除常樂、宣和等堡被水冲壓地六頃五十九畝。

一、除乾隆三十七年，在河冲地畝等事案內，奉旨豁免本城南河沿、恩和堡三十一、二、三等年河冲沙壓不能墾復地一十九頃九十四畝。

一、除乾隆三十七年，在欽奉等事案內，奉旨豁除宣和、石空等堡被水冲壓不能墾復地八十七畝。

一、除乾隆三十九年，在彙報各屬偏隅被災情形事案內，奉旨豁除本城鎮靖、常樂等堡被水冲崩不能墾復地二十九頃二十八畝。

一、除乾隆四十三年，在河水泛漲冲壓田禾情形事案內，奉旨豁除本城並河南北各堡、灘被水冲壓不能墾復地六十三頃一十八畝。

一、除乾隆四十六年，在懇請遵奉皇恩豁除地畝以除民累事案內，奉旨豁除石空、張義等處節年沙壓不能墾復地四十九頃一十六畝。

一、除嘉慶十九年，在懇恩等事案內，奉旨豁除吳家腦並本城河南北各堡、灘被水冲壓不能墾復地三百三十頃一十八畝一分三厘零。

一、除嘉慶二十四年在欽奉恩詔事案內，奉旨豁除永康、宣和二堡被水冲壓地畝、虛徵無着，不能墾復地二十七頃六十一畝。

以上豁除城堡歷年河冲沙壓，小民賠累無着，共地五百五十五頃五十二畝三分八厘。各起科徵不一，豁除本色倉斗糧六千四十一石一斗零，豁除本色草一萬四千五十六束零、地畝銀五十二兩三錢五分五厘。舊額並新增地畝豁除，除歷年河冲沙壓外，實在共地二千七百四十五頃六十二畝三分零。各起科則不一，實徵本色倉斗糧二萬一千二百四石三斗零、本色草七萬八千二十四束、地畝銀一千二百九十九兩二錢五分六厘。又徵均載丁銀二百七十三兩八錢三分一厘。【《續中衛志》卷三《貢賦考・額徵》】

按：中邑田賦，上則爲全田，每畝納倉斗糧一斗二升、銀一厘、草三分。殆因先明軍屯之遺，[8]以每歲計之，所入小麥、莞豆之屬，皆不能及倉斗一石，蓋以地多鹻潮故也。又所賦糧色，夏秋二税，麥、豆、米、粟、丁銀、草束，除春季外，夏、秋、冬催征無虛日。且良田多近河，歲有崩塌，其近山則風沙之壓、山水之淤，曾無虛歲。[9]於是逃戶賠糧,歲責之甲首、領催,遂有傾家變產以償者。此從前領催之害積漸而致。衿紳土猾,因按田著差,或頂名充役,包收包納積欠,追比錢糧,疲玩之故,所由來久矣。今雖自乾隆五年以迄二十一年,河崩沙壓,丈出新墾之地,詳請頂補銀糧,亦蒙奏准停征,而歲所冲崩,多屬額田。以前此軍屯時,凡受水之地無不起科故也。至所稱東塌西補,亦漸有河流遷徙,淤出荒田,類皆眠鷗宿鷺之所。即有可開墾,大抵河南徙則淤北岸,河北徙則淤南岸。率爲近堡之田,近者報墾,而塌田之補遂有格於勢而賠累,迫無能除者。又如棗園一堡田糧,每全則一斗二升之外,復加八合。細查係白馬灘初報新增浮多之糧,設法減除,因稱其地或有餘田而移加之者。此中邑催科,往往官干催征不力之議,民有逃亡無著之糧。凡司長民之責者,尚其念之。[10]

按:素菴田賦一記,切中利弊。彼時官尚無赴鄉催科之文,因積欠過多,差役催徵不力,日久民累益深,官議愈重。故每歲赴鄉催科數次,其踴躍輸將者,加以獎勵,或是堡戶抗玩,或是差役侵吞,亦得察其弊竇。故官自催科,雖勞於一己,而實有益於國,無病於民也,豈細故哉。考堂記。【《續中衛志》卷三《貢賦考·額徵》】

戶口

一萬七千五百八十戶,八萬二千七百六十八口。

五萬二千四十九戶,二十一萬四千一百七口。【《續中衛志》卷三《貢賦考·戶口》】

中衛歷來自縣令、丞尉而下,各城堡有鄉約、堡長、甲首、鄉老、領催之名,以分司催辦地方公務。復於衿士中立之社長,公正以監察之。凡有軍需及一切公事,咸集衆議而分辦焉。以茲樸寔之民生,邊徼戎馬之區,夙習於軍事,[11]雖知急公奉上之義,而力役車輛,運供草料,有遠至去堡一百七八十里至二百餘里者。事急則責之頭人取辦臨時,其物力則責償於百姓。所有官發物價、脚價之類,由縣令分給於堡約、頭人,多不能無層層剝削、[12]價不及民之弊,惟恃有司之廑念民艱焉。

賑恤附

中衛素稱邊邑,北連沙漠,南倚大山。其水地膏腴不過十之三四,而鹻湖薄瘠亦居十之二三,山旱地磽則十之三四。苟非雨暘時若,即山地耕種愆期,收成無望。加以鄰境搬運,買食日衆,菽粟驟貴,亦其勢使之然矣。香山、古水、要崖一帶,地方寥闊,民多穴處,旱荒偶遇,非官廪發粟,則民食艱而事端滋起,此賑貸之法宜講也。我國家深仁厚澤,於西陲尤爲加意。每念邊地苦寒,歲僅一收,凡遇偏災，必飭有司亟加體恤，務俾裼衣草食之民，不致輕去其鄉，有轉徙流移之患焉。而封疆大憲，皆推廣德意，數年來軍需旁午，浩費鉅萬，其水沖山旱風雹災侵，銀糧賑貸動以數百萬。凡有荒歉，無不援例，發粟開倉。而聖明飢猶已飢，於常例外，復加展賑至三、四、五月，[13]其洞切民隱，恩洽於深山窮谷者，何至周而至詳也。至歷年新舊積欠，正耗錢糧，屢奉恩詔，概予蠲免。邊邑之民，服疇食德，幸際昌時，能勿中心之藏，思為圖報之地歟。所有賑恤蠲免諸條，為錄而存之，可以見盛朝恤民之政，遠邁千古云。

乾隆二十三年，奉上諭：甘肅地方數年以來辦理軍需，悉頒帑項，雖絲毫不以累民，而小民趨事，[14]甚屬勤勞，殊堪廑念。前經降旨：[15]將本年應徵地丁錢糧，概予蠲免。又經降旨：將二十二年以前舊欠之銀糧草束，通行豁除。但甘省為軍需總匯，[16]民風淳厚，出力尤多，[17]朕心時切軫念。着甘肅通省乾隆二十四年分，應徵地丁錢糧，再行加恩，悉予蠲免。[18]該督撫等其董率屬員，預行出示，遍為曉諭。毋任不肖官吏從中舞弊，以副朕格外加恩、優恤邊民至意。該部即遵諭行。[19]欽此。

乾隆二十四年十一月十八日，內閣奉上諭：甘省折賑向例每石給銀一兩，上年因該地方歲事歉收，恐貧黎買食不敷，已降旨，河東每石加銀三錢，河西每石加銀四錢。今皋蘭等各屬被災地方，糧價尚未平減，朕心深為軫念。着再加恩，將皋蘭、靖遠、金縣、平番、固原、鹽茶廳、環縣、古浪、安定、會寧、靜寧、[20]隆德、靈州、花馬池、中衛、狄道、河州、碾伯等各州縣賑糧折價，俱於前加每石三錢、四錢外，河東、河西每石再各加給銀三錢，[21]俾窮民足敷買食，以示惠養邊氓至意。該部遵諭速行。

乾隆二十五年，奉上諭：甘省自軍興以來，連年疊次施恩，蠲免正雜錢糧及一切展賑緩征，酌增運腳，所有正賦已蠲至二十五年，俾邊民溥沾渥澤。現在大兵凱旋，軍務全竣，正宜與邊民休息。[22]且上年歲收未能豐稔，[23]朕心猶深軫念。着再加恩，將甘肅省乾隆二十六年分應徵地丁錢糧，[24]通行豁免，俾得共安耕作，[25]永承樂利之休，以示朕優恤邊黎有加無已至意。

乾隆十七年，巡撫甘肅部院鄂憝行：照得甘省地處邊陲，時際隆冬，朔風冷冽，較他處為倍甚。乏食窮民，單衣破絮，求乞莊村，往往僵斃道路，殊深憫惻。查京師五城，每歲冬春之交設立粥廠、量給柴薪之例，俾窮丐得以餬口生全。甘省郡縣人民聚積無多，窮民亦自較少，如傚照京師之例，郡縣設粥廠三四處，州縣設粥廠一二處，旁搭蓋蓆棚，凡有就食窮丐，俾之棲止。其中捐出米石、煤炭，選擇實心任事之佐雜教官，董率煮粥。每日早晚，傳齊廠所，男左女右，大口一次給粥兩碗，小口一次給粥一碗。自十月初一日為始，至來年正月三十日為止。其實係衣衫破敝不能遮體者，量爲賞給。此亦惠愛窮民之一端也。至所需錢米等項，核計無多。官資雖有崇卑，惻隱盡人而同，況睦婣任恤，何地無之。有司倡率於前，士民慕義於後，共樂捐輸，以成美舉，總在爲民上者之隨時因地善爲措置耳。惟是體恤宜周，防範宜嚴。若輩奸良不一，羣居雜處，難免滋事之虞，仍應嚴飭董率之員，曉夜留心稽查，勿致別生事端，合行飭議。爲此，仰查照牌內事理，即便悉心妥議，臚列欵項詳覆。

勸捐粟煮粥碑記

中邑自乾隆十七年，奉撫軍少司馬鄂公樂舜，仿京師五城之例，自隆冬迄春仲，飭各州縣捐粟煮粥，以施濟乞食窮人，遂相援爲例。至乾隆二十三年，蘭、涼隣境一帶皆旱，逃荒就食之民，扶老攜幼，紛集於中。縣令黃恩錫於縣城添設廠二處，捐粟煮粥。按口給與木牌，躬爲點察，分別老幼男女，朝夕給與二餐，全活甚衆。至二十四年，接連災旱，隣境流移者愈衆。奉各憲暨郡守婺源王公札，飭設法籌濟，多開粥廠，勸民出粟，共勷義舉。於是署西路司馬長白富公先倡率督勸，縣令黃躬自經理，自城及堡倡義勸捐。於縣城設廠二處，於河南之寧安、河北之棗園，加設廠二處，分委儒學富平張若敏往來查辦。其經收米粟薪炭，煮散窮民，則選鄉之紳士、耆老勤能而好義者，分司厥事。計城鄉各堡樂善好施，共捐菽粟八百餘京石，銀三百餘兩，柴薪半之。不足者，則取給於縣。其衣衫破敝者，縣爲之逐細察記，捐製氈衣褲一千一百七十件、布褲三百八十條以給之，復擇向陽暖地以居焉。自十月迄於次年之二月，道無凍餓流殍。散歸之日，爲給三日口粮，俾得有藉而無餒於途。凡其爲此者，皆上體各憲博濟之宏仁，推本前賢救荒之遺法。義舉一倡，羣情悉協，樂輸銀錢薪粟者，自士民商販外，即孤孀村農，亦有捐施菽粟至數石者。前鄂少司馬檄稱"惻隱盡人而同"，"有司倡率於前，士民慕義於後"者，不信然歟？事既竣，知縣黃於各設廠處爲勒"樂勸施濟"匾額，備載捐施姓名，并記其事，亦足以廣任恤之善云。

乾隆庚辰三月旬日，①赕北黃恩錫記。

中衛自乾隆十七年，捐粟煮粥以賑飢民，相沿成例。每遇隆冬，或一二月，或二三月，視年歲之豐歉，定月日之多寡。米豆炭貲雜費，俱係知縣捐廉籌濟。此常年之定例也。司牧者但願歲慶豐亨，民享太平，無一人之不得其所。倘值凶歉頻仍，獨力難支，則當詳請賑濟，以仰體皇仁恤民之至意焉。考堂鄭元吉記。【《續中衛志》卷三《貢賦考·户口·勸捐粟煮粥碑記》】

---

① 乾隆庚辰：乾隆二十五年（1760）。

稅課

　　中衛城、寧安以及各堡，歷設牲畜稅，歲解司庫銀，儘收儘解。又城堡市貨坐稅，歲解銀無定額，皆西路廳衙門經收起解。雍正七年，奉文於縣西設閘門過稅，儘收儘解，歲無定額。雍正八年，奉文設花布、山貨、菸油、斗牙行，每年納稅銀一十一兩八錢，皆知縣衙門經收起解。

　　自乾隆三十七年，裁汰西路廳，每年稅銀改歸縣經理。【《續中衛志》卷三《貢賦考·稅課》】

　　縣城：花布店，牙貼一張。菸油店，牙帖一張。山貨店，牙帖一張。斗行四名，牙帖四張。

　　河南宣和堡，斗行一名，牙帖一張。舊寧安堡，斗行二名，牙帖二張。恩和堡，斗行一名，牙帖一張，每月三、六、九日集。鳴沙州，斗行一名，牙帖一張，一、四、七日集。白馬灘，集一處，每月二、五、八日。張恩堡，集一處，三、六、九日。

　　河北石空寺堡，斗行一名，牙帖一張。棗園堡，斗行一名，牙帖一張。廣武堡，斗行一名，牙帖一張。

鹽法

　　中衛河北城堡，民家歷買食本地口外夷鹽，不辦課。其大河以南八堡，歷食惠安官鹽，歲銷引一千三百二十一道，每引納課銀二錢一分五厘五毫，於各堡擇殷寔之家，充商辦課。歲領引於惠安鹽捕廳衙門，於中衛所屬河南常樂、永康、宣和、新舊寧安、恩和、鳴沙、白馬灘、張恩等堡，行銷納課。其緝私之禁，文武官撥派兵役，於沿河上下渡口，巡緝私販。其商人按年銷引輸課，共納銀二百八十四兩六錢七分五厘五毫，歲無增減。然河南堡民，食鹽惠安，販運稍遠。中衛沿邊以外，鹽池數處，土鹽殊賤於官鹽。自乾隆十二年，奉文於渡口設場，抽收鹽稅，不禁土鹽過河，河南居民深便之。至十四年，以惠安引課停滯，經平慶商民告請，仍循舊例，遂以土鹽不便於官鹽停止。今河東鹽引，食指增多，銷售途廣，遠達西安。若聽河南各堡士民買食土鹽，設場收稅，於出境孔道，嚴行禁緝。其歲銷鹽引撥售引少之處，則民食既便，國課可增，抑亦調劑之道云。

茶法附

　　中衛額設茶引三十六道，每引納課銀三兩九錢，歲輸銀一百一十七兩。商一名,行銷解課,歸西路廳管理,[26]禁緝私販,歲無積滯。

自乾隆三十七年,裁汰西路廳,緝私之責屬在縣令,故按季册結費報上官。而歲輸課銀歸落何處,無可稽考。【《續中衛志》卷三《貢賦考·茶法附》】

【校勘記】

[1] 幾三萬:《續中衛志》卷三《貢賦考》作"幾已逾二萬"。

[2] 額徵:本志目錄作"額征"。

[3] 八十三:《續中衛志》卷三《貢賦考·額徵》作"八十二"。

[4] 三厘:《續中衛志》卷三《貢賦考·額徵》作"二厘"。

[5] 於:《續中衛志》卷三《貢賦考·額徵》無此字。

[6] 縣屬城堡開墾陞科地九千七十九畝二分五毫:"開墾陞科地",《續中衛志》卷三《貢賦考·額徵》作"及民人自首開墾入額陞科地"。"九千",《續中衛志》卷三《貢賦考·額徵》作"九十頃"。

[7] 一千七百:《續中衛志》卷三《貢賦考·額徵》作"一十七頃"。

[8] 先明:《續中衛志》卷三《貢賦考·額徵》作"前明"。

[9] 曾無虛歲:《續中衛志》卷三《貢賦考·額徵》作"無法補救"。

[10] 念之:《續中衛志》卷三《貢賦考·額徵》此二字後有"素菴記"三字。

[11] 夙習:《續中衛志》卷三《貢賦考·戶口》作"夙昔"。

[12] 頭人多不能無層層剝削:《續中衛志》卷三《貢賦考·戶口》作"多有層層剝削"。

[13] 展賑:《續中衛志》卷三《貢賦考·戶口》作"賑恤"。

[14] 趨事:《清高宗實錄》卷五六二、《平定準噶爾方略》正編卷五五作"急公趨事"。

[15] 前經降旨:此同《平定準噶爾方略》正編卷五五,《清高宗實錄》卷五六二作"又經降旨"。

[16] 甘省:《清高宗實錄》卷五六二、《平定準噶爾方略》正編卷五五作"該省"。

[17] 尤多:原作"猶多",據《清高宗實錄》卷五六二、《平定準噶爾方略》正編卷五五改。

[18] 悉予:《清高宗實錄》卷五六二、《平定準噶爾方略》正編卷五五均作"悉與"。

[19] 即遵諭行:《續中衛志》卷三《貢賦考·戶口》作"遵諭速行"。

[20] 静寧:《清高宗實錄》卷六〇一作"新寧"。

[21] 河東河西:《清高宗實錄》卷六〇一作"河西河東"。

[22] 邊民:《清高宗實錄》卷六〇四、《平定準噶爾方略》正編卷八四作"民"。

[23] 且:此字原脱,據《清高宗實錄》卷六〇四、《平定準噶爾方略》正編卷八四補。

[24] 二十六年分:《清高宗實錄》卷六〇四、《平定準噶爾方略》正編卷八四無"分"字。

[25] 耕作:《清高宗實錄》卷六〇四、《平定準噶爾方略》正編卷八四作"耕鑿"。

[26] 歸西路廳:《續中衛志》卷三《貢賦考·茶法附》"歸"前有"向"字。

邊防考卷之四

《易》云："王公設險，以守其國。"① 故非險無以爲守，無守險亦安恃。此列營分屯、星羅碁布、荷戈帶甲之士，與長城相資爲固，所由來矣。中邑在寧夏西路，地屬沿邊之衝，營堡聯絡，廣武扼西夏咽喉，中衛實銀川門户。河南則寺口、沙泉、古水爲通蘭、慶、固、靖之隘。北倚邊牆，界連蒙古，寔在昔戎馬之場。今我聖朝，中外一家，邊圉寧謐，誠所謂在德而不在險。然兵可百年不用，而有備無患。其所爲可戰可守，瞭如指掌者，又烏可不講哉。作《邊防考》。

塞垣

縣城迤北邊牆一道，自寧朔縣大壩交界起，至西南越黄河，抵蘆溝堡山，沿長四百八十二里。邊口二十九處：一曰鹼井兒閘門，南臨河岸，北接沙山，東距縣城三十里。閘門以西，舊爲蒙古遊牧之所。雍正七年，巴里坤用兵，自長流三塘至營盤迤西，安設塘驛，遂成通凉、莊、皋、蘭孔道。鹼井設防兵五名。一曰井溝口，一曰木頭井，一曰大佛寺，一曰黄沙外口，一曰崇慶口，一曰小關兒口，一曰大寺口，一曰靖湖口，一曰燕子窩口，一曰寧安口，一曰向陽口，俱設防兵五名。一曰紅井口，一曰北城兒口，一曰水泉兒口，一曰石砌界口，一曰車往溝口，一曰鎮賊口，一曰三岔溝口，一曰正口墩，一曰馬槽湖口，一曰鎮夷墩口，一曰崇受墩二口，一曰殺虎墩口，一曰滅虜墩口，一曰冰溝口，一曰寺塔兒口，一曰岔口墩口，各設防兵三名。口外要汛四：長流水、乾塘子、石梯子梁、營盤水，在邊牆西北，接壤蘭、凉，爲沿邊要路。

南路：沙泉子，防兵廿五名。野豬口、寺口子、山河橋、紅蟒牛墩、皂礬墩、冰溝口墩，以上設防兵各五名。

河北東路：芮家墩、紅廟墩、朱家墩、石崗墩、得勝墩、凱歌墩、餘丁渠墩、舊疃莊墩、雍家墩、沙棗墩、紅寨兒墩、柳條渠墩、炭窰兒墩、渠口墩、沙梁墩、六塘

---

① 參見《周易‧坎》彖辭。

墩，以上設防兵各五名。

西路：永安墩、鎮永墩、減井兒墩，以上設防兵各五名。

營制

中衛營：副將一員，都司一員，千總二員，把總五員。馬戰兵三百三十八名，步戰兵二百七十一名，守兵三百五十名。官馬三十匹，兵馬三百三十八匹。雍正九年，新募馬戰兵九十八名，兵馬九十八匹，步戰兵六十四名。

中衛營：副將一員，都司一員，千總一員。把總三員，內分防香山堡一員。經制外委六員，內分防鎮羅堡一員。額外外委四名，馬戰兵一百六十名，步戰兵一百七十四名，守兵一百九十四名，本營守兵二百零七名。分防香山堡守兵九名，分防鎮羅堡守兵三十八名，分防勝金關守兵十八名，分防沙泉堡守兵二十二名。騎操馬一百七十匹。額設外委並馬兵一百七十名，兵馬九十八匹。【《續中衛志》卷四《邊防考·營制》】

廣武營：遊擊一員，守備一員，把總三員。馬戰兵三百三十一名，步戰兵七十七名，守兵二百六十五名。官馬一十六匹，兵馬三百三十一匹。雍正九年，新募馬戰兵六十四名，步戰兵十名，兵馬六十四匹。

廣武營：遊擊一員，守備一員，把總一員，分防棗園堡把總一員。馬戰兵一百二十名，步戰兵四十六名，守兵二百二十二名。官馬十六匹，兵馬一百三十六匹，兵甲馬一百二十匹。【《續中衛志》卷四《邊防考·營制》】

石空寺堡：守備一員，馬戰兵一十八名，守兵一百三十三名。官馬四匹，兵馬一十八匹。雍正九年，新募馬戰兵四名，兵馬四匹。

石空寺堡：守備一員，經制外委一名，額外外委一名。馬兵七名，步兵七名，守一百零一名。兵馬十二匹。【《續中衛志》卷四《邊防考·營制》】

古水井堡：守備一員，馬戰兵一十八名，守兵一百三十三名。官馬四匹，兵馬一十八匹。雍正九年，新募馬戰兵四名，兵馬四匹。

古水井堡：守備一員，經制外委一名，額外外委一名。馬戰兵七名，步兵二名，守兵一百零二名。官馬四匹，兵馬九匹。【《續中衛志》卷四《邊防考·營制》】

鎮羅堡：把總一員，守兵五十名。

棗園堡：把總一員，守兵五十名。

香山：把總一員，守兵五十名。①

營制，自守備以下員弁、兵丁以及馬匹，相時度勢，歷年增損不一，茲就現在額數登記。【《續中衛志》卷四《邊防考·營制》】

---

① 《續中衛志》卷四《邊防考·營制》不載鎮羅堡、棗園堡、香山情況，或此時已裁撤。

沿邊隘口，[1]各設兵二、三、四、五名，輪戍其要衝。汛內長流水駐防外委一員、馬步兵十名，乾塘子駐防馬步兵十名，石梯子梁駐防馬步兵十名，營盤水駐防外委一員、馬步兵二十名，西闇門駐防兵五名，勝金關駐防兵二十名。

邊界

中衛邊牆口隘二十九處。夷達入城市交易食物，各帶該管蒙古所給腰牌，至邊口城門查驗，聽其入內地交易，如無腰牌不得擅入。

縣屬民人出口樵采牧放，自康熙二十五年，經侍郎喇、提督孫率同蒙古部落，自中衛邊牆起，至石嘴子沿河一帶止，指定界址，公議奏准。奉旨："由賀蘭山之陰六十里以內為內地，給民人樵採牧放，六十里以外夷地，蒙古插帳駐牧。夷漢各守定制，彼此不得越界侵佔。"欽遵在案。嗣至乾隆六年，厄魯特額駙阿寶，請定邊界。經理藩院咨川陝部堂尹檄行令，將蒙古民人游牧耕種地方，公定界址。經知縣錢應榮會同中衛協米，親往查立界址。一自殺虎墩出口至溝泉腦，一自向陽墩出口至沙井子，一自崇安墩出口至紅井子，一自燕子窩出口至生鉎山，一自小關兒出口至獨魯山，一自黃沙外墩出口至亂井子，一自石砌界出口至格子山，一自木頭井出口至磨兒山腦，一自沙溝坡出口西行至磨兒尾止，抵寧朔大壩交界，俱離邊六十里，照依康熙二十五年題定界址，踏看定議，詳覆咨部。重申前禁，口內民人不得出邊六十里外樵採牧放，蒙古不得在近邊六十里內駐牧。至今夷漢遵守，邊境寧謐。

按：中邑邊界，明以前無可考。而詢諸父老，相傳自有明中葉以後，蒙古劫掠，不時擾至近郊。居民耕牧，必結眾持兵相衛。今自我朝百年以來，德威遠播，內外一家。民人樵牧，至出邊六十里，山澤之利，與蒙古共之。而夷人入城，漢民入夷，彼此交易，熟習者往來便利，素鮮爭競。惟鹽池去邊只三四十里不等，[2]係蒙古管理，聽內地民人買食。此外駝、羊、牛、馬寄牧邊外，夷達或包攬保牧，類給錢文粮食。而蒙古游牧，亦時至近邊六十里內，釁隙不生。出入口隘，雖罔弛稽查之防，[3]而邊境安貼，從古莫及也。然飭我邊民，各守定界，勿相侵越，以永百世之休，是在職司邊計者之知所留意焉。[4]

驛遞

中衛驛，西路廳經管。舊額馬四十五匹，於乾隆九年八月內奉文歸縣管理。嗣於乾隆二十年五月內奉文新添馬一十五匹，至乾隆二十五年奉文裁撤馬二十匹。

中衛塘，西路廳經管。舊額馬十匹，於乾隆九年八月內奉文歸縣管理。嗣於乾隆二十年五月內奉文新添馬一十五匹，內奉文撥安石梯塘馬六匹，小壩協安馬三匹，在槽馬一十六匹。又於乾隆二十四年正月內奉文添安馬四匹，至乾隆二十五年六月內奉文撤馬四匹。

渠口驛，舊設驛丞一員經管。渠口驛舊額馬四十五匹，寧安驛舊額馬一十一匹。嗣於乾隆二十年五月內奉文渠口驛新添馬一十五匹。即於本年五月內奉文裁汰驛丞，歸縣管理。至乾隆二十五年六月內奉文裁撤馬二十匹。

渠口、棗園二塘，舊設驛丞一員經管，舊額馬三十匹。於乾隆二十年五月內奉文新添馬三十匹，即於本五月內奉文裁汰驛丞，歸縣管理。至乾隆二十五年六月內奉文裁撤馬二十匹。

營盤、石梯、大澇壩三塘，驛丞一員經管，每塘舊額馬十匹，共馬三十匹。嗣於乾隆二十年正月內奉文每塘新添馬六匹，三塘共添馬一十八匹。即於本年正月內奉文裁汰驛丞，歸縣管理。又乾隆二十四年正月內奉文每塘添馬四匹，以上每塘新舊馬二十匹。至乾隆二十五年六月內奉文每塘裁撤馬四匹。

勝金關驛，西路廳經管。舊額馬三十匹。沙泉驛舊設驛丞一員經管，舊額馬一十一匹。至雍正七年奉文歸廳經管。嗣於乾隆二十年五月內奉文勝金驛添馬三十匹，至乾隆二十五年六月內奉文裁撤馬二十匹。

勝金、石空、鎮羅三塘，西路廳經管。每塘舊額馬十匹，共馬三十匹。於乾隆二十年正月內奉文每塘新添馬六匹，三塘共添馬一十八匹。又於乾隆二十四年正月內奉文每塘添馬四匹，三塘共添馬一十二匹，以上每塘新舊馬二十匹。至乾隆二十五年六月內奉文每塘裁撤馬四匹。

大澇、蘆溝二驛，舊設驛丞經管，每驛舊額馬三十匹。至康熙四十六年十一月內奉文歸西路廳管理，移至邊外長流、三塘水，安設二驛。至雍正三年十月內奉文仍歸大蘆驛丞經管。雍正七年十月內奉文復歸西路廳經管。嗣於乾隆二十年五月內奉文長流水、三塘水每驛新添馬三十匹，至乾隆二十五年六月內奉文每驛裁撤馬二十匹。

長流、一碗泉、三塘水、沙坡四塘，西路廳經管。每塘舊額馬十匹，共馬四十匹。嗣於乾隆二十年正月內奉文每塘新添馬六匹，四塘共添馬二十四匹。又於乾隆二十四年正月內奉文每塘添馬四匹，四塘共添馬一十六匹。以上每塘新舊馬二十匹。至乾隆二十五年六月內奉文每塘裁撤馬四匹，又於十一月內復每塘裁馬四匹。

中衛驛，西路廳額馬十八匹，歸縣管理。

中衛塘，額馬十二匹，歸縣管理。
渠口驛，額馬十八匹，歸縣管理。
寧安驛，額馬八匹，歸縣管理。
渠口、棗園二塘，額馬二十四匹，歸縣管理。
營盤、石梯、大潬壩三塘，每塘額馬十二匹，歸縣管理。
勝金關驛，西路廳額馬十八匹。沙泉驛，額馬八匹。俱歸縣管理。
勝金、石空、鎮羅三塘，每塘額馬十二匹，歸縣管理。
長流、三塘水二驛，每驛額馬十二匹，歸縣管理。
長流、一碗泉、三塘水、沙坡四塘，每塘額馬十二匹，歸縣管理。
營盤驛，額馬十八匹，歸縣管理。舊記漏載。

按：《賦役全書》與舊志所載各驛額馬數目不符，因西路廳及各驛丞裁缺，額馬亦歷年屢經增減，故為《賦役全書》所未詳、舊志所未及載也。茲就現在歸縣管理之額數一一登記，至後有增減，其稽核以俟來者。鄭元吉記。【《續中衛志》卷四《邊防考·驛遞》】

關梁

勝金關，弘治元年，參將韓玉建。其上因山扼險，其下倚水為固。在縣東六十里，設兵防守。

野豬口，在寧安堡南二十里，為通固原要路。山口交錯，設汛防焉。

寺口，為通蘭、靖、平、鞏要路。兩山雄峙，僅通石徑。在縣南九十里。

西沙嘴，舊志在縣西。明成化間，因西路永安墩至沙嘴舊牆低薄，改築高牆。今為沙擁積，無復遺牆矣。

黑山嘴，在縣北二十五里。

永康渡，自縣城往蘭、靖，通固原、平、慶至西安，必由此渡河。設防兵二名。在縣東南二十五里。

常樂渡，在縣西南十五里，設防兵二名。

老鼠嘴渡，在鐵桶堡東，為寧夏通蘭州、平涼必由之道。設防兵二名。

張義渡，渡河至寧安堡。

青銅峽渡，渡河至靈州界。設汛防。

泉眼山渡，在寧安堡，嘉慶七年設。【《續中衛志》卷四《邊防考·關梁》】

油梁溝橋，在勝金關西五里，為往來邊路之衝。山水暴發，合美利、貼渠，稍水泛濫，多冲決，歲加修理。

山河橋，橋二：一在上，為自寧安通寺口之道，乾隆十七年重修；一在紅崖子東，為自宣和通寧安之道，乾隆二十年重修。其橋皆因崖岸壘石作基陛，節節相次,排木縱横接比,更爲鎮壓。對岸俱相赴,中去三四丈,并大材以板橫次之,外施鉤欄,懸空而行,惟人馬可渡。設防兵。

南河橋,在寧安堡東南二里,乾隆二十五年重修。

冰溝渡口,爲古水渡河至長流水道。

大通橋,上建坊,在縣城東。

官渠橋,在縣西三里。橋岸建二坊。

緑楊橋,《朔方志》在城南。① 今存。

【校勘記】

[1] 沿邊隘口:《續中衛志》卷四《邊防考·營制》"沿"前有"至"字。

[2] 三四:《續中衛志》卷四《邊防考·邊界》作"二三"。

[3] 罔:《續中衛志》卷四《邊防考·邊界》無此字。

[4] 之:《續中衛志》卷四《邊防考·邊界》作"宜"。

---

① 參見《朔方新志》卷一《水利·中衛》。

官師考卷之五

　　國家敷政立教，董率於郡守，而復責之於牧令、贊之以師儒、佐之以丞尉、捍衛之以干城，皆所以爲民計也。故分職蒞事，命之以官，授之以職。克舉其官，則旌異之；苟溺其職，則核黜之。果其樹德立功，則馨香俎豆，祀名宦者有之。不然，而尸位素餐尊居人上，德澤不及於百姓，人將有議其後者。中邑在元以前，建官分職竟無可考，明以屯衛隸於西路司馬。自我朝雍正初，始更爲縣，而營制武秩，歷無大改易。[1]凡臨蒞茲土者，官無崇卑，姓名俱在，某也稱賢，某也無聞，地方之公論實跡，將有不可以或掩者，其亦可以知所勉矣。作《官師考》。

官制

　　按《朔方志》所載明制職官，西路同知一員，中衛掌印指揮一員，指揮同知、僉事一十八員，鎮撫一員。五千戶所，正副千戶一十七員。五十百戶所，實授試署百戶二十一員。所鎮撫一員，應理倉大使一員，廣武倉副使一員，教授、訓導各一員。

　　我朝順治初，設中衛指揮、管屯指揮僉事、經歷。未幾，裁，改設衛守備一員，教授、訓導各一員。至雍正二年改縣，[2]仍設西路同知一員。改設知縣一員，典史一員，教諭、訓導二員。渠寧驛丞一員，大潦蘆溝驛丞一員。雍正八年，新開邊路，移大蘆驛於口外之長流。三塘水設驛丞一員，營盤驛丞一員。至乾隆二十年，驛丞裁。乾隆二十四年，添設渠寧巡檢司一員。

　　至乾隆三十七年，西路同知裁，改設知縣一員，典史一員，教諭、訓導二員。至道光十二年，訓導裁。【《續中衛志》卷五《官師考·官制》】

職官

　　西路設官，正德以前無可考。正德十五年，巡撫都御史王時中始奏設，以平涼府通判管理糧餉。萬曆三十一年，改陞同知。

通判

明

劉良臣，山西芮城縣人，正德十五年任。建立衙署自此始。

王藎臣，山東滕縣舉人，嘉靖二十九年任。理事果斷。

袁旦，大名府貢士，隆慶五年任。入《名宦》。①

王牧，山東恩縣舉人，萬曆七年任。遇事有爲，招納義勇。始議磚甓城。後任溫州府。

郭濂，山西襄陵縣舉人，十年任。停徵荒畝，最愛民人。

王道，獻縣舉人，十一年任。督完城工，築堡開荒，剔弊除奸，片言折獄。陞寧夏理刑同知。

宋河，大名府舉人，十六年任。清廉執法，剖斷公平。陞寧夏理刑同知。

同知

王惠民，山西蔚州舉人，三十一年任。有邊才，加陞同知始此。

李焕，山西忻州舉人，三十四年任。建新設衙署。

錢通，大名府人，三十六年任。蒞任清勤，爲國籌邊。

孫瓚，山東壽張縣人，四十四年任。開山導河，新增國稅，陞鳳翔府知府。

韓洪珍，四川蘆州府舉人，天啓七年任，乞歸。入《名宦》。

劉謹身，河南裕州舉人，崇禎八年任。入《名宦》。

田舜年，淮安府選貢，十三年任。理事果斷，陞寧夏同知。

皇清

張羽翀，大興縣舉人，順治二年任。詳請蠲豁青草，不憚再四，民受其利。

董巽祥，江南進士，十四年任。

李加御，江南進士，十七年任。陞黎平府知府。

王維旌，山東貢士，康熙二年任。陞浙江台州府知府。

方從吉，浙江貢士，六年任。

詹龍翔，黃陂貢士，七年任。

湯裔振，河間府進士，十一年任。

張輔，閬中縣舉人，十二年任。

王維楫，揚州府監生，十四年任。

宋士顯，二十五年任。

---

① 參見本志卷五《官師考·名宦》。下同。

高士鐸,正白旗監生,四十八年任。入《名宦》。
佟士祈,正藍旗監生,五十六年任。
常璽,六十一年任。
臧琮,諸城縣進士,雍正三年任。陞建寧府知府。
吳廷元,正白旗監生,十一年任。
傅樹崇,登封縣進士,乾隆五年任。
戴國珍,江夏監生,乾隆九年任。
王機,福山監生,十三年任,陞平涼府。
王伸,諸城縣舉人,十五年任。
伊星阿,鑲黃旗舉人,[3]以出口辦糧功特陞知府。

中衛掌印指揮

明

馮繼孝,僉事,任事八年,人心畏服。
馮泰,弘治己未,[4]委修學宮,廣其垣宇。

鎮撫

陳瑀,正統八年任。詳請建學,首開文教。
吳昭,弘治間任,董修學校。[5]

附

曹紀,弘治間千戶。委修學宮,增建牌坊。

皇清

馮堯,僉事,順治元年任,人皆懾服。
申如泰,江南人,五年任。
陳之斌,直隸人。

掌印守備

顧來鶴,江寧府武舉,康熙十三年任。以督催民夫防河,激變遇害。
胡時寅,永昌人,康熙十八年任。
趙廷對,河間府武進士,二十年任。
梁斌,紹興人,二十四年任。
何瀚,徐州武舉,二十一年任。
趙炳,臨清人,三十八年任。
陳紀,山陰人,四十二年任。[6]
徐琳,江南進士,雍正二年任。

經歷

馬中選，寧夏後衛人，由貢士，順治二年任。國初因明制設，至三年後裁。

曹爾壯，安邊人，由監生，順治三年任。裁。

雍正三年奉旨改設知縣

嚴禹沛，常熟縣進士，雍正三年任。

王鳳翱，順天大興縣歲貢，五年任。

傅樹崇，河南登封縣進士，七年任。彊幹有爲，革衛所陋弊，立縣治規模。調武威，陞柳林通判，歷西路同知。

甄汝翼，平定州進士，十年任。

姚廷柱，潮州平遠縣監生，十二年任。

錢應榮，湖州長興縣貢生，乾隆五年任。

姚恪，四川西充縣進士，十年任。

金兆琦，順天宛平縣舉人，十四年任。

黃恩錫，雲南永北府人，壬申科進士，①二十一年任。

黃恩錫，雲南永北府人，壬申科進士，二十一年任。修理文廟，編輯志乘，勸學重農，安良除暴。

許鉞，浙江錢塘縣舉人，二十六年任。

王臣，奉天海城縣舉人，三十七年任。

明福，鑲黃旗滿洲，四十七年任。

胡紀謨，順天通州舉人，五十三年任。

邱卿雲，廣東龍川縣舉人，五十八年任。

文楠，四川涪州進士，六十年任。

田均晉，貴州玉屏縣舉人，嘉慶九年任。

翟樹滋，安徽涇縣監生，十二年任。詳請豁免水冲地畝錢粮。

李清葵，山西靜樂縣拔貢，二十二年任。

李棣通，直隸高陽附貢，道光元年任。詳請豁除永康、宣和二堡被水淤壓地畝錢粮。

艾椿年，四川江津縣監生，十一年任。捐建鼓樓。

馮侍稷，浙江仁和縣監生，十三年任。陞河州牧。

蘇得坡，雲南景東廳舉人，十六年任。

鄭元吉，江西金谿縣附監生，十九年任。【《續中衛志》卷五《官師考‧職官‧雍正三年改設知縣》】

---

① 壬申：乾隆十七年(1752)。

中衛學教授

袁甲第,靖遠人,順治二年任。

吳國祚,後衛人,三年任。

竇恂,永壽縣人。

郜藩周,莊浪縣人。

張錫爵,三原縣舉人,康熙十六年任。陞知縣。

李作屏,涇陽縣貢士,二十五年任。

高際泰,寶雞縣舉人,三十八年任。

楊淑,靈臺縣舉人,三十九年任。

雍永祚,華州舉人,三十五年任。

艾士奇,米脂縣舉人,四十四年任。陞大浦縣知縣。

劉追儉,涇陽縣舉人,四十六年任。修學創志。

高鍾嶽,延川縣進士,五十四年任。

張九如,文縣舉人,雍正元年任。三年,改教諭。陞山東單縣知縣。

教諭

張琦,鳌屋舉人,雍正元年任。陞山東知縣。

張以琮,洋縣舉人,乾隆元年任。

潘沚,涇陽縣舉人,七年任。

張若敏,富平縣舉人,二十年任。[7]

竹林賢,涇陽縣舉人,二十八年任。

崔鐘琠,同官縣舉人,三十五年任。

王燭,郃陽縣舉人,三十八年任。

張雲裳,鄠縣舉人,四十四年任。

朱國權,皋蘭縣舉人,五十五年任。

李蓉,陝西韓城縣舉人,嘉慶八年任。

王晉墀,會寧縣舉人,二十一年任。

李若馥,陝西商南縣舉人,道光三年任。

張如梅,靈臺縣舉人,七年任。

李南枝,漢中洋縣舉人,十三年任。

李廣延,陝西洛川縣廩貢,二十年任。監脩文廟。【《續中衛志》卷五《官師考·職官·教諭》】

訓導

明

李春,廣安人。

賈茂章,雅州人。與李春於弘治己未請撤學右保安寺,[8]以闊學宮。見王尚書恕《重修儒學碑記》。①
　　皇清
　　吳國祚,後衛人,順治二年任。
　　趙邦瑜,本衛人,順治三年任。詳見《人物》。② 至十六年,裁。越康熙二十二年,復設訓導。
　　姚祖頡,膚施縣歲貢,康熙二十二年任。
　　袁國璉,延安府歲貢,二十八年任。
　　楊斌,扶風縣人,三十年任。
　　馬義瑞,甘州人,三十二年任。陞安定縣教諭。
　　張廷珪,咸陽縣人,五十一年任。
　　李君任,商南縣人,六十一年任。
　　董奮翔,隴西縣人,雍正六年任。
　　張文煥,[9]鳳翔縣人,十一年任。
　　白玉彩,宜川縣人,乾隆四年任。
　　趙宗先,靜寧州人,十年任。
　　左拱樞,隴西人,十八年任。陞秦州學正。
　　史誠,狄道人,二十年任。
　　葛如雯,涇州人,二十五年任。
　艾珽奇,陝西米脂縣歲貢,二十六年任。
　陳彥海,陝西渭南縣歲貢,三十一年任。
　蕭克明,陝西咸陽縣舉人,三十九年任。
　周麟,武威縣歲貢,四十二年任。
　牛亢,陝西商州歲貢,四十四年任。
　楊鵬翱,陝西三原縣舉人,四十八年任。
　賈步蟾,陝西洛川縣廩貢,五十五年任。
　紀大本,陝西長安縣歲貢,五十八年任。
　史旌直,陝西安定縣廩貢,六十年任。
　金石,金縣廩貢,嘉慶十九年任。
　張含實,陝西城固縣舉人,二十四年任,道光十二年裁。【《續中衛志》卷五《官師考‧職官‧訓導》】

雍正三年奉旨設立典史
　　戴守宣,聊城人,雍正四年任。

―――――――
① 參見本志卷九《藝文編‧記》載王恕撰《重修中衛儒學碑記》。
② 參見卷六《獻徵表‧人物‧皇清》。

陳璟，山陰人，八年任。
王弘，大興人，乾隆三年任。
黄岳，山陰人，六年任。
孫邦佐，嘉興人，六年任。
章雲龍，永清縣人，十五年任。
李延鳳，上元縣監生，二十四年任。
張德華，安徽旌德縣人，三十五年任。
王伯需，江蘇太湖廳人，監生，四十二年任。
胡澄，浙江仁和縣監生，五十三年任。
吳治安，順天宛平縣吏員，六十年任。
茅陞階，順天大興縣供事，嘉慶十二年任。
陳家泰，浙江會稽縣供事，道光二年任。
劉步衢，順天大興縣監生，八年任。
沈烜，順天大興縣供事，九年任。【《續中衛志》卷五《官師考·職官·雍正三年奉旨設立典史》】

乾隆二十四年奉旨於舊寧安堡設立巡檢

舒采願，江西靖安縣監生，乾隆二十五年任。
馬致達，直隸祁州監生，三十四年任。
丁惟善，浙江會稽縣供事，三十七年任。
葛崇仁，四川溫江縣監生，五十一年任。
王鶴鳴，江蘇陽湖縣供事，五十四年任。
張炯，浙江錢塘縣監生，五十八年任。
余林，順天宛平縣供事，嘉慶元年任。
方立功，安徽桐城縣供事，五年任。
陸泳祺，浙江嘉善縣供事，七年任。
王世琳，陝西襃城縣供事，十三年任。
王吉士，順天大興縣供事，十三年任。
朱禮，陝西紫陽縣增生，十五年任。
王守勤，順天宛平縣吏目，二十五年任。
沈承業，浙江山陰縣供事，道光十二年任。
鍾英，浙江會稽縣供事，十四年任。
夏雲輝，江西新建縣供事，十六年任。
張鈺，浙江餘姚縣監生，十七年任。
俞仁育，順天大興縣供事，十九年任。【《續中衛志》卷五《官師考·職官·乾隆二十四年奉旨於舊寧安堡設立巡檢》】

武制

官師有文職,不能無武階,而邊邑爲用武之地,其有功德於民者,尤不可畧而弗記也。中邑自乾隆五十二年以後,至道光二十年以前,武階名氏闕於稽考,其何以紀捍禦之勳而企功德之慕乎!此元吉所以耿耿不能釋諸懷也。鄭元吉記。【《續中衛志》卷五《官師考・職官・武制》】

西協參將

明

朱榮,北京人,天順間任。配享名宦。[10]

蔡英,北京人,配享名宦。

路英,靖虜人,正德九年任。配享名宦。

王淮,山丹人,嘉靖元年任。配享名宦。

左方,弘治己未任。[11]經營學制,措置工料力多。

馮禎,正德丙寅任,①續左公修學,愈增其制。

周尚文,後衛人,陞寧夏副鎮守。

張夢登,神木人,萬曆二年任。包修磚城。

王國珍,榆林人,天啓三年任,陞平虜將軍。

皇清

潘雲騰,漢中進士,順治元年任。

孫枝芳。

謝禎榮,遼東人。

猛先功,順治二年任。

吳自得,遼東人。

董熙昌,奉天人。

陳維新,大興人。

副將

馮源淮,涿州人。改設副將始此。

吳三畏,狀元,直隸人,康熙八年任。

宣有才,奉天人。

賴塔,旗員。

賈從哲,探花,山西人。

謝明德,陝西人。

趙彝鼎,山西人,陞總兵。

---

① 正德丙寅:正德元年(1506)。

許完,福建人。
許靖國,旗員,陞總兵。
馮君喜,涼州人,陞河南懷慶總兵。
袁鈐,榜眼,徐州人。開石壩渠口。陞涼州總兵。
李山,江南人。
王登朝,直隸人。
曹襄,交河縣武生,陞涼州總兵。
馬紀勳,寧朔縣武生,陞山東總兵。
韓良卿,四川武進士。歷任碣石、肅州總兵,陞固原提督。
盧度瑾,靈州武進士,陞西寧總兵。
米彪,宛平縣人。
海福,正黃旗,侍衛。
滿福,鑲紅旗滿洲。
福昌,鑲白旗滿洲。
五十九,正藍旗滿洲,三十三年任。
皂保,正黃旗滿洲,三十七年任。
僧額多爾濟,正黃旗蒙古,四十一年任。
觀音保,正黃旗滿洲,四十九年任。
袁國璜,四川保縣人,行伍,五十年任。
文圖,正紅旗滿洲,五十二年任。
蕭福祿,河州人,行伍,嘉慶八年任。
吳廷剛,四川人,行伍,十年任。
兆那素圖,正黃旗,護軍參領,十一年任。
何占鰲,四川成都縣人,行伍,十九年任。
花尚阿,正藍旗人,護軍參領,二十年任。
馬光宇,四川成都人,行伍,二十一年任。
富哈善,正黃旗,護軍參領,道光元年任。
馬金魁,陝西興安州人,行伍,六年任。
尚安泰,正藍旗,護軍參領,十一年任。
哈拉吉那,鑲黃旗佐領下人,十八年任。【《續中衛志》卷五《官師考‧職官‧副將》】

中軍守備

葛國珍,順治元年署。
李先兆,三年署。
李朝賓,山東人。

李爾敬,武進士。

王永吉,山東人,康熙二年任。

許士奇,鎮人,陞西寧遊擊。

張麟,河南武舉。

張九華,山東人。

楊明,甘州人,陞靖邊遊擊。

楊士俊,山西人。

楊克功,寧夏人,陞甘州遊擊。

董維屏,寧夏人。

馬紀官,朔縣武生。

廣武營遊擊

阿爾綳阿,滿州廂白旗,副護軍參領,乾隆五十七年任。

伊星阿,正藍旗滿州,護軍參領,嘉慶五年任。

吳得友,甘肅固原州,行伍,十年任。

方一彪,甘肅武威人,行伍,十九年任。

雙禄,滿州廂白旗,副護軍參領,道光十一年任。

謝天貴,陝西洵陽人,鄉勇,尚未到任。【《續中衛志》卷五《官師考·職官·廣武營遊擊》】

雍正九年改設都司[12]

謝佐,常德府人。

常泰,鑲黃旗,護軍。

金尚友,本縣人。

靳文武,河南蘭陽縣,進士,陞遊擊。

張建初,榆林縣人,行伍,乾隆十九年任。

倭赫。

倭赫,廂白旗滿洲,二十四年任。

王永茂,正黃旗滿洲,三十三年任。

薩炳阿,廂黃旗滿洲,三十七年任。

雲呈彩,長安縣,行伍,四十二年任。

嚴吉哲,武威縣,行伍,五十年任。

陶有奇,長安縣,行伍,五十八年任。

巴翰璧,正藍旗滿洲,五十九年任。

石寶森,武威縣人,行伍,嘉慶六年任。

胡文秀,四川人,鄉勇,十六年任。

馬安邦,興安州人,武舉,十八年任。

孟兆元,武威縣人,行伍,道光四年任。

徐國才,張掖縣人,行伍,十年任。

王瑷,西寧縣人,行伍,四年任。

王貴,四川人,寄籍陝西,行伍,十四年任。

韓則祿,武威縣人,行伍,十九年陞補,未到任。【《續中衛志》卷五《官師考·職官·雍正元年改設都司》】

廣武營守備

強秉鈞,陝西人,行伍,嘉慶五年任。

湯占先,陝西畧陽人,行伍,五年任。

馬秀,甘肅人,武舉,六年任。

關殿奎,甘肅河州人,十六年任。

王添富,甘肅皋蘭人,世襲,道光六年任。

馬忠良,武威縣人,行伍,十三年任。

常泰,皋蘭人,行伍,十三年任。

趙玉儉,大通人,武生,十七年任。【《續中衛志》卷五《官師考·職官·廣武營守備》】

石空營守備

金海潮,河州人,行伍,道光三年任。

蔴續先,歸化城人,行伍,五年任。

孔元,皋蘭人,行伍,八年任。

李龍,陝西長安人,行伍,十三年任。

石源,西寧人,行伍,十八年任。【《續中衛志》卷五《官師考·職官·石空營守備》】

古水營守備

袁有貴,甘肅西寧人,行伍,嘉慶元年任。

隆山,正藍旗,三年任。

萬彪,四川成都人,行伍,十一年任。

張天爵,陝西神木人,科甲,十五年任。

劉彪,四川營山人,行伍,二十一年任。

菩關保,正紅旗,二十三年任。

王得明,皋蘭縣人,行伍,道光三年任。

郜萬得,皋蘭人,行伍,六年任。

朱應魁,張掖縣人,行伍,九年任。

張鵬翼,文縣人,行伍,十三年任。

李大成,皋蘭人,科甲,十七年任。【《續中衛志》卷五《官師考·職官·古水營守備》】

名宦

元

郭守敬，邢臺人，至元元年，提舉西夏暨各州河渠。兵亂以後，凡渠之廢壞淤淺，守敬更立牐堰，皆復其舊。

張文謙，字仲謙，邢州沙河人。至元初，以中書左丞行省西省、中興等路。濬應理、鳴沙正支各渠溉田，人蒙其利。[13]

明

袁旦，大名府人。隆慶五年，任西路通判。蒞政清勤，建議築邊垣，濬渠壩。

韓洪珍，四川人。天啟七年，任西路同知。七星渠歲久荒淤，珍與屯田守備王光先條列疏渠之法，上諸巡撫焦馨。以百戶李國柱、劉宰分督之，而專任洪珍綜其事，渠遂通。至今沐其澤。

劉謹身，河南裕州舉人。明末，任西路同知。督修渠工，剔除奸弊，招選義勇，保障城池。

皇清

劉芳名，字孝五，寧夏人。順治二年，任寧夏總兵，平固原叛將武大定。四年，招降香山諸寇，散其餘黨，民賴以安。加左都督，征海寇於崇明，擒獲偽將。以疾歿於軍。贈太子太保，諡忠肅。

高士鐸，正白旗人。康熙四十四年，任西路同知。興修水利，設立義學，持身清勵，邑人爲建祠祀焉。

按：郡邑之志，守、令、丞、尉，例皆得書。自元以前之湮沒無考，豈民之易忘與，抑歷年既遠，典籍散亡之故也？今斷自明興，迄於近代，而有明官秩多人，亦止錄其政績傳聞之有徵者，雖秉鐸寒氈，苟建學造士之足紀，皆所不遺。其屯衛武秩，姓氏徒存，無所表見，則畧焉。惟本朝以來，司馬、令長、師儒、丞尉，則備載之，以俟後人之論定。嗟夫，功德不足以及遠，民將久而忘之。太史公所謂"當時則榮，歿則已焉"者矣。彼召父杜母，流芬百世，豈伊異人。此昔人有願爲劇縣、不願爲臺閣者，抑獨何心哉。[14]

君子疾沒世而名不稱。名宦者，於身後而民思慕之，宦績著而名不朽也。國家所以有旌揚之典，史冊傳之，專祠祀之。中邑自元迄今，有功德於民而入《名宦》者僅數人。黃記所載亦善善從長之意。元吉所以未敢苛求於前，而不欲浮濫於後也。鄭元吉記。【《續中衛志》卷五《官師考·名宦》】

附俸薪養廉并夫役工食①

寧夏西路同知一員，每歲俸銀八十兩，內在於平涼縣撥解俸銀七十八兩，本縣徵支俸銀二兩。養廉粮一千石，於乾隆二十三年奉文，每石折支銀八錢。門子二名，歲支工食銀一十二兩，遇閏加銀一兩。皂隸一十二名，發支銀七十二兩，遇閏加銀六兩。步快八名，歲支銀四十八兩，遇閏加銀四兩。傘扇轎夫七名，歲支銀四十二兩，遇閏加銀三兩五錢。

知縣一員，每歲俸銀四十五兩，養廉公費粮一千二百石，每石折色銀八錢。門子二名，歲支工食銀一十二兩，遇閏加銀一兩。皂隸一十六名，歲支銀九十六兩，遇閏加銀八兩。馬快八名，歲支銀乙百三十四兩四錢，遇閏加銀一十一兩二錢。民壯四十名，於乾隆十年奉文，撥給寧夏理事廳民壯二名，止存民壯三十八名，歲支工食銀二百二十八兩。禁卒八名，歲支工食銀四十八兩，遇閏加銀四兩。傘扇轎夫七名，歲支工食銀四十二兩，遇閏加銀三兩五錢。庫子四名，歲支工食銀二十四兩，遇閏加銀二兩。斗級四名，歲支工食銀二十四兩，遇閏加銀二兩。

典史一員，每歲俸銀三十一兩五錢二分，養廉粮七十五石，每石折色銀八錢。門子一名，歲支工食銀六兩，遇閏加銀五錢。皂隸四名，歲支工食銀二十四兩，遇閏加銀二兩。馬夫一名，歲支工食銀六兩，遇閏加銀五錢。

中衛原設教授一員，俸銀四十兩。雍正三年設縣，改爲教諭，添設訓導一員，每歲每員俸銀四十兩。嗣於乾隆元年在欽奉上諭事案內奉文，每員增銀四十兩，共銀八十兩。齋夫三名，歲支工食銀三十六兩，遇閏加銀三兩。膳夫二名，歲支工食銀一十三兩三錢三分三厘三毫三絲二忽，遇閏加銀一兩一錢一分一厘一毫一絲一忽。門斗三名，歲支工食銀一十八兩，遇閏加銀一兩五錢。廩生二十名，每名歲支餼粮銀三兩九分五厘八毫三絲三忽六微五纖，共支銀六十一兩九錢一分六厘六毫七絲三忽。原額歲貢花紅旗扁銀九兩四錢五分，於乾隆二年奉文，均攤銀二兩五錢五分八絲五忽。

乾隆二十五年二月二十七日，設渠寧巡檢一員，每歲俸銀三十一兩五錢二分。驛皂二名，歲支工食銀一十二兩。驛夫撥改弓兵一十六名，本折兼支每名本色月支粮一石，折色月支銀一兩，每歲共支本色粮一百九十二石，折色銀一百九十二兩。

雍正七年，設醫學一員，部劄一張。僧會司一員，部劄一張。道會司一員，部劄一張。陰陽學一員，部劄一張。

---

① 《續中衛志》卷五《官師考》無此內容。

【校勘記】

［1］歷無大改易：《續中衛志》卷五《官師考》作"半沿其舊"。
［2］二年：原作"四年"，據《清世宗實錄》卷二五改。參見魯人勇等《寧夏歷史地理考》卷十五《清朝》。
［3］鑲黃：《續中衛志》卷五《官師考·職官·同知》作"厢黃"。
［4］弘治己未：原作"弘治乙未"，據《嘉靖寧志》卷三《中衛·學校》、《朔方新志》卷四《詞翰·中衛儒學記》等改。"己未"，弘治十二年（1499）。
［5］董修：《續中衛志》卷五《官師考·職官·中衛掌印指揮》作"董率"。
［6］四十二年：《續中衛志》卷五《官師考·職官·掌印守備》作"四十三年"。
［7］二十：《續中衛志》卷五《官師考·職官·教諭》作"三十五年"，疑誤。
［8］弘治己未：原作"弘治乙未"，據《嘉靖寧志》卷三《中衛·學校》、《朔方新志》卷四《詞翰·中衛儒學記》等改。"己未"，弘治十二年（1499）。
［9］《續中衛志》卷五《官師考·職官·訓導》姚祖頡、袁國璉、楊斌、張廷珪、李君任、張文煥、白玉彩等七人籍貫前均有"陝西"二字。
［10］配享名宦：《續中衛志》卷五《官師考·職官·西協參將》作"配名宦享祀"。
［11］己未：原作"乙未"，弘治無乙未年，《續中衛志》卷五《官師考·職官·西協參將》作"十二年"，即弘治己未，據改。
［12］九年：《續中衛志》卷五《官師考·職官》作"元年"。
［13］人：《續中衛志》卷五《官師考·名宦》作"皆"。
［14］哉：《續中衛志》卷五《官師考·名宦》此字後有"黃恩錫記"四字。

獻徵表卷之六

　　王子安云："人傑地靈。"大抵山川清淑之氣，生而爲人，而人之生於其地者，或文章行誼，或武畧勳庸。苟本其材質之樸茂，而加之以學問，策之以功名。於是乎有人品之正、心術之純，爲鄉里矜式者焉；天性肫篤、忠義奮發，與日月争光者焉；儀型閨閫、堅矢栢舟，足愧當世之鬚眉者焉。要其爲此邦之良者，不以其地限，而實以其人著。中雖邊邑，山川雄秀，人才之出，夙稱於河西。旁採博搜，後先相望，凡其行實之稽考有據者，得之故家舊籍，畧爲之傳，俾後之覽者，觀感而興起焉。作《獻徵表》。[1]

人物

〔明〕

　　李本，嘉靖間選貢，①任山西崞縣知縣。前朝崇祀鄉賢，事績莫考。

　　汪潮，嘉靖間選貢，②任沭陽縣丞。雅尚淡泊，一食一衣動以民膏爲念。雖位在陪僚，廉明特著，淮上號爲"青天"。及居鄉，淳樸敦厚，有古君子風焉。祀鄉賢。

　　嚴詔，隆慶間恩貢，③任慶府紀善。善文學詩賦。

　　黄元會，萬曆間貢士，④任武鄉縣知縣。[2]九載清操，一塵不浯。武鄉入名宦，本衛入鄉賢。在武鄉時，擇邑士之儁秀者入署中，與子婿同學同食，中丞魏允中即所選士也。後魏任寧夏巡撫。元會之子籍、女夫焦浴，皆魏推轂登仕途焉。

　　周于人，[3]萬曆間貢士，任興文令。振興文教，治邑有聲，陞青州府通判。詩文散見於碑版，有可稱者。

---

① 據《嘉靖寧志》卷三《中衛·選舉》、《朔方新志》卷三《文學·科貢》載，李本爲嘉靖二年(1523)癸未科選貢。

② 據《嘉靖寧志》卷三《中衛·選舉》、《朔方新志》卷三《文學·科貢》載，汪潮爲嘉靖十二年(1533)癸巳科選貢。

③ 據《朔方新志》卷三《文學·科貢》載，嚴詔爲隆慶二年(1568)戊辰科恩貢。

④ 據《朔方新志》卷三《文學·科貢》載，黄元會爲萬曆九年(1581)辛巳科貢士。

李盈郊，萬曆間選貢，①任金華府通判。事父母以孝謹聞，處鄉黨克盡媟睦，衛人公舉入鄉賢焉。

黃籍，元會之子，萬曆間貢士，②任渠縣知縣。淡泊自甘，一介不苟，父子清操，衛人至今稱之。

尹鴻志，萬曆間貢士，任鄲縣學諭。沉潛學問，遵守程朱，鄉人有理學之目。

沈紹，衛庠廩生，萬曆間人。涉獵羣書，雅稱博奧，有名一時。

劉得政，天啟間恩貢。初，任霍州判官，有異政，歷署鹽運，使絳州、臨汾，所至皆有能聲。陞蒲縣知縣。李自成入晉，有薦得政者，僞受青州同知，矢死不就，棄官歸里。寧夏巡、道嘉其能，因靈州被兵燹，委得政兼中東二路同知，收拾殘燼地方，功尤不泯。

趙邦瑜，崇禎間恩貢，任祥符縣丞。治水、清軍，頗有聲譽。調太原經歷，汴人感其德，不忍以遷官去，爲公呈當道，得保題陞衛晉任。有《清官圖說》可考。

皇清

靳可教，順治間選貢，任內黃縣丞。歲饑，捐俸施粥，設法賑濟，民賴以全活者甚衆。

郝良桐，順治間拔貢，授江西寧都縣丞。以捍城功，陞授浙江定海縣知縣。有惠政，邑人建祠祀之。

李日榮，幼從軍。康熙十五年，王輔臣變，洮、蘭等城俱失。日榮隨奮威將軍王公進寶夜渡黃河，恢復臨洮，功第一，加右都督銜。又從征西川，平定保寧，勞績最著。歷陞廣東順德總兵，所至俱有政聲。卒於任，御賜祭葬。按《李氏家譜》，日榮父李彩，明崇禎時古水營守備，以李自成亂，糾衆練兵香山，爲自固計。後以抗拒官兵，大清初就擒，死於平涼。彩弟彪，亦累官至天津總兵。李自成入燕，自刎於鎮。日榮長子景隆，仕山東濰縣知縣。季子景盛，易名奎，仕至山東登州鎮，調浙江杭州副都統。爲附載之。

狄世俊，原籍花馬池。父應魁，仕爲西寧副將，家於中衛。世俊初爲衛庠士。王輔臣變，隨靖逆侯張公勇，征剿通渭、樂門等處，累著功績，授都司僉書。中衛掌印守備顧來鶴，以驅民夫防河激變，衆擊掌印死。靖逆侯聞之，怒謂中衛從逆，殺地方官，命世俊統兵征剿。世俊即以身家保衛民不反。兵至河南，留屯不進，隻身入衛城，訪察情真，捕首事三四人正法，餘皆安堵如故。歷陞至松江參將、廣

---

① 據《朔方新志》卷三《文學・科貢》載，李盈郊爲萬曆三十一年(1603)癸卯科選貢。
② 據《朔方新志》卷三《文學・科貢》載，黃籍爲萬曆三十九年(1611)辛亥科貢士。

西泗城營副將,加都督僉事。卒於官。

俞益謨,廣武人。年二十,舉武鄉試第一,成進士。從提軍陳福平朱龍、陳江之亂,授柳樹澗守備。從王奮威進寶征平川蜀,以戰功累官進左都督,授大同總鎮,仕至湖廣提軍。鎮定譁卒,征撫紅苗。廷臣有才兼文武、堪膺總督之薦。生平雖武階,於征川時,曾署順慶通判,權郡守事。性喜文學,多延博雅之士,於所至輒為諸生課文講學,暇則集賓友考古為詩文。所著有《道統歸宗》《辦苗紀畧》《青銅自考》等書。其於鄉里,不惜千金,濬修渠閘、河堤,設義學,置學田,人至今稱之。

馮飛雲,縣城人。由癸卯拔貢,①中式甲辰科舉人,②丁巳會試,③選取明通。授興平教諭,以訓士散賑,保舉陞河南新鄭縣知縣。修城堞,延師興學。卒於任。清貧不能歸柩,士民公助,始舉喪旋里。其學守淵醇,首開中邑鄉科。未仕時,授徒講學,皆有本末。士民公呈,請入鄉賢。

羅如倫,石空人。雍正己酉拔貢。④歷任湖南衡陽、瀏陽,直隸欒城知縣,陞宛平大尹。歷官燕、楚,為政寬平,民皆便之。居鄉則啟迪後進,課文訓俗,綽有前輩風。

閆風寧,永康人,歲貢,任會寧訓導。以老乞歸,勸鄉人種桑,力興蠶織,頗有效。其治家,務耕農,於渠工尤勤,率鄉氓修濬。性樸寔淳厚,鄉里皆稱長者,於乾隆二年舉鄉飲大賓。

梁朝桂,乾隆三十七年,以中衛營外委出征金川,有功,擢江西南贛鎮總兵。歷任陝西興漢鎮、甘肅肅州鎮、廣東高廉鎮總兵。鎮高廉時,值福建逆匪林爽文滋事,朝桂領粵兵星馳赴閩,至鹽水港,直攻賊巢,殺死無算,生擒者甚眾,復縱火燒其巢穴,以滅根株。恩賞給奮勇巴圖魯名號。又在鎮莊荘,帶瘡力戰,大獲全勝。恩賞戴雙眼花翎,賜黃馬褂。超擢福建陸路提督,擒獲林爽文餘黨四十餘人。先時平定金川,曾於五十功臣內,圖像紫光閣。此次復列入二十功臣,上諭重加圖像。御製贊曰:"金川剿逆,埋根進首。鹽水恒瑞,未免掣肘。及防麻豆,禦賊堅守。受瘡力戰,嘉哉鮮偶。"後由廣西調湖廣提督。五十九年,卒於任。

周維藩,乾隆甲午科舉人。⑤以大挑知縣籤發直隸,所至皆有聲。其宰贊皇也,值純皇帝駕幸五臺。維藩平治道塗,修葺行宮,不尚侈靡。純皇帝見其悃愊無華,奉諭旨:"周維藩頗堪擢用。"大憲擬調宛平劇篆。有紈袴子索以重利,維藩正色厲聲:"我身受主知,豈肯賄賂求榮,致負國恩耶?"遂引疾歸里,以詩書自娛,日訓課子弟。里中有貧乏者,無論喪葬婚娶,必量力以助。至今邑人猶有頌其厚德者。

① 癸卯:雍正元年(1723)。
② 甲辰:雍正二年(1724)。
③ 丁巳:乾隆二年(1737)。
④ 雍正己酉:雍正七年(1729)。
⑤ 乾隆甲午:乾隆三十九年(1774)。

魏相臣,由湖北按察司經歷陞應山令。後署房篆,以軍功擢陞知府。有傳,載《藝文》。①

張志濂,乾隆庚子科由副榜中式舉人,②己酉科進士,[4]任山西平陽府汾西縣知縣。汾西民俗強悍,命案迭出,志濂化導三月,無赴公堂報命案者。持己尤極清廉,人不得干以私。凡病民之事,力陳上官,必革除而後已。至今汾民猶有能道之者。

周守璽,乾隆丙子科武舉,③任涼州鎮土門營守備,後任烏魯木齊千總。爲人厚重緘默,處紛擾能以鎮靜守之,故人有"峴山遺愛"之頌,又有"信義可尊"之稱。

羅全詩,乾隆甲子科舉人,④壬申科進士。⑤任湖南安福縣知縣,嚴明正直,邑人服之。
【《續中衛志》卷六《獻徵表·人物》】

忠節

〔明〕

楊忠,中衛人,以都指揮官寧夏都司。廉勇多藝,衛人德之。寘鐇之變,判守擁衆出臺,殺巡撫安惟學。忠執杖擊賊首,厲聲曰:"國家何負汝,敢造此大逆耶?"爲賊所執,罵愈烈,賊怒碎其屍於都堂。事聞,建坊旌表,賜祭,予蔭。巡撫馮公清有吊楊將軍詩。⑥

周哲,衛庠生。通判于人之父也。萬曆二十年,哱拜反,據寧夏城。遣僞將王虎攻中衛,西協參將熊國臣棄城走。哲招集士庶,分門據守。叛弁韓范內應,城陷。賊怒哲率衆守城,欲殺哲。衆勸哲往見可解,哲怒觸柱曰:"寧死,肯屈膝逆賊以求生?"賊稔其素服衆,欲收人心,未即殺。越數日,賊遣兵攻他城之未下者,惟留左右數十人以侍。[5]哲預知,即令其子周于邦等約同志往賀王虎。衆各藏暗器,擇家童之健者,將羊、酒隨而入。虎聞紳士來,歡然出迎。揖拜間,衆擊之,立斃。擒其隨從賊十餘人,皆殺之。時總督魏公學曾駐下馬關,聞中邑已從賊,遣兵討逆。比至,城中以賊衆首級獻,乃按兵不動。城中得以保全,皆哲之力也。哲事親孝,黃公元會作《忠孝紀畧》,備載其事。

郭鎮,本衛千户。崇禎甲戌秋,⑦賊困鎮於村莊,欲脫其鞋。罵曰:"我天朝臣子,此頭可斷,此鞋不可脫也!"賊刃其項,[6]猶跳丈餘以死。

---

① 參見《續中衛志》卷十《藝文編·傳》載王正常撰《魏蓋宣傳》。
② 乾隆庚子:乾隆四十五年(1780)。
③ 丙子:乾隆二十一年(1756)。
④ 乾隆甲子:乾隆九年(1744)。
⑤ 壬申:乾隆十七年(1752)。
⑥ 《嘉靖寧志》卷二《忠節》載馮清吊楊忠詩:"往古來今年復年,浩然正氣幾人全。一腔忠赤乾坤在,兩字褒榮日月懸。故秩峻增延後世,英魂昭格慰重泉。題詩庸紀當年事,留俟清朝太史編。"
⑦ 崇禎甲戌:崇禎七年(1634)。

雍締，宣和人，以歲貢任四川仁懷知縣。值獻賊入蜀，[①]締率民死守。城破，闔家自焚死。其居家日，宣和歲饑，人多散亡，締傾資全活甚衆。

王極，中衛指揮，領兵追哱拜，至古塲兒爲所殺。賜恤。

錢栢，[7]中衛人。哱拜爲亂於中衛，栢奮勇力戰，被殺。賜恤。

孫祚昌，衛庠生，鳴沙州人。崇禎甲戌，[②]土寇入堡，欲降之。祚昌怒駡，拔刀自刎。賊碎其屍而去。

黃儒煥，[8]衛庠生，永康人。崇禎十六年，香山賊攻堡，人皆順從。儒煥獨挺立不屈，危言抗賊。賊加桎梏，絕其飲食，殞。

李維新，威武堡商人，慷慨多大畧。崇禎八年，巨寇朱國瑞等嘯聚螺山，出沒峽口、楊柳泉，劫殺行旅以百數。[9]廣武遊擊馮鳴盛奉憲檄征剿，至威武堡，聞維新名，委令領民兵，入山合剿。即遇賊，官軍不敢進，維新奮勇獨戰，[10]殺賊無數，衆寡不敵，歿於陣前。遺子李琳甫襁褓，[11]妻裴氏幼艾，矢志守節，撫孤成立。夫烈婦節，萃於一門，在齊民中，尤爲罕覯云。

皇清

萬義，棗園堡人。勇敢，多膂力，從軍充爲隊長。順治三年，設防沙泉。時山寇蜂屯，沙泉當四野之衝，賊每搶掠，官軍觀望，不敢與敵。義獨率健兒，時出巡哨，遇賊劫殺運粮牛隻，義奮不顧身，直前搏賊。賊退，躡其後追殺無數，奪回民夫牛車若干。賊被大創，義亦身受重傷而亡。然自是山賊不復至沙泉行劫矣。西路司馬張公羽翀表其門。

羅全亮，全詩胞弟也。生有勇畧，由涼州守備出征川、楚，有功，擢陝西西安參將，後任寧陝鎮遊擊。因寧陝兵變，歿於陣。蒙恩賜恤，世襲雲騎尉。【《續中衛志》卷六《獻徵表·忠節》】

孝義

劉翰華，衛庠生，石空人，事孀母三十餘年。母以節著，子以孝聞。

陳謨，衛庠生，與西安府客孫尚義相友善。孫病故，遺子尚幼，陳撫之與己子同。孫子長，將回籍，謨舉孫父寄銀百兩還子。謨曾用過十金，稱貸補之。孫寄粟米百餘石，並付其子。已糶者，清還原價，[12]錙銖不染。若謨，可謂不愧於冥冥者矣。

---

① 獻賊：指張獻忠。
② 崇禎甲戌：崇禎七年（1634）。

劉自昌,醇樸若古先民,事父母克盡孝義,内外無間言。

岳應孝,咸陽人,寄居中衛。椎魯愿謹,性好施與。販布生理,有資數百金,貸者不還,亦不往取,坐此消折。婦織毛以資生,少有所積,猶濟貧不已。鎮靖堡被賊陷燬,王氏老嫗無所依,孝迎養於家。有貧家生子而棄於野,犬食之,血淋漓,尚不死,孝見而抱歸,覓婦乳之。後長成,臀足吃痕斑斑也。有賣兒於他鄉者,母子號泣不忍離,孝與之原值贖歸。道拾遺金,號於市三日,無人應,歸納其囊於罐中。越數日,有踵門哀求者,質其數符,舉囊還之。衛人傅壽與其妻張氏,願爲應孝子媳以終養,皆應孝善行所感化也。西路同知張公羽翀表其門。[13]

孫朝功,鎮靖堡人。豪俠好施與,且遍隣里。挑改山河,輸粟三十石。臺司嘉之,扁其門曰"尚義"。寇陷其堡,盡燬居人室廬,獨至朝功之屋不燬。非素行服人,賊亦烏能加敬哉。

萬氏,袁一坤之母。一坤拾金於市,持歸,獻其母。氏曰:"囊中約數十金,性命所關也,奈何我家享其利而置人於死也乎?"使一坤待於市,果有哀呼者。携其囊,當官還之。西路同知王公維楫及衛掌印趙廷對皆表其門。

萬汝義,威武堡儒童。隨父往田間,忽地震。父驚倒不能起,汝義扶父坐。念母在莊内,奔至家。時,大震不已,妻子俱伏地,見汝義,號呼求救。義不顧,負母出走,甫出門,牆傾,俱壓死。母子雖不獲免,其孝由天性,不可没也。義妻房傾被壓,不死,幼子亦獲全。殆天不欲絕孝子之後與。

于翼龍,棗園堡生員。崇禎十三年,侍母郝氏,往張恩堡爲弟納聘,途次乾河墩,突遇寇擄劫財物,傷同行者。生奮不顧身,棄所携幣帛以餌賊,負母疾馳,得免。西路同知、中衛協同儒學爲給"致身救母"額以旌其門。

陸國相,棗園人,明昭信校尉。養二親,能先意承志。父萬乾病甚,衣不解帶,虔禱於藥王,後服劑隨愈,因力修藥師殿。後在寧聞母喪,徒步馳歸,哀毁骨立,水漿不入口。時明季旱、蝗,惟國相所種糜數十畝無損,收入分貸里中之貧者,人以爲孝感所致云。

國朝

張雲,陝西華陰人也。父客中衛,多年無貲歸里,遂死於中。各聚金買棺,葬於義塚。雲父出門時,雲僅數齡。後聞父死,匍匐來,欲求親遺骸不得。雲循行義塚十餘日,晝夜哀號,水漿不入口。得神以引掖之,負遺骸以歸葬。邑人張志濂爲《孝子傳》,載《藝文》。① 雲蓋陝西

---

① 參見《續中衛志》卷十《藝文編·傳》載張志濂撰《張孝子傳》。

人,因其父客中衛,而志濂又爲《傳》以傳,故列入志,以廣孝行云。

周守域,守壐之弟。武庠,能文事,事親至孝,及老不衰。親殁後,猶撫梠棬,時時飲泣。守域兄卒,時年已八十,扶杖撫棺,哀號不已。人稱爲司馬溫公之風。

赫生奇,監生,宣和堡人。少孤,事孀母,愉色婉容,定省無間。侍疾,尤忘餐廢寢,親奉湯藥,至瘥瘉而後已。母或適隣家,必追隨左右,如孩提然。人少則慕父母,若奇則壯亦慕之。道光十九年,以其行上於學使,蒙許旌獎。

趙瑞,趙翼村人。生平勇於爲義。有貧民張學顏,趕驢馱錢十五千文,過趙翼村。天暝,錢被人竊去。學顏無計可施。瑞聞之,引《周易》"行人得牛,邑人災也",①申明利害,遍告村人。越三日,黎明,錢於方神廟爲廟祝拾獲,遺歸學顏。是固村人感其化而不終爲非義者。至今趙翼村猶有仁里之風焉。

白偉,廣武堡人。援例授布政司經歷,富而好義。堡有豐樂渠,農田藉資水利。逢春漲,多被沙淤,堡人無力捐修。偉獨力作閘,以資疏瀹,名曰"慶豐閘"。至今渠水暢流,共樂其利。堡人泐石以紀其義。【《續中衛志》卷六《獻徵表·孝義》】

列女

鄭貞女,非婦也,人稱"張節婦",從女志也。女父鄭金,閩人,於康熙間仕爲寧夏都司。監生張鵬羽者,宦家子,少有才名。先娶朱氏,生一子,卒。聞鄭女賢,遂委禽焉。未御輪,鵬羽以疾亡。貞女時年一十有八,聞訃涕泣,易服欲往就喪次,父母不可。女飲泣不食,不得已,乃聽其往,因囑之曰:"爾無往吊之禮,往,權也,宜速歸,毋久留。"女登車不應。張氏家聞女來,皆驚異之。女入門,披帷撫棺,哀慟欲絶。良久,向女使索衰絰。時鵬羽父先卒,柩在中堂。女麻衣腰絰出,先拜其公之柩,次拜夫柩,入拜其姑,淚下輒涔涔不止。見者無少長皆爲之哭。鄭氏數使趨歸,往來於道,終不應。先是,女夢鵬羽至鄭家,捧一紗,若付託者。至是,呼前氏所生子振元至,五歲矣。問其乳名,曰"紗哥"。女因低徊心念曰:"冥冥之中相託,其謂是乎。且既已許身於人,而又默受其託,何可負也。"自此,遂爲張氏婦。節婦貞靜,寡言笑,雖戚里罕見其面。諸弟子姪皆授室,處之怡怡,即有拂意,茹之而已。撫安振元如己出,教養備至。振元舉武鄉試,英特,可望大成。節婦守志今已二十五年,年四十餘,髮星星矣。題旌有待。教授劉追儉扁其堂曰"抱樸完真"。[14]張,故寧夏人,今家現居中衛二十年。振元又入中衛庠,故志得備書焉。

---

① 參見《周易·大畜》。

烈婦

凌氏，萬曆間生員蘇民望妻。性柔婉，能孝於姑。姑病失明，旦夕扶掖不少倦，聞姑聲即置兒前。佐夫讀書，每篝燈達曙。民望病革，語氏自爲計，氏即以死許之。民望故，氏即引刀自裁。家人趨奪其刀，氏遂不食。越日，家人悉寢，乃自經而死。時年二十二歲，遺子方四歲矣。事聞，建坊旌表。

孫氏，延安府知府孫川之女，爲正紅旗漢軍武進士侍衛任石空寺守備教允文之繼妻。適夫甫及一載，於雍正元年三月，夫亡，矢志殉。越月，即自盡於柩旁。臨殮，懷中有詩三首，載《藝文》。① 經前衛守備陳紀、改設知縣嚴禹沛據士民公呈，詳題旌表。

計氏，知縣擢升知府魏相臣之妻。相臣宰湖北應山縣，署房篆，氏隨之。嘉慶丙辰二月二十日，②賊圍房縣城，氏率婢女製大彈鉛丸爲禦寇具，且告相臣曰："滿城生靈托命於君，須盡力守禦，勿以室家爲念。"及二十四夜，訛傳城陷，氏自縊死。時氏母蕭氏無子，就養於氏，亦自縊死。氏與相臣合傳，載《藝文》。③

廉氏，儒童張慶雲之妻，夫亡自殉。

高氏，武舉郭世寧之妻，年二十一歲，夫亡，不食而死。【《續中衛志》卷六《獻徵表·烈婦》】

節孝[15]

巾幗之能節，猶丈夫之能忠也。節而孝，尤女子之能明大義者。我朝所以有旌揚之典，給帑建坊，建祠以祀，有定例焉。中邑城鄉採訪、舉報節孝，多有年歲不符請登志乘者，元吉不汰其誤，亦欲勵末俗而振女宗。惟窮鄉僻壤，一意孤行，其節磨滅不彰，將何以發潛德而闡幽光哉。鄭元吉記。【《續中衛志》卷六《獻徵表》】

陳氏，參將种興之妾。景泰間，[16]興没於陣，陳自縊。

耿氏，萬曆間指揮黃稚冲妻。夫亡，氏年十八歲，於葬夫時，令預修雙穴，人皆訝之，以其幼無所出也。後苦節至七十餘歲，卒歸同穴。巡撫表其門曰"節可維風"。

周氏，永康堡民徐科妻。無子，勸夫納二妾。夫亡，妾張氏子四歲，何氏子甫一歲。周待二妾如姊妹，視二子若己出，一門三節，扶子成立。司馬張公羽翀表

---

① 參見本志卷十《藝文編·銘詩》載《皇清孫烈婦詩》。
② 嘉慶丙辰：嘉慶元年(1796)。
③ 參見《續中衛志》卷十《藝文編·傳》載王正常撰《魏蓋宣傳》。

其門。

張氏,萬曆間侯儀妻,永康人。夫故,茹苦飲冰,四十餘年。

谷氏,本衛人,適趙。夫亡,時氏未三十。甘貧訓子,持家嚴整。長子邦瑜,見《人物》。①

張氏,本衛人,平洛妻。奉旨旌表。

劉氏,寧安堡井田妻,年二十八歲守。子體仁早亡,同婦張氏撫其孫。司馬張公羽翀表其門曰"雙節燕貽"。

朱氏,寧安堡生員馬逢禹妻。夫亡,氏年二十歲,遺子一歲。張公羽翀表其門。

蕭氏,新寧安堡人,甘貧守志。寧夏道劉公表其門。

雍氏,應襲李先陛妻。年二十四歲食貧守節,子國棟入庠。

安氏,衛庠生員甯繼武妻。夫亡,時氏二十三歲,志潔行苦,教子成名。

韓氏,衛庠生員焦增佑妻。年二十七歲,夫亡,晝夜操作四十餘年。子體仁有聲庠校。

黃氏,寧安堡生員靳子英妻。年二十六歲,夫亡,清操自矢,義方教撫子孫。

陳氏,蔣亨之妻。亨於順治七年從軍,帶傷病故。氏年二十六歲,守節五十一年,教子有成。康熙二十三年,同知王公維楫表其門曰"節堪風世"。

劉氏,乾隆間羅峯翰之妻,守節三十七年。

宋氏,故民王之韜妻,守節四十三年。

張氏,陣亡兵丁宋朝正之妻,守節二十七年。

何氏,故民王秉聰之妻,苦節三十年。

黃氏,民張奉奇之妻,守節三十三年。

劉氏,民劉朝重之妻,守節五十四年。

尚氏,武生周三濂之妻,苦節三十一年。

馬氏,民劉復起之妻,苦節四十六年。

李氏,武生張前易之妻,苦節二十五年。

王氏,民于秉璧之妻,苦節三十五年。

張氏,民黎欽之妻,守節三十六年。

魏氏,民劉朝賓之妻,守節三十二年。

巫氏,民史祥麟之妻,守節三十二年。

羅氏,武舉馮復駿之妻,守節三十一年。

---

① 參見本志卷六《獻徵表·人物》載"趙邦瑜"條。

劉氏,民周廷儒之妻,守節三十三年。

王氏,民朱紳先之妻,守節四十五年。

張氏,兵汪思孝之妻,守節三十二年。

李氏,兵李彬妻。彬陣亡,氏年二十歲,子謀四歲。針指度日,上事祖翁,下育嬰兒,四十年清操自矢。子謀入伍登仕。

苗氏,生員汪瑜之母。壯歲守節。及没,貢生李若樾輓以詩云:"貞心誓不讓清霜,博得鄉評月旦長。十九年來辛苦事,一棺雖冷尚餘香。"

李氏,知縣王肇基之祖母。守節五十四年,終以孫貴,贈孺人。

芮氏,民王世業之妻。夫歿,氏年二十一歲,孝姑撫子。卒,鄉里輓之曰"節孝遺芳"。

任氏,城南莊吳秀之母。夫没,婦年二十七歲,撫成二子。守節五十年。

方氏,棗園人,已故守備陸治畿妻,生員陸嵩之母。事八十衰姑克孝,躬嘗湯藥,侍疾不倦,里黨稱之。

王氏,棗園人,已故生員黎錕之繼室。青年守節,女紅自給,撫育孤兒,至今年已七十矣。

陳氏,本城人,已故儒童劉若湧之妻。夫歿年,年二十四歲,遺二子,苦節五十餘年。

顧氏,柔遠堡民張漢相之妻,夫亡,遺子三歲,教育成立,苦節三十一年。

黃氏、張氏。黃氏,宣和雍念孔之妻,夫亡,氏年二十七歲,守節五十三年,今年八十歲。子田膏,媳張氏。夫没,氏年二十五歲,至今守節三十二年。姑媳雙節,垂白一堂,里人咸欽慕焉。

焦氏,武生劉擢妻。夫亡,氏年二十歲,撫育嗣子,守志三十年。

劉氏,儒童沈浚妻,焦氏夫弟也。年二十八歲,沈亡,與嫂焦同誓志守節,至今三十九年。

萬氏,吏員利如湧之母。夫亡,氏年甫二十七,備歷艱苦,勵志教家子孫,三世一堂,壽登九十餘歲。

周氏,棗園民胡忠妻,老民繼瑷之母。幼年喪夫,食貧守志,撫子成立,鄉里人咸重其節。

李氏,棗園民門鴻善之妻。年二十六,夫亡。薄田數畝,撫育遺子,備嘗艱辛,守節至今三十三年。

李氏,生員郭瑋及玕、煥、武舉瑩之母。孝義性成,舅姑久病,一切湯藥服食,靡不躬為營致,歷十餘年不倦。產育十男,夫郭一英早逝,內訓嚴明,皆立業成名。長子璽,亦以孝弟著於里閈,能承母訓,率諸弟耕讀起家,時論稱之附。

孫氏，本城人，已故民王永泰之妻。夫殁，婦年二十八歲，遺二子，俱在襁褓。氏甘茹冰糵，撫育成立，守節三十年。

　　施氏，生員王寶之母，守節三十餘年。

　　陳氏，武生馬紹先之妻。年二十六歲，夫亡，計守節四十餘年。奉旨旌表建坊。子飛雲有聲庠序。孫四人，俱繼起書香。

　　孫氏，民人范臣先之妻。二十七歲，夫亡，計守節六十餘年。奉旨旌表建坊。子登元，體氏志，課子讀書。孫允升登賢書，出仕廣文，人以爲節孝之報。

　　王氏，王思周之妻。二十一歲，夫亡，計守節五十餘年。奉旨旌表建坊。

　　羅氏，張志温之妻。年二十歲，夫亡，計守節五十餘年。奉旨旌表建坊。氏事翁姑極孝，撫孤子坦成立。坦，道光辛巳恩貢生。① 坦體母志，捐創文社，置田五十畝，爲鄉會斧賷。此母此子，石空堡人傳誦之。

　　王氏，監生白存性之妻。二十四歲，夫亡，計守節三十餘年。奉旨旌表建坊。

　　劉氏，民人白存真之妻。二十一歲，夫亡，計守節三十餘年。奉旨旌表建坊。

　　李氏，民人劉登仕之妻。十九歲，夫亡，計守節三十餘年。奉旨旌表建坊。

　　蘇氏，提督梁朝桂之副室。二十七歲，夫亡。奉旨旌表建坊。

　　俞氏，民人張開科之妻。二十八歲，夫亡，計守節四十餘年。奉旨旌表建坊。

　　楊氏，儒童侯克敬之妻。年十九歲，夫亡，計守節四十餘年。事翁姑極孝，課子持家，恭儉慈惠，人争頌之。

　　孟氏，武童張士秀之妻。十九歲，夫亡，計守節五十餘年。奉旨旌表建坊。

　　麥氏，武生楊楷之妻。二十歲，夫亡，計守節五十餘年。奉旨旌表建坊。

　　楊氏，吏員張聖德之妻。二十八歲，夫亡，計守節五十餘年。奉旨旌表建坊。

　　許氏，民人徐伏熊之妻。二十九歲，夫亡，計守節五十餘年。詳請旌表。

　　柳氏，蔣成材之妻。年三十，夫亡，撫孤承緒，依舅氏以居十餘年。承緒體母志，能成立。計守節四十餘年，壽越古稀。舉人周鑑撰文以頌。

　　史氏，柳東賜之妻。夫病危，氏刲臂肉和藥以進，夫卒不起。守節四十餘年，撫孤成立。奉旨旌表。見周鑑撰柳氏文。附記。

　　廉氏，陣亡兵丁白進科之妻。年二十八歲，夫亡，遺三子俱弱齡，氏撫之成立。長尚忠，習儒業。次尚志，由武庠從營，曾任外委。三尚德，蜚聲庠序，工舉子業。不料三子先後殂謝，氏撫諸孫如子，各自振拔。享壽八十四歲。天鑒其節，故綿其壽云。

　　陳氏，崔鍾連之妻。年二十四歲，夫亡，教子成立，守節四十三年。

　　李氏，雍作貴之妻。年二十八歲，夫亡，守節四十二年。

　　王氏，郭永祥之妻。年二十七歲，夫亡。孝事翁姑，課子成立，守節三十七年。

　　黄氏，蔡鈞之妻。守節三十年。

　　曹氏，李芳之妻。年二十七歲，守節三十八年。

---

① 道光辛巳：道光元年（1821）。

陳氏,生員房廷賓之妻。守節三十年。

張氏,馮思恭之妻。守節三十九年。

王氏,周曰文之妻。守節三十四年。

莊氏,陶純一之妻。二十八歲,夫亡,守節六十年。

郭氏,王芝之妻。二十九歲,夫亡,守節四十餘年。

張氏,監生孟鴻道之妻。三十五歲,夫亡,守節五十年。

葛氏,訾進德之妻。二十八歲,夫亡,守節五十餘年。

范氏,孟擇居之妻。二十八歲,夫亡,守節三十餘年。

王氏,章寶聖之妻。二十六歲,夫亡,守節五十餘年。

訾氏,生員祝永慶之妻。二十三歲,夫亡,守節三十餘年。

馬氏,林天澤之妻。二十八歲,夫亡,守節四十餘年。里人額其堂曰"節泊松筠"。

李氏,孫政之妻。守節二十八年。

馮氏,王必正之妻。守節三十二年。子國順早亡,媳張氏守節。里人頌以"雙節可風"。

賀氏,柴茂之妻。苦節三十二年。

陳氏,劉應舉之妻。苦節二十九年。

張氏,王登第之妻。二十九歲,夫亡。謹儉持家,辟纑課子,守節五十餘年。

胡氏,王金貴之妻。二十八歲,夫亡,守節四十年。

蔣氏,李占魁之妻。二十七歲,夫亡。事翁極孝,訓子課孫,母而兼師。孫太峯,蜚聲庠序,[17]人以爲節孝之報。

張氏,李獻堂妻。蔣氏媳,亦守節。

宋氏,吏員馬棟之妻。守節三十四年。

蔡氏,劉登第之妻。年二十五歲,夫亡。撫姪文舉爲後,克振家聲。孫仲向,氏督課入庠。曾孫鎔,亦英年入泮。享壽八旬,同堂四世,里黨賢之。

王氏,劉士奇之妻。年二十二歲,夫亡。孕遺腹子宗漢,撫之成立,苦節五十餘年。

馬氏,廩生張志洵之妻。年二十八歲,夫亡,守節四十餘年,端坐而逝。

劉氏,生員葉沛興之妻。年二十一歲,夫亡,子發春才二齡,撫之成立,守節四十餘年,精神尚健。

王氏,李仲英之妻。年二十六歲,夫亡,撫孤以全夫志,苦節四十年。

田氏,周之溥妻。年二十三歲,夫亡。重慶在堂,孀母守志,氏侍奉兩代,愉色婉容。晨無間尤,勤於紡織,篝燈課子,撫孤姪如自己出,議昏成室,皆氏維持之力。

張氏,通判梁登雲之妻。年二十八歲,夫亡。子生華,食廩餼生,獄營千總。守節三十年。

白氏,劉潤之妻。年二十六歲,夫亡,守節四十八年。

袁氏,廩生傅玉成之妻。二十九歲,夫亡,守節三十八年。

劉氏,吳伯倉之妻。年二十八歲,夫亡。孝事姑嫜,撫養二子,俱各成立。年越古稀,一堂四世。里人有"志堅金石"之頌。

張氏,趙君許之妻。年二十七歲,夫亡,守節四十餘年。

史氏,張寶之妻。年二十五歲,夫亡,守節五十餘年。

邵氏,王位顯之妻。年二十五歲,夫亡。課督其子名魁與夫弟允謙,先後入庠。

陳氏,周星蘭之妻,萬善之母。年二十三歲,夫亡,守節五十餘年。

馬氏,張金德之妻,國標之母。年二十六歲,夫亡,守節四十餘年。

李氏,王士醇之妻,溶之母。年二十二歲,夫亡,守節四十年。

金氏,張天柱之妻,金魁之母。年二十九歲,夫亡,守節四十餘年。

劉氏,馬建福之妻。年二十四歲,夫亡,食貧守節,孝慈交盡,守節三十餘年。

張氏,庠生王升之妻。守節五十六年。

邱氏,儒童李生機之妻。年十九歲,夫亡,守節四十餘年。

田氏,張登會之妻,庠生希孟之母。苦節四十餘年。

王氏,庠生郭維屏之妻。守節六十四年。

蕭氏,田真之妻。年二十七歲,夫亡,姑邁子雛,家貧難資事畜。有人勸氏改節者,惟嗚咽不能答。甘貧奉姑,撫子成立,苦節四十七年。

高氏,庠生邱捷科之妻。守節四十六年。

孫氏,田懷瑾之妻。守節五十年。

許氏,袁士謨之妻。年二十六歲,夫亡,撫子來鳳成立,入成均。守節四十四年。

吳氏,生員徐鈞之妻。苦節三十餘年。

李氏,馮時年之妻。年二十八歲,夫亡,守節四十餘年。

劉氏,房連之妻,房殿元之母。年二十九歲,夫亡,守節四十餘年。

張氏,楊萬春之妻。年二十一歲,夫亡,時翁姑年邁,子映池僅一齡。氏體夫志,仰事俯畜,克孝克慈。家雖貧乏,能量以濟孤貧,宗族鄉黨卜其後必昌大。未幾,映池甫二十二歲,亦謝世。氏復教養幼孫潤,能期成立。兩世遺孤,賴氏扶持之力。里人額其堂曰"南國徽音"。

趙氏,原任廣東高州府經歷陳獻書之妻,監生陳常之母。二十八歲,夫亡,守節四十二年,現年七十歲。奉旨旌表建坊。

尹氏,監生門三元之妻,監生門祥興之母。十九歲,夫亡,計守節五十餘年。奉旨旌表建坊。【《續中衛志》卷六《獻徵表·節孝》】

節婦史金花傳

絳州從九品梁登甲妾者,甘肅中衛縣恩和堡史發生之女也,名金花。其七世祖紹畢,[18] 康熙甲子科武舉人。①紹畢生祥麟,祥麟早卒,妻巫氏守節,乾隆十二年奉旨旌表,事載縣志。②金花生一歲,家貧不能育,賣與同縣李姓爲女。年十歲時,夜半覺其義母有淫行,愧憤起,投井,以救不死。其義祖母改嫁他姓,與對門居,慮有他變而携撫焉。自此,夜隨義祖母寢,朝仍往母所,事之惟謹。年十五,欲鬻之娼,以死守。年十六,梁賈於中衛,買妾供紙澣,金

---

① 康熙甲子:康熙二十三年(1684)。
② 參見本志、《續中衛志》卷六《獻徵表·節孝》載"巫氏"條。

花歸焉。以有所歸，心甚喜。逾歲，梁病歿，内外家屢勸之嫁，或且迫之。痛哭誓死請歸事梁之父母及其嫡妻，目以失明。其明年，梁喪歸，適病不得從，旋卒，時年十八，道光二十八年也。其家迎喪歸絳州葬，邑人傳焉。

贊曰：世教衰而節義顯，《柏舟》之登於《詩》，烈女之傳於史，非皆以風耶。顧教之不興，第取一二卓絕之行表章之，以爲衆勸其盡從之，否耶？若金花寒微幼穉，至於貞淫之界，瞭然確然，雖死不奪，此其性有獨厚者，不可不表。然使世之主風化者知所以教，又鰥寡孤獨老疾者使皆有所養，則中人之資，皆將保其性之所固有，勉於善而不自知，即其性之獨厚者。雖與衆人同處於庸行之中，而性分之全亦更因而愈盡，不亦盛世之風乎？不然，上智少而中人多，一人以貞傳而其轉移沉溺於穢濁之中不能以自返者，不知其幾矣。嗚呼，是誰之責歟？

道光戊申八月望日，①中衛縣知縣侯官楊維屏撰。【《續中衛志》卷六《獻徵表·節孝》】

流寓

胡官升，洪武間謫中衛，頗工吟作。

佟子見，北幽人，以貢士爲留守參軍。鼎革後，居中衛，以詩文自娛，教授後學，多所成就。

方技

楊有德，庠生，精醫業，以術活多人。邑人至今稱之。

康繩周，任後衛教授，精風鑑。順治十八年，寧夏巡撫薦至京，視皇陵有功，賜銀幣，授欽天監博士。

【校勘記】

[1] 獻徵表：《續中衛志》卷六《獻徵表》作"獻徵考"。
[2] 武鄉縣：《續中衛志》卷六《獻徵表·人物》作"山西武鄉縣"。
[3] 周于人：原作"周於人"，據本志《建置考》卷二《文廟》、《選舉表》卷七《鄉貢》、《藝文編》卷九《重修中衛學碑記》改。
[4] 己酉：原作"乙酉"，據《明清進士題名碑録》改。"己酉"，乾隆五十四年(1789)。
[5] 數十人：《乾隆甘志》卷三七《忠節·寧夏府》作"十餘人"。
[6] 刃其項：《續中衛志》卷六《獻徵表·忠節》作"碎其屍"。
[7] 錢柏：《續中衛志》卷六《獻徵表·忠節》作"錢柏"。

---

① 道光戊申：道光二十八年(1848)。

[8] 黃儒煥:《乾隆甘志》卷三七《忠節·寧夏府》作"黃儒熯"。
[9] 劫殺:《續中衛志》卷六《獻徵表·忠節》作"劫役"。
[10] 奮勇獨戰:《續中衛志》卷六《獻徵表·忠節》作"奮勇獨前"。
[11] 琳:《乾隆甘志》卷三七《忠節·寧夏府》作"淋"。
[12] 價:《續中衛志》卷六《獻徵表·孝義》作"償"。
[13] 其門:《續中衛志》卷六《獻徵表·孝義》無此二字。
[14] 樸:《續中衛志》卷六《獻徵表·列女》作"璞"。
[15] 節孝:本志及《續中衛志》刻本版心均作"節婦"。
[16] 景泰間:《明英宗實録》卷二七七載,天順元年(1457)四月乙卯,寧夏左參將都指揮使种興中流矢卒。
[17] 庠序:原作"詳序",據文意改。
[18] 紹畢:原作"紹筆",據本志卷七《選舉表·科甲·武舉》、《續中衛志》卷七《選舉表·科甲·武舉》改。下同。

選舉表卷之七

　　《周禮》"以鄉三物教萬民而賓興之",①即《王制》亦載論秀書升之法。至漢唐,則有孝弟力田、茂才異等、方正賢良、身言書判等科。迄有明以來,育才取仕之途,參配古今,立法益備。我國家培養深厚,鄉會屢增解額,廣闢賢路。中雖邊邑,科第今盛於前代。其由鷹揚虎賁奮跡功名者,尤接踵而起。是可任將來之人往風微者,姓氏剝落於斷簡殘牘矣乎?用備採而悉錄之,以彰歷代作人之典,而昭聖朝之化洽邊隅焉。作《選舉表》。[1]

〔科甲〕

舉人

明

宋文鑒,嘉靖壬午科,②廣武人。

皇清

高巍,康熙壬午科,③廣武人。

劉得炯,雍正甲辰科,④朝邑縣教諭。

馮飛雲,甲辰科,新鄭縣知縣。中衛鄉科中式始此。

張士琮、楊士美,俱雍正壬子科。⑤

劉占鰲,乾隆戊午科,⑥乾州學正。

萬錦雯,甲子科。⑦

張淳,丙子科。⑧

---

① 參見《周禮·大司徒》。
② 嘉靖壬午:嘉靖元年(1522)。
③ 康熙壬午:康熙四十一年(1705)。(原文如此)
④ 雍正甲辰:雍正二年(1724)。
⑤ 雍正壬子:雍正十年(1732)。
⑥ 乾隆戊午:乾隆三年(1738)。
⑦ 甲子:乾隆九年(1744)。
⑧ 丙子:乾隆二十一年(1756)。

張經世，庚辰科。①
楊掄，壬午科。②
周維藩，甲午科。③
張志濂，庚子科。④
張建業，癸卯科。⑤
金莊，丙午科。⑥
方向榮，嘉慶辛酉科。⑦
馬騰霄，丁卯科。⑧
范允升，丙子科。⑨
光有耀，己卯科。⑩
周鑑，道光壬午科。⑪
俞恒豫，乙酉科。⑫
蓋奇文，壬辰科。⑬
王贊襄，丁酉科。⑭【《續中衛志》卷七《選舉表·舉人》】
探花孫掄元，嘉慶乙丑科。⑮【《續中衛志》卷七《選舉表·探花》】

進士[2]

王肇基，乾隆己未科，⑯歷任魯山、南陽知縣。乙卯科舉人。⑰ 庚午河南同考官。⑱

劉霖，得炯子，己未科。歷任興化、寶山知縣。丙辰科舉人。⑲ 中衛縣進士開科始此。

---

① 庚辰：乾隆二十五年(1760)。
② 壬午：乾隆二十七年(1762)。
③ 甲午：乾隆三十九年(1774)。
④ 庚子：乾隆四十五年(1780)。
⑤ 癸卯：乾隆四十八年(1783)。
⑥ 丙午：乾隆五十一年(1786)。
⑦ 嘉慶辛酉：嘉慶六年(1801)。
⑧ 丁卯：嘉慶十二年(1807)。
⑨ 丙子：嘉慶二十一年(1816)。
⑩ 己卯：嘉慶二十四年(1819)。
⑪ 道光壬午：道光二年(1822)。
⑫ 乙酉：道光五年(1825)。
⑬ 壬辰：道光十二年(1832)。
⑭ 丁酉：道光十七年(1837)。
⑮ 嘉慶乙丑：嘉慶十年(1805)。
⑯ 乾隆己未：乾隆四年(1739)。
⑰ 乙卯：雍正十三年(1735)。
⑱ 庚午：乾隆十五年(1750)。
⑲ 丙辰：乾隆元年(1736)。

羅全詩，如倫子，壬申科。① 甲子科舉人。②
楊掄，乾隆癸未科。③
張志濂，乙酉科。④【《續中衛志》卷七《選舉表·科甲·進士》】

武舉

明

馮中立，嘉靖。
朱樓，萬曆。

皇清

孫之璽，康熙癸卯科。⑤
馬國重，丙午科。⑥
馮鼎建，壬子科。⑦
狄世傑，壬子科，山東河標遊擊。
賀爾熾，乙卯科，⑧湖廣都司。
黎宗堯，辛酉科。⑨
李起鳳，辛酉科，杭州衛衛守備。
史紹畢，甲子科。⑩
黃宅中，丙子科。⑪
俞汝欽，己卯科，⑫益謨子。[3]
陸治畿，乙酉科，花馬池千總。
馮復駿，乙酉科。
狄經邦，戊子科，⑬涼州營遊擊。
史文彬，辛卯科。⑭

---

① 壬申：乾隆十七年(1752)。
② 甲子：乾隆九年(1744)。
③ 乾隆癸未：乾隆二十八年(1763)。
④ 乙酉：乾隆三十年(1765)。
⑤ 康熙癸卯：康熙二年(1663)。
⑥ 康熙丙午：康熙五年(1666)。
⑦ 壬子：康熙十一年(1672)。
⑧ 乙卯：康熙十四年(1675)。
⑨ 辛酉：康熙二十年(1681)。
⑩ 甲子：康熙二十三年(1684)。
⑪ 丙子：康熙三十五年(1696)。
⑫ 己卯：康熙三十八年(1699)。
⑬ 戊子：康熙四十七年(1708)。
⑭ 辛卯：康熙五十年(1711)。

張星昭、關河固，俱辛卯科。
張振元，癸巳科，①蘇州衛千總。
趙士勛，[4]丁酉科。②
于三壽，丁酉科，雲南永順鎮都司。
張騰龍，庚子科。③
蔣前烈，庚子科，浙江天台衛千總。
郭方泰、郭永泰，俱癸卯科。④
焦騰鶤，雍正癸卯科，鎮江衛守備。
萬史標、王業程，俱甲辰科。⑤
馬紀統、羅一倫，俱丙午科。⑥
楊濟民，丙午科，徐州衛千總。
劉應時，壬子科，⑦磁州營都司。
趙維屏、張建邦，俱乾隆戊午科。⑧
胡大勇、王祚洪，俱辛酉科。⑨
朱良輔、張寧國，俱甲子科。⑩
姬元周，甲子科，固原營千總。
王顯，庚午科。⑪
楊桐、李光斗、俞先資，俱壬申科。⑫
史大畧，癸酉科。⑬
吳書傳、周守璽，俱丙子科。⑭
俞良資、狄壯志、張鵬程、羅全威，俱己卯科。⑮

---

① 癸巳：康熙五十二年(1713)。
② 丁酉：康熙五十六年(1717)。
③ 庚子：康熙五十九年(1720)。
④ 癸卯：雍正元年(1723)。
⑤ 甲辰：雍正二年(1724)。
⑥ 丙午：雍正四年(1726)。
⑦ 壬子：雍正十年(1732)。
⑧ 戊午：乾隆三年(1738)。
⑨ 辛酉：乾隆六年(1741)。
⑩ 甲子：乾隆九年(1744)。
⑪ 庚午：乾隆十五年(1750)。
⑫ 壬申：乾隆十七年(1752)。
⑬ 癸酉：乾隆十八年(1753)。
⑭ 丙子：乾隆二十一年(1756)。
⑮ 己卯：乾隆二十四年(1759)。

趙翔鳳、房廷秀、郭瑩，俱庚辰科。①
范起鳳、陳萬年，俱乙酉科。②
李文明，戊子科。③
常生麒，庚寅科。④
房廷瑛，辛卯科。⑤
羅全亮、王世昌，俱甲午科。⑥
狄繩武，丁酉科。⑦
田種璧、王騰鳳，俱己亥科。⑧
趙現麟，庚子科解元。⑨ 固原營守備。
萬士奇，庚子科。
房步瀛、俞達，俱癸卯科。⑩
王仁溥、劉永安，俱丙午科。⑪
聶象書，戊申科。⑫
魏朝臣，己酉科。⑬
趙石麟，己酉科。沙州營把總。
何占魁，乙卯科。⑭
孫掄元、狄良佐，俱嘉慶戊午科。⑮
郭御中，本營把總。
殷良柱、張兆麟、郭士寧，俱庚申科。⑯
單飛鵬，辛酉科。⑰
張殿魁，丁卯科。⑱

---

① 庚辰：乾隆二十五年(1760)。
② 乙酉：乾隆三十年(1765)。
③ 戊子：乾隆三十三年(1768)。
④ 庚寅：乾隆三十五年(1770)。
⑤ 辛卯：乾隆三十六年(1771)。
⑥ 甲午：乾隆三十九年(1774)。
⑦ 丁酉：乾隆四十二年(1777)。
⑧ 己亥：乾隆四十四年(1779)。
⑨ 庚子：乾隆四十五年(1780)。
⑩ 癸卯：乾隆四十八年(1783)。
⑪ 丙午：乾隆五十一年(1786)。
⑫ 戊申：乾隆五十三年(1788)。
⑬ 己酉：乾隆五十四年(1789)。
⑭ 乙卯：乾隆六十年(1795)。
⑮ 嘉慶戊午：嘉慶三年(1789)。
⑯ 庚申：嘉慶五年(1800)。
⑰ 辛酉：嘉慶六年(1801)
⑱ 丁卯：嘉慶十二年(1807)。

梁登瀛,丙子科。①

張暎鵬、沈朝宗,俱丙子科。

梁騰雲、吕元龍,俱戊寅科。②

張錦標、吕元佐、劉江,俱己卯科。③

劉登科、李永慶,俱道光辛巳科。④

毛鶴鳴,壬午科。⑤

劉忠、李榮光、王定渭、季永忠,俱乙酉科。⑥

李元臣,解元。

陳連元、陳玉麒、張立本、陳仲孝、梁生嶽、張玉鼎,俱辛卯科。⑦

董際盛、朱化龍、馬成龍,俱壬辰科。⑧

于仕、劉耀先,俱丁酉科。⑨【《續中衛志》卷七《選舉表·武舉》】

〔武〕進士[5]

俞益謨,康熙癸丑科,⑩湖廣提督。見《人物》。⑪

張思詠,癸巳科,⑫侍衛,泰州遊擊。經世父。

何鼎臣,癸巳科,大同遊擊。

郝定國,庚子科,⑬嘉峪關守備。

焦騰高,雍正丁未科,⑭侍衛,貴州參將。

李瀚清,丁巳科,侍衛,蘇州府參將。

李奇標,丁丑科。⑮ 瀚清子。

田禮,丁丑科,簡用守備。

魏朝臣,乾隆庚戌科。⑯【《續中衛志》卷七《選舉表·進士》】

---

① 丙子:嘉慶二十一年(1816)。
② 戊寅:嘉慶二十三年(1818)。
③ 己卯:嘉慶二十四年(1819)。
④ 道光辛巳:道光元年(1821)。
⑤ 壬午:道光二年(1822)。
⑥ 乙酉:道光五年(1825)。
⑦ 辛卯:道光十一年(1831)。
⑧ 壬辰:道光十二年(1832)。
⑨ 丁酉:道光十七年(1837)。
⑩ 康熙癸丑:康熙十二年(1673)。
⑪ 參見本志卷六《獻徵表·人物》載"俞益謨"條。以下載"見《人物》"者,俱參見本志卷六《獻徵表·人物》相應條目。
⑫ 癸巳:康熙五十二年(1713)。
⑬ 庚子:康熙五十九年(1720)。
⑭ 雍正丁未:雍正五年(1727)。
⑮ 丁丑:乾隆二十二年(1757)。
⑯ 乾隆庚戌:乾隆五十五年(1790)。

鄉貢

明

梁鑄,石州吏目。
黃宇。
葉慶。
高春。
盧英。
許鑑,檢校。
宋鑑。
焦瓛,照磨。[6]
艾昊。
張通。
趙昊。
康崇義,衛輝經歷。
王蟠。
梁材。
莫自棄。
史冕。
史載道。
馬成麟,博士。
何泰。
胡玫。
郭恩。
劉極,新安博。
芮景陽,石樓博。
張守矩。
以上俱成化間。
包翼,湖廣吏目。
路通,新安知事。
江宥。
張昂。

潘洪,檢校。
曾序。
趙經,山東縣丞。
史鋭。
柳棟。
以上俱弘治間。
黃洽。
嚴雄,元氏丞。
鄒潤,順德經歷。
馬浩,襄縣丞。
黃讚。
金璽。
平寶,山西永寧丞。[7]
賀章。
黃鈇,鄠都簿。
王漢,鹿邑簿。
以上俱正德間。
李本,崞縣知縣。見《人物》。[8]
陶英,東明簿。
黃載,新鄉簿。
顔玉,遼東苑馬寺監正。
包羽。
沈綸,郯城知縣。
汪潮,沭陽丞。見《人物》。
賈宣。
楊鳳,犍爲簿。
章表,蘭州經歷。
孫希哲,猗氏簿。
陳仲賢,四川檢校。
以上俱嘉靖間。
趙敏功,鰲㢈簿。
嚴詔,紀善。見《人物》。
王勛。

劉天壽,慶陽簿。
以上俱隆慶間。
馮繪,安定簿。
李坤。
陳汝霖。
吳國棟。
周于人,青州通判。見《人物》。
黃元會,武鄉知縣。見《人物》。
黃椀,紀善。
方能謙,教諭。
陳大典,知縣。
汪一科,教授。
張蒙正,教諭。
徐大海,縣丞。
黎守仁,翼城簿。
柳本正,教諭。
陳萬言。
呂大用。
劉得政,蒲縣知縣。見《人物》。
李盈郊,通判。見《人物》。
焦濂,訓導。
焦浴,河東道。
李彥。
黃籍,渠縣知縣。見《人物》。
尹鴻志,四川學正。見《人物》。
王問政。
柳騰芳,濰縣簿。
胡明化。
雍締,懷仁知縣。見《人物》。
方汝臣。
李郭,猗氏訓導。
魏都。
韓啟元。

詹文運，靈州學正。

趙邦瑜，祥符丞。見《人物》。

常學禮。

利萬鍾，

以上俱天、崇間。①

皇清

張俊傑，順治二年乙酉恩貢。[9]

魏君寶，乙酉。

楊天植，庚戌，[10]永康人，學行謹飭。香山寇亂，督率衆保全堡垣功，協、廳並旌其門里。

汪耀，丙戌。②

靳可教，戊子恩貢，③内黄縣丞。見《人物》。

郝良桐，庚戌拔貢，[11]定海知縣。見《人物》。

安中夏，辛卯，④醴泉訓導。

仲魁芳，壬辰，⑤吳堡訓導。

焦增禧，己亥。⑥

馬上選，康熙甲辰。⑦

雍班，壬子恩貢，⑧淳化教諭。[12]

劉正美，甲寅，⑨蒲縣知縣。見《人物》。

蔣道登，丙辰。⑩

蔣道興，戊午。⑪

劉得仕，庚申。⑫

---

① 天崇：分別指明熹宗朱由校"天啟"年號、毅宗朱由檢"崇禎"年號。
② 丙戌：順治三年(1646)。
③ 戊子：順治五年(1648)。
④ 辛卯：順治八年(1651)。
⑤ 壬辰：順治九年(1652)。
⑥ 己亥：順治十六年(1659)。
⑦ 康熙甲辰：康熙三年(1664)。
⑧ 壬子：康熙十一年(1672)。
⑨ 甲寅：康熙十三年(1674)。
⑩ 丙辰：康熙十五年(1676)。
⑪ 戊午：康熙十七年(1678)。
⑫ 庚申：康熙十九年(1680)。

方振猷，辛酉副榜，①通渭訓導。
郝占魁，壬午，[13]山陽訓導。
俞祉，甲子。②
劉開祚，丙寅恩貢。③
白聯芳，丙寅。
于秉乾，戊辰。④
牛星燦，庚午。⑤
張名鼎，壬申。⑥
張彩，甲戌。⑦
朱自立，丙子。⑧
萬民喆，丁丑。⑨
方茂猷，戊寅。⑩
張修，庚辰。⑪
萬民悦，壬午。⑫
曹璉，甲申。⑬
祝文燦，乙酉副榜，⑭濟寧州判。
李若樴，丙戌，⑮博文能詩。
于秉和，戊子恩貢。⑯
王文耀，戊子。
張我抱，庚寅。⑰
劉良，庚辰，[14]平利縣訓導，鄉飲賓。

---

① 辛酉：康熙二十年(1681)。
② 甲子：康熙二十三年(1684)。
③ 丙寅：康熙二十五年(1686)。
④ 戊辰：康熙二十七年(1688)。
⑤ 庚午：康熙二十九年(1690)。
⑥ 壬申：康熙三十一年(1692)。
⑦ 甲戌：康熙三十三年(1694)。
⑧ 丙子：康熙三十五年(1696)。
⑨ 丁丑：康熙三十六年(1697)。
⑩ 戊寅：康熙三十七年(1698)。
⑪ 庚辰：康熙三十九年(1700)。
⑫ 壬午：康熙四十一年(1702)。
⑬ 甲申：康熙四十三年(1704)。
⑭ 乙酉：康熙四十四年(1705)。
⑮ 丙戌：康熙四十五年(1706)。
⑯ 戊子：康熙四十七年(1708)。
⑰ 庚寅：康熙四十九年(1710)。

房拱辰,甲午。①

閆風寧,丙戌,[15]商學,會寧訓導,鄉飲賓。見《人物》。

周吉康,丙申,②鄉飲賓。

沈懷錦,戊戌,③鄉飲賓。

崔爾勳,庚子。④ 平利縣訓導。鄉飲賓。

張祖顥,雍正元年癸卯。⑤

蔣錫桓,甲辰,⑥鄉飲賓。

李品犗,乙巳,⑦商學。

黃嘉賓,丙午。⑧

孫進德,戊申,⑨府谷訓導。

羅如倫,戊申拔貢,宛平知縣。見《人物》。

巫安世,庚戌,⑩西寧訓導。鄉飲賓。

祝文煥,壬子,⑪四川巴州吏目。

周昌基,壬子,商學。

黃煓,甲寅,⑫扶風訓導。

楊澍,乾隆丙辰恩貢,⑬鄉飲賓。

吳若思,丙辰。

黃文中,丙辰,商學,恩貢。

賀爾康,丁巳,⑭鎮安訓導。

楊茂材,戊午。⑮

郭天綿,戊午,城固訓導。履任八載,訓課有聲,俸滿入覲,健年乞歸,舉鄉飲賓。

① 甲午:康熙五十三年(1714)。
② 丙申:康熙五十五年(1716)。
③ 戊戌:康熙五十七年(1718)。
④ 庚子:康熙五十九年(1720)。
⑤ 癸卯:雍正元年(1723)。
⑥ 甲辰:雍正二年(1724)。
⑦ 乙巳:雍正三年(1725)。
⑧ 丙午:雍正四年(1726)。
⑨ 戊申:雍正六年(1728)。
⑩ 庚戌:雍正八年(1730)。
⑪ 壬子:雍正十年(1732)。
⑫ 甲寅:雍正十二年(1734)。
⑬ 乾隆丙辰:乾隆元年(1736)。
⑭ 丁巳:乾隆二年(1737)。
⑮ 戊午:乾隆三年(1738)。

王文熠,戊午,商學。
楊先魁,庚申,①階州訓導。
杜衡,庚申,拔貢。
張建功,壬戌。②
高元崐,壬戌,商學。
甯純一,甲子。③
孫元章,甲子,府學。
劉生璧,甲子,商學。
程翼連,丙寅,④澄城訓導。
張紳,戊辰。⑤
萬景嵩,戊辰,商學。
張浩,己巳。⑥
王言,庚午,⑦恩貢。
黃錦中,庚午。
曹瑞,[16]庚午,商學。
聶維正,辛未。⑧
王永欽,辛未,府學。
尤體斌,壬申。⑨
宋又玉,壬申恩貢。
魏殿元,壬申,商學恩貢。
康永寧,壬申,府學恩貢。
焦碧湑,丙子,⑩鄉飲賓。
魏修德,丁丑。⑪
萬物榮,戊寅。⑫

---

① 庚申：乾隆五年(1740)。
② 壬戌：乾隆七年(1742)。
③ 甲子：乾隆九年(1744)。
④ 丙寅：乾隆十一年(1746)。
⑤ 戊辰：乾隆十三年(1748)。
⑥ 己巳：乾隆十四年(1749)。
⑦ 庚午：乾隆十五年(1750)。
⑧ 辛未：乾隆十六年(1751)。
⑨ 壬申：乾隆十七年(1752)。
⑩ 丙子：乾隆二十一年(1756)。
⑪ 丁丑：乾隆二十二年(1757)。
⑫ 戊寅：乾隆二十三年(1758)。

楊廷蘭，戊寅，商學。

楊廷桂，己卯，①商學。

趙偉，庚辰。②

魏諫唐，乙酉拔貢。③丙戌朝考一等，④未仕。

周煥，[17]戊子副榜。⑤

劉劍廷，丁酉拔貢。⑥

郭瑛，[18]乾隆庚戌歲貢。⑦

王有聲，乙卯副榜。⑧

楊應時，歲貢。

李應時，歲貢。

侯建勳、吳長慶、吳餘慶、魏灝、張志湛、張紹、申鵬飛、張坦、張宗齡、張大經、楊鼎，俱恩貢。

閔憲章，嘉慶丙寅歲貢。⑨

李偉觀，甲戌歲貢，⑩兩當縣訓導。

周景頤，辛巳歲貢。⑪

林思恭、楊八元、吳沅芷、張若需、趙天春、王文煥、張堃、張桂、劉靜鎮，以上俱歲貢。

狄良輔，道光癸未歲貢。⑫

王坊，甲申歲貢。⑬

陳玉祝，[19]乙酉拔貢。⑭

呂音清，丙戌歲貢。⑮

劉捷元，戊子歲貢。⑯

夏潤，壬辰歲貢。⑰

呂元春，丁酉拔貢。⑱

---

① 己卯：乾隆二十四年(1759)。
② 庚辰：乾隆二十五年(1760)。
③ 乙酉：乾隆三十年(1765)。
④ 丙戌：乾隆三十一年(1766)。
⑤ 戊子：乾隆三十三年(1768)。
⑥ 丁酉：乾隆四十二年(1777)。
⑦ 乾隆庚戌：乾隆五十五年(1790)。
⑧ 乙卯：乾隆六十年(1795)。
⑨ 嘉慶丙寅：嘉慶十一年(1806)。
⑩ 甲戌：嘉慶十九年(1814)。
⑪ 辛巳：道光元年(1821)。
⑫ 道光癸未：道光三年(1823)。
⑬ 甲申：道光四年(1824)。
⑭ 乙酉：道光五年(1825)。
⑮ 丙戌：道光六年(1826)。
⑯ 戊子：道光八年(1828)。
⑰ 壬辰：道光十二年(1832)。
⑱ 丁酉：道光十七年(1837)。

孟漸逵、周鑑、杜增瑞、張炳南、李逢泰、周瓊，俱恩貢。

鄉貢、仕宦、鄉飲，舊志既分其類。則由鄉貢爲仕宦，舉鄉飲者，鄉貢臚其名，仕宦、鄉飲亦不能不重紀其事也。自乾隆二十六年，悉因舊志。元吉續纂，有一名兩記、三記者，亦稱名取類之意云爾。鄭元吉記。【《續中衛志》卷七《選舉表·鄉貢》】

誥贈

俞君輔，湖廣提督益謨父。贈榮禄大夫。

焦體仁，守備騰鵾父。贈明威將軍。兩膺鄉飲賓。

張輔國，秦州遊擊思詠父。贈昭勇將軍。鄉飲賓。

羅峯麐，宛平知縣如倫父。贈儒林郎。

焦志仁，參將騰高父。贈懷遠將軍。

馮性善，新鄭知縣飛雲父。贈文林郎。

王名彥，南陽知縣肇基父。贈文林郎。鄉飲賓。

趙應祥，遵化遊擊國良父。贈昭勇將軍。

李國樟，藍翎侍衛瀚清祖。於康熙間，膺貼渠委管，寔心渠務，以孫貴，贈奉政大夫。制詞有"資性醇茂，行誼恪純"之旌。

李襒，瀚清父。贈奉政大夫。

范登元，綏德州學正允升之父。贈修職郎。

張廷翼，庠生，汾西知縣志濂之祖。贈文林郎。

何其福，占魁祖。贈武畧騎尉。

何獻圖，肅州千總占魁父。贈武畧騎尉。

孫良伯，浙江衢州總兵掄元之父。贈武德佐騎尉。

孫清元，總兵掄元之兄。贈武德佐騎尉。

張喻後，庠生，汾西知縣志濂之父。贈文林郎。

周則達，庠生，固原千總守璽之祖。贈武信佐郎。

周世熾，廩生，固原千總守璽之父。贈武信佐郎。

魏開泰，房縣知縣相臣之父。贈文林郎。

魏元臣，浙江嘉興副將朝臣之兄。贈武義都尉。【《續中衛志》卷七《選舉表·誥贈》】

仕宦附[20]

俞君宰，雲南永昌軍民府同知。

俞汝欽，例補副使道。

俞汝翼，河南祥符知縣。

董永艾，江蘇布政司，改浙江按察司。

李景隆，山東濰縣知縣。
畢鍾奇，陝西候補同知。
楊掄，四川成都府金堂縣知縣。
呂元春，雲南候補直隸州州判。
范允升，陝西綏德州學正。
俞恒豫，陝西咸寧縣訓導。
侯得民，候補訓導。
楊八元，陝西榆林縣訓導。
高鳳翥，皋蘭縣訓導。
張永煜，金縣訓導。
康啟泰，陝西朝邑縣訓導。
吳沅芷，清水縣訓導。
杜若煜，候補訓導。
張璽榮，江蘇松江府上海縣縣丞。
畢慶雲，候選縣丞。
李垂基，湖南沅州府高村司巡檢。
傅玉璉，安徽安慶府桐城縣馬踏石巡檢。
楊生金，江西建昌府南豐縣龍池司巡檢。
王瑞齡，江西袁州府宜春縣澗富嶺巡檢。
張璽銓，直隸保定府定州吏目。
董粹儒，直隸順天府懷柔縣典史。
王輔孫，湖南沅州府新田縣典史。
張法程，廣西柳州府融縣典史。
楊潤，廣西桂林府臨桂縣典史。
陳獻書，原任廣東高州府經歷。【《續中衛志》卷七《選舉表·仕宦》】

武階

雍彬，陝西遊擊。
楊忠，寧夏都司。見《忠節》。①
常世臣，都司。
詹鑑，遊擊。
王爵，都指揮。

---

① 參見本志卷六《獻徵表·忠節》載"楊忠"條。

王紀,指揮僉事。
常綱,遊擊。
耿欽,參將。
劉儀,遊擊。
常存禮,都司。
黃恩,守備。
詹思,遊擊。
李隆,守備。
劉繼勳,守備。
馬世德,守備。
馬祥,守備。
劉宰,都司。
李日榮,順德總兵。見《人物》。
李心魁,福建副將。
狄應魁,西寧副將。
狄世美,廣東遊擊。
狄世俊,廣武副將。見《人物》。
李雄,山東總兵。
李奎,守備。
黃繼善。
李景清,新城守備。
董學禮,廣武人。順治中,仕至湖廣提督,世襲一等精奇呢哈番。永艾父。
李心仁,千總,陣亡。
趙國良,遵化遊擊。
張聖教,守備。
郝賢蔭,通州遊擊。鄉飲賓。
魏宏泰,由武生任大同山陰路都司。
李元臣,由武生任守備。
李樸,守備。鄉飲賓。
劉勳,雲南大理府遊擊。鄉飲賓。
李四龍,固原守備。
王運洪,任廣西右江,調貴州古州鎮總兵。
魏朝臣,浙江嘉興府副將。

孫掄元,浙江衢州府總兵,軍功賞戴花翎。

羅統,金塔寺都司。

顏生桂,哈密都司。

王仁普,涼州守備。

田種璧,固原州千總。

梁生嶽,肅州千總。

劉永安,西寧千總。

張殿魁,運粮河候補千總。

聶象樞,運粮河候補千總。

張兆麒,本省候補千總。

梁騰雲,安徽衛千總候補。

宋振緒,寧夏平羌堡把總。

顏生祿,寧夏城守把總。

夏正元,肅州橋灣營把總。【《續中衛志》卷七《選舉表·武階》】

鄉飲、耆年

蔣攀龍,生員,康熙丁酉介賓。①

門旺龍,鄉飲耆賓。初,同雍徹充美利渠長,與把總徐中五開疏石壩,盡力渠工,實心勤瘁,至今稱之。

黃時榮,生員,丁酉冬介賓,②雍正辛亥大賓。③

焦碧澍,耆賓。

李映秀,雍正二年耆賓。

孫世隆,生員,四年冬介賓。

劉瑄,耆賓。

李如珠,耆賓。

高鳳翥,生員,六年介賓。

雍琮,耆賓。

馬魁選,十年介賓。

蔣元,耆賓。

吳叶祉,生員,七年介賓。

路安國,耆賓。

---

① 康熙丁酉:康熙五十六年(1717)。
② 丁酉:康熙五十六年(1717)。
③ 雍正辛亥:雍正九年(1731)。

郭集鳳,生員,八年介賓。

羅峯毓,生員,乾隆二年介賓。

郭之鷗,耆賓。

蔣宏絢,生員,三年介賓。

曹立朝,耆賓。

劉振元,佾生,四年介賓。

萬一籌,耆賓。

李琨,六年耆賓。

韓銘,生員,十三年介賓。

焦碧淵,耆賓。

張文俊,生員,十四年介賓。

席進奇,耆賓。

劉徽,二十二年耆賓。

魏明德,監生,二十三年介賓。

張星炳,耆賓。

焦稷,耆賓。

路成,生員,二十四年介賓。

雍企孔,耆賓。

閆繼盛,生員,二十五年介賓。

劉灝,廩生。雍正六年,督學使朱公以"制行醇謹"旌之。以下附載。

施駿烈,生員,督學使朱公以"恭兄友弟"旌之。

李人龍,生員。雍正九年,督學使潘公以"端方謹恪"旌之。

蔣國輔,年八十二歲。順治二年,西路司馬張公羽翀給"敦睦古耆"額旌其門。

劉樂生,年八十歲。世守農業,望重鄉里。乾隆五年,邑令、紳士公贈額曰"盛世逸民"。

郭一英,武舉瑩父。孝友端謹,治家教子,內外有法,鄉里稱之。

黃鳴休,雍正初,舉充農官,給八品頂帶,修築先農壇廟。其督民勸耕,克著勤勞,居鄉謹樸,[21]輿論稱之。

何其福,乾隆丙午耆賓。①

袁瑜、袁璜,俱嘉慶二年耆賓。

夏鴻喜、姬安、徐彥章,俱乙亥耆賓。②

---

① 乾隆丙午:乾隆五十一年(1786)。
② 乙亥:嘉慶二十年(1815)。

宋治國,壽至百四歲,五世同堂,沐皇恩三次。知縣翟樹滋額以"壽榮古稀"。田吉藍,增生,鄉飲介賓。【《續中衛志》卷七《選舉表·鄉飲耆年》】

【校勘記】

[1] 獻徵表:《續中衛志》卷七《選舉表》作"選舉考"。
[2] 進士:《續中衛志》卷七《選舉表》"進士"標目位於"舉人"前。
[3] "俞汝欽"條原位於"賀爾熾"條後,據本志書例改。
[4] 趙士勛:《續中衛志》卷七《選舉表·武舉》作"趙世勛"。
[5] 進士:《續中衛志》卷七《選舉表》"進士"標目位於"武舉"前。
[6] 照磨:《續中衛志》卷七《選舉表·鄉貢》作"照磨司"。
[7] 永寧:《續中衛志》卷七《選舉表·鄉貢》作"永縣"。
[8] 人物:《續中衛志》卷七《選舉表·鄉貢》作"人物考"。
[9] 二年,原作"元年",乙酉爲順治二年(1645),據改。
[10] 庚戌:順治無庚戌年,《寧夏府志》卷十四《科貢·貢生》載楊天植爲順治七年(1650)庚寅科貢生,疑是。
[11] 庚戌:順治無庚戌年,疑當作"庚寅"。
[12] 淳化:《續中衛志》卷七《選舉考·鄉貢》作"淳化縣"。
[13] 壬午:康熙無壬午年,《寧夏府志》卷十四《科貢·貢生》載郝占魁爲康熙二十一年(1682)壬戌科貢生,疑是。
[14] 庚辰:康熙無庚辰年,《寧夏府志》卷十四《科貢·貢生》載劉良爲康熙五十一年(1712)壬辰科貢生,疑是。
[15] 丙戌:《寧夏府志》卷十四《科貢·貢生》作"丙申",若按時間排序,《寧夏府志》是。"丙申",康熙五十五年(1716)。
[16] 曹瑞:"曹瑞"條原位於"王永欽"條後,據時間調整至此。
[17] 周煥:"周煥"條原位於"劉劍廷"條後,據時間順序調整至此。
[18] 郭瑛:"郭瑛"條原位於"王有聲"條後,據時間順序調整至此。
[19] 陳玉祝:"陳玉祝"條原位於"夏潤"條後,據時間順序調整至此。
[20] 附:《續中衛志》卷七《選舉表·仕宦》無此字。
[21] 居鄉謹樸:《續中衛志》卷七《選舉表·鄉飲耆年》作"居鄉里樸"。

古蹟考卷之八[1]

從來考古可以証今。故千秋軼事，遺踪渺矣，而風流故蹟，每動人繫諸懷想。往往詢諸芻蕘以尋其故，証之碑碣而誦遺文，興亡寥落之感，殆不徒競一邱一壑之奇，發一泉一石之韵已也。中邑漢唐迄元，已州縣其地，迨宋淪西夏，先代規模，大半邱墟，望古徒殷，碑版莫據。然荒堞舊壘，形勝、風物、天地變遷之奇，固不可任其淹沒於草莽，致將來者之茫無徵據也。作《古蹟考》。

古蹟

應理州。即今縣治。《元志》：[2]寧夏府路領應理州，[1]與蘭州接境，東阻大河，西據沙山。唐靈武郡地。其州城未詳建立之始。元初，仍立州。《明一統志》：[3]洪武初，州廢。三十二年，移建寧夏中衛於此。

眗卷廢縣。在縣東。漢置，屬安定郡。後漢省。《水經注》：[4]河水經眗卷縣故城西。舊志：城在靈州所西二百里。

鳴沙廢州。在縣東南一百五十里。《隋志》：[5]靈武郡領鳴沙縣。周置會州，尋廢。隋置環州，仍立鳴沙縣屬之。貞觀九年，州廢，縣屬靈州。神龍二年，爲默啜所破，遂移縣於廢豐安城，即今縣治。西枕黃河，人馬行經此沙，隨路有聲，異於餘沙，故號"鳴沙"。《寰宇記》：[6]鳴沙縣，[7]咸亨二年歸復。因其地置安樂州，移吐谷渾部落於此。至德後，復陷吐蕃。大中三年，靈武節度朱叔明收復，敕改威州，仍領鳴沙縣。元立鳴沙州，屬寧夏府路，[2]明初廢。

---

① 《續中衛志》卷八爲《雜記》。《續中衛志》將本志《古蹟考》中《古蹟》《重修廨用碑記》《中衛各景考》《雜記》等四部分內容進行拆解，《古蹟》《重修廨用碑記》內容編入《續中衛志》卷一，又將本志卷二《祥異》併入《續中衛志》卷八。
② 參見《元史》卷六〇《地理志》。
③ 參見《大明一統志》卷三七"寧夏中衛"。
④ 參見《水經注》卷二《河水》。
⑤ 參見《隋書》卷二九《地理志》。
⑥ 參見《太平寰宇記》卷三六《關西道十二·靈州》。
⑦ 鳴沙縣：當指未移治廢豐安城之舊縣。

東皋蘭州。在縣東。《舊唐志》：①東皋蘭州，突厥九姓部落。開元初置，寄治鳴沙縣。

豐安縣故城。《通志》稱，②杜佑《通典》云：③安豐軍在靈武西，黃河外百八十餘里。胡三省《通鑑注》云：④靈州界有安豐軍，在黃河外。武德四年，分豐州廻樂縣，置安豐縣。按《唐書》：⑤武德四年，析置豐安縣。貞觀四年，置廻州，以豐安隸之。別無所謂安豐縣。今從《唐書》正之。

廢雄州。在縣東。《新唐志》：⑥雄州，在靈州西南一百八十里。中和元年，徙治承天堡，爲行州。五代時廢。

溫池城。詢據土人云，即縣城舊址。城壕南有溫泉溢入池，至冬不凍，故名。按唐駱賓王有《宿溫城望軍營》詩。李于鱗注：溫城即溫池城。按《通志》即寧夏中衛地。⑦今考《甘肅志》：⑧溫池廢縣在靈州東南，神龍五年置，[3]屬靈州。未詳孰是。

避暑宮。元昊建，在廣武西大佛寺口，尚存遺址。

野馬泉。在縣城東北三十里正口墩。自昔爲蒙古夷人牧馬飲水之所。

禹洞。在青銅峽，石洞空闊。相傳大禹導河至積石，經宿於此。俞汝欽副使建廟。

秦王古渡。在青銅峽。《廣武志》稱：⑨唐太宗爲秦王時，西征於此渡河。今考《唐書》，⑩惟武德五年，命秦王世民出秦州禦突厥，無至朔方靈武之文。惟天寶十五年，朔方留後杜鴻漸、鹽池判官李涵等迎肅宗治兵於朔方，遂即位靈武。或相傳者久而誤也，然不可考矣。

古長城。鳴沙州南，有舊邊牆一道，跨山直至定邊，俗稱古長城。

紅崖秋風。在宣和堡東三十里。舊志十景之一。據土人云，至秋其地多風。

釣魚臺。在勝金關北五里許，蕭池灣小石岡上，似臺形。相傳此下舊爲水鄉，居人於此釣魚。今水道消，自油梁溝附近，皆成可耕之地矣。

---

① 參見《舊唐書》卷三八《地理志》。
② 參見《乾隆甘志》卷二三《古蹟‧寧夏府》。下引《通典》《通鑑注》文中的"安豐軍"乃《乾隆甘志》引用錯誤，非《通志》《通鑑注》原文有誤。
③ 參見《通典》卷一七二《州郡二》。
④ 參見《資治通鑑》卷二一一《唐紀二十七》"開元二年閏二月"條胡三省《通鑑注》。
⑤ 參見《新唐書》卷三七《地理志》。
⑥ 參見《新唐書》卷三七《地理志》。
⑦ 《嘉靖陝志》卷十三《土地八‧古蹟下》置"溫池城"於"寧夏中衛"下。
⑧ 參見《乾隆甘志》卷二三《古蹟‧寧夏府》。
⑨ 參見《朔方廣武志》卷上《古蹟志》。
⑩ 參見《新唐書》卷一《高祖本紀》。

石砦。在香山窰洞水。據山巒砌石爲阻,即明季李彩糾衆抗拒官兵之所。土人稱爲好漢圪塔云。

校尉川。在香山。明正統時,慶王委承奉劉成於其中之寺兒井地一帶卜築疃所,督旗校千人耕牧,名之曰劉內官營,即今所稱大小校尉川是也。

唐墩原古墓。起墳頗高大,在鳴沙州南。斷碑磨滅無考,未審何代何人之墓。或云係慶藩宗陵,恐非。

香山牧馬碑。在鳴沙州安慶寺。明禮部精膳司主事蒯諫撰文,寧夏河東兵備道任應徵書丹,頗工秀。爲囑商鳴沙士人修護之。

元豐戰蹟。宋仁宗二年,詔鄜延總管种諤等大舉征夏。別將劉昌祚遇夏人於磨肥隘。夏之拒者二三萬人。乃分兵渡葫蘆河,奪其隘,與統軍國母弟梁大王戰,大破之。葫蘆河即縣治山河,舊稱清水河。時涇原總兵侍禁魯福、彭孫護饋餉至鳴沙州,與夏人三戰,敗績。

應理州重修廨用碑記[4] 補錄

伏以公廨狹隘,有虧瞻視之嚴;器用不周,常遺殘闕之患。欽惟聖元,一視同仁。航海梯山,悉歸一統;尺地寸天,盡皆九有。應理州廼賀蘭之故境,膺是職者,宣揚風化,撫育黔黎,敦四民之業,崇五土之利,審察獄訟,躬理庶務,不爲不重也。近年水旱相仍,民不聊生。欽遇聖節正旦,所用諸色綵帛,不下二三百疋,悉取於民,復爲風雨敝泪。飲氣吞聲,無可控訴。司民之牧,備員茲日,尸位素餐,不職之罪,夫何所逃。於是達魯花赤品階奉直,共集僚屬,各捐己俸,不憚厥勞,置備綵帛,供奉詔旨香樓,萬歲山面創建暖廳,東室裯褥、器皿、供需等物,煥然一新。所以於民無纖毫之擾,於公有幹濟之能,實不負聖朝委任守令之美意也。於是乎書。

維大元至正八年,歲次戊子,六月己未朔,十日乙亥建,歐陽松庵書丹。奉直大夫、寧夏府應理州達魯花赤、兼管本州諸軍奧魯、管內勸農事甘州海牙、忠顯校尉、應理州同知州事索、闕名。敦武校尉、州判亦櫟,監修制造首鎮官熊天祥,儒學黑從善,醫學張德翼,大使蘇即合、施地一段。白英,祗應庫木奇文德,巡檢張子賢、李仲岳,首鎮趙宜能。

中邑元宋以前,一初建置設官,茫無可考。偶於縣城西北隅都司署內,見斷碑一通,爲至正八年立。其文義斷碑,拂塵摩擬補釋,大抵爲彼時萬壽節,慶祝綵帛,索之民間,荒歉莫措。應理達魯花赤、知州率屬公捐,不擾累里民,因建碑記事。此亦古蹟千百猶存之一也,用錄而存之。素菴識。

中衛各景考 并序

　　宇宙山川之著名，皆經風雅文人之品題，有以闡發其秀靈之概而光大之。如柳、永僻在遠隅，得子厚《鈷鉧潭》《馬退山茅亭》諸記及《南磵》詩，遂令讀者神馳，此其大較也。中邑在古朔方銀夏屬境，爲邊陲要路，幅幀式廓，山川雄秀。如牛首、羚羊、黑山、香巖，皆足以分賀蘭之勝。而星河中貫，三折東流，決渠引灌，良田萬頃，久涵濡於盛朝百年之休養生息，既庶既富，敷教興文，蓋在昔沙漠戎馬之區，今已駸駸乎科第文物矣。

　　獨邑志久闕，文獻無徵，其附入《朔方志》者，舊有十景，以今考之，若羚羊夕照、紅崖秋風、槽湖春波之類，既有變遷陵谷之莫可考據，而無名十詩，亦未足以盡表章而發明之。且志成於前明萬曆間，其青銅、牛首勝蹟，皆未入中邑輿圖。是宜因時增減，亟爲闡揚，庶不至山川風物，闇而不章，鬱而不發，此有司之責也。庚辰夏，①大方伯巡視廣武、橫城河防，往來中衛，詢訪邑志，因命錫以纂修。維時方軍需告竣，年穀順成，簿書有暇，遂爲檢察舊籍。其他城堡、疆域、邊防、水利、田賦、人物、土產，尚有殘編故牘可以搜攷，而詞翰文學寥寥，殊爲邊邑減色。大抵古文詩歌，此地舊無講習，是亦風氣之有待而開也。因不揣荒陋，於四載心到身到之所得，特更標爲十二景。凡有增改，署爲疏記，以資考覽，質之海內鴻詞大人、博雅君子，知我國家於宋以前之幾淪荒服者，今已有塞北江南之風。其中之山水秀靈，景物羅列，亦足以抒翰藻於潘、陸，發光芒於李、杜。無論詩賦詞序，不吝金玉之音，須程式於邊方，振人文於後覺，垂芳奕葉，俾山川草木，咸被其光，則邊邑幸甚。時乾隆庚辰仲秋上浣，滇中黃恩錫素菴氏謹題。

青銅禹蹟

　　按：青銅峽在廣武之東北。河自蘭、靖，黃沙漩下冰溝峽，入中邑境，凡三折而東至青銅古峽。支流匯合，兩山緊束，幾如龍門之狀，第水勢稍平耳。對岸山石嵯岈，與河流映照，時作青紅色，疑返照之翻赤壁，此殆青銅之所由名與。入峽，北岸有禹王廟，因石穴爲殿宇。詢據土人述所傳聞云，中邑古爲澤國，禹導河至積石經此，以神斧鑿削石壁，河乃暢流，因祀於此。錫舟行數過，復潔志搜探碑碣，肅瞻禹廟，崖閣參差，像在石洞中，幽邃而明透，令人低徊者久之。因撮記其事，并入志乘，以俟博雅之備考云耳。

---

① 庚辰：乾隆二十五年（1760）。

河津雁字

按：舊志載"鳴沙過雁"。錫於賓鴻接陣之秋時至故城，斷垣廢塔，塌岸荒灘，求其所謂踐沙之鳴，既不復得，即聞聲顧影，徒爲遺墟興感。而亂流古渡，嘹唳晴空，睹縱橫廻翔之致，轉增烟雲飛舞之思矣。

香巖登覽

按：香山之巔，峯巒巍聳，凌雲插漢，頂舊建佛寺。每登臨遠眺，羣山皆俯。南通靈、固，北盡沙漠，城堡星羅，河流如带。殊足以拓心胸而資流覽矣。

星渠柳翠

七星渠，自馮城環洞以下，觀察鈕公於雍正十二年，請項創修紅柳溝環洞飛槽，渠始下澆白馬通灘。沿岸植青楊垂柳，春夏之交，渠流新漲，千株掛綠，翠色涵波，足供人遊賞不置云。

羚羊松風

舊志載"羚羊夕照"一景。查羚羊寺在永康堡東南土岡下。錫往來香山，數止其地，詢附近耆老，云："古寺毁於前明萬曆間，今寺則重建於雍正元年。"寺碑剥落，字跡缺畧，無可考據。而常樂、永康、宣和三渠，皆有羚羊角、羚羊殿、羚羊夾之名。《志•詩》亦云："羚羊山勢壯邊州。"①是山以羚羊得名，而寺與渠亦因山而得名也。第《志•詩》所謂"夕陽流翠，携酒登樓"者，②杳不知其所在，豈山川顯晦，各有其時耶？錫憩息寺中時，其前梨、楊、棗、杏，園林相望。寺堦下有松一，爲中邑所僅見者。頃之，響傳林木，與寺松聲相和，殊動人蕭然出塵之想。因不揣附記所見，并更目爲"羚羊松風"，以待大雅君子之攷詠焉。

官橋新水

舊志載"石渠流水"，殆指美利渠自石壩入口故也。渠流至近城三里許，爲官渠橋。戊寅立夏，③新建河渠龍神廟成。橋兩岸建二坊，一曰"銀川門户"，一曰"玉塞津梁"。亦仿夏城立迎水之祭，歲以爲常。廟東廂向渠爲觀水堂。櫺窗洞啟，凭欄觀水，活流新漲，頓洗塵襟，令人目爽神怡。邑之士民咸賽神遊賞，稱勝會云。

---

① 參見本志卷十《藝文編•銘詩》載《羚羊夕照》詩。
② 參見本志卷十《藝文編•銘詩》載《羚羊夕照》詩，原句作"海到斜陽翠欲流""抛書攜酒獨登樓"。
③ 戊寅：乾隆二十三年(1758)。

牛首慈雲

山在廣武河東。東瞰靈州，西枕大河，峯巒突兀，蒼翠欲流。上有古刹，山頂時見祥雲觸石膚寸，出岫橫空。瞻望崖閣參差，或隱或現於雲壑間。山麓有地湧塔，每歲西僧、蒙古皆來朝，殆佛地也。舊志因廣武隸於朔方，未列中邑各景，今增入之。舊志有蕭如薰《登牛首山》詩，云："理棹還登岸，攀蘿入紫烟。雲霄千障出，色界一燈懸。石蘚碑磨滅，金光像儼然。不須探絕勝，即此是諸天。"

黃河泛舟

舊志載"黃河曉渡"。錫於河曉渡屢矣，不獨春秋風雨，即詰朝喚渡，濁流拍岸，景殊無取。故不若扁舟載酒，夾岸隄柳，村花映帶，洪流觸目，渚鳧汀鷗，飛鳴蘆浦。每於濁浪土崖間，見蓑笠漁人，葦篷小艇，舉網得魚，於時買鮮浮白，嘯咏滄洲，令人流連忘歸矣。

石空燈火

寺在石空堡西北十里許。山半，樓臺殿閣，遥望在畫圖間。至夜，佛燈僧燭，炳若列星，乃中邑古名刹也。錫遄道登探，寺在山半爲兩院，其東院山門內重樓倚山，樓下啟洞門而入，中空若邃屋。考寺碑，相傳自昔山鳴三日，突啟洞天，現三丈六身，土石相凝結，宛然肖佛像，居人因鑿削成之，祈禱多應，由來不記何代矣。西院梯土墌而上，有真武閣，亦因山窟而室，轉西則新建佛殿巍然，內外各六楹。其前因山築臺，憑欄遠眺，河流環抱，村堡錯落，心境爲之一豁。其旁僧住小房，亦雅潔可坐，誠邊邑之佳境也。

暖泉春漲

舊志無名氏詩云："一脈遠通星宿海，春回塞上氣初融。青青石眼涓涓發，流出桃花洞口東。"

黑山晴雪

舊志無名氏詩云："翠壁丹崖指顧間，隨時風物自闌珊。六花凝素寒侵眼，徙倚危樓看玉山。"

炭山夜照

在邑之西南，近河，山產石炭。城堡幾萬家，朝爨暮炊，障日籠霧，至冬春則數里外不見城郭,所燒炭皆取給於此山。近西一帶有火,歷年不息,未知燃自何時,第見日吐霏烟,至夜則光焰炳然,燒雲絢霞,照水燭空,俗呼爲"火焰山"。其燃處氣蒸凝結,土人取以熬礬,較勝他産,亦一奇也。

雜記附[5]

金牛池。在牛首山。[6]相傳有金牛飲於池,明慶王曾見之,因範銅以肖其形。今建有金牛寺。

大佛寺銅缽。寺爲元昊建。《廣武志》云:①昔樵子於寺址掘得銅缽,逕二尺餘。

米缽寺。在香山寺口。詢土人,云:自古傳聞,昔有行兵者困於此,已絕粒。忽山半有一僧,因往就之。僧持米一缽,分給征人,衆咸飽,得免於危,異之。後求之於此,得山巖石佛像,遂建寺。數十年前掘地尚見一碑,字多磨滅,遺有"尉遲敬德監工"字。殆不可考,恐出附會之說。

噴香獸。在牛首山萬佛閣,係明慶靖王鑄。銅質光潤,毛鬣形狀,頗有生氣。寺僧竟典錢於廣武,予索觀焉,亟勒令贖而存之。

地湧塔。在紫金山山麓。傳昔昏夜雷雨,忽見霞光自地湧出。有番僧過之,云:"此大西天甘南塔飛降於此,此小西天也。"後遂將大乘經至山譯成漢文,建塔焚修焉。至今蒙古番僧歲來朝。殆亦俗信機鬼之遺云。

義犬塚。廣武生員劉聯芳門首掘土坑積糞,時天雨,水深數尺。其幼子出,戲於坑邊,失足陷糞水中。其家黎犬引頸下坑,啣其衣拽出之。聯芳深德此犬,於其老死,爲義犬塚瘞之。

畜異。乾隆丁卯十二月朔,②棗園李姓家牛産一犢,雙頭四目四耳,隨斃。戊辰正月,③芮姓豬生子,一頭三目。

古錢。縣西南河沿,乾隆四年崩出石槽,中有藏錢百餘千,隣近居人争分取之。其文"熙寧通寶",④悉紅銅,較時錢闊一圍。或云中有銕牌,爲宋代防河兵所積云。同歲,香山亦有掘地得錢者,大抵漢唐以來之錢,而宋錢爲多。

野菜。康熙四十年間,香山旱飢,忽山陰溝窨遍生苦菜。土人採食不竭,收積有至數石者。前此香山未嘗有也。飢民賴以存活者甚多。

採鉛。康熙五十年中,香山饑,土人掘草根爲食。鑽地,忽有鉛苗一層,厚尺

---

① 參見《朔方廣武志》卷上《古蹟志》。
② 乾隆丁卯:乾隆十二年(1747)。
③ 戊辰:乾隆十三年(1748)。
④ 熙寧:北宋神宗趙頊年號。

餘。遠近争掘取之,易米以活。至收成後,民食稍濟,鉛遂不復得。至今惟存舊鉛洞云。

飛沙。縣西六七里外,舊皆沙磧,沙湧若邱陵者已久。康熙四十八年間,地震後忽大風十餘日,沙悉捲空飛去,落河南永、宣兩堡近山一帶,縣民遂墾復舊壓田百頃。

【校勘記】

[1] 寧夏府路:"府"字原脱,據《元史》卷六七《地理志》補。
[2] 寧夏府路:"府"字原脱,據《元史》卷六七《地理志》補。
[3] 五年:《乾隆甘志》誤。據《舊唐書》卷三八《地理志》、《太平寰宇記》卷三六《關西道十二·靈州》載,温池縣置於神龍元年(705)。
[4] 應理州重修廨用碑記:《續中衛志》卷一《古蹟考》無"應理州"三字。
[5] 雜記:《續中衛志》卷八《古蹟考》作"軼事"。
[6] 牛首山:《朔方廣武志》卷上《古蹟志》作"紫金山巔"。

藝文編卷之九

古云"文以載道",又曰"文章足以華國",其足當此者,殆必有德有言,宣揚乎經濟之謨,根底於學問之深,斯足以行遠而爲邦家之光,而藝文難矣。矧夫邊末一隅,必求稟經酌雅,足備立言之體,又胡可得哉。然王言嘉謨,化澤以宣,自可垂休百世。而觀風問俗,不妨采夫里巷歌謠。苟有合於邊謨,足關乎土風,體格既可無拘,即遷客騷人之寄概,託諸山川景物者,皆足以驗風氣之剛柔,習尚之淳漓焉。爲旁搜遺籍,凡詩、賦、記、銘以及議論之相關者,畧顆其世次。而近時之作,亦節取而並錄之,以俟大雅之考証焉。編《藝文》。

御製[1]

諭寧夏官紳兵民　　康熙三十六年

上諭:朕體天育物,日以治安爲念。雖身在宮庭,而心恒周四海。頃因指畫軍務,不憚勤勞,遠蒞寧夏,無非爲盪滌寇氛,綏乂生靈計也。緣邊千餘里,土壤磽瘠。惟寧夏洪流灌輸,諸渠環匝。巡覽所至,甚愜朕懷。夫農桑者,衣食之本;積儲者,殷阜之原。爾官吏宜董勸父老子弟,三時力田,以盡地利,比屋勤殖,以裕蓋藏。縱使歲偶不登,亦可無憂匱乏。若夫秦風健勇,自昔爲然,其在朔方,尤勝他郡。爾等或職居將領,或身列戎行,尚各勵精銳,以效干城禦侮之用,斯國家有厚望焉。至於忠孝慈惠,服官之良規;孝弟齒讓,生人之大經。法紀不可不明,禮教不可不肅。勿以地處邊陲,而不治以經術;勿以習尚氣力,而不澤以《詩》《書》。總期上率下從,庶幾馴臻雅化。茲乘輿返蹕,距靈、朔雖遠,而睠念塞垣,如在几席。爾等誠能敬體朕言,[2]將吏協恭,兵民咸理,生聚日益厚,風俗日益淳,則疆圉寔有攸賴,朕心亦用深慰。慎勿視爲具文,辜朝庭惓惓牖道之意。[3]欽哉。特諭。

聖祖仁皇帝御製平定朔漠告成太學碑　　康熙四十三年

維天盡所被覆,海内外日月所出入之區,悉以畀余一人。自踐阼迄今,早夜殫思,休養生息,冀臻熙皞,以克副維皇大德好生之意,庶幾疆域無事,得以偃兵息民。

廼厄魯特噶爾丹阻險北陲,困此一方人,既荼毒塞外,輒狡焉肆其凶逆,犯我邊鄙,虐我臣服,人用弗寧。夫蕩寇所以息民,攘外所以安內。邊寇不除,則吾民不安。此神人所共憤,天討所必加,豈憚一人之勞,弗貽天下之安。於是斷自朕心,躬臨朔漠。欲使悔面革心,[4] 故每許以不殺。彼怙終不悛,我師三出絶塞,朕皆親御以行,深入不毛,屢涉寒暑,勞苦艱難,與偏裨士卒共之。迨彼狂授首,脅從歸誠,荒外君長,來享闕下。西北萬里,灌燧銷烽,中外乂謐。

惟朕不得已用兵以安民,既告厥成事,廼蠲釋眚災,潔事禋望,為億兆祈昇平之福。而廷臣請紀功太學,垂示來兹。朕勞心於邦本,嘗欲以文德化成天下。顧兹武畧,廷臣僉謂所以建威消萌,宜昭新績於有永也。朕不獲辭。攷之《禮》,《王制》有曰:① "天子將出征,受成於學。出征執有罪,反,釋奠於學,以訊馘告。" 而《泮宮》之詩亦曰:② "矯矯虎臣,在泮獻馘。" 又《禮》:③ "王師大獻,則奏凱樂。" 大司樂掌其事。則是古者文事、武事為一,折衝之用,具在樽俎之間。故受成、獻馘,一歸於學,此文武之盛制也。朕嚮意於三代,故斯舉也,出則告於神祇,歸而遣祀闕里。兹允廷臣之請,猶禮先師以告克之遺意,而於六經之旨為相符合也。爰取"思樂泮水"之義,為詩以銘之,以見取亂侮亡之師,在朕有不得已而用之之實,或者不戾於古帝王伐罪安民之意云耳。

雍正八年四月十三日

奉上諭:古稱黃河之神,上通雲漢,光啟《圖》《書》。《禮》曰:④ "三王之祭川也,皆先河而後海。" 此之謂務本。[5] 惟神澤潤萬國,福庇兆民,自古及今,功用昭著。我朝自定鼎以來,仰荷神庥,尤為彰顯。或結為冰橋,以濟師旅;或淤成沃壤,以惠黎元;或湧出沙洲,作天然之保障;或長成堤岸,[6] 屹永固之金湯。他如濟運通漕,安瀾順軌,有禱必應,[7] 無感不通。[8] 至於澄清於六省之遙,閱歷於七旬之久,稽諸史冊,更屬罕聞。神之相佑我國家者至矣。

朕敬禮之心至為誠切。因念江南、河南等處,皆有廟宇,虔恭展祀,而河源相近之處,向來未建專祠以崇報享,典禮急宜舉行。[9] 查河源發於崑崙,地隔遥邊,人稀境僻,其流入內地之始則在秦省之西寧地方。朕意於此地特建廟宇,專祀河

---

① 參見《禮記·王制》。
② 參見《詩經·魯頌·泮水》。
③ 參見《周禮·春官大宗伯下》。
④ 參見《禮記·學記》。

源之神，敬奉蒸嘗，以答神貺。其如何加封神號，及度地建廟，一應典禮，著九卿悉心詳議具奏。特諭。

奏議[10]

豁免屯糧賠累疏　　明　朱笈

臣伏讀皇上登極詔書一："陝西沿邊及兩廣等處軍民田地，先年被賊踐踏拋荒者，及各處官民荒閑田地，各該巡按御史勘實具奏，該征夏秋稅糧，戶部悉與蠲免。及各處水崩、沙壓等項，民屯田地，稅糧負累，軍民賠納，曾經撫按官查勘明白具奏者，該部即與除豁。欽此。"臣有以仰窺皇上損上益下而軫恤民艱，甚大惠也。是故海內臣民歡欣鼓舞，莫不翹首拭目，願觀太平之治。謹以夏民負累屯糧疾苦，瀝情上懇。

照得寧夏孤懸河外，逼鄰虜巢，地土硝鹼，膏腴絕少，而當時定稅，遽擬一斗二升。其後，因馬缺料，加增地畝草束，賦日益重。又其後，河勢遷移，衝沒良田，遂至河崩沙壓、高亢宿水、荒蕪無影等項，而田不得耕矣。繼又加以雜差，則挑渠修壩、採草納料、捲埽起塢等項，而勞者弗息矣。比先，當事臣工，不忍前項田糧苦累，節經具題，未蒙豁免。由是歲無豐凶，例取登足，故糧有拖欠，撒派包賠，包賠不過，勒逼逃竄，逃竄不已，則又摘丁補頂，派自嬰孩。年復一年，以有限之丁，受無窮之累，馴至戶口流亡，生齒凋耗。

臣先任寧夏，頂田軍餘，見在二萬八千餘人。每衛所開報逃亡，輒爲躑躅。自臣去大同，丁憂起復，仍蒞斯土，距今僅四年，而逃移者又不啻五千餘矣。屢經前撫臣招徠復業，畢竟傷弓之鳥，驚棲不定。但聞清派，相繼逃移，遂使市井蕭條，村落荒廢，有不忍言者。夫國保於民，民保於食。今罔念夏民賠累之殘傷，而乃攖情於催科之殿最。追逋負之稅者，逐見在之民；撒拋荒之田者，斁安堵之衆。臣不佞，切有條陳民瘼之計，先已行寧夏兵糧道僉事劉之蒙查報。勘過河崩沙壓、高亢宿水、拋荒無影等田，共一千六十頃三十五畝，計征糧一萬二千一十石，穀草一萬七千五百餘束，地畝銀一百一兩，折糧草銀四十三兩，造冊呈繳到臣。覆查間，忽覩邸報，因該兵科給事中劉鉉題爲摘陳邊民困耗之狀，懇乞聖明，破格蠲恤，荷蒙皇上敕下該部查勘。臣竊私憂，夏鎮素有江南之名，惟恐泥於舊聞者，見此蠲免，必曰：夏有水利，稅不可免，軍餉歲用，額不可縮，不蒙亟賜蠲恤。輒復不識忌諱，爲皇上陳之。夫夏方何爲而敝也？以差糧煩重之累也。糧差何爲而累也？以"塞北江南"之稱也。諺曰"耳聞不如目見"，彼擬寧夏於江南者，果經歷其地而灼見乎？亦使夏人冒魚米之虛名，受征斂之實禍乎？且江南財賦之地，泉貨所通，寧夏戎馬之區，較於陸海，本相霄壤。而顧有聲於寰宇之內，自有小江南之名。故夏鎮鹽引，曾議增淮減浙，而計部亦謂地饒糧賤，藉口滋駁。故淮引不添，浙引不減，請給內帑，亦不肯多發也。臣先任夏撫，思爲邊民告哀，今奉查勘，據該道勘實造冊前來，并勘實各項賠糧田地文冊一本，進呈御覽。

伏望聖明，敕該部通將包賠糧草原額，悉與開除。其高亢等項，量爲減征。流民復業，官助開墾，待後地闢財豐，漸次開復舊額。一以盡損上益下之愛，一以昭聚人導利之公，庶脫之湯火之中，而登之衽席之上。無事必謹惟正之供，有事必攄敵愾之志。臣所謂固護人心而保安地方者，此之謂也。

屯田議　　明　張鍊

自古英賢之君、奇智之士，當諸侯割據、華夏分爭之代，以師行而糧從，餽運不繼，相其臨戎廣野，使戍卒耕稼其間。耕而有獲，以十一二輸官，以十八九自贍。由來以爲良法美意者，屯田是也。

趙充國以二羌反叛，廣田金城，期年之間，使先零坐斃。曹操以征伐四方，屯田許下，墾荒積穀，無遠運之勞。諸葛亮與魏將嚴拒，乃從容渭濱，分兵屯田，司馬懿畏而斂避。鄧艾與吳爲鄰，開河渠灌田，通於江淮，大爲伐吳之資。嗣是歷世因之，其法寖備，其利寖溥。於今强敵陸梁，非兵無以禦敵，非糧無以養兵，百計集兵，千方足食，而獨不及屯田者，何也？我太祖體國經野，屯田徧天下，而西北邊最多。開屯之例：軍以十分爲率，以七分守城，三分屯種。墾田之令：邊方閑田，許軍民開種，永不起科。限畮輸租者爲額內之田，不起科者爲額外之田。然法久弊生，弊久法盡。瘠田荒蕪不治，腴田爲豪强兼并，爲官校侵奪，爲巧慧移邱易畮。汩沒於田，混亂於籍。征輸徒有其名，芻粟不爲國用。至於招商開市，責令募兵墾田，保伍屯聚，視功力給牒，予鹽酹值。初時上下同利，今復爲敵商蠹壞，泥而不行。然經界在田中，開列在紙上，非高遠難行之事，無幽隱不可究之理。但求憂國敏事之臣，專任責成，待以不次之位，其規畫措置，一切聽其自爲。直以期年爲限，使田額如舊，課程如舊，無占種影射，包賠如舊。隨處有田，隨處行師。芻糧如峙，內省帑運，外省民輸。有卒徒將領以足兵，有溝洫隴畛以助險，有樹藝園林以護耕。轉盼之間，變荒磧爲豐壤，易流莩而樂康阜。裕民足國，未有善於此者。

昔唐德宗問李泌復府兵之策，以兵多食少，欲減京西戍兵。泌請發左藏積繒，因党項易牛，[11]鑄農器糴麥種，分賜緣邊軍鎮，夏秋耕荒田而種之。沃土久荒，收入必多。戍卒獲利，則願耕者衆。既因田致富，則不思歸。及戍期將滿，下令有願留者，即以所開田爲永業。家人願來者，本貫給食而遣之。是後收入既腴，耕者願留，家人願來，變關中之疲敝爲富強。泌之一言，即日行之，如彼其速；即年獲效，如彼其厚。矧在今日，大修屯政，簡付得人。今年舉之，則明年報功，決食其利矣。其他籌邊遠畧，十百千萬，無如此事爲急務也。

鹽法議

夫食鹽，山澤自然之利，天地所以養民也。上古無征，近古薄征，以佐國政。要在先不病民，而後利國爲可貴耳。

關中食鹽，一出於河東，一出於花馬池，一出於靈州，一出於西漳。靈州、西漳去三輔絕遠，專供靈、夏、洮、岷西北兵民之用，無容議矣。花馬池鹽，北供延、慶、平三府，寧、榆二鎮，南與河東鹽并行於三輔間。河東鹽上下公行，謂之官鹽。花馬池鹽，私自貿易，謂之私鹽。民間便於私鹽，而不便於官鹽者，百年於茲矣。必欲行河東官鹽，其弊有四：蓋行鹽郡縣，各有分界。所司徒知紙上陳跡，河東鹽行三省，不可越縮。若究其實，在山西、河南未知何如，其在關中，自長安以西，河東美鹽，絕跡不至。間有至者，皆泥滓苦惡，中人不以入口，惟耕夫寡婦黽勉食之，計其所售無幾也。名雖謂行，其寔未嘗行之。一也。往來商人，慮惡鹽不售，告發郡縣，使所在輦運，外加樣鹽，包封印記之。及以給民，封者自佳，輦者自惡。唱户分鹽，畏若飲鴆，計賑征價，峻於正稅。今雖暫止，既爲故事，恐不能已。二也。商人賣鹽與販夫，隨以小票。鹽盡，票不收毀。官鹽不至西路，則無票，無票則通賣店肆。負販細人請東人自買未毀之票繳官，公人亦幸免責，不問由來，互相欺抵。三也。買票日久，奸人依式私製盜賣。僥倖者冒利，敗露者破家。雖有防禦，迄今未已。四也。

必欲禁花馬池私鹽，其弊有五：關中民貧，衣食驅遣，賦稅催切，罄家所有，走北地販鹽，計謀升斗之利。一爲公人所獲，則身入陷阱，家計盡空。一也。貧人既爲囚繫，內無供餽，冬月多斃於獄。考驛遞囚帳，鹽徒居半，死者又居強半，民命可恤。二也。小販懼捕，結聚大夥。經山谿要隘，偶遇公人，勢強則抵敵，勢弱則冒險奔迸，投崖落澗，人畜死傷塗地。三也。公人與有力慣販者交關，終歲不捕，反爲導護。惟單弱貧瘠者捕之，或以升斗惡鹽，強入路人筐袋，執以報功，使無辜受害。四也。衆役工食，悉有定例。惟巡捕工食，私幫公費，歲增十倍。官吏比銷，徒御勞瘁，動經時月，候文曠職。旅食空囊，或罰或貸，俱爲無補。五也。

夫物力不齊，物之情也。好美惡惡，趨利就便，民之情也。所欲與聚，所惡勿施，哀多益寡，因俗成務，司國計者之情也。以物力言，河東舊商，帶支坐困。新商起納無幾，澆晒徒勞，增課未減，公私俱稱歉矣。河東一池，雖差大，供三省則不足。花馬二池，雖差稍小，供三郡二鎮則有餘，自然之勢也。以人情言，河東鹽百方督之使行，至以泥沙勒售、假票甘罪而終不能行。花馬池鹽百方禁之使不得行，至於比屋破產，接踵喪生而終不能禁者，民之大欲大惡，不可强也。以國計言，河東歲課，一十九萬有奇。花馬二池歲課，不盈數千。河東引三錢有奇，二池鹽一石六分有奇，如是相懸者，意河東與天下自祖宗朝俱有定額，由來久遠。二池迫近塞垣，棄取不時，故課亦微渺。後來因循取足原辦而止耳。夫河東鹽既不能及遠，二池鹽卒不能禁，民間又不可一日無鹽，而盜買盜賣，終非常理。今當直開二池鹽禁，使西鳳、漢中沛然通行。計三府所當常食河東鹽一十二萬有奇，歲課即照河東，責三府代辦，以其事權統歸河東。巡鹽御史，則達觀無異，督禁有程。兩地歲征，四鎮年例，保無纖爽，而關中可少事矣。

　　夫居害者擇其寡，興利者取其多。倘今不弛二池鹽禁，則愚民被逮，供饋爲費，罪贖爲費，奸人騙詐爲費，兵民歲增工食爲費，官吏比銷爲費。一切顯隱猥雜，不可會計。財足抵河東、花馬二池正課，出於千瘡百痛，徒然費之。而下殘民命，上損國體，又餘殃也。倘今一弛二池之禁，則愚民被逮，供饋可省，罪贖可省，奸人騙詐可省，歲增工食可省，官吏比銷可省。一切顯隱猥雜，不可會計。財足抵河東、花馬二池正課。出於不識不知，漠然省之。而下活民命，上全國體，又餘福也。

　　夫人情不甚相遠。比聞鹽法侍御，皆一時英碩，表表長者。使其聞見，悉如關中人，習知利病，則亦何憚而不爲良處哉。但其受命而來也，惟以行官鹽、禁私鹽爲職，而反是則駭矣。地非素履，事未前聞，雖聖人有所不知者，何可遽望改易其常耶。雖然，安國家利百姓，大夫出疆義也。究理從長，議政從便，人心不昧，因革有時，此又關斯民之幸不幸也。

論

馬政論　　明　趙時春

　　天有天駟，天子有牧僕之職。自軒轅以來，墳典、經史不絶書，逮周始詳。穆王征西戎，責以不享，在今平涼之域，而八駿皆是物也。

　　孝王命秦非養馬汧渭，大蕃息。宣王中興，比物閑，則北至太原，南平荆蠻，大蒐鄭圃，皆以車馬之勝爲言。秦烏贏谷量牛馬，即烏氏人。而漢文景時，阡陌成羣，六郡良家，馳射是利。馬援之邊郡，田牧數年，得畜產數萬。唐人養馬，亦於涇渭，近及同、華，置八坊，其地止千二百三十頃。樹苜蓿、菽、麥，用牧奚三千，官僚無幾。衣食皮毛是資，不取諸官。蓋合牧而散畜之，牧專其事，不雜以耕。

而太僕張萬歲、王毛仲官職雖尊，身本帝圍，生長北方，貫歷牧事。躬馳撫閱，無點集追呼之擾、科索之煩。順天因地，馬畜滋殖。萬歲至七十萬六千，毛仲至六十萬五千六百有奇。色別爲羣，號稱雲錦。地狹不容，增置河西。史贊其盛，圖傳至今。夫豈有他術哉？法簡而專，誠而不二故也。玄宗既以嫌誅毛仲，後遂以付安禄山。禄山統北方三道，又使兼掌京西牧馬。地既隔越，而職守難專。以匈胡叛逆，覆用蹂踐唐室。其餘存者，猶足以資肅宗之中興。憲宗命張茂宗監牧，茂宗不能遠器，乃籍汧、隴民田。人爭言其不便，牧事遂廢，唐亦喪亂。由此言之，人事得失，馬政盛衰，益昭然矣。自宋以來，馬藏民間。涇原爲邊重鎮，日不暇給，然頗貿易番馬以給戰士。金、元悉從民牧，兵興隨宜取用，官亦無事。

皇朝遠稽周、唐，大振馬政。自大將軍得李思齊、李茂之騎，繼破王保保，擄馬、駝、雜畜數十萬。御史大夫丁玉、涼公藍玉，四征西番，部族悉服。乃製金牌合符，番人以馬充差，朝廷以茶爲賫，體統正而名義嚴，馬日蕃庶，始置苑馬寺，聯以監苑，巡以御史。日久法弛，弘治末年，遂命都御史楊公一清董治之。公振肅紀綱，增置官屬，蒐括墾田，益市民馬，一時觀美。然三年二駒，其計利深矣。數年之後，所利不補所費，何哉？豈非官多牧擾，法煩弊生，縉紳衣錦，難禦邊塞之風霜，而肩輿驂從，點集追呼，非孕字重累之所能堪乎。且牧地十七萬七千餘頃，養馬一萬四千餘匹，牧軍兵三千三百餘人，田重牧輕。皮肉收銀三兩有奇，公用銀三千餘兩，責之三千三百人，物輕輸重。每歲各入賀，督監參謁不絶。遷代歲月繁促，南北習俗異宜，道路往來勞費，牧人之不支如此。州縣地不踰二萬頃，爲粮站徭二十餘萬，輕重之相懸如彼。嘉靖三十七年，平涼通判嘉定陳應詳舉籍平、固以北皆爲牧地，民村落室廬皆度爲牧，代之養馬償駒，遂號二税。按制：先定州縣田税，後以隙地爲牧。本自相間，安得齊一？應詳務虛名，而民重被病。牧既少獲，種馬日削，責民間市馬，吏緣爲奸，民不堪命矣。世之君子，其思有以善後哉。今粗舉其大端云。

記

河源記　　元　潘昂霄

河源在吐蕃朵甘思西鄙，[12]有泉百餘泓，或泉或潦，[13]水沮洳渙散，方可七八十里，且泥淖弱，[14]不勝人跡。近觀弗克，[15]傍立高山，[16]下視燦若列星，以故名"火墩腦兒"，譯言"星宿海"也。羣流奔湍，[17]近五七里，匯二巨澤，名"阿剌腦兒"。自西徂東，連屬吞噬，廣輪馬行一里程，迤邐東鶩成川，號"赤賓河"。二三日程，水西南來，名"亦里出"，合赤賓。三四日程，水南來，[18]名"忽闌"。又水東南來,名"也里尤"。[19]合流入赤賓,其流浸大,始名"黃河"。然水清,人可涉。又一二日,岐裂八九股,名"也孫斡論",[20]譯言"九渡"。通廣六七里,[21]馬亦可渡。又四五日程,水渾濁,土人抱革囊,乘馬過之。民聚部落,糾集木幹象舟,傅毛革以濟,僅容兩人。繼是兩山岐束,[22]廣可一里、二里或半里,深莫測矣。朵甘思東北鄙,有大雪山,名"亦耳麻不莫剌"。其山最高,譯言"騰乞里塔",即崑崙也。山腹至頂皆雪,冬夏不消。土人言,遠年成冰時,[23]六月見之。自八九股水至崑崙,行二十六日程,[24]河行崑崙南,半日程。既又四五日程,至地名"闊即"及"闊提",二地相屬。又三日程,[25]地名"哈剌別里赤兒",四達之衝也。多寇盜,有官兵鎮防。崑崙迤西,人簡少,多處山南。山皆不穹峻,水亦散漫。獸有犛牛、[26]野馬、狼、狍、[27]羱羊之類。其東山益高,地亦漸下,岸狹隘,有狐可一躍而越之處。[28]行五六日程,有水西南來,名"納鄰哈剌",譯言"細黃河"也。又兩日程,水南來,名"乞兒馬出",二水合流入河。河北行轉西,至崑崙北。二日程地,水過之北流,少東,又北流入河。約行半月程,[29]至貴德州,地名"必赤里",始有州治官府。州隸河州,置司吐蕃等處宣慰司所轄。又四五日程,至積石州,[30]即《禹貢》積石云。

重修中衛儒學碑記　　明　吏部尚書　三原　王恕撰

中衛在大河之西,[31]乃前元應理州地也。左連寧夏,右通莊浪,寔邊陲之要路。元命既革,州廢久矣。衛則創建於國朝洪武三十二年,武備孔修,足以攘外安內。學校未設,人鮮知禮,寔爲缺典。

正統四年,英宗皇帝在位,從本衛所鎮撫陳禹建議,[32]始設學。其學設在本衛城內東北隅。自是以來,《詩》《書》《禮》樂之道興,絃誦之聲作,諸生學有成效,出其門而爲國用者彬彬矣。武夫捍卒,接於見聞,亦知禮義廉恥之可尚,而風俗爲之一變矣。其後巡撫都憲徐公以學校乃育賢之地、教化之源,宜居中正文明之地,不宜設於偏隅之所,失其具瞻。乃命本衛改建於通衢大街之前,左廟右學如制。但地步窄狹,其上建明倫堂四楹,兩齋各六楹,而庖廩、號舍無地可建,以其右爲保安寺所限,而未恢弘也。弘治己未,①本學訓導李春、賈茂章申白都御史王公珣、[33]僉事李君端澄,委本衛指揮馮泰撤其寺宇,去其墻垣,以其地并於學,然後豁然廣闊,可以展堂齋而建庖廩。斯時也,參將左君方分其地,乃曰:"學校亦吾當爲事也。"於是悉心經營,一應供料,皆其措置。委本衛鎮撫吳昭董其事,晨夕展力,遂移明倫堂於厥中,增建神厨、神庫各四楹,號房三十六間,門二座,庖

---

① 弘治己未:弘治十二年(1499)。

廩器備,亦無不具。功已九仞,所虧者一簣而已,左君去任,其功遂寢。正德丙寅,[①] 參將馮君禎來代。[②] 蒞任初,謁廟視學,環視前後左右,曰:"此未完之功也,吾當整理。"乃區畫工料,委千户曹紀完其所未完,增其所未有,又樹牌樓二座於學之左右。從茲學廟、殿堂,如跂斯翼,如矢斯棘,如鳥斯革,如翬斯飛。兩廡、兩齋、厨庫、號房、庖廩、器具,亦莫不整飭完美、煥然一新。軍民改觀,師生欣忻,而感激奮勵矣。訓導李濚述其建置修造巔末,具禮幣,遣軍生梁材、黄璁不遠千里而來謁余,[34] 以記是請。

嗟夫!禮義由賢者興,事功由能而有力者建。觀其建議設學與夫遷徙增修諸君子,非賢而能且有力者,能若是乎?是皆可書以告夫來者,使之有所觀感,嗣而葺之,不至廢墜可也。抑又念之曰:諸君子作興學校如此者,無非欲爾一方之人知禮義、盡人道。爲子者孝,爲臣者忠,爲師者勤教,爲子弟者勤學,各抵於成。[35] 材爲官者撫恤士卒,[36] 凡遇戰陣,以身先之。荷干戈者勇爲戰鬥,毋自畏縮,俾醜虜知懼,不敢侵侮,則幅幀可固。凡爲士農商賈者,[37] 各安業守分,不相凌犯,則身家可保。斯惟皇家設衛建學之意。否則,未免憂虞而厥咎至矣,可不勉哉。

美利渠記　　霑化知縣　王業　郡舉人

寧夏鎮之西南三百里,建置中衛。黄河自蘭、靖來,過中衛直流而北。昔夏人鑿渠引河水灌田,世享其利。人言黄河獨利於夏,職此之由也。

中衛有蜘蛛渠,即今美利渠,長亘百里,經始開鑿,志遺莫考。按:鎮之唐來、漢延等渠,志載拓跋氏據夏已有之矣。元世祖至元元年,藁城人董文用爲西夏中興等路行省郎,始復開濬。邢臺人郭守敬爲河渠提舉,更立牐堰。今兩壩皆其遺製,工作甚精,則蜘蛛等渠之間或皆董、郭二公爲之也。

中邑屯田幾二千頃,歲征公稅二萬有奇,寔藉水利以足公私。邇來河流背北趨南,渠口高淤,水莫能上。衛人蹙額相泣曰:"有渠而不得灌溉之利,與無渠同也。"屢嘗請告改濬。前撫憲數公,咸洞民隱,集議區畫,俱以工役重大,惜費中止。但令因仍挑濬,無繫緩急。衛人蹙額又相泣曰:"徒濬而不爲改易之舉,與不濬同也。"

嘉靖壬戌夏,[③] 中丞毛公奉簡命撫夏,籌决通明,應變如響,法重大體,政先急務。衛人以前事告請,公愕然曰:"民賴稼穡以生,水利者稼穡之源也,水利弗

---
① 正德丙寅:正德元年(1506)。
② 《嘉靖寧志》卷三《中衛·學校》載,馮禎職官爲分守寧夏西路地方左參將。
③ 嘉靖壬戌:嘉靖四十一年(1562)。

通,民何以生？夫因勢而導,治水之法也。所欲與聚,體民之情也。是誠在我。"即行兵糧道臬僉謝公移檄改濬,委參將傅良材防衛綜理屯田,都指揮張麟圖、提調寧夏前衛指揮王範職管工,本衛指揮何天衢、馮世勳職贊襄,命丁三千人以赴工。申令筳吉,剋期會集,省試有方,勸懲有法,趨事者有歡聲無怨色也。甫月餘而渠成。渠口作於舊口之西六里許。肇工於壬戌歲九月七日,竣事於十月十有六日。渠闊六丈,深二丈,延袤七里,復入故渠。口設閉水閘一道,六空,旁鑿減水閘一道,五空。報完,毛公欣然喜曰："吾民其永賴以生矣。"遂易名曰"美利",蓋取"乾始美利"之義。① 斯渠一通,不獨可以足食,而沮虜之勢亦有藉焉,力少功多,暫勞永逸。基雖因舊,制寔增新。改濬之功,加於創建。

是役也,上不妨政,下不病農,財無糜費,民無苦勞。凡毛公之所規定,而謝公能恪承之者也。衛之父老士夫,懽欣舞蹈,具書不敢忘,欲紀厥事為不朽計,介生員芮景陽來,囑記於致仕知縣王業。業不敢辭,拜手颺言曰：大臣有功德於民,為民所歌頌,勒之貞石,為後世法,禮固宜也。《書》有之"民罔常懷,懷於有德"。[38] 夫為民興利,謂其為仁人,非耶？紀其事而弗忘,謂其為常懷,非耶？小民難保若此者,非偶然也。惟我毛公,撫夏未期年,百廢具舉。夏人歌頌不忘,豈惟水利一節已哉。邊事安寧,且入贊皇猷,斟酌元氣,殆將以美利利天下矣。紀之太常,載之國史,可跂而待。而謝公亦必踵芳濟美,俾天下後世並揚休聞,是又業小子所深望也。

毛公名鵬,號雙渠,直隸棗強人,丁未進士。② 謝公名莆,號南川,山西代州人,庚戌進士。③ 敢併記之。

改修七星渠碑記　　副使　譚性教

寧鎮迤西三百六十餘里,為中衛西路。東控銀干,北制邊夷,[39] 西南鄰松山、青海。諸虜支蔓根連,此欵彼犯,實逼處我牆下,遞起為難,非若他路尚意一面比也。項因遼左告棘,大司農全餉專注於山海軍士。守此者既難望關中輸轉,而商人實粟塞上,又以鎮城分給百分之一率,下户不贍,則惟賴有黃河威寧諸堡屯田租耳。自非屯政修舉,則憂不在虜,且在軍矣。

威寧舊有七星渠,荒淤歲久,塍溝圮塞,加以山水自固原奔馳而下,洶湧澎湃,歲為渠患。膏沃之壤,化為茶蕪。徙丁補賦,頓減屯籍之半。大中丞焦公,天

---

① 《周易·乾卦》之《文言》曰："乾元者,始而亨者也。利貞者,性情也。乾始能以美利利天下,不言所利,大矣哉。"

② 丁未：嘉靖二十六年(1547)。

③ 庚戌：嘉靖二十九年(1550)。

啟丁卯秉鉞茲土，①慨然曰："有能任此者，吾且顯著其績以酹。"檄下道府，遴委將弁，議經費，商工役，度地形。乃據西路同知韓洪禎、屯田守備王光先所條上諸欵，衷議以聞。以百户李國柱、劉宰分督之，而專任韓郡丞綜其事。謂舊渠口上石剛且頑，奈何強之以水，於是移鑿近三里許，河益尊善下，岸益謙善受。闊四丈五尺，深八尺。河行於鑿口三里許，[40]地勢復高，舊三空閘旁，潛隙地十五里，深闊如前，入寧安故道中。散者聚，迅者折，亢者夷，潏者洩。中間爲宜民閘、五空閘、銅錢堎、鹽池湖閘凡四道，[41]站馬橋貼渠、橫河堎梗凡二道。[42]委曲輸瀉，自口至威武一百里，至鳴沙又七十里，浩浩蕩蕩，以次下於田。支分脈析，注玉濺珠，浮塍貫畛。其山水爲患者，遡渠上五十里，古有北水口，淤塞，故徙而東注。北口近河，石梁爲梗，故逆而上壅。則鑿中石梁四十七丈，深九尺，闊一丈六尺，下石梁五十三尺，深二丈，闊倍之，水引入黄河。東壩鑿口，疊築崇堤，底闊十丈，頂闊三丈五尺，高十一丈，縱橫百步，障濤砥瀾，不使患渠。

是役也，自三月上浣，迄五月，凡三閱月而竣。用軍民工役，凡三千二百五十人。若匠若器取諸官，若柴若木供諸堡軍夫。適今上登極，賞至軍，咸悦。使民夫則出於本堡，民自供給，借於外堡者，計日給廩。凡用官帑二百餘金，較始議省夫役三千餘，省金錢一千餘。闢荒梗萬餘頃，咸得耕獲。西路父老，懽呼稽顙曰："今乃得免於死徙，以食土之毛也。吾儕小人，爲山河所虐，不享渠之利者，十數年矣。囂囂訾訾，咸以工非二三年莫成，費不數千金莫成，役非萬餘莫成。今事半而工倍，且速若此。雖有暴浪驚濤堯年之水，不能越峻堤而衝渠腹。雖有火雲旱魃湯年之嘆，吾且沐浴膏澤霈餘潤焉。昔史公決漳灌鄴，斥鹵生稻粱，人頌德稱聖，與西門並傳。中丞治渠，溝洫繡錯，豈止利民足國，且以禦虜南牧，功奚啻倍蓰也。焦公行矣，願及公在，賜言以勒不朽。"不佞性教承乏司餉，疏鑿之役，愧無能效胼胝爲父老先。幸藉告成事，以追甘棠之蔭，與夏人同庇焉。我輩懷德矢報，尚勤其築濬，歲歲無息，庶焦公之汪濊，與黄流俱永乎。

公諱馨，號衡芷，山東章丘人，辛丑進士。② 撫夏甫及一載，所與釐皆百年大計，如止遼戍、賞戰功、疏水利、繕邊防、程材官，功德更難僕數，此特其惠西路之一事云。

重修中衛文廟碑記　　管律　郡人

夫子之道，在天下也，用之則昌，背之則亡。嗚呼，曷若是其獨神乎？蓋其傳

---

① 天啟丁卯：天啟七年（1627）。
② 辛丑：萬曆二十九年（1601）。

即堯、舜、禹、湯之所授受，原於天，同乎人也。維夫子藏往知來，通元信古，刪《詩》《書》，繫《易》辭，作《春秋》，定《禮》《樂》，然後二帝三王之爲聖也愈尊，人之去夷狄禽獸也愈遠。雖歷秦、漢、晉、宋、齊、梁、陳、隋之世遭奇險，怪妄之徒叢生浪起，妖詞幻術彌滿四方，卒不能亂其經，民到於今賴之，是故獨覺其神矣。所以崇德報功，自古有天下者，未嘗不加之意。

仰惟我皇明，以文教淑海内，故秋祀益嚴，廟貌益廣，遐方僻邑，靡有或遺，兹中衛其一也。衛設於洪武三十一年，其治隸寧夏道，鎮城三百六十里。正統四年，詔從所鎮撫陳瑀請，許建廟立學，創於城東北隅。成化十一年，巡撫都御史羅山徐公廷璋，慨規模簡陋，檄參將張公翊擇爽塏改建於兹。南爲欞星門，中爲戟門，北峻層廉，巍然爲大成殿，翼東西爲兩廡，凡百餘楹，始備法制。學舍居右焉。嘉靖二年秋，參將周公來領戎政。進謁禮成，見摧毀日甚，興歎移時。越明年甲申，①軍賓武備，箛鼓不競，乃捐己資，爲梁棟、瓦甓、丹鉛、髹漆之費。鳩工掄材，躬省厥事。於是直欹葺撓，補缺寵隘，維圖永堅，雕木琢石，絢綵縷文，維圖妍細。垂旒穆穆，聖姿如存，列侍雍雍，請益儼若。廟與貌，視昔皆加盛而鮮倫矣，觀者改目。是役也，起於二月丁卯，訖於五月庚午。公素稱儒將，稔動縉紳，觀此，信足有徵也已。教授宋君、訓導劉君，寓書遣生員沈子潮來請記，意在昭遠以告來也。

論者或曰，尊夫子之道，顧廟貌之崇卑，規模之廣狹，疑不與焉。維耳聽目視，手持足行，心存思出，絕不干禮之非者，則人人夫子矣。其尊之也，不亦切乎。雖然，外瞻弗具，敬何以生，内主弗敬，禮何以復。且夫子之靈，與日月等，無物而不照臨，與天地同，無物而不覆載。廟貌之誠，無遠而不可忽也。況中衛居邊陲要害之路，東瞰大河，西連龍沙。自元魏以還，竊據於僞夏。元雖置應理州，猶爲夷服。今雖復華，實臨虜孤立，乃巖險用武之地。苟不先之以俎豆之事，則强而無義，勇而無禮，何以責親上而永孚於休？是廟之修也，烏可緩哉！彼爲師生父老者，當砥礪周公重道崇儒之美，其必先踴躍以倡衆，務復禮而以切於尊夫子者爲志，務主敬而以誠祀夫子者爲心。使荷戈執戟之士，咸諸夾谷之情，則風俗醇治化洽，堯、舜、禹、湯、文、武雍熙之盛，不難臻矣，孰敢以金革之鄉視之。是不可以不記。

參戎公諱尚文，長安人。教授君諱廉，臨潁人。訓導君諱雲漢，汾州人。嘉靖四年己酉仲冬立。

續修文廟碑記　　鄭元吉

自三代時，有學而無廟。既祀孔子以後，道歸於一，言學而廟賅焉。習禮樂於其中，養人

---

① 甲申：嘉靖三年（1524）。

才於其中，蓋有不可以偏廢也。

中衛縣舊有學，在城東北隅，始於前明之正統四年。至成化十一年，巡撫徐公廷璋以規模狹隘，改建於茲。撤其舊而新是圖，美哉輪奐，始基之矣。自明至國朝，屢建屢修，郡人管律紀之甚詳。乾隆二十二年，前宰黃恩錫補修後，閱歲月者八十餘年，廟學又以將圮。

元吉以己亥秋初，①來宰是邑。下車謁至聖先師，行釋菜禮。於是周覽廟學，門廡内外，實閟以嚴，而慨其宮牆未修，丹艧未堅，徘徊久之，心惕然而不自安。因躬爲計其工程，稽其出内，促其程限，助其督催。凡椽棟之撓腐者，撤而更之；楹桷之傾欹者，柱而正之；周垣之圮廢者，築而新之；瓴甋之疏漏者，增而密之。殿廡深邃，臺陛恢宏，門戟清嚴，階鋪砥立，丹漆黝堊，焕然一新。蓋始於庚子初夏，②而成於辛丑仲春，③經營累年，用金錢萬有奇。蓋官與士民，合力樂作，有同心焉。

邑人以衆工畢完，請元吉記。勷勸其事者：教諭李賡廷、前署教諭褚裕智、巡檢俞仁育、典史沈烜。勸捐者：舉人蓋奇文、武舉吕元龍。督工者：生員王重英、監生張玉璣、客紳周沛。其捐貲之數，則合邑士民皆來助役。故以備書於石。【《續中衛志》卷九《藝文·記》】

重修中衛學碑記　　周于人　衛人

衛居乾維，地頗荒僻，廟學之設數十年所而文未之不振。聖教遠被於覆載之所及，如日中天，如水行地，無地不照，無處不流。而吾人皆得藉其光以自暴，挹其情以自潤也，豈以人遠地僻阻哉。第廟貌弗嚴，法制未備，無以娛觀瞻之目而興企慕之懷。官斯地者，職掌謂何？豈忍視歲月遷易，風雨漂摇，棟宇傾垢弗莊，垣墉卑削弗峻耶。

參戎于公來鎮守是衛。始至，謁先師廟，退覽學社。視其狀，甚懼無以稱朝廷建學育才之意。即捐俸四十兩以爲倡，易買木植，區處磚石。不病公帑，不擾百姓。若殿，則易其梁棟，加以彩色。若戟門、欞星門，則改建高爽。若泮池，則廣闊之，圍以石欄。若明倫堂、齋廡，增飾舊規，輝煌新制。斯時，適錢公下車之日，亦遂欣然資助。而鄉官貢士、閤學師生，各捐貲供，共成厥美。今焕然改觀，蓋前此未之有也。

工始於萬曆丁未夏四月，④訖於冬十月，師弟子請予爲記。曰：兩公之修廟學，所以養士也，士亦知自養乎？使讀聖賢書，不知行聖賢事，不有負於作養之厚意乎？如吾鄉吕仲木、馬伯循，文章政事，表表海内，爲一代名臣，亦其自養者厚也。諸弟子肯以聖賢自待，畏敬存心。入泮宮如步杏壇洙泗，瞻廟貌如見至聖大

---

① 己亥：道光十九年（1839）。
② 庚子：道光二十年（1840）。
③ 辛丑：道光二十一年（1841）。
④ 萬曆丁未：萬曆三十五年（1607）。

賢。仰師孔子，果如其時中乎？尚友羣賢，果如顏之仁乎，曾之孝乎，賜之達、由之果乎？如此，則學聖賢之學，心聖賢之心，人即聖賢之人。今之廟學，即古之鄒魯。古云"地靈人傑"，吾云"人傑地靈"，行將有得於天地正氣，秩高科登顯仕者，濟濟輩出。俾國家享其利，生民蒙其澤。近之功著一時，遠之名垂千古，斯無愧於爲士矣。其勖諸。

錢公諱通，元城人。于公諱翔儀，天城人。萬曆三十五年十一月記。

鳴沙州重修城隍廟碑記　　明　布政使司　潘九齡　靈州人

夫神者，陰陽莫測之謂，匪神則物無生矣。至於聚一方之民，而爲此高城深池以居之，實非一物之可比也，謂冥冥之中，獨無所主之者哉。雖然，三代之前，城隍之名不經見，自唐李陽冰作《城隍廟記》，後世始聞焉，實土神也。我太祖高皇帝奄有天下，爲百神主，附山川壇祀之。洪武元年，加之以爵，府曰"公"，州曰"侯"，縣曰"伯"。至三年春，革之。是年夏六月，詔各處城隍廟屏去雜神，其貴之也尊而專矣。尋又定廟制如公廨，以泥塗壁，繪以雲山，在兩廡者亦如之，其宅也清而秀矣。又詔守令之官，俾與神誓，故有監察司民之封，其信之也篤而深矣。

今寧夏有廟，遵具制也。而鳴沙古州之地，亦遵制以設焉。肇自景泰初年，至正德十二年丁丑，悟秀覩其狹陋，重加修拓。募緣於鄉，好爲善者施各有差。建棚五楹，兩廊一十二楹，苟完而秀入槩矣。嘉靖十年辛卯，鄉人陳珍、陳瑶施財修飾未就。至嘉靖三十六年，有珍之子曰廷訓者，慨先人未釋之善心，鳩聚物材。工始於春正月，告成於夏四月。丹臒鮮明，猗哉一方之具瞻。廷訓偕鎮人張子文錦，徵記於九齡。

按秩祀之典，有功者無不報。然則城以衛民，隍以衛城，厥功匪細，崇乎其祀禮，偉乎其廟貌矣，夫豈遄耶。況四境之內，日昱風暢，雲行雨霈，利益皆其所澤；馬牛穀菽，水火桑麻，材用皆其所產；福善禍淫，闡幽燭隱，休咎皆其所司。是靈應於一方泰矣。而信乎感格之不爽者，則又無間於上下之心，凝真《夢記》，①是可徵也。齡不辭，並以神之名號、祀之從由勒之石，用以告後人，知所敬信焉。

鳴沙州重修安慶寺碑記　　長使　張應台

先儒謂教化衰微，凡所以修身、正心、養生、送死，舉無其柄，天下之民人，若饑渴之於飲食，苟得而已。當東漢季運，釋氏以其道鼓行之，焉往而不利。無思無爲之義晦而心法勝，積善積惡之誠泯而因緣作。空、假、中則道器之云，戒、定、

---

① 《夢記》即凝真《夏城城隍神應夢記》，參見《正統寧志》卷下《文》。

慧則誠明之似。至於虞祔練祥,春秋之儀不競,則七日、周年、追薦、劫化之説,亦隨而進。流晉宋而益崇,涉齊梁而大盛。率天下以從其教,擬王者以闢其居,故至今未嘗廢也。夫王者懸賞以勸天下之善,立罰以禁天下之惡,天下尚有不信從歸依之者。釋氏以空言倡化,凡無王公、無士民、無高卑貴賤,莫不信從歸依。似有善不待賞而勸,惡不待罰而禁,豈不謂王化之裨益乎。

若鳴沙州之有安慶寺,古也。臨河面山,幽幽秩秩,寰區城市之中,雖不得與牛首、雞峯争盛,而宏深寂閴,可謂邊徼之一佛塲也。弘治以迨正德間,太監來公先、慶定王似續以修葺,復大其規,益增其盛概矣。至於嘉靖四十年,坤道弗寧,震動千里,山移谷變,寺宇傾頹。慶國主曁世殿下聞之,曰:"佛教實王化之裨益,胡可廢耶? 今安慶寺之圮壞於此,不修則鳴沙一方之佛教將蕩墜矣。吾可恝然乎哉!"乃發藏捐禄,特降睿旨,遣承奉王勳,往董其事。勳亦竭盡心力,仰答國主盛意,夙夜勤厲,掄材飭工。先建山門佛殿,俾將將嶷嶷,瞻禮焚修有所。立鐘鼓二樓,而昏晨司叩,則罿飛鯨震,號令羣錙焉。至於禪堂、僧舍,靡不備舉,使晦明興息,風雨罔迷,將許儀支範,可以攸宜於兹。復繚以崇垣,樹以林木,而幽邃牢密,豈不視昔愈加壯麗哉。兹寺重修,庶鳴沙州一方之佛教不廢,慶國主裨益王化之心,可以少慰矣。

是役也,肇於嘉靖丙寅。①越一歲,隆慶丁卯,②勳乃報成。慶國主令應台操觚,以紀其始末云。

慶府重建鳴沙州安慶寺永壽塔碑記

浮圖氏自漢叶夢始入中國,歷代相衍。稽藏宗門,秘法三乘。本空之信,無爲而成。蕩蕩乎難名者,世稱爲西方大聖人。蓋倡教化雖有殊途,無非修德飭行,敬天保民,默佑國祚也。

我太祖高皇帝混一寰宇,分建茅土,册靖祖開國西夏。覽蘭河勝景,追涉古跡,崇建寺廟。竊謂孤懸朔鎮,入望龍沙,欲維繫人心歸於善善之地,且崇文重道,啟頑化俗,誠屏翰英明遠意也。

鳴沙額設禄田,軍校恒產之地,創有安慶寺,壯麗規模,一方頂禮。我列祖明德恤祀,重修葺,香火綿延。嘉靖四十年震劫,梵宇、寶塔傾圮,獨中殿大佛儼然未動,若有靈光感應。住持洪林,頗有僧行,具啟父王,發慈悲心,捐禄掄材,命官董事。善類景從,悉輸資力。越歲,金碧輝煌,殿廡弘朗,偉然改觀也。即下令有

---

① 嘉靖丙寅:嘉靖四十五年(1566)。
② 隆慶丁卯:隆慶元年(1567)。

司,撰文立碣。緣寶塔乏匠,年久未建,予心早夜靡寧。自隆慶三年以來,屢施營膳之費,工程浩大,未易速竣。萬曆八年三月上旬告完,僧復乞塔名,改曰"永壽"。計尋一十四級,風鐸玲瓏,倚雲突兀。可以對小西天第一峯,上紹父王功德,下祈民物豐亨,仰答天地神明,祝延皇圖聖壽。是役也,善哉! 若鑒臨如在,致敬而遠罔詔於淫,聖經之訓又當以警世也。予譾劣嗣藩,日持惕厲,[43]恐不能飭舉百廢。茲觀續成之美,深慨創建之難,并書以志歲月云。萬曆庚辰仲春望日。①

敕賜慶王牧地重建香山碑記　　兵部主事　蒯諫

我朝倣成周制建國親侯,封四王於秦中,乃慶藩維城。初,慶次韋,凡茅土視列辟皆得欽承。洪武二十四年,奉太祖高皇帝敕書,欽賜慶先靖王牧馬草場。正統二年,英宗皇帝致書先王云:綏德一帶草場,地切近賊警,今後府中差人從驛路行,庶幾無患。又寧夏緣邊多是土達、軍民雜處,皆以孳牧為生。其靈州草場,自大路迤東,可照舊與土達、軍民牧放,大路迤西,聽本府養濟牧放頭畜。庶幾兩相便利,人得安業無有怨。等因。正統五年,又奉英宗皇帝致書云:所諭靈州草場已令巡按御史及陝西布政司、按察司踏勘明白,其山頭井至蒙城樺子山、鐵柱泉、尖山兒一帶,照舊與府中牧放。黃沙窩、月台井接連總兵官史昭等并土達官軍草場,中間有係府中舊牧放者,然土達旗軍近因達賊犯邊移來,今牧種已定,一時卒難那移除。令史昭等照所分地方定立牌橛,再不許越界侵佔。專此以按。等因。欽此。是聖祖神宗篤念親親、天葩赫赫、川原浩浩、界址繩繩,蓋二百二十餘年矣。內所謂香山者,即大路迤西寺兒井,地廣袤數百里,東至土達地界,南至靖虜界,西至黃河,北至中衛所屬常樂堡界。苐地之相距,伊邇松巢,止隔一黃河。邊鄙告聳,先王委承奉劉成於其中卜築瞳所,名曰"劉內官營",督旗校千人耕牧於彼,逮今名為大小校尉川。是已後,點虜浮濤東掠,邊境戒嚴,官校督輟。壬辰兵變,②夏境城墟地之庄區,遂成烏有。事平仗田,大司馬方署創復松疆。建城蘆溝,布列兵將,靖虜達於中衛,恃有藩籬。今王命官管業,而四方荷鍤者如雲。外民王金龍等為佃户,照例納租以供府用。亡何,永康堡豪姓徐甫一見虜害既遠,地脉稱腴,遂齟齬焉。徂歲辛亥,③半簡城回夷馬守連等託以土達買馬備裝,草地與香山連,且嫉流民為讎寇,糾黨逞兇,燔窩持刃,無辜之没烈焰者數十人。金龍等求理於撫按處,而王謙讓未遑已。該司亦具文牒,各有同如,監司楊文忠、理

---

①　萬曆庚辰:萬曆八年(1580)。
②　壬辰:萬曆二十年(1592)。
③　辛亥:萬曆三十九年(1611)。

刑同知王三錫、西路監收同知錢通偕長史郭可威、承奉田壽躬詣山所備勘。又研鞫守連等，具得占地讐民、執火殺人之狀。按依法律，擬守連等大辟，七人首者磔，而楊安定三人爲城旦舂。遵照敕書，以香山地歸慶府。史司復申，允自築疃庄以棲牧民。其種地納租，王命中官李永壽往督，仍於四至豎石明書，再紀貞珉，以示永世。蓋自我高皇帝驅胡出塞，復我中華，經始慮終，防胡爲急。選擇諸嗣，周匝三垂。跨雁門，爲晉府，西踰河曲，歷延、慶、韋、靈。又渡河而北，保寧夏，倚賀蘭，爲慶藩，以其近塞故。城國要於曹、滕，兵軍雄於魯、衛，權崇利命，勢匹輔車。清沙漠則壘帳相望，締宗潢則韜輪不絕。恭讀成宣，綸音數數，獎艷先王。進馬千匹或三五百匹，助甘肅將士征戰。則雲錦千羣以恪供天討者，非欽賜之地浩莽千里，焉能蕃息若是哉。矧楚藩逖在荆襄，而關以西靖虜、會寧之間，皆有牧地。萬曆丙戌，①經界之被蝕於邊豪者，督撫悉爲一清。慶藩建國夏方，璽書明開地址，何物夷醜，輒肆侵凌。乃今内界既明，外藩且犟，安土樂利，輯衆睦鄰，王命渙申，封宇恤守。益見聖天子敦親之典，歷萬世而無疆。諸元老古賢之仁，鍥億年以有永紀。今紹後是，不可以不記云。

皇清分巡寧夏道鈕公生祠碑記

自古名卿大夫，宣猷布化，保釐一方，能爲民捍大患而興大利，其德澤足以垂千百年而無窮，至於百姓謳歌思慕而不能忘，爲之建立祠宇，以祝嘏稱壽於無疆，史册所載，遥遥有之。

昔蘇老泉撰《張益州畫像記》，述張公之撫綏蜀民，與蜀民之感戴思慕不能忘公，至肖其容貌於祠，以傳永久，俾子若孫，世世瞻拜而頌禱之者甚詳。讀老泉之文，雖千百載之下，如見張公也。

吾巡憲鈕公，開墾白馬灘之後，櫛風沐雨，勞不乘，暑不蓋，三年而功成。其事與張公異，而所以施惠吾民，亨樂利之澤，安耕鑿之天者，其功德同也。邑之人士聚而謀於衆曰："今之渠流洋洋，灌溉不竭者，孰疏導之？長橋卧虹，飛槽而渡者，孰區畫而疆理之？皆吾公之所賜也。公之德在吾寧，尤在吾衛。食我農人，以及子若孫，將何以仰報吾公哉？盍建祠以祀諸？"又有謀於衆者曰："祠之宜矣。公之精神心血殫瘁於兹者三年，衆慮其功之未必成也，而嘖有異議。公毅然任之，不爲撓阻，庸底乃績，鬚髮爲白。肖公像於祠，使我子若孫，食德於千百年者，瞻公貌如見公之心，永永祝頌於不朽也乎！"衆皆曰："然。"環跪以請，公不許。塑

---

① 萬曆丙戌：萬曆十四年(1586)。

工竊視有得,翌日,而像惟肖,望之儼然。公弗能止,順民情也。蔽芾之詩不云乎：①"蔽芾甘棠,勿剪勿伐,召伯所芨。"夫召伯循行南國,或舍甘棠之下,民思其惠而不忍忘,以及於樹。矧公積瘁三年,寢斯食斯,其爲甘棠大矣,民其忍忘乎。塑像以祀,亦猶蜀人之於益州也與！

吾儕士民,愧無老泉之筆,謹記顛末,聊撰俚頌以擬《甘棠》之歌,曰：

大河之東,沃野高隆。引水鑿渠,阡陌以通。孰疆理之？厥惟我公。勻勻原隰,禹甸之功。於鑠功成,千夫畚鍤。渠流洋洋,隄崇巘嶫。盧井田禾,萬民樂業。口碑不磨,[44]青銅之硤。膏腴萬頃,粒我蒸民。公像在堂,公德感人。望之儼然,藹而可親。永蔭吾土,八千爲春。食我農人,穀我士女。翼翼田疇,芃芃禾黍。崇德報功,在河之滸。登公之堂,願隨公處。

鈕公恩德碑記

我朝列聖相乘,重熙累洽,四海昇平,生齒殷繁。各省興修水利,廣斯民衣食之源。天恩浩蕩,浹髓淪肌。衛邑河南白馬寺灘,素稱沃壤。時值明季,有紅柳溝兩處山水沖斷,遂爲曠土。附近鳴沙等堡户稠狹居,民屢建木槽渡水,緣力微不能成功。道憲鈕公,上籌國計,下念民生,經營相度。雍正十二年春,具詳上憲,請造環洞,建飛槽,開渠引水。聞於朝,奉旨報可。遂親率屬員,不避風雨,於是年六月興工,至九月間規模已就。次年復加修葺,水過飛槽,勢如建瓴。人民雲集,廬舍星羅。百年荒地,盡成沃壤。七星渠口,逼近山河,多鹹,每過驟漲,溢入渠內。寧安、威武之地,率皆生成蔓草,荒灘淤泥壅塞。鳴沙地畝,得水維艱。鈕公規畫地形,於沙草灘下建正閘,逼迎河溜。既避山水,又暢渠流,開墾新田,咸皆霑足。

工程總理則寧夏府郡憲顧公諱爾昌、西路司馬吳公諱廷元、新寶水利別駕今陞寧夏水利同知費公諱楷。辦料則邑侯姚公諱廷柱,分督學博張公諱琦,縣幕吳公光榮,縣尉曹公思坤、張公永芳、陳公景鵬、陳公天叙、江公躍龍、顧公璡、高公學敏,鎮標部廳劉炳功,加徐公鍾、王公永德、周公文宗。以三載之辛勤,成萬世之樂利,廣聖澤而沛皇仁。爰書以志不忘云爾。

文廟社學碑記　　黃恩錫

古者國有學,鄉有塾,黨有庠,術有序。自虞、夏、商、周,以迄歷代,莫之能易。良以育人材,明禮義,厚風俗,舍學無以化成於天下,即舍學無以化成於一

---

① 參見《詩經・召南・甘棠》。

邑也。

　　中邑爲沿邊之衝，山分賀蘭之秀，水發星宿之源，地靈所鍾，代傳忠義。自元迄明，戎馬烽燧中，武畧時聞。而設衛建學以來，明一代無以科名顯者。迨我國家壽考作人，加意文治，超軼往昔，其培養既深且厚。雍正甲辰，①劉得炯、馮飛雲并舉鄉闈。自此科第繼起，後先相望。己未會試，②王肇基、劉霖同捷南宮。文學遂盛於河西，豈非振興鼓舞之所致與？

　　錫於丙子夏，③自湟中移宰是邦。竊喜其風土人物，爲西陲富庶之區，迥與他山邑異，愈留心學校。是秋上丁，於典祀儀節、祭器品物詳爲講求，列陳設圖。復於因公所至，集鄉人士於社學，禮貌而坐論焉。其間儁秀之材，立心向學者，固不乏人。而邊地習氣，父兄之教子弟，或重武而輕文者有之。又或村師俗學，罔知經史古文，所課誦則濫本殘牘，以寫做字紙厚壳之，沿爲法守，令人見而心憤者，曾力闢而去之。其他經書，間爲正其字畫、句讀，出向年諸生時教書課蒙時之有所見者，指陳而諄告之。既至之次年，遂於各堡社學，舊有者振其廢，本無者補其缺。置學田以贍修脯，延端士以立師説。春秋稽其肄業之人，朔望課以藝文之目。迨丁丑夏，④奉檄改訂科場條例，二場增八韵詩一首。邊地於平仄聲韵，素無講習，知此者寔難得人。復爲之寫發唐人試帖，於課試時口授而指示之。雖歷歲軍需，心弗敢懈。偶有餘力，課册必手自評閲。其生徒接見，於論文外，凡倫常日用，立心制行之道，必述所聞於先儒者，與諸俊秀相講求而體驗之。良以中邑之富庶，科第之崛起，已駸駸乎日盛矣。

　　凡我士民，當此西戎即叙，邊塞寧謐，田賦歲蠲，年稔時和，愈含育於聖明之休息教化，可不父戒兄勉，更肆力於學，以孝弟忠信立其本，以禮讓敦睦厚其俗，以學問道德進希聖賢，以經濟文章翼贊太平，俾文行兼資，處可以化及於鄉，出可以名立於世。將邊邑也，而比隆於齊魯，錫於此竊厚望而樂觀厥成焉。所有學舍、學田，思可繼於將來，恐遺亡之莫據，用勒諸石，因書以記之。時庚辰秋八月上旬也。⑤

改建馮城溝環洞碑記　　黄恩錫

　　余自碾邑調任中衛，丙子夏始涖視事。⑥越初秋，山雨水漲，白馬灘以衝塌

---

①　雍正甲辰：雍正二年(1724)。
②　己未：乾隆四年(1734)。
③　丙子：乾隆二十一年(1756)。
④　丁丑：乾隆二十二年(1757)。
⑤　庚辰：乾隆二十五年(1760)。
⑥　丙子：乾隆二十一年(1756)。

紅柳溝環洞飛槽三十七丈餘具報。又馮城溝環洞亦遭衝決，僅存故址。是時，鳴沙及通灘民，咸驚懼無措。司馬伊公同余馳至勘查，詳請上憲，估計補修紅柳溝環洞，得蒙報可。隨採石於棗園、常樂之山。至今丁丑年二月春融，①撥運赴工，糾衆興作，越兩月而槽洞告竣。其馮城溝舊屬民修，例不得動公項。適郡太守童公查勘，親至渠所，伊司馬與余詳悉商度，相率捐俸興修。余得藉手捐資，以效奔走督率之勞，與諸父老永樂利之謀焉。浹月而馮城環洞亦成，依然慶安流、分河潤於無窮矣。

嗟乎！馮城、紅柳兩環洞而下，以四萬八千四百餘畝之正賦、四十餘里千百家衣食命脈，所係甚鉅。民力既艱，而馮城之修又不得動公項，使不急爲之所，將前觀察鈕公以及先民之櫛風沐雨，策羣力而建馮城之工，動公帑而創紅柳之渠者，不幾於莫爲之後乎。余猥承憲命繼修，竭力與士民商辦，衆咸踴躍從事。凡受澤於七星渠水者，胥輓石出夫，奔走恐後，共襄厥成。以二月十二日起工，於四月初告竣。時士民請勒石以紀其概，余因約其工費之數，刻之碑陰，以告後之留心水利者。

捐修廣武河防碑記　　黃恩錫

廣武城東十餘丈，即濱黃河。舊於河岸砌亂石築土爲隄，蓋邑紳率同邑之士民捐金所築者，已幾歷年所矣。

向日河流大勢東行，歷年無患。近三四年來，侵汕西土岸，地形既低於東岸，山脚水勢强半注於西北，日夜崩刷，有衝射城垣之概。近城舊隄單薄，日漸坍。縣令黃恩錫以廣武城兵馬倉廠之地，所關甚距。二十四年春，詳請補修舊隄，以護近城。於去城六七里之葛家橋河岸，築迎水馬頭。是年夏秋汛，隨時修防，免於患。二十五年夏五月，水大漲，崩岸覆隄，兵民震驚，日夜守護。乃以其狀通聞各憲，蒙制府委方伯陽湖蔣公親臨查閱。時橫城亦被水冲陷城角，工猶急於廣武。方軍需告竣，艱於動項，遂飭詳以相近之白馬、張恩、渠口、鐵桶協濟之，用民力修補，加築廣武沿河堤垾。逮秋汛，葛家橋支河忽淤，水溜改冲，賈家灘以下侵刷崩塌，幾至官路。錫乃於是冬，倡捐物料，率廣武及各堡民採石於山，預備蒲茨、柴束、柳椿、土木各料，詳借倉儲米麥五百石，爲近堡協濟夫役口食。於辛巳二月十一日興工，②至三月底而工竣。計自葛家橋淤河口，築土石沙隄四十一丈；李家灣支河，築截水隄一百七十五丈。計下大埽若干，其隄外包大石，或貯石

---

① 丁丑：乾隆二十二年(1757)。
② 辛巳：乾隆二十六年(1761)。

囷、木籠，底下碎石，以防侵汕。幫隄絮以蒲麥、柳柴，覆土堅築，厚丈餘至八九尺不等。方下埽堵河，衆推一巨埽，至岔河口稍北，堅重不可移，其餘埽因而向之，相接成堺，爲一大攔水馬頭。河口始截，會舡工浮大石五艇適至，工遂成，衆咸謂若有神助焉。其近城，上至賈家灘尾，下至董家灘止，補修加築石土隄三百八十三丈，外皆絮柴壘石固以椿，中實以土。新築大小迎水馬頭八，幫厚土隄五六尺不等。通計用石八千餘車，蒲茨、麥柴萬餘束，木椿七千，用夫一萬有奇，其近隄樹以柳。落成之日，衆咸謂堅厚可久，遠勝昔築。廣武之保障，從此數十百年矣。

於是即興工始末，畧叙次之，以勒諸石。

續修七星渠碑記　　鄭元吉

中邑之寧安堡西三十里，有七星渠。引水灌田，其利溥哉。吉宰邑甫數月，奈何有議於宰者曰："渠淤塞而荒疏濬也。"有訴於宰者曰："渠疏濬而多觀望也。"有爭於宰者曰："渠爲地居上游者防堵而水不暢流也。"嗚呼，吾其何以盡心於渠哉！因進各堡老農數十人，詢利弊，僉曰："水道綿長，渠分三段，利於耕丁者廣。新寧安堡，地居上游，以田近渠口，水灌其地者足，故每年挑濬工費輒諉諸他堡，人以爲坐享其利，致起争端，故不得不訟於官也。"余悚然曰："責不在民耳，責之是誠在我。"於是輕騎減從出之郊，步行數十畝之地，計畝派工，計工科費。水之散者聚之，流之滯者洩之，堺之傾覆者砌築而堅固之。始猶於勸之外寓以懲也，繼則民樂利而忘其勞耳。甫閱月而工已成。渠水洋洋，其流活活，計其沾漑之澤，可利四萬餘頃。迴憶耕丁之涉訟病農，今不已各竭爾力，各佃爾田哉。

夫渠之所達，曰新寧安堡，曰恩和堡，曰鳴沙州堡，曰白馬通灘。前明天啟丁卯，①改修於大中丞焦公。我朝雍正十二年，疏濬於觀察鈕公。然其脉絡之窒塞不常，在居民及時引導，勿至觀望推諉，積久而污穢之爲患。今雖支派已通，堤堺不塌，豈得曰防護之力可弛於一日耶。然或用獨力而能效，或藉衆力而始能效。是在守吾教而勿廢吾法，則惰者不惰，勤者愈勤。今而後，無水潦，無污萊，田益充，水益足。又當和鄉黨以解争，睦隣里以息訟。勿入公門，各安爾業。庶我四萬餘畝之户，以蕃其樹藝，以長其子孫。《詩》曰：我田旣臧，農夫之慶。②村則比諸徐州之朱陳村可也，田則北鄲州之新學田亦可也，實於四堡有厚望焉。

應理書院碑記

應理書院，舊在南門，起於司馬士鐸高公，年月無可稽考。嘉慶二十年乙亥，前署宰周公又溪，因堂楹狹隘議改建之，捐買草廠吳氏舊宅一椽，內院一，講堂一，外院一，內外房舍共二十六間。書院之規模，遷自周宰始。

歲己亥，守土於茲，③課士周覽垣墉，嘆其漸就傾圮，欲加修葺。時余方經營文廟、學宮事

---

① 天啟丁卯：天啟七年(1627)。
② 參見《詩經·小雅·甫田》。
③ 己亥：道光十九年(1839)。

宜，遲遲尚未有及此。逮今歲庚子冬，①然後將書院整頓之。所仍舊而增高其氣象者，院內之講堂也，院周圍之牆垣及院前之照壁也。所重新而特加其改造者，院之門戶，院之房舍二十六間也。庚子冬至辛丑春，②鳩庀既成，頓改舊觀，余夙心於是乎一慰也。雖然，院既成矣，士可不及時勉乎？夫書院徧天下，以朱子鹿洞爲最著。余江西人也，昔嘗游學其地，尤私淑其教，以上溯聖賢傳受之道。朱子嘗言：先王之教，以明人倫爲本。所以漸摩誘掖、鼓舞作成之者，無非有以養其愛親敬長之心，而教之以修己治人之術，固不僅以其習於章句，以爲儒賢於流俗而自足也。中衛邑去京師萬里，風氣視中土爲遲，然山水甲雍州。余獨喜其俗不偷，無奢靡，無浮夸，無僧道煽誘之習。淫詞邪說，尚畫然不能闌入於其間。使爲士者，皆能好學深思，力行待取，敦於孝弟忠信、禮義廉恥，以爲齊民之法，通於射御書數、兵農禮樂，以爲用世之才。經正民興，化行俗美，一變至道，其庶幾乎！余修葺書院事已成，而不能嘿於論學，故備序於此。

董理其役者，舉人蓋奇文、廩生呂開陽、監生張玉璣。區畫盡善，例得備書。其衆捐金錢之數，則分泐諸石，俾後有稽焉。道光二十一年辛丑歲季春月下浣，知縣鄭元吉撰。【《續中衛志》卷九《藝文編·記》】

龍神廟碑記　　張若敏

禮凡有德於民者，則祀之。而惟農田水澤之利，其施於民者爲尤溥。中邑夾河而治，決引灌漑，據銀川之上游，食德而飲和者千百年。然廟祀不立，典禮有缺，抑亦政教之弗詳也。

歲丙子，③邑侯滇南黄公，以名進士移守此邦，始至之日，常志於斯矣。時軍役繁興，民力重勞，未及舉。越明年，富公攝西路司馬，水利專職也。首夏迎水祀神，爲壇於官渠橋之北阡，曠野卑濕。公慨然曰："是豈足以迓神休哉？其特建祠。"維黄公亦曰："其必特建祠。"爰是捐清俸，計規模，商諸士民，議建河渠龍神廟。邑之紳士，遂輦相鼓舞，樂勸其成焉。面厥土之所宜，求故材之可因，爲正殿三楹，東西廡六楹，垣以周牆，表以高閈，土木葺除，黝堊丹漆。始工於戊寅之五月，④而落成於己卯之三月。⑤亦足以妥神靈矣。

二公命爲文以記之。敏應之曰：夫禮，固緣情以起者也。中邑勢處邊塞，土脉沙鹵，歷代用武之地。迄今兩河繡錯連阡，士歌《豳》《雅》，農頌樂郊。四方賓客，舟車絡繹。以至冠婚喪祭，盡分竭情。棗梨桑杏，春華秋實。佳哉沃壤，亦何利之溥而物之阜也。使非藉澤星河，挹注洪流，其何能若是。夫食德

---

① 庚子：道光二十年（1840）。
② 辛丑：道光二十一年（1841）。
③ 丙子：乾隆二十一年（1756）。
④ 戊寅：乾隆二十三年（1758）。
⑤ 己卯：乾隆二十四年（1759）。

思報，民豈無心，而典祀之義未明，亦因循而不克舉。茲二公者，特秩無文，肇舉元祀。向之平蕪磧礫，剷削修飾，期年之間，巍然雲屯而霞起。雖守土作吏，推治民者以事神，寔已舉數百年來人人之所斷斷未滿、拳拳欲申者，而一旦暢然，其無憾矣。

廟既成，奠且有日。每歲四月立夏，邑之文武官吏，儼然造焉。凡邑之力農而服田者，咸盂酒豚蹄而從之，名曰迎水之祭。秋收報賽，邑之文武官吏，又儼然造焉。邑之士庶，亦庚億倉盈含鼓而從之，名曰謝水之祭。其將享之意明而誠，其祀典之隆光以大。殆所謂緣情以盡禮，酌今而準古者矣。夫豈猶尋常瀆神邀福，徒侈梵宇宮觀之雄者哉！是爲記。

餘慶堂捐建義學義田記　　俞汝欽

今天下車書一統，萬邦咸熙。大凡書香世族子弟，莫不閉戶潛修，爭自琢磨，上應聖天子右文隆武之制。間有孤寒，不能延師肄業者，上命督撫大臣，飭令郡邑有司，設立義學。考選學行兼優者，延爲師範，啟迪童蒙，毋怠毋荒，定爲有司考成賢否一則。是以寔心奉行，師資公給，弟免私修。一切孤寒無告之人，咸得奮志攻書，將見野無遺賢，濟濟廟堂。雖其間不能盡登書升，而稍讀《詩》《禮》，明倫曉義，自鮮悖逆爲非之事。久安長治之道，端不外於教化興行也矣。義學之設，不綦重哉。

惟我廣武，營壘汛守，非郡非邑，因無義學。余先嚴大夫，向鎮雲中，奉旨榮旋展墓，目睹渠壩壅崩，恐廢鄉人養命之源。先刮己囊千金，囑咐老成殷寔者，董事修濬，至今灌溉晏然。未遑計及於教，嗣陛楚提，復諭余云："吾鄉渠壩既固，永無虞於養矣。但有養不可無教，今寄俸餘若干，汝當即建義學一所，揀置義田若干，以資義師館俸，仍備幣禮，[45]延請通儒。設帳後，備具家報前來。父善即子善也，汝當遵行勿遲。"余遵即建學置田，幣聘春元九峯高先生設帳斯館。迄今數年，漸有成名上進之士，不負先大夫慇慇造就之雅。但斯田斯館，自捐之後，已非俞氏所有，永爲廣武世代相沿之義學、義田也。誠恐世遠無稽，或爲無良侵占，亦未可知。特將學堂間架、地基四至、田畝分數、坐落四至、應納糧草，一并勒石於左，以便後之師斯館者，輸賦耕田，不吝循循善誘，無墜先大夫樂施樂育之義，永感不朽，惟甕是記。

計開：捐建義學一所，共房一十六間，坐落本營城內；義學俸田二段，原買趙安全田二十畝，原買沈太全田二十畝，鷚田二畝，共田四十二畝，俱係附郭腴田，坐落本營四郊地方。

重修棗園社學記　　于三公

今天子御極之六年,歲辛酉,①敕天下禁止邪教。凡聚會説法之塲,皆燬其象,焚其書,驅逐其人。於是縣父母錢公諱應榮,遂改説法之塲爲讀書之舍。此棗園社學所由來矣。然學雖立,尚空名無寔也。嗣奉府憲趙公命,重整社學。甫一載,趙公即解組去,事遂不果行。自是之後,征粮積貯,教讀之所又爲倉廠之地。何斯文振興如此其難也。

越乾隆丙子,②邑侯黄父母移治應理。夫侯滇南名進士也,甫下車即除河田賠賦。雖值西陲多事,軍興旁午,挽運供給,諸務叢集,公出其理繁治劇之才,既毫無累於民,且復捐清俸給館師修脯,修社學。凡窗櫺、户牖、牆垣,以及館中肄業生徒所需案棹、坐櫈,皆爲置之。每月課試,皆手自批閲。苟非長才優裕,孰能於擾攘之日,而從容分理,百廢俱興如此也。歲庚辰春,③棗園社學置入無差粮田五十七畝。遺愛千載,永資膏火之費。將登堂肄業者,吾邑百世之子弟,皆有以被其餘澤矣。竊願後之服教而從學者,互相勸勉,以孝弟忠信爲寔誼,以經濟文章爲英華,庶無負此作人之雅意焉。所有學田坐落,并勒之石,以志不朽。

香山三蓬記　　劉震元　生員　香山人

物苟足以有用於人,則雖所施不必博,所濟不必衆,而一郷一邑之食其德者,賴之以獲夫生全,亦良有足多者。

中邑大河之南有香山,迴環數百里,於有明爲慶府牧馬草塲。迨我朝定鼎,近民始計牛隻報墾。從此穴居室處,漸成村落,遂有七十二水頭之名焉。其山地土性,宜麥、豆、菽、莜、燕麥之類,間有種藨穀者,所收殊薄,此外無他樹植。多旱少雨,鮮泉流可資灌溉。俗諺云"三年小旱,五年大旱",非誕言也。

每荒旱則山民乏食,惟官儲是賴。然農婦牧子,望升斗而不繼,則有草食而第求果腹者。其草實之可食者有三:惟綿蓬爲最,水蓬次之,莎蓬又次之。莎蓬僅堪飼牛,人甚不得已而食之,難下咽矣。水蓬之楷可以炊,其子多在衣中,最細小。食之之方,淘以水五七次,晒乾磨作麵食之,食久則身多腥氣,而面浮黄腫,惟不至毒人於死而已。綿蓬,其苗可作菜。當其未實,郷人多採之,稍稍和以粟米煮而食之。至結實,其子大於水蓬,形似胡麻而小黑,每一葉含一粒,本末皆然。食之之法,始少濟以水碾之,復淘以水,如治水蓬然。晒乾磨麵,可蒸食,亦

---

① 辛酉:乾隆六年(1741)。
② 乾隆丙子:乾隆二十一年(1756)。
③ 庚辰:乾隆二十五年(1760)。

可爲煮食,較莎蓬爲美,較水蓬則不至面浮黃腫也。歲熟,人或取綿蓬和粟米釀酒,可備告凶禮,謂之綿蓬酒。然有年即不多產,即出亦稀,惟作菜食而已。聞往昔康熙中,歲大荒,絕粒食,山民之苟有孑遺者,皆恃三蓬爲活。今自己卯至庚辰,①災旱幾同於昔,良有司雖申請發粟,按月計口以賑,而山民之衆,亦復資蓬實以輔其所不給。蓋蓬子以粟麥相和,則食之幾無異於糧。而旱則地亦多產,遂有收入以數石計者。彼蓬雖微物,其有濟於山民之艱,食者固可忽哉。於是爲之記,以告夫司牧者,使知夫民食之艱云。

永康社學碑記　　楊士美

君子之學,所以明體致用,扶持世教也。朱子謂:"備諸心以修諸身,而後家國天下,人各全其天,事皆得其理,可恃以久安而常治。"其義亦縶詳且著矣。顧其功人人可勉,而其權則操之有本。以故,自古聖君賢相,莫不孜孜立學,以務成天下之才。

吾堡屬在僻壤,在昔頗稱淳厚淡泊。父兄之所以爲教,子弟之所以爲學,率皆循循謹飭,以不失乎孝弟敦睦之風。然求所謂明體致用而盡乎學之分,則尚未能窺古人之涯涘。故漸流漸敝,雖咕嗶之聲不絕於耳,衣衿之族爭耀於時,而循循謹飭之風,求如曩昔而不可得。即文藝舉子業,亦未有寔致其力於探討者,無亦徒務夫學之名,而不講夫學之實與!

邑侯黃公,滇南學者。凡其所作,本真性情,發爲文章,敷爲經濟,事事皆爲人心風俗計,而猶以講學爲先,增建城堡社學八。吾堡於己卯歲,②亦并建學於漢關侯廟側。誠以關公之忠義氣節,固得之性成,而亦讀《春秋》者之得力居多,則取法不遠也。更爲置本堡燕子窩灘田租息及堡門外市房租銀,歲延師以教其堡之子弟。

公於巡省所歷,輒爲諸人士指陳,讀書窮理,皆必切於日用,期修身齊家,以敦本而厚俗。而經、史、詩、古文、詞之所以頒之學而課習之者,皆以爲此也。月之朔望,所課詩文,皆手爲批閱,以示風勵。殆所謂父母斯民,不愧科名者矣。

堡社長張君宗齡,與多士問記於余,以圖不朽。余固沐公之教,願學未能也。因畧述學之所謂明體致用務實而不務名者,用以發明公建學之意,期與學者共勉焉。若不求諸身心切近之地,而第務爲外飾,以欺鄉愚之耳目,則上之不能爲國

---

① 己卯至庚辰:"己卯",乾隆二十四年(1759)。"庚辰",乾隆二十五年(1760)。
② 己卯:乾隆二十四年(1759)。

家有用之才，下之不能鄉里風俗人心之寄，即雕文鏤章，亦浮飾無補。豈惟負我公振興實學之心，而偏私貪競，適以貽士林之羞矣。謹識其概，以質之諸君，并勒學租銀項各欵於碑陰，以昭來兹。

〔序〕

重刻《關學編》序　　劉得炯

理學之著明於世，天人之道也，性命之原也。此理人人俱足，此學人人可爲，而卒鮮其人，何哉？蓋兩間之正氣，不能不有雜氣以間之。理也，亦數也。天無如人何，人亦無如天何也。然而秉彝好德，人有同情，故曰："聖賢可學而至也。"其在《易》曰：①"窮理盡性，以至於命。"聖聖相傳，心心相印。如日月星辰之麗天，毫髮不爽也；如山河大地之流峙，萬世不易也。外乎此者爲異學，竊乎此者爲僞學，歧乎此者爲雜學，而貌乎此者爲俗學。學之途分，遂將釀爲世道人心之害。聖人爲一己正性命，即爲天下萬世開道統。上世羲皇至二帝三王無論矣。春秋、戰國，關生民未有之奇，深私淑願學之念，而濂、洛、關、閩，越千有餘年，而獨得其宗，聖道之光大，燦然復明於世。

自宋至明，代有傳人。至我朝昌明正學，學者咸知理學之爲要，而翕然向風，無不仰慕前徽，希踪往哲，冀得升其堂而嚌其胾。余讀《關學編》而深有感焉。是編，少墟馮先生之所著也。先生諱從吾，字仲好，長安人也。萬曆己丑進士，②自庶常入朝，累有建白，然艱於仕進。生平篤志聖賢之學，四方從學者千餘人，稱"關西夫子"。乃舉關中理學之可傳者，集爲一編。自橫渠張夫子始，③共三十三人。將使前賢之學問源淵，微之，發明聖道，顯之，立身制用，卓然不愧爲學者，以昭來兹示典型。而新安持國余公，序刊以傳世云獨是是編。自明季至今，百有餘歲，雖間有舊本，而版籍無存。恐遲之久，澌滅殆盡。後之人欲覓是書而知其人，奚從而知之？余以寒氈薄植，固望關閩之門牆而不得入者，雖然，竊有志於斯道矣。《易》曰：④"西南得朋。"從其類也。邑中丁巳進士趙民蒲者，⑤與余同譜，現任儀隴縣知縣。其學務實行，居官識大體，號爲知交。因郵寄書，約爲同志。捐銀三十金，余亦捐俸數金，重爲刊刻焉。

---

① 參見《周易・説卦》。
② 萬曆己丑：萬曆十七年(1589)。
③ 橫渠張夫子，即張載，字子厚，因徙家鳳翔郿縣橫渠鎮，學者稱橫渠先生。
④ 參見《周易・坤卦》。
⑤ 丁巳：乾隆二年(1737)。

夫四書五經，理學之淵源備矣。國家垂爲令典，以丹鉛甲乙，非徒記誦詞章，取科第弋榮名已也。前君子以心入乎聖賢之心，而心有同理。後之人豈不能以心志乎前人之志，而與之同心哉。並將少墟先生入於集中，而復齋王先生，以布衣銳志學聖，四十餘年不出戶庭，甘貧樂道所難能者，亦續入焉，以就正於有道之君子。

噫！學問之淺深，性也；功名之得失，命也。正心誠意以修身，主敬致知以力學，而後性命一歸於正，敢不折衷儒先，惟日孳孳，以期共勉於諸君子之後哉。

書

上本府開採鉛洞情形書　　乾隆二十一年　黃恩錫

本月初七日，恭接憲札。昨接蘭州府來札，云：中衛所屬之狼嘴、七棵樹兩處洞口，據委查章典史稟稱，鉛砂俱旺，亦無碍於山民田廬。今奉代辦，藩憲諄諄面諭，以甘省重兵駐劄，鉛觔最關緊要，必得廣爲開採，務須查明，據寔詳議，以憑核覆，切無以從前並無鉛砂具稟回覆。等因。夫以邊要駐兵之地，需用鉛觔甚多，廣爲開採，順天地自然之利，佐軍務有用之需，職敢不仰體憲指，遵查開採，以上體爲國興利濟用之至意。第查鉛洞試採，旋採旋廢，歷年并無成效，此不得不先爲據寔詳稟者。

按：自乾隆十八年七月內，有皋蘭縣民耿延禮等，以卑縣香山狼嘴、上下石棚、貓兒頭嶺等處，鉛苗大旺，隨奉憲委靈州何吏目，卑縣章典史，帶同鉛商耿延禮等，在於狼嘴、貓兒頭嶺等處，督商開採。鉛苗微細，寔屬挖空之洞。該商等率意試開，糜費工本。并貓兒頭嶺等處，所出鉛砂煎煉無成，隨將洞口填塞。又狼嘴等處附近邊牆，雖有鉛洞數處，業成古洞，且近邊塞，恐做工雲集，匪類混入滋事未便，經前縣金令詳明禁止在案。又於乾隆十九年九月內，有靖遠縣民張起統、寧夏縣民黃開基等，以卑縣香山小井溝土坡、上下石棚、貓兒頭嶺、七棵樹等處，所產鉛砂甚旺，稟憲試採。嗣奉前藩憲飭委惠安鹽捕廳李及前縣金令，帶同該商等親赴香山一帶踏勘，貓兒頭嶺舊有鉛洞數處，并無砂苗。在七棵樹地方踏勘，旋據七棵樹附近民人梁桐等，以有碍民田墳墓，且接壤靈州、固原，回民雜處，稽查易疏，同聲稟阻。嗣據黃開基等稟稱，七棵樹地方砂苗旺盛，經鹽捕廳李、前縣金會詳，在於七棵樹試採一月，所獲生砂，僅百十餘斤，煅煉連石鉛十二三斤，已屬空洞，鉛砂甚少。其上下石棚，竟無砂苗，詳覆無效。奉前府憲趙批，飭督商委朔縣江典史，在山開採二十餘日，挖有六七洞，深六七尺不等，並未見有砂苗。

據禀該商等所稱砂旺，不過如是。別處情形，亦復可知。再奉批，飭督該商又在於七棵樹左近，搜採十餘日。據江典史禀稱，挖洞三處，或六七尺、一丈不等，亦無砂苗，俱係石頭等情。經前縣會詳，出鉛無幾，不能多採，詳請停工，禁止開採在案。前奉代辦藩憲，飭查縣屬香山等處，出產鉛砂，令即親赴該處確查，有無違碍田舍墳墓，據實詳議。卑職悉心查訪，試採舊洞，鉛苗微細，難期有效。

今耿延禮等，復行禀請開採，及委員渭源縣張典史查驗，狼嘴、七棵樹鉛砂甚旺，並居民願領現價開採。卑職何敢以前詳拘泥，但查歷年開採，并無成效。若率行詳報，恐出鉛無多，旋開旋止，且附近居民田土不無荒擾之處，亦屬未便。所有鉛苗微細，及前後開採情形，據寔縷析禀陳，伏候鑒核飭示。

上各憲言河崩沙壓請除差粮書　　乾隆二十一年　黄恩錫

竊查中邑，自乾隆五年起，至十五年止，河崩共地四千零二十八畝七分一厘，內賠納銀一十二兩一錢五分六厘三毫一絲，內賠粮三百九石九斗九升七合二勺，草一千二百八束六分一厘三毫，前任內造冊請免。嗣奉部咨，凡有官荒地畝，令其報墾撥補。又陸續呈報，自乾隆十五年起，至二十一年止，河崩沙壓地六千五百畝有零。

職到任之始，即據各堡士民禀懇，豁除差粮。伏查地被崩壓，賦役無著，寔屬民累。隨即留心確訪，凡有墾種成熟、隱匿未報地土，俱令據寔首報，共報出地一萬三千餘畝，當經禀明督撫各憲，批令履畝勘丈，撥抵在案。前自入春以來，正值辦理軍需台站，協濟馬騾，並渠道工程一切。迨稍竣後，卑職即會同委員、西路廳，履畝踏勘。緣村落散渙，田多畸零，有需時日。今自三月起至五月十五日止，陸續將首報地畝，逐畝勘丈，雖皆受水澆灌，耕種成熟，而湖灘齼潮，其間瘠薄居其大半，廣種薄收，必照山地之利，折數計畝。爲地雖多，寔可承粮應陞科則者九千七十九畝二分。職詳慎斟酌，按計寔在可以承粮撥抵：全田一百三十六畝四分零，每畝征銀一厘、粮一斗二升、草三分，共應征銀一錢三分六厘零、粮一十六石三斗七升一合、草四十束九分二厘；全蘆田一千七百九十二畝二分，每畝征粮六升、草三分，共應征粮一百七石五斗三升二合、草五百三十七束六分；半蘆田一千八百六十九畝七分九毫，每畝征粮三升、草三分，共應征粮五十六石九升一合二勺七抄、草五百六十束九分；全鹼田一千四百七十三畝六分七厘，每畝征銀一分、草三分，共應征銀一十九兩一錢五分七厘、草四百四十二束；半鹼田三千八百七畝一分九厘九毫，每畝征銀六厘五毫、草三分，共應征銀二十四兩七錢四分六厘零、草一千一百四十二束一分。通共應征銀四十四兩四分九毫零、粮一百七十九石九斗九升四合零、草二千七百二十三束七分六厘零。職復將十五年以後，民間續報河衝沙壓之地,細加查勘,恐其中不無以少報多之弊。拘集地隣,核對征册,勘出寔在衝崩地四千二百三十畝,內賠納銀二十一兩九分,賠納糧二百七石六斗,草一千二百七十五束。前後共應豁除銀三十三兩二錢四分六厘零,糧五百一十七石五斗九升七合二勺,草二千四百八十三束六分零。除撥抵外,下剩銀一十兩七錢九分四厘,草二百四十束一分,再無抵補可墾餘地。通計前後衝崩地畝,尚有賠糧三百三十七石六斗二合,猶屬民累。縱有餘荒,俱係鹻灘,成廢難必之地,不便遽為陞科,只可令其試種。

所有無可撥補之田糧,伏祈憲臺俯念民艱,核賜轉請題咨豁除,則邊氓戴德與河流並長矣。

詳夏朔靈糧車直運涼州上本府書　　乾隆丁丑[①]　黃恩錫

四月二十八日,奉文撥運卑縣粟米六千石,靈州粟米六千石,飭令沿途短運,接替至肅。則夏、朔二縣接送靈州之糧至廣武交卸,卑縣撥車同中邑糧石併運至皋蘭縣屬之紅水地方交卸,似亦勞逸均平,而勢有難以短接轉運者。

查紅水及平番屬之阿壩嶺,古浪之大靖、土門等處,俱因遠去縣城,辦車不及,是以前此十九年辦運羊肉乾,即經皋蘭縣詳請令寧屬直運涼州。今次撥運糧石,卑縣既運中邑應理、廣武、棗園、石空等倉粟米六千石,其至涼有遠至七八百里外者,即中衛縣城至涼,亦復六百二十里。又縣西四十里,阻滯沙山,車不能行,必由河船拉至長流水之冰溝,始能上岸推挽,而長流迤西,沙多路澀,用車既多,民力寔屬拮据。卑職正費籌畫間,旋接平古二縣關移,阿壩、大靖地處邊隅,辦車維艱,業已通詳。又奉涼府憲檄,飭令將靈中二處粟米直運涼州,是其不能短運之處,隣屬已經詳請。而中邑出境口外各站,不能接替,所關匪輕。查雍正年間,轉運糧石,皆係直運涼州。是以援照通詳,良以用車至三千餘輛,非短運餉鞘軍裝等,車不過一二百輛者可比。用敢備細縷陳,希惟鑒察。至辦運糧石應需口袋,現在極力辦製,車糧俱已陸續起運,其車輛情形,民間向俱輓運。過涼州糧石,尚屬踴躍從事。理合併呈,伏候飭示。

上各憲請建寧安倉就近征收額糧書　　黃恩錫

竊查卑縣城鄉各倉,歷年積貯各項糧二十一萬餘石,久已廒房不敷。典租民房及各寺廟借貯,稽查難周,恐致潮濕霉爛。曾經具詳,於城鄉添建倉廒,業蒙批飭,以靈州、平羅二處請建倉廒,奉部駁,令於附近營汛搭估兵糧之處,熟籌變通。

[①] 乾隆丁丑:乾隆二十二年(1757)。

緣格前例，未蒙允准。

卑職伏查，開征在即，倉儲關重。除城鄉各倉，稍有變通之處，隨地佈值外，惟廣武倉逼近黃河，地多潮濕，又征收本堡及新舊寧安、恩和、鳴沙、張恩、白馬通灘、渠口、鐵桶各堡額糧，爲數較多。其歷年所貯餘糧，典租民房，借寄寺廟，城小地狹，城内城外逐處擇貯，現在寔無變通之處。即欲捐建數間，而廣武小城，兵民稠密，并無隙地。

卑職再四籌畫，查新舊寧安、恩和三堡，距廣武窵遠，每歲納糧五千九十餘石，係由船載，計程七八十里，水脚盤費，民間輸納維艱。緣諭商該堡士民，惟舊寧安原係大堡，舊有公舍倉房三間，再爲捐建倉廠五間，就近征收恩和、寧安額糧。該堡地勢去河較遠，土性乾燥，稍爲設法變通，寔於倉貯、民力兩有裨益。且地處適中，即將來廣武本城支放兵糧或有不敷，亦可隨時運濟，不致阻遲。卑職捐備應需木料、匠作工價一切。其土塊、牛車、人夫等項，民既樂從，情願自備。除現在相度地基、鳩工興修外，事關捐建倉廠，移收額糧，理合備聞。

祥符縣五所鄉約公保軍河縣佐邦瑜趙丞呈稿

呈爲懇恩急留異常賢佐，加銜照舊任事，以便萬民，以利地方事。

竊照保官之例，似屬常套，曾有保非輸心，是以上臺老爺，不得不因其套而以爲故事。

如今日祥符軍河縣丞趙邦瑜者，苦心偉績，有利地方，壽等寔出於真心之保留也。夫本官原以恩選授職，自重出身途正，即知清操自持。清軍而戒武有條，治河而疏通安瀾。委管科塲，行户毫無虧損。理問批詞，原後皆無怨言。任事兩年，一清徹底。鄉縣軍民，歡聲雷震，喜氣雲騰。歌父歌母，望之不啻泰山北斗。夫何報轉山西太原府候缺經歷。在彼處以候缺之閑職，尚無可任之事；在此地去一賢能，地方大失其人。當此多事之秋，三材並用，勿論職之鉅細，惟以廉幹賢能、有利地方、民所欣悦者爲真。若本官者，以清軍治河而推之別政，何事不能爲，何事不能任。與其遠陞轉於無缺之地，何如就近加銜，不惟本官益勵而更爲振刷，大有裨於浚儀，即壽等城鄉萬民，得此仁佐，更有福星之照矣。

伏望代天老爺，鑒本官之賢能，憐衆民之寔留，俯准題留，加銜任事，一邑幸甚，萬民幸甚矣！

【校勘記】

[1] 御製：本志《應理志草總目》作"上諭"。

[2] 誠能：原作"勤能"，據《聖祖文集》第二集卷二八、《清聖祖實錄》卷一八二改。
[3] 牗道：《聖祖文集》第二集卷二八、《清聖祖實錄》卷一八二作"牗導"。
[4] 面：《平定朔漠方略》卷四八、《國子監志》卷三一《禮志七·獻功》作"而"。
[5] 此之謂務本：《清實錄》卷九三、《上諭内閣》卷九三均無此五字。
[6] 成：《清實錄》卷九三、《上諭内閣》卷九三作"就"。
[7] 禱：原作"感"，據《清實錄》卷九三、《上諭内閣》卷九三改。
[8] 感：原作"禱"，據《清實錄》卷九三、《上諭内閣》卷九三改。
[9] 急：《清實錄》卷九三、《上諭内閣》卷九三作"亟"。
[10] 奏議：本志《應理志草總目》作"議"。
[11] 党項：原作"黨項"，據古代族名改。
[12] 吐蕃：《南村輟耕錄》卷二二《黄河源》作"土蕃"。
[13] 或泉：此二字原脱，據《南村輟耕錄》卷二二《黄河源》補。
[14] 泥淖："淖"字原脱，據《南村輟耕錄》卷二二《黄河源》補。
[15] 近觀：《南村輟耕錄》卷二二《黄河源》作"逼觀"。
[16] 傍立：《南村輟耕錄》卷二二《黄河源》作"旁履"。
[17] 奔湍：《南村輟耕錄》卷二二《黄河源》作"奔湊"。
[18] 水南來：此同《元史》卷六三《地理志》，《南村輟耕錄》卷二二《黄河源》無"水"字，疑誤。
[19] 尤：原作"术"，據《元史》卷六三《地理志·河源附錄》改。
[20] 斡：原作"幹"，據《元史》卷六三《地理志》、《南村輟耕錄》卷二二《黄河源》改。
[21] 六七里：此同《南村輟耕錄》卷二二《黄河源》，《元史》卷六三《地理志》作"五七里"。
[22] 岐束：《南村輟耕錄》卷二二《黄河源》作"峽束"。
[23] 時：此字原脱，據《南村輟耕錄》卷二二《黄河源》、《元史》卷六三《地理志》補。
[24] 二十六：《南村輟耕錄》卷二二《黄河源》、《元史》卷六三《地理志》作"二十"。
[25] 程：此字原脱，據《南村輟耕錄》卷二二《黄河源》補。
[26] 犛牛：《元史》卷六三《地理志》、《南村輟耕錄》卷二二《黄河源》作"氂牛"。
[27] 狍：此同《南村輟耕錄》卷二二《黄河源》、《元史》卷六三《地理志》，《康熙陝志》卷三二《藝文·窮河源記》作"豹"。
[28] 而越之處：《南村輟耕錄》卷二二《黄河源》作"越之者"。
[29] 約行：此二字原脱，據《南村輟耕錄》卷二二《黄河源》補。
[30] 積石：原作"磧石"，據《尚書正義》卷六《禹貢第一》、《康熙陝志》卷三二《藝文·窮河源記》改。下同。
[31] 中衛：此同《朔方新志》卷四《詞翰·中衛儒學記》，《嘉靖寧志》卷三《中衛·學校·中衛儒學記》作"寧夏中衛"。
[32] 陳禹：此同《朔方新志》卷四《詞翰·中衛儒學記》，《嘉靖寧志》卷三《中衛·學校·中衛儒學記》作"陳瑀"。
[33] 白：此同《朔方新志》卷四《詞翰·中衛儒學記》，《嘉靖寧志》卷三《中衛·學校·中衛儒

學記》作"禀"。
[34] 余:《朔方新志》卷四《詞翰·中衛儒學記》作"予",《嘉靖寧志》卷三《中衛·學校·中衛儒學記》作"老夫"。
[35] 抵:原作"底",據《嘉靖寧志》卷三《中衛·學校·中衛儒學記》、《朔方新志》卷四《詞翰·中衛儒學記》改。
[36] 材爲官:《朔方新志》卷四《詞翰·中衛儒學記》作"爲材官",《嘉靖寧志》卷三《中衛·學校·中衛儒學記》作"爲頭目"。
[37] 則幅幀可固凡爲工商賈者:"可固凡",《嘉靖寧志》卷三《中衛·學校·中衛儒學記》作"之内安"。
[38] 德:《尚書正義》卷八《太甲下》作"仁"。
[39] 邊夷:《朔方新志》卷四《詞翰·改修七星渠碑記》作"賓歹"。
[40] 鑿口三里許:《朔方新志》卷四《詞翰·改修七星渠碑記》作"鑿三百步",疑是。
[41] 鹽池湖閘:"閘"字原脱,據《朔方新志》卷四《詞翰·改修七星渠碑記》補。
[42] 橫河埧梗:"梗"字原脱,據《朔方新志》卷四《詞翰·改修七星渠碑記》補。
[43] 惕厲:《續中衛志》卷九《藝文編·記》作"揚厲"。
[44] 口碑:此二字原爲空,據《續中衛志》卷九《記·皇清分巡寧夏道鈕公生祠碑記》補。
[45] 禮:原作"理",據《朔方廣武志》卷下《傳記》改。

藝文編卷之十

〔傳〕

兩義君傳　　俞益謨

余生平樂善,而愧自無一善,不忍没人之善,此《兩義君傳》之所由作也。或有請得兩君姓字、義於何指者,余應之曰:一則吾鄉贈君弘猷張公急友之難,忘其身危;一則明季宗室雲章朱先生啣友之恩,畢生圖報者是也。

當明之末,流賊充斥,僞總兵牛成虎負隅寧夏,爪牙橫噬。雲章履尾被擒,虎不自咥,解獻闖賊爲功。雲章在途,竊計萬無生理。一日,有男子馳駿彎弧,突然而要之隘,役從驚潰,急脱雲章於縶,而挈之歸者,則友人弘猷也。家人莫測從來,禁不敢聲。鄉閭間僉謂雲章死長安矣。久之,大清定鼎,宗室無所置問。雲章出,人競訝之。既而知爲張君所脱,莫不奇其事而高其義。自此,共處偕行,契若同胞。張君勇幹善射,嫻武畧。尋聞鄖漢間,黠賊李來亨等盤踞山谷,乃仗策從征,以軍功授守備,不數年卒於官。雲章聞凶奔赴,痛絶而甦者數數。收其輜重,扶柩歸,營塋無闕禮。人曰:"是足以報活命之恩矣。"惟時張君二子大用、大受,悉在冲幼無識。雲章爲之經紀資財,督其家務,克勤克儉,不使缺乏。訓育二子,不使廢棄。初以己女妻大用,又以兄女妻大受。大用庚戌成進士,①大受壬子領鄉魁。② 於是破壁出弘猷公衣物宦囊,以授大用昆仲,曰:"汝二人咸能自立,吾可免毀匱之憂矣。"二人拜受,始知尚有遺物焉。是時也,雲章可謂無忝大義,有始有卒者矣。雲章之心,若猶未盡,必欲鞠躬盡瘁,死而後已者。時有勸雲章納妾生子者,先生然之。既而張族竊議先生,此後不能無私,先生聞而遽出其妾。又勸先生撫姪爲嗣者,先生復然之。乃所撫不率教,復去之。於是有以無後規先生者,先生曰:"吾罹牛賊之變,已是既死人。今之餘年,張君甦我也。烏有已死人而復有後之理,不可陷我不義。"由是誓以鰥獨終其身。既卒,張子持服營

---

① 庚戌:康熙九年(1670)。
② 壬子:康熙十一年(1672)。

葬如父禮。

　　嗚乎！若二君者，所稱兩義，是耶？否耶？其後大用官湖廣闊司，大受官辰沅總兵。弘猷公以子貴，贈榮祿大夫，而雲章無聞焉。余以鄉人後進，不爲署志梗概，以俟操觚諸君子，採入鎮乘，將數十年後，不特雲章啣恩報友，泯泯勿彰，[1]即弘猷之急難忘身，並歸淹沒。讀是傳者，其諒余不忍沒人之善云。

魏藎宣傳　　王正常

　　魏君諱相臣，字藎宣，寧夏中衛人。由國子生官按察司經歷，以卓薦授應山令，累著聲績。邑之西有驛曰廣水，往來如織，多額外索，前令坐是困。君遇騷擾即聞之大憲，自是差使過，屏息不敢逗。旋以艱歸，服闋復赴楚。乾隆乙卯，①署房篆。

　　丙辰，②嘉慶改元。春二月，邪匪潛煽。君繕城池，秘諭遠近市民，集鄉勇守要隘。方經營而賊薄起，環城豎白旗者約二萬。君謂其配恭人曰："余守土官也，義與城俱存亡。倘事不諧，若自爲計。"遂率丁役，與守備羅陞攖城守。先是，官兵多南征，存城兵不滿百，且無守具。君即下令，每城取石千擔，用擊賊，並製配火藥諸器械，徹夜不少輟。未幾，賊合圍百計攻，君亦百計禦。恭人率婢子，手續火彈、火繩助之。二十四日，賊伏西門洞，焚其門，城幾潰。君令守者勿離次，親督男婦運石填之。挹開水從罅下灌，賊輒糜爛。時署中訛傳城陷，恭人比就義。家丁走報，君曰："此何時而顧家耶！"屬令棺殮，戒毋洩，周巡城指揮如故。賊凡撲城數十次，皆手援桴鼓，冒矢石却之。又蠟書走各路鄉勇，密有期。期至，義旗紛舉，轟轟雷動，於是啟門率壯士夾擊，擒逆首，賊以盡殲，蓋三月七日也。君勞鄉勇，撫難民。事定，乃入署，撫棺痛哭，邑人始聞知，而恭人之下世幾匝月矣。上嘉乃績，超擢君二千石，恭人將膺封如其例。君以積勞善恙，稜稜骨立，然理官業如故。捐貲增月城二，敵樓三，礟臺一，外環以池，又鑄大小礟若干位，鳥槍、佛郎機若干桿。募民壯百餘，訓練俱如式。丁巳夏，③賊窺蜀。蜀之大寧，界房之西南鄙。大憲檄至，令備邊防。君冒暑走烈日中，巡扼塞，因感病，遂以閏六月初二卒於官署，時年四十有五。恭人姓計氏，漢陽人。前配劉氏，一女，無子，早歿。繼配氏，生一女，以弟元臣之子光燽嗣。

　　方山氏曰：余與君同官於楚，年最久，知最悉。其爲人短小而精悍，有膽識，御事明決。署房篆三載，其治績與應山同。顧不竟其用，惜哉！丁巳秋七月，賊復竄入境。余赴房陵，督同防堵。見城郭戰守器具，皆有精思，若逆知而預爲之備。蓋其爲民生謀，深且遠矣。初房人私爲計恭人建祠，在鐘樓之西。至是以君之有功於民而歿於王事也，將請而合祀焉。嗚乎！其亦斯民直道而行之本心也夫。

張孝子傳　　張志濂

　　張孝子者，名雲，陝之華陰人也。父故貧，早歲來吾地，業帽爲生計。出門時，雲甫數齡，

---

① 乾隆乙卯：乾隆六十年(1795)。
② 丙辰：嘉慶元年(1796)。
③ 丁巳：嘉慶二年(1797)。

父落拓未歸,竟染病死。時陝之客吾地者,聚金買棺,權瘞於堡之北偏荒地。凡無主屍骸,皆得寄埋於此。蓋距今三十有三年矣。

丙午冬,①孝子匍匐來,欲求親遺骸,返瘞家塋。奈當日經理者,或散或亡,無從質訊。其地但見黃沙漠漠,荒塚壘壘,莫辨誰何。孝子惟仰天椎心,泣血數升而已。已而悔恨自責曰:"吾生不能養,死不能瘞,歿不能祭,吾罪上通於天,復何以人爲!若不得父骨,誓從地下,庶黃泉之相見也。"不禁踴而哭,哭而僕,僕而起,起而再哭,如是積十餘日不輟。一日,循行荒野,四顧,睹東偏有神祠,則私念曰:"昭不可索,曷求之冥冥乎?惟聖有靈,倘告以父瘞處,未可知也。"爰急詣神座,肅恭瞻拜,則赫然龍神在上焉。因虔誠默禱,晝夜頂禮,倦則假寐廡下,冀神靈或以夢示。久之,不見徵驗,益復搶地呼天,且怨且泣曰:"孰謂神有靈耶?密邇茲土,而不予告也。崇服之謂何?何以宣聰明正直之稱也?孰謂神有靈耶?"言詞憤激,哭不成聲。觀者惻然,或告之曰:"神不可瀆,詎可訕?盍爲文以哀動之,哀而不獲,無後悔。"孝子乃面余文,余既允其請。會有自新疆來者,云:"邊外積屍填野,不得主名。其親屬欲返骨者,輒牽羊禱神,縱其所之,即得其處,蓋屢效焉,盍試之。"孝子悚然,隨辦特羊祝神前。畢,以長繩繫足,縱曠野而視其所止。始則踞一沙磧而臥,斂曰:"得之矣。"孝子曰:"未也,倘吾父在此,願羊三踐斯土,惟神之鑒。"次,如法縱之,仍前臥處,不差尺寸。終則一縱即逝,如就熟,如歸牢,盤旋一臥,鞭之不起。於是來助觀者,咸踴躍奮鋤,甫鋤下而瓦獸隱隱。孝子乃仰天大呼曰:"是矣!是矣!吾父真瘞於此矣。神不我誣也!"既啟棺,審視形具宛然,氈條、皮帽猶存。孝子則大哭曰:"毛物不以入瘞,此旅次倉卒之所致也。哀哉!吾父而至於是也,夫復何言哉。"先是,老於事者慮後無憑識,合墓時即取附近龍神廟瓦獸,實諸棺頭。數年前,孝子屢思旋櫬,有以是告之者。天牖其衷,事合於符云。孝子既得父墓,越翼日酬謝神人,且感且泣,盡負其遺骸塋具而歸。

論曰:張孝子之事,人咸謂龍神之靈,有以陰啟而默相之。吾謂不靈於神,而實靈於孝子不死其親之心也。夫誠能動物,況其爲一體之相屬,一氣之相聯,誠至而有不動焉者乎!觀孝子呼痛慘憤,至廢寢食,積旬日不得瘞所,懟神明幾不欲生,其精神所結,必有感召其父在天之靈,息息相通,故捷若影響,似有神助者然。先儒謂有其誠,有其神,無其誠,無其神,不信然歟。嘗考二曲先生詣襄城訪父遺骸,②虔禱城隍,招魂抱主,至誠感神,羣鬼夜哭。以今准昔,何陝之多孝也!獨念先生以一代真儒,躬行實踐,其於天親骨肉之愛,固大過人者。雲以庸夫俗子,而能於數十年後,得返父骸於數千里不可去之地。嗚乎!可不謂賢乎。余故次其事,以告天下之爲人子者。且書其後,並望斯世之主風化者。【《續中衛志》卷十《藝文編·傳》】

〔賦〕

黃河賦[2]　　晉　成公綏

覽百川之弘壯兮,莫尚美於黃河。潛崑崙之峻極兮,[3]出積石之嵯峨。登龍

---

① 丙午:乾隆五十一年(1786)。
② 二曲先生,即清初學者李顒。李顒爲陝西盩厔人,盩厔又名"二曲",故學者稱二曲先生。

門而南遊兮,拂華陰於曲阿。凌砥柱而激湍兮,逾洛汭而揚波。體委蛇於后土兮,配靈漢於穹蒼。貫中夏之畿甸兮,經朔北之遐荒。[4]歷二周之北境兮,流三晉之南鄉。秦自西而啟壤兮,齊據東而畫疆。殷徙涉而永固,衛遷濟而遂強。趙決流而却魏,嬴引溝而滅梁。思先哲之攸歎,何水德之難量。

黃河賦　　明　薛瑄

吾觀黃河之渾渾兮,乃元氣之萃蒸。潛洪源於西極兮,注天派於滄瀛。貫后土之龐博兮,杳玄溝之晶明。過積石而左轉兮,龍門呀而峻傾。薄太華而東騖兮,撼砥柱之崢嶸。入大陸而北徙兮,迷不辨夫九河之故形。經西海而紀衆流兮,擅浮沉之濯靈。覽頹波而懷明德兮,又何莫非姒氏所經營。登崑崙而俯視兮,固彷彿其初迹。馭高風而騁望兮,遂周遊其曲直。何末流之混濁兮,始清澂而涽涽。差澹灩而徐趨兮,勢汍汍而自得。觸險石以鬬暴兮,詫雷轟而轂擊。天宇擴其沆瀁兮,渺上下之蒼黃。霧雨霏霏而瀉集兮,混邃古之洪荒。微風蕩拂而渙散兮,天機組織其文章。頹淼浩而洶湧兮,百怪垂涎而簸揚。腥雲濁浪以盪汨兮,恍惚顛倒夫舟航。靈曜升而赫照兮,乘正色於中央。望舒在御而下臨兮,列宿涵泳其光芒。若乃震秉符以行令兮,百谷泆泆其凍釋。山澤沮洳以上氣兮,增滉瀁之洋溢。魚龍乘濤以變化兮,杳莫測其所極。祝融載節以南屆兮,雷雨奮達以霧霈。潢支流而股合兮,百川奔而來會。木輪囷而漂拔兮,蔽雲日而淘汰。狂瀾洶而囓岸兮,塊土焉塞夫衝潰。霜戒嚴而木脫兮,少昊執矩以司秋。洲渚緬邈而石出兮,始殺湍而安流。霰雪紛其四集兮,顓頊乘坎以奮神。大塊噫氣而摩軋兮,流澌下而龍鱗。層冰橫絕而山委兮,河伯驅石以梁津。羌險夷而明晦兮,[5]變朝暮與四時。飈風起而衝木兮,莽怪駭其難推。[6]覬圓方之一氣兮,恒來往而密移。昔尼父之嘆逝兮,跨百世而罕知。顧川流之有本兮,與終古以爲期。啟龍圖而覘六一兮,悟主宰之所爲。喟余心之未純兮,感道妙之如斯。聊誦言以自明兮,庶晝夜之靡虧。

銘、詩

車右銘　　傅毅

擇御卜右,採德用良。
詢納耆老,於我是匡。
惟賢是師,惟道是式。
箴闕旅賁,內顧是式。[7]
匪望其度,匪愆其則。

越戒敦約,禮以華國。

宿溫城望軍營　　《李滄溟詩選注》：溫城即溫池城。《通志》：今中衛地。
駱賓王　唐

虜地寒膠折,邊城夜柝聞。
兵符關帝闕,天策動將軍。
塞靜胡笳徹,[8]沙明楚練分。
風旗翻翼影,霜劍轉龍文。
白羽搖如月,青山斷若雲。[9]
烟疏疑捲幔,[10]塵滅似銷氛。
投筆懷班業,臨戎想召勛。[11]
還應雪漢恥,持此報明君。

塞外①　**鄭愔**

塞外蕭條望,征人此路賒。
邊聲亂朔馬,秋色引胡笳。
遙嶂侵歸日,長城帶晚霞。
斷蓬飛古戍,連雁聚寒沙。
海暗雲無葉,山春雪作花。
丈夫期報主,萬里獨辭家。

塞垣　崔融

疾風捲溟海,萬里揚沙礫。
仰望不見天,昏昏竟朝夕。
是時軍兩進,東拒復西敵。
蔽山張旗鼓,間道潛鋒鏑。
精騎突曉圍,奇兵襲暗壁。
十月邊塞寒,四山沍陰積。
雨雪雁南飛,風塵景西迫。
昔我事討論,未嘗怠經籍。
一朝棄筆硯,十年操矛戟。

---

① 塞外：《文苑英華》卷二九九題作《塞外三首》。詩共三首,此爲第一首。

豈要黃河誓,須勒燕山石。
可嗟牧羊臣,海外久爲客。

送陳七赴西軍　　孟浩然

吾觀非常者,碌碌在目前。
君負鴻鵠志,蹉跎書劍年。
一聞邊烽動,萬里忽爭先。
余亦赴京國,何當獻凱還。

關山月　　儲光羲

一雁過連營,繁霜覆古城。
胡笳在何處,半夜起邊聲。

塞上聽吹笛　　高適

雲靜胡天牧馬還,月明羌笛戍樓間。
借問梅花何處落,風吹一夜滿關山。

塞下曲　　常建

玉帛朝天望帝鄉,烏孫歸去不稱王。
天涯靜處無征戰,兵氣銷爲日月光。

觀征人回　　盧綸

兩河戰罷萬方清,原上軍回識舊營。
立馬望雲秋塞靜,射雕流水晚天晴。
戍間部伍分岐路,地遠家鄉寄旆旌。
聖代止戈資廟畧,諸侯不復更長征。

勸農　　宋　范仲淹

烹葵剥棗古年豐,莫管時殊俗自同。
太守勸農農勉聽,從今再願頌《豳風》。

峽口山① 　宋　張舜民

青銅峽裏韋州路,[12]十去從軍九不回。

---

① 此係宋朝張舜民撰《西征》其二,原無"峽口山"詩題,係後人擬。

白骨似沙沙似雪,[13]憑君莫上望鄉臺。[14]

庚辰西域清明① 元 耶律楚材

清明時節過邊城,遠客臨風幾許情。
野鳥間關難解語,山花爛熳不知名。
蒲萄酒熟愁腸亂,瑪瑙杯寒醉眼明。
遙想故園今好在,梨花深院鷓鴣聲。

黃河行 元 貢師泰

黃河水,水闊無邊深無底,其來不知幾千里。[15]或云崑崙之山出西紀,元氣融結自茲始。地維崩兮天柱折,於是橫奔逆激,日夜流不已。九功歌成四載止,黃熊化作蒼龍尾。雙釭鑿斷海門開,兩鄂嶄嶄尚中峙。盤渦蕩激,回湍衝射,懸崖飛沙,斷岸決石,瞬息而爭靡。洪濤巨浪相豗,怒聲不住從天來。初如兩軍戰方合,飛礟忽下堅壁摧。又如豐隆起行雨,鞭笞鐵騎驅奔雷。半空澎湃落銀屋,勢連渤澥吞淮瀆。天吳九首兮,夔魖獨足。潛潭雨過老蛟吟,明月夜照鮫人哭。扁舟側挂帆一幅,滿耳蕭蕭鳥飛速。徐邳千里半日程,轉盻青山小如粟。吁嗟雄哉!其水一石,其泥數斗,滔滔汩汩兮,同宇宙之悠久。汎中流以擊楫兮,招羣仙而揮手。好風兮東來,酬河伯兮杯酒。

登廣武遠眺 明 總制 王瓊

鳴沙古渡急鉦笳,鐵騎雲屯曉濟河。
廣武人稀非土著,棗園田少盡徵科。
赫連故壘遊麋鹿,元昊遺宮長薜蘿。
試問守邊誰有策,老臣憂國鬢如皤。

邊城

漠漠窮邊路,迢迢一騎塵。
四時常見雪,五月未知春。
宵旰求賢意,馳驅報主身。
逢時今老大,羞作素餐人。

---

① 庚辰:宋寧宗嘉定十三年(1220)。

壬子行邊暖泉暫憩① 劉尚樸

驅車歷瀚海，此際水泓然。
脉湧崑崙日，溫生黍谷泉。
蘆清眼界，柳榭媚風烟。
為念荷戈士，投醪惠百川。

塞上三首

旌團赤日驥追風，將士如雲虎豹雄。
只有壺中白羽箭，不須重問黑山戎。

金鼓旂門大將營，穹廬早徙北山清。
健兒驕馬渾無事，射得黃羊帶血行。

麒麟閣畫將軍像，鴻雁雲排戰陣圖。
奮臂林間三力士，過河先擊五單于。

書懷　分巡副使　殷仁

黃河東去三十里，春草西連一片雲。
把酒送君無限意，不堪榆雪落紛紛。

入塞曲五首　萬世德

雪嶺黃河不解春，征裘猶帶舊風塵。
誰知戈戟年來事，贏得綸竿塞下身。

二月邊頭不見花，匆匆歸騎擁清笳。
不知定遠成何事，纔到秦關即是家。

長風吹動大刀頭，明月黃雲滿戍樓。
試看請纓關塞客，太平原不重封侯。

---

① 壬子：萬曆四十年(1612)。

醉來馬上看吳鈎，曾識光芒射斗牛。
兩行青山千樹竹，不妨開徑置糟邱。

幾人長劍倚崆峒，忽漫生涯似轉蓬。
莫憶龍城射霜鶻，又來馬上聽春鴻。

峽口吟[16]　　齊之鸞

生犀飲河欲北渡，海月忽來首東顧。
馮夷舉手揮神鞭，鐵角半摧河山路。[17]
至今夜行水泣聲，罔象歔欷鬼奸露。
土人作渠灌稻田，玄靈委順不敢怒。

至威武堡三首[18]

物候催屯種，肩輿歷塞塵。
水濚三岔曉，渠動七星春。
花氣酣歌鳥，荊叢翳鬭鶉。
麥畦青未了，路有告饑人。

鹵從春畦白，陽回臘麥青。
山形夷夏界，渠利漢唐經。
燕早花前乳，鶯遲雨後聽。
客心淹冉冉，江樹望冥冥。

朔氣凝常閉，[19]春深始見花。
山青橫鳥道，月白鬧蜂衙。[20]
土屋耕夫墅，雲峯戰士家。
搴帷把殘籍，不記在天涯。

登牛首山　有序　　寧夏總兵　蕭如薰

朔方壬辰之變，①不佞叨領斯鎮。後一載，嶺南周國雛先生鎮撫焉。甲午

---

① 壬辰之變：指明神宗朱翊鈞萬曆二十年(1592)兵變。

春,①由賀蘭偕巡中衛,鼓櫂廣武河,望牛首之勝,蒼翠嵯峨,爲真如妙境,舊傳釋迦佛曾三過説法云。因相期登眺,風阻弗遂焉。嗣是兩人相繼去朔,回瞻牛首山,負此勝遊。迨辛丑,②余再承乏,羈於戎馬,猶然蹉跎。逾年癸丑六月,以閲事舟行廣武。乘半日暇,始於兹山一陟其巔。既參始來,領畧諸勝,復聽沙彌焚香夜頌,清梵泠泠,天風洒襟,佛燈遠見。時當炎夏,爽若新秋。頫視紅塵紫塞,不啻脱火宅而遊清涼國也,良與兹山有緣哉。藉禪榻爲一宿,厥明乃去,漫賦二律以紀之。

　　理棹還登岸,攀蘿入紫烟。
　　雲霄千嶂出,色界一燈懸。
　　石蘚碑磨滅,金光像儼然。
　　不須探絶勝,即此是諸天。

　　聞道經臺古,如來説法年。
　　樹因藏垢拔,水爲渡迷穿。
　　人我終無相,空門不二緣。
　　豈惟忻此遇,投老要歸禪。

蘆溝烟雨　　舊志載此景,今蘆溝在靖遠境,仍存舊詩。　　**胡官升**　流寓

　　曉風晴日草如茵,景入蘆溝總是春。
　　夾谷嬌鶯留醉客,隔山啼鳥唤遊人。
　　杏花帶雨胭脂濕,楊柳含烟翡翠新。[21]
　　願得琴書身外樂,海鷗洲鷺自相親。

暖泉春漲　　**失名**

　　一脉遠通星宿海,春回塞上氣初融。
　　青青石眼涓涓發,流出桃花洞口東。

羚羊夕照　　景不可考。今有羚羊寺,因更爲"羚羊松風",仍存舊詩。

　　羚羊山勢壯邊州,每到斜陽翠欲流。
　　偏是遊人頻注目,[22]拋書携酒獨登樓。

---

① 甲午：萬曆二十二年(1594)。
② 辛丑：萬曆二十九年(1601)。

黃河曉渡　　今更爲"黃河泛舟"。

黃河東下自崑崙，濁浪排山曉拍津。
來往行人喧古渡，只因名利少閑身。

鳴沙過雁　　今更爲"河津雁字"。

秋城河外鎖斜暉，[23]風捲晴沙拂地飛。
過雁數聲清墮玉，征人何處問寒衣。

蘆溝烟雨

蘆溝飛雪漲晴漪，烟雨溟濛望愈奇。
點點白鷗深處浴，扁舟遙動五湖思。

石空燈火

疊嶂玲瓏竦石空，誰開蘭若碧雲中。
僧閒夜靜燃燈坐，遙見青山一滴紅。

石渠流水　　今更爲"官橋新水"。

渴壤常資灌溉功，分流原自大河中。
滔滔不息含生意，萬折誰知竟必東。

黑山晴雪

翠壁丹崖指顧間，隨時風物自斕珊。
六花凝素寒侵眼，徙倚危樓看玉山。

紅崖秋風　　今裁，仍存舊詩。

寥落邊關愴客情，空山風撼作秋聲。
乘時好破單于帳，誰擬當年李北平。[24]

槽湖春波　　即馬槽湖。昔以浸潦水積成湖，今水洩湖乾，居民報墾成田矣。

十里平湖一鑑空，烟波雪浪渙生風。
漁舟載酒銷春興，應使丹青畫未工。[25]

青銅禹蹟　　國朝翰林院庶吉士　栗爾璋[26]　郡人

丁酉夏五日,①自應理歸,舟泛峽口,謁禹廟。訪之父老,知爲同年大參俞念茲建,因賦近體一章,刊石以紀之。

銅峽中間兩壁蹲,何年禹祠建山根。
隨刊八載標新跡,疏鑿千秋有舊痕。
憑溯源流推遠德,採風作述識高門。俞提軍纂邑志,子大參成之。
黃河永著安瀾頌,留取豐功萬古存。

爲提軍俞益謨贈公君輔入祀鄉賢　　宗伯　韓菼

風木傷心已十年,一朝崇賜始安然。
捐軀報國先完節,貤贈榮親表大賢。
議出鄉評光俎豆,碑刊野乘廣詩篇。
即今峽口人傳頌,[27]好與貞襄作比肩。

前題　編修　查昇

關雲隴樹久蒼然,劍已埋豐氣燭天。
惠此一方鄉祭酒,名高列傳野遺賢。
口碑月旦存公論,恩詔褒榮慶兩全。[28]
況有旂常光世業,早傳勳位日星懸。

皇清孫烈婦詩

係延安太守孫川之女,適正紅旗漢軍武進士敎允文,官石空守備。于歸甫一載,夫亡。越月,自盡於柩旁,懷內遺詩三首,邑紳士、兵民爲刊立碑亭,今特録之。

獨羨文丞相,固懷《正氣歌》。
成仁兼取義,萬古不消磨。

萬事傷心可奈何,敢云隨分逐時過。
課兒尚有一經在,織錦全無半字歌。
淚灑北堂雲不散,月行東海霧偏多。

---

① 丁酉:康熙五十六年(1717)。

白頭未到君先逝,願逐英風話五羅。

兒曹勉力習遺經,家世簪纓舊有名。
傳汝惟有青白吏,河東三鳳再齊鳴。
　　前後三詩,其序次井然。誦法古人,取義全貞。矢志之堅,金石不移。訓子之切,諄摯如見。從容就義,得諸巾幗,登之國史,洵足風勵千秋,堪使懦夫有立,正不徒以其詩也。黃素菴識。

過大清閘　　俞益謨

唐漢平分萬里流,中添一道入青疇。
沿堤柳浪村村密,剌水秧針處處稠。
長莧濤翻渠閘外,虛亭額映塞垣秋。
春風策馬頻來往,幾度低徊去復留。

扈駕征噶逆班師入獨石口馬上口占

五月披裘進伯顏,壯心不問大刀環。
旌旗靜攝風雷動,鑾輅紆徐草木閑。
扈蹕豈辭經瀚海,酬恩端欲定天山。
聖明威德超千古,但看長歌入漢關。

登牛首山和壁間韻[29]　　俞汝翼

扳巖從緩步,[30]野徑鎖寒烟。[31]
雪霽羣峯出,空明半月懸。[32]
僧偈聞般若,吾心覺冷然。
一聲疎磬寂,遮莫是西天。

書萬佛閣西壁　　吳邑　莊琪

半生縈世網,今始愜遊情。
澗底尋幽徑,峯頭見化城。
病軀登亦健,老眼望偏明。
更喜危樓上,恍疑近太清。

和前題　　失名

性癖耽幽興,此來慰素情。

雲隈真佛國，翠嶂似蓮城。
澗底泉雙出，峯頭月半明。
憑欄一眺望，襟袂有餘清。

書甲辰科題名錄後① 　　明經　傅龍標　江南流寓

邊城自昔未開科，樸椷菁莪近漸多。
村塾書聲連曉曙，宮牆燈火照吟哦。
鍾山秀傑因人轉，得路青雲拾芥過。
自此芹香堪接桂，都從桃李沐恩波。

贈別碾伯黃大尹調任中衛　　丁巳進士②　前西寧府陞任岳常道紀虛中牧崖　文安

三年嘯諾鎮相宜，惜別臨風把酒卮。
只爲民貧多惠政，不因吏俗廢新詩。
嚴疆欲試探九猛，樂水猶傳渡虎奇。碾邑時有虎患，親行驅捕，虎潛踪遠遁。
少喜星河通九曲，雙魚時寄慰離思。

至營盤水　　翰林改授寧夏理事廳　國棟

春風吹上馬，入夏未教閒。
意與遠雲澹，跡隨高鳥翻。
不知骭肉盡，那惜鬢毛斑。
跋履皆勝具，簡書非所患。

微雨山行至長流水

怒飆吼空村，密雨洒然至。
排闥入破窗，短檐不能避。
欲行稍遲廻，我僕亦孔瘁。
信宿縱非適，差勝需泥累。
夫何勸駕頻，乃復策疲騎。
青闠渾未濕，樹間落輕吹。

---

① 甲辰：雍正二年(1724)。
② 丁巳：乾隆二年(1737)。

馬蹄趾踐沙，細碎雜流利。
遠岑含濃黛，近嶺墮深翠。
未雨山如愁，既雨山如醉。
良苗抽嫩青，芳卉綻新薏。
所惜入土淺，霑足願未遂。
嗟我待澤農，茲雨命攸寄。
忍以行役故，覬靳造物賜。
矯首盼雲龍，風迴庶返轡。

曉發石空寺過勝金關

沙岡參錯路重重，心醉西南只數峯。
一色紫雲三十里，飛來大地化獰龍。

青銅禹蹟　　候補知縣　羅元琦　雲南石屏

河流九曲匯青銅，峭壁凝暉夕照紅。
疏鑿傳聞留禹蹟，安瀾千載慶朝宗。

星渠柳翠

垂楊垂柳倚平瀦，拂水拖烟翠浥裾。
梅雨乍添新漲滿，踏青人上七星渠。

黃河泛舟

洪波艤楫泛中流，鳧漵鷗汀攬勝遊。
數點漁舟歌欸乃，詩情恍在白蘋洲。

石空燈火

洞壑嵌空最上乘，翠微臺殿控金繩。
半空錯落懸星斗，知是花龕禮佛燈。

黃河泛舟　　原任安化縣　孫良貴隣初　善化

載酒浮浮盡日閒，榜人晚泊就蘆灣。
秋風古廟青銅峽，夜月慈雲牛首山。
野店如村都傍水，荒巖立哨亦稱關。

清時那自逢漁父，便是滄洲任往還。

官橋新水

鳴沙啟宇逼西戎，浩浩車書萬里同。
水近銀川堪鼓楫，橋如京洛好乘驄。
觀瀾頃滌煩囂盡，祈穀頻聞八蜡通。
一自浩波盈玉塞，年年鐘鼓宴新宮。

和黃素菴寅兄秋雨書懷韻　　原任中衛縣　金兆琦沃園　宛平

水國新涼悵積陰，蕭蕭秋雨對愁吟。
邊關聽雁添鄉夢，午夜鳴雞愧壯心。
遠樹迷離金闕迥，疏鐘隱約暮雲深。
江湖誰與通舟楫，翹首椿庭歲月侵。

廣武元昊避暑宮故址　　黃恩錫

徒聞驕虜有遺宮，避暑何年倚翠崧。
廣武山川侵宋弱，朔方烽火燭天雄。
圖形久已知邊患，清潤空遺間敵功。
千古河流聲激壯，當年應與怨南風。

丁丑春日登中衛城①

浮沙高擁隱邊牆，渺渺烟雲接大荒。
山引賀蘭峯積翠，河通星宿水流黃。
羽書絕塞馳飛檄，烽火何時靖虜疆。
萬畝即今生計重，省農還與課耕桑。

戊寅秋夜渡河②

水色天光一片明，寒空又見月華清。
鳧鳥驚人鳴淺渚，庚星耀彩動邊城。
玉關消息天威遠，銀塞風塵驛騎輕。

---

① 丁丑：乾隆二十二年(1757)。
② 戊寅：乾隆二十三年(1758)。

將軍已奏平戎策,王會行添幾萬程。

和張學山廣文聞逆回授首西師奏捷原韻

露布飛傳星騎還,歡騰到處頌中天。
八荒聲教鼙雷動,萬里明威並日懸。
兵洗女龍波帶血,回地有女龍哈什河。山通拔達部連千。拔達山一带,回部甚多。
擒獻逆渠,輸誠效順。
版圖從此無中外,豈但凌唐跨漢前。

沙坡吟

世路有艱難,曾聞蜀道褊。
今我來朔方,馳驅愧駑蹇。
大河水東流,兩岸多平衍。
方謂得坦途,輕車無滯巇。
忽爲閶門西,積沙竟成巘。
輪轅去弗庸,濡足沒人跣。
登登隨馬跡,盤盤因峯轉。
據鞍心已煩,步遲爲沙輭。
忽復暴風至,沙礫向空捲。
仰看天欲昏,河流聲莫辨。
俯視下深淵,失足慮不免。
努力奮蹄攀,塵消途漸顯。
回首烟靄中,陽光映東峴。
沙盡馬蹄輕,鬱懷乃自遣。
心嘉汗血功,應重驊騮選。
行堪馳大漠,任將驥足展。

朝發白馬寺

朝來霽色遠,林表出青峯。
雨氣浮山翠,風光媚柳濃。
河流遙見水,僧院近聞鐘。
初日前村路,登車時正雍。

庚辰仲秋登廣武北城玉皇閣①

高閣凌虛蟲太清,攝衣登眺眼偏明。
四圍山似屏相擁,一葉舟疑畫裏橫。
河近水光將泛郭,隄殘柳色自侵城。
年來每抱臨流懼,秋汛於今尚未平。

辛巳季春廣武河隄告成②

雲際雪消春水生,長隄彌望大功成。
狂瀾萬頃虹爲障,磐石千家夜不驚。
波泛桃花三月盡,漁歌烟雨一舟橫。
臨流始覺神爲壯,水色濤聲已半平。

登牛首山寺

英華文武翠相連,牛首有文華、武英二峯。並峙蘭峯壯九邊。
法藏經儲千佛閣,禪宗名擅小西天。
池留幻跡金牛隱,地湧靈光寶塔懸。
覽勝不辭登絶巘,欲憑願力洗塵緣。

登石空寺

健足臨高閣,披雲上佛臺。
河流環地曲,梵刹倚山開。
樹隱烟光合,風鳴雨勢來。
僧閒留客久,茶熟勸添杯。

炭山夜照

列炬西南焰最張,千秋遺照在遐荒。
因風每似添宵燭,經雨何曾減夜光。
隔岸分明沙有路,臨流炳耀離爲方。
萬家石火資餘烈,霧鎖炊烟十里長。

---

① 庚辰:乾隆二十五年(1760)。
② 辛巳:乾隆二十六年(1761)。

〔蘇武廟〕

中邑山民多牧羊爲生計，其報祀則祭蘇典屬國。予過香山寺口，山半有蘇武廟，俗傳像爲肉身泥成者，不知何人假託。野老言之津津。欲辨其妄，口占一絶。

破廟寒山野草風，牧羊猶解祀蘇公。
漢廷自返羈臣節，笑把荒唐問野翁。

河南道中①

處處園林葉半黃，蕭疎楊柳淡秋光。
數聲啼鳥炊烟晚，薄暮輕車過永康。

小凉襟袖起微風，楊柳葉疎雁下空。
盡掃白雲秋色遠，青山一段畫圖中。

永興道中

春水欲平隄，隄楊葉未齊。
人家烟樹外，流水小橋西。

石空道中

策騎日欲斜，巢樹噪雙鵲。
前林柳色中，參差見城郭。

春行雜詠②

沿渠樹樹柳條黃，舞向東風幾許長。
又見牆頭紅杏萼，尋春先到餘丁莊。中邑節令，餘丁渠一帶物候較早。

水暖平湖鷗箇箇，鴉巢芳樹柳村村。
春行緩轡隨驄馬，一路看山到棗園。

卻爲防河滯往還，可人猶是暮春閒。

---

① 《河南道中》詩共二首。
② 《春行雜詠》詩共五首。

雪消隄漲三分水，雲斂峯青數點山。

垂楊芳樹幾人家，行過村前樹影斜。
棲鳥一聲驚犬吠，兒童拍手趕飛鴉。

屈指臨風記物華，落紅片片減桃霞。
柳絲初媚兼旬雨，春色還留十日花。三月二十日。

渠行雜咏①

時已臨初夏，千村樹色肥。
幾家澆近圃，新水繞柴扉。

獨坐倦披書，掀簾風若揭。
清光動我懷，起步中庭月。

春來又見送春歸，片片梨花作雪飛。
一樹穠桃含雨醉，向人徒自逞芳菲。

十年作吏向天涯，五度鳴沙換物華。
幾點昨朝春盡雨，空山開遍馬蘭花。

堡近宣和樹影搖，人村巷陌柳風飄。
一羣鴨戲門前水，問是陸家舊石橋。

馬踏碧莎綠野間，前林啼鳥倦飛還。
平灘古寺芳村外，烟雨牛羊滿暮山。

應理竹枝詞②

予承乏應理，忽逾四秋。連歲軍需、簿書鞅掌，心跡日非，情疎筆墨。然當歌對酒，不無譃浪之辭；問俗驅車，偶動風謠之興。聊資稗乘，漫寫《竹枝》，用以博

---

① 《渠行雜咏》詩共六首。
② 《應理竹枝詞》詩共二十首。

高明之一笑云爾。

　　冬春附郭望難穿，可怪邊城霧障天。
　　曉起沿階飛黑雪，家家炕洞起嵐烟。

　　石炭焰高嵐炭强，供炊煨炕用皆良。
　　獨嫌氣觸烟熏處，污遍羔裘色染裳。

　　凍解河開欲暮春，船家生理趂茲晨。
　　土窰磁器通寧夏，石炭連船販水濱。

　　六月杞園樹樹紅，寧安藥果擅寰中。
　　千錢一斗矜時價，絕勝腴田歲早豐。

　　親串相遺各用情，年年果實喜秋成。
　　永康酒棗連瓶送，蒸棗棗園夙擅名。

　　冰泮春分解凍初，修罾理網下河渠。
　　曉來入市珍新味，買得開河大鯉魚。

　　圍爐磕子出靈州，烟盡風前火自悠。
　　曉起室中殊不冷，烘烘煖氣勝披裘。
　　靈州磕與西寧煤相似，煨爐火能耐久，頗佳。必風前吹盡烟氣，否則薰觸傷人。

　　山藥初栽歷幾年，培成蔬品味清鮮。
　　從茲不必矜淮産，種遍宣和百畝田。

　　歲歲清明早濬渠，一年生計莫麄疎。
　　功成彌月迎新水，引灌田園立夏初。

　　車聲五鼓走轔轔，最喜勤農習尚醇。
　　衣食家家惟百畝，一年活計始於春。

　　邊地從來愛牧羊，自然美利占豐穰。

但祈山草連年茂，不羨水田百畝良。

山地十年歲幾荒，山民望澤倖恩長。
綿蓬草子難充腹，賴有官倉賑濟粮。

丁賦山民能幾何，那堪天旱薦時瘥。
連年賑貸如膏雨，千載難酬聖澤多。香山戊寅、①己卯連歲旱荒，②賑貸殊恩。計山民所納賦，實千載不能償云。

大概山民半穴居，卜年待雨務耕鋤。
却聞得歲收成日，土窖盛粮便積儲。

參差林外幾人家，土屋依山日半斜。
禾稼滿塲秋草足，老牛飽臥嚼殘霞。

少小能開馬上弓，飛馳三箭躍如風。
大刀還學翻花舞，二八輕年已自雄。

清明士女亂紛紛，盡向城西競若雲。
遊賞逐年誇勝節，沿郊棤酒聚成羣。

獨酌窗前酒滿樽，停杯窗外月黃昏。
誰家紙火因風起，隣婦聲聲夜叫魂。

甎塔寺裡四月春，何年浴佛起前因。
燒香夾道紛男婦，轂擊肩摩十里塵。

一代天威絕塞塵，沿邊草木盡和春。
羱羊野馬深秋壯，利鏃長槍逐獵人。

---

① 戊寅：乾隆二十三年(1758)。
② 己卯：乾隆二十四年(1759)。

樵雲黃同年惠中衛酒　　舉人　李孝洋香枬　江西

千頃波澄慰渴人，雙樽稠疊拜芳醇。
從今識得鳴沙味，吸盡葫蘆滿腹春。

和黃素菴明府新秋雨霽集飲魏氏鹺耕樓　　張若敏來修

四野晴暉醉遠眸，層巒疊障翠同流。
誰家綠樹飛元鳥，幾處青波泛白鷗。
角射鏑鳴芳草路，聽歌人在夕陽樓。
騁懷不是偷閒日，為愛花封稷黍秋。

中衛十二景　　左琳　桐城

我家龍眠松竹裡，百疊烟嵐漾溪水。
驅車忽越古長城，斷草荒岡安徙倚。
春風二月不吹花，但攪沙塵漬巾履。
滇南黃公宰中衛，耽勝探幽眼獨慧。
採風問俗體民情，如求逸書類催稅。
內迫胸中詩思橫，外恢邑志文章麗。
可憐車馬帶烟霞，馬前考景剛十二。
羚羊牛首並黑山，勢與香巖高下班。
收拾諸峯羅簡策，無使雄名專賀蘭。
竦身既謁西州勝，側耳尤來景山韻。
雪煥晴天翠碧奇，雲排幻影仙樓近。
俗若人呼火焰山，猶能夜竊陽烏柄。
山靈太息感無遺，河伯孫支欲見知。
青銅磷磷明德遠，暖泉脈脈春風戾。
立馬河津秋水寒，沙踐不鳴雁無字。
何如一葦泛洪流，夾岸紛來光景異。
就中星渠與官橋，田功都乞黃河濤。
翠柳紅欄不可食，長官對此詩更豪。
詩流更愛古佛舍，燈光不令石空夜。
水火雲山駿有聲，一假人工十造化。
賢尹考之政治餘，顛末疎為小序書。

我雖未遍涉其地，撚鬚默念神與俱。
乃知名勝多潛伏，匹若皎皎伊人在。
空谷松窗撫弄《白雲篇》，惜無楊意吹噓送上天。
我今請爲應理十二之景歌，磊磊明明森如佳士出巖阿。
吁嗟兮！奈何豈無佳士老巖阿！

應理道中喜雨　　范鑑雪槎　仁和

豆麥計未熟，四畦土風香。
豆花開疊疊，麥惟畧旱黃。
婦子珍粒食，日日雲霓望。
一宵時雨作，簷溜聲浪浪。
但期田父喜，莫管行路長。
鬱蔥相映道，我亦歸茫茫。

河津雁字　　張淦雪濤　仁和

橫斜飛渡塞天秋，影入冰紋細細鉤。
會得凌空三折意，鵝經底向世間求。

暖泉春漲

二月東風入塞城，凍澌解處漲初生。
融融一脉桃花水，點點棠陰化雨成。

香巖登覽　　宋楫　天津

邊城古刹勢崔嵬，竟日登臨未擬回。
俯視河山收眼界，恍疑身在雨花臺。

官橋新水　　宋枚　天津

來去年年柳浪青，一簾活水傍窗櫺。
千家鼓舞趨農事，想見扶風喜雨亭。

應理署中和樵雲居停聞雁元韻　　范灝書田　仁和

一片排空萬里秋，塞垣驚我十年留。
扶搖帶露砧先急，次第看花菊已稠。

聽去浮沉書未斷，催來刀尺影含愁。
差知故國身强健，又動相思在永州。謂永州太守何西嵐。

頭髮菜

千莖未白已蕭踈，羞把青絲當野蔬。
多少愁腸消未得，雲鬟縷縷那堪茹。

牛首慈雲　　金蔚堂　北平

觸石凌空布錦雯，側峯橫嶺共氤氳。
欲知法雨頻敷處，試看蒼巖一段雲。

石空燈火　　鄭秉鎮　靈州

朗列星辰接大雄，行人遙指半山紅。
分來夜色排仙掌，燦出離光燭梵宮。
好借慧燈開覺路，還疑劍氣倚崆峒。
欲從實地尋三昧，盡在慈光普照中。

朝陽百咏　錄四首　　朝邑教諭　劉得炯煥章　舉人

力學無窮期，心虛道所居。
耄年猶切琢，筮仕尚唔咿。
韻透窗風渺，香飄草色怡。
搜羅我輩事，百歲勉東曦。

精氣輸年少，韶光惜老成。
几筵與日永，樗社逐時縈。
惟有文章事，恒親耄士情。
相知應愛我，端不負嚶鳴。

鳥宿投巢穩，神清入夢遲。
絳河明亘極，元圃發瑤芝。
世俗誰云薄，英才幸有資。
瓜桃情欲報，謾道遽無私。

五緯簇分野,九天高碧霄。
文章開化育,象數妙鈞陶。
斯理無虧缺,此心自長消。
老來志未足,猶似幼垂髫。

紀黃邑侯詳除河崩賠賦　　舉人　楊士美蓮堂　永康

省耕觸目有餘荒,端賴賢侯溥惠長。
壤地縱稱歸水府,田租無復入官倉。
一封書繪神君淚,萬畝瘡醫赤子傷。清察沿河兩岸賠賦撥補,停徵開除八千餘畝,民困以甦。
報最有方惟教養,學能不負潁川黃。

紀黃邑侯施粥饑民

寒雲釀雪烈風催,無告人爭就食來。
淮上有炊轉使德,青州無旱相公才。
百間屋履鳩形老,千襲衣溫鵠面孩。
按策救荒心力到,六經治術信栽培。
公置養濟院十間,并酌捐氈衣、布褲一千五百餘件。

紀黃邑侯增建城堡社學

到處絃歌識講堂,生徒濟濟樂冠裳。
鵝湖宗派連滇海,鹿洞薪傳動朔方。
村學漸知唐制律,童儒解讀漢文章。
金針度出鴛鴦譜,花縣風生翰墨香。

紀黃邑侯興修水利捐建馮城環洞

浩蕩安瀾河潤宏,如公利濟德誰同。
春秋不解巡省力,南北羣蒙指授功。
捐俸續流環洞啟,買田導水廢渠通。
春生綠野千家雨,到處村烟樂歲豐。

羚羊松風

羚羊舊映夕陽時,此日龍鱗別有姿。

虎嘯山門嗔送客，西來意在最高枝。

暖泉春漲　　明經　楊廷桂　永康人

寒沸冰澌結玉湖，桃花春漲滿平蕪。
耕犁幾處農歌起，洒作良田萬斛珠。

香山牧馬碑　　黃鈞孟和　永北

香巖山勢舊崢嶸，牧馬遺蹤野草平。
一代宗藩分帶礪，八旗土壤布連營。
雲收選駿銷殘骨，塵掩荒碑倚破城。碑在鳴沙城南安慶寺。
慨古今惟存片石，肯將文字委榛荊。

綿蓬酒

綿蓬，草屬，荒旱山地多產，人採食濟饑。至有收之年，則取以釀酒。
山村酬酢饒風味，酒釀綿蓬滿甕春。
已過阻饑今樂歲，開樽同醉太平人。

登古佛泉閣　即萬佛閣。　　明經　魏殿元　縣治人

雄閣飛來峭壁留，層巒高處最清幽。
山橫石筍雲生衲，水瀉銀河雨洗秋。
綠樹啼鶯和梵唱，寒泉引客看花遊。
疎鐘只爲清音遠，消遣英雄已白頭。

和中邑黃大尹月夜渡河原韻　　江大錫賜公　如皋

碧波漾月夜光明，露冷蒼葭一派清。
慣聽濤聲臨野渡，突經雁字過邊城。
亂峯隔岸迎驂入，駿馬馳雲按轡輕。
不惜勤勞驅策久，水程剛涉又山程。

老君臺　　明經　李若樾蔭堂　邑人

參差觀宇白雲隈，翠遶千巖抱野臺。
柱下玄言何處貯，洞中丹竈幾時開。
古碑字斷沉蒼蘚，野鶴情閒倚碧苔。

欲向函關瞻紫氣,先從此地問蓬萊。

黃河泛舟　　明經　魏修德有隣　邑人

源發崑崙日夜東,扁舟一葉蕩清風。
河邊柳色依人綠,岸上桃花照水紅。
帆影浮空搖浪底,櫓聲驚雁起洲中。
前村隱約皆如畫,緩棹回舟興未窮。

炭山夜照　　陸嵩豫峯　棗園

入夜誰爲賞,通宵勢燭天。
灼山驚豹隱,照水醒蛟眠。
月下光尤燦,空中象自然。
何年遺煉石,百世起蒼烟。

羚羊松風　　任鈞鰲瑤仙　邑人

古刹松成蓋,披風徐入襟。
影搖雲亂覆,聲撼雨斜侵。
每引凌空鶴,時鳴無調琴。
聽來忘坐久,不覺滌塵心。

南園春曉　　魏繼相　武生　邑人

香生南圃百花茵,曉色輕烟淡入春。
漸露牆頭紅杏蕊,又開青眼柳初新。

暖泉春漲　　任景昉　生員　邑人

一鑑方塘迥絕塵,溶溶波暖最怡人。
溫蒸豈是因人熱,活水源頭自有春。

牛首慈雲　　魏諫唐上箋　邑人

重巒疊巘勢攢雲,崖閣參差映夕曛。
選佛塲開塔影現,萬人摩頂玉蕤焚。

羚羊松風　　尹光宗　邑人

春郊選勝過羚羊,謖謖松濤疊韻長。

滿目園林皆畫景，緑陰閒憩傲羲皇。

卷之十終

勝金關懷古　　周守域

雲茫茫，峯兀兀，雄關崛起勢嵂崒。北有沙漠之縱橫，南有長河之滂浡。銀川到此啟管鍵，襟山帶水不可越。我聞漢唐征朔方，萬馬千軍駐沙塲。關東驅戰卒，塞北作邱印。霜鍔攖白骨，飛鳥啄人腸。宋代没西夏，元昊敢猖狂。葫蘆河邊曾大戰，轉戰俱在此關旁。明時始有韓參軍，大起樓櫓鎮邊防。關成至今已經數百載，積卒扼險誰敢當。我皇歸馬華山麓，邊陲無事樂田牧。白叟黃童不聞兵，日暮河濱驅黃犢。河畔昔傳釣魚臺，漁翁已去雲空逐。【《續中衛志》卷十《藝文編·銘詩》】

〔羅元琦〕跋

中衛隸古朔方郡，河山修阻，為邊塞衝煩要區。國家聲教覃敷，無遠弗屆，患舉宵渺荒忽之域，而章明和會之，猗與盛矣！第文明日啟，而志乘闕如，覽古者不無文獻無徵之慮焉。匪人弗任，匪時弗成，而今素菴黄公，以邑志告竣聞。夫志，史之流也。自班扶風作郡國地理志，厥後皆因之。江淹言："史之難，無逾於志。"而李吉甫輯《元和郡國志》及《國計簿》，謂為政初不外是。顧創始較纂述為難，而創修於新設之疆圍則尤難。援據無資，則操觚罕藉也。公於人所難者，勠之裕如，不冗不略，無築室之譏，而握臨民之要。舉凡山川疆域之形勝，風俗政教之遷流，瞭然如指諸掌。使後起者覽幅員扼塞，則周知險阻控禦之宜；攷戶口賦役，則備悉安輯拊循之要；稽學校選舉，則深思培養作育之源。可以鏡曩昔，即以詔來兹。洵有合於史氏之遺意，而足以導揚美盛，昭一統無外之鴻模矣。

公蒞鳴沙五載，民懷吏畏，百度振興，與古循吏相頡頏。公餘復捃摭遺佚，手創是書。恭值聖朝久道涵濡，觀人文以化成天下。憲檄下所司，徵四方文獻，而公志適成。聞之，政澤一世，教澤百年。公之斯舉，殆合政典、教典勒為一書者乎。余與公同為滇人，又共事一方。媿案牘形勞，未獲效筆墨之役。得樂觀厥成，以挂名簡末，可不謂厚幸與！古君子居有所樹，行有所遺，公實兼之。斯編也，知與牛首、羚羊之勝競秀標奇，以互相輝映已。

時乾隆辛巳季夏月上浣，①署寧朔縣事，年家鄉眷寅弟羅元琦謹跋。

---

① 辛巳：乾隆二十六年(1761)。

〔楊士美跋〕

庚辰之秋，①邑侯滇南黃公創修《應理志草》成，士美受而讀之，曰："是固吾邑所宜修，亦人人所欲修而未克修者，顧乃成於今日乎。"夫國有史，郡邑有志，所以紀風物、開教化、察治理，甚鉅典也。

吾中踞銀川上游，大河環遶，香巖雄峙。牛首聳翠於其東，黑山蜿蜒於其北，實邊城巖疆焉。其自宋元以前，戎馬紛馳，人物寥落，山川蕭瑟，闇而不光，固不足惜。迨有明以迄我朝，德威廣被，極海隅沙漠，咸涵濡於深仁厚澤之中。至今日固已烟村繡錯，穰穰熙熙，不復有邊城荒僻之慨矣。所患治是邑者，猶以邊隅視之，聽其安陋就簡，竟不克與中土爭山川人物之盛。此邑志久缺，人固已習而忘之矣。然志之為書，事必詳搜核實，乃可以信今傳後。苟庶務紛雜，不能優游從事，則時有待也。即有其時矣，而學識迂疎，則考核不精，經術不裕，則裁決失體，又烏足以煥山川之色而發天地之閟。此志之不克修，竟聽吾邑之日新月異者徒浮沉於荒沙朔漠間，良無可怪也。

惟公以名進士應入職史館，聖天子以西域邊陲牧民為要，特簡公以衣食我民。自丙子夏由碾邑調任，慈惠輔以幹濟，公勤兼乎廉明。軍需旁午，肆應有餘，筆歌墨舞不輟於退食從容。通邑翕然，有真父母之頌。今軍事告竣，年登歲稔，民恬物熙，不數月而《志草》以成。其間無關於教化者不錄，弗繫於民生者勿採。風晨雨夕，以及馬轍車塵，皆載筆以從。遂獨出心裁，撥冗殫力以成之。此不獨邊邑之閭閻人物咸被休光，而山川草木亦復別開生面。且於農桑則不厭其詳，於祀典則必衷諸古，於藝文亦必搜其備。公真以學者之識兼才人之業，而擅循良之勝者矣。聞公為諸生時，授徒講學以名世，相期許志，不苟同流俗。今能不負所學，而見之施行者，皆根柢於經史，則第謂文人嫻吏事，固不足以盡公也。美竊幸吾邑之山川風土一旦吐露其菁華，將與中土之名山大川從此並傳宇內，而衣冠文物之休愈有以振興於未艾，是邑以光朝廷文治之化矣。遂忘其不文而謹識於末簡。

邑人楊士美敬跋。

---

① 庚辰：乾隆二十五年(1760)。

【校勘記】

［1］勿：《朔方廣武志》卷下《傳記·兩義君傳》作"弗"。
［2］黃河賦：《水經注》卷一《河水》、《藝文類聚》卷八《水部上·河水》等均題作《大河賦》。
［3］潛：此同《水經注》卷一《河水》、《記纂淵海》卷七《地理部·河》等，《藝文類聚》卷八《水部上·河水》作"發"。
［4］朔北：此同《山西通志》卷二一九《藝文·黃河賦》，《乾隆甘志》卷四六《藝文·賦·黃河賦》作"朔狄"。
［5］險夷：原作"險易"，據《山西通志》卷二二〇《藝文·黃河賦》、《乾隆甘志》卷四六《藝文·賦·黃河賦》改。
［6］莽怪：原作"蟒怪"，據《山西通志》卷二二〇《藝文·黃河賦》、《乾隆甘志》卷四六《藝文·賦·黃河賦》改。
［7］是式：《藝文類聚》卷七一《舟車部》、《太平御覽》卷七七三《車部二》均作"自敕"。
［8］塞：此同《駱賓王文集》卷三、《全唐詩》卷七九《宿溫城望軍營》，《駱臨海集箋注》卷五《宿溫城望軍營》作"戍"。
［9］斷：此同《駱賓王文集》卷三、《全唐詩》卷七九《宿溫城望軍營》，《駱臨海集箋注》卷五《宿溫城望軍營》作"亂"。
［10］幔：此同《駱賓王文集》卷三、《全唐詩》卷七九《宿溫城望軍營》，《駱臨海集箋注》卷五《宿溫城望軍營》作"幰"。
［11］召勛：《駱賓王文集》卷三《宿溫城望軍營》作"顧勛"，《駱臨海集箋注》卷五《宿溫城望軍營》作"霍勛"，疑"霍勛"是。
［12］青銅峽：《仇池筆記》卷下、《東原錄》、《類說》卷十作"青岡峽"。
［13］沙沙：《仇池筆記》卷下、《類說》卷十作"山山"。
［14］憑君莫上："憑君"，《東坡志林》卷四、《畫墁集》卷四、《苕溪漁隱叢話》前集卷五二、《詩人玉屑》卷十八均作"將軍"。"莫上"，《東原錄》、《畫墁集》卷四作"休上"。
［15］千里：《玩齋集》卷二《七言古詩》作"萬里"。
［16］峽口吟：《嘉靖寧志》卷七《文苑·詩》題作《硖口》。
［17］河山：《嘉靖寧志》卷七《文苑·詩·硖口》、《朔方新志》卷五《詞翰·詩·峽口吟》均作"河上"。
［18］至威武堡三首：《嘉靖寧志》卷七《文苑·詩》題作《將至威武堡三首》。
［19］常：《嘉靖寧志》卷七《文苑·將至威武堡三首》作"長"。
［20］月白：《嘉靖寧志》卷七《文苑·詩·將至威武堡三首》作"日白"。
［21］含煙：《弘治寧志》卷八《雜詠類·蘆溝煙雨》作"吹煙"。
［22］遊人：《朔方新志》卷五《詞翰·詩·羚羊夕照》作"幽人"。
［23］秋城河外鎖斜暉："秋城"，原作"秋成"，據《嘉靖寧志》卷三《中衛·景致》、《朔方新志》卷五《詞翰·詩·鳴沙過雁》改。"鎖"，此同《嘉靖寧志》卷三《中衛·景致》、《朔方新志》卷

五《詞翰·詩·鳴沙過雁》作"瑣"。
[24] 李北平：原作"李白平"，據《嘉靖寧志》卷三《中衛·景致》改。
[25] 未工：《嘉靖寧志》卷三《中衛·景致》、《朔方新志》卷五《詞翰·詩·紅崖秋風》均作"欠工"。
[26] 栗爾璋：原作"栗爾章"，據《乾隆甘志》卷三三《選舉·進士》、《寧夏府志》卷二一《詩·青銅禹蹟》等改。
[27] 頌：《朔方廣武志》卷下《詞翰·詩·禮部尚書韓焭爲鄉賢俞君輔頌》作"誦"。
[28] 詔：《朔方廣武志》卷下《詞翰·詩·翰林院編修查昇爲鄉賢俞君輔頌》作"誥"。
[29] 登牛首山和壁間韻：《朔方廣武志》卷下《詞翰·詩》題作《牛首山和前賢壁間韻》。
[30] 扳巖：《朔方廣武志》卷下《詞翰·詩·牛首山和前賢壁間韻》作"磴欹"。
[31] 野徑：《朔方廣武志》卷下《詞翰·詩·牛首山和前賢壁間韻》作"經僻"。
[32] 空明：《朔方廣武志》卷下《詞翰·詩·牛首山和前賢壁間韻》作"崖虛"。

附錄：《重修中衛七星渠本末記》

引　言

韓　超

中國國家圖書館藏《重修中衛七星渠本末記》三卷（以下簡稱《本末記》），朱絲欄稿本，左右雙邊，每半頁八行，行二十字，單魚尾，版心下印"陶廬"二字，可知此爲王樹枏家抄。《本末記》卷上四十七頁，卷中二十五頁，卷下五十頁，共一百二十二頁。2004年綫裝書局出版《中華山水志叢刊》，其中《水志》第二十册中的《重修中衛七星渠本末記》即影印此本。

一、整理與研究現狀

《寧夏日報》2013年6月5日第三版曾以《中衛發現一部古渠重修書籍——〈重修中衛七星渠本末記〉有助研究寧夏水利文化》爲題，介紹了寧夏中衛發現的《重修中衛七星渠本末記》。消息稱："近日，一部由晚清著名學者、光緒年間中衛知縣王樹枏編輯整理的《重修中衛七星渠本末記》一書，被中衛市政協委員張曉磊在沙坡頭區發現。"[①]并且，該消息還簡單介紹了書的內容及作者情況，讓公衆注意到了這樣一部有關七星渠的重要著作。可惜文中對版本情況未加説明，無法與國圖所藏者參照。又，消息稱："上卷反映了對七星渠工程重修的決心及可行性報告，施工前的查勘及分析研究，施工預算等。中卷收錄了如何施工、工匠使用狀況、勞動用工、工程進度，以及工程公告等。下卷詳盡記述了當時清政府對工程品質的驗收，以及各標段完工後的效果。"此與中國國家圖書館藏者大致相同，惟國圖藏本卷下分上、下兩部分，上部分內容同卷中，也是介紹如何施工、工匠使用等情況的。

關於《本末記》的專題研究，筆者目前只見魏舒婧《清末西北地方水利興修與

---

① "王樹枬"當作"王樹枏"，《寧夏日報》撰文時有誤，詳見下文。

管理程式——以中衛七星渠爲例》一文。① 該文利用中國國家圖書館藏《本末記》對七星渠的"興修程式""管理程式"作了細緻地解讀,較爲全面地勾畫了王樹枏興修七星渠的整個過程。

二、編輯者生平

王樹枏字晉卿,晚號陶廬老人,河北新城人(今新城縣),咸豐元年(1851)十一月二十五日生。因其右手有"枏"字形紋路,故其父爲他取名"樹枏"。② 光緒十二年(1886)丙戌科進士,二十四年(1898)十二月被任命爲中衛知縣。二十五年(1899)二月到任,並開始調查七星渠情況。二十九年(1903)三月,王樹枏離任。歷官至新疆布政使。辛亥革命後,以滿清遺老自居,曾任清史館總纂。民國二十五年(1936)二月卒,年八十六。③

王樹枏一生著述頗豐,據尚秉和《故新疆布政使王公行狀》(以下簡稱《行狀》)載,主要有《陶廬文集》《陶廬箋牘》《陶廬叢刻》等,主編《新疆圖志》《奉天省通志》等方志。《陶廬老人隨年錄》(以下簡稱《隨年錄》)載,王樹枏在中衛任知縣期間編有《歐洲戰事本末》《希臘學案》等著作。然《隨年錄》及《行狀》均未有《本末記》的記載,或因此書爲編輯往來公文而成,非著述。

三、中國國家圖書館藏《本末記》內容

《本末記》是重修七星渠時王樹枏與各級主管官員間公文往來的彙編,全書以王樹枏所撰公文爲綱,各有標題,請示性公文下間附各級官員的批復公文。《本末記》三卷并没有截然的區分,大致以多寡爲卷,按時間排列,但各卷均有所側重。

卷上共收公文二十七篇,是工程的準備階段。光緒二十四年(1898),在王樹枏任中衛知縣前,陝甘總督陶模囑他調查七星渠情況,看能否重修。二十五年(1899)二月王樹枏正式任中衛知縣,即著手調查七星渠。在進行認真勘察之後,王樹枏將工程的可行性、工費預算、人員組織等上報各級主管官員,并通知協同辦理之縣丞、副將、巡檢、首士等共同做好修渠的準備工作,隨即開始修濬。不過由於時值農忙,修七星渠的整體工程實際上從光緒二十六年(1900)春才正式開

---

① 魏舒婧:《清末西北地方水利興修與管理程式——以中衛七星渠爲例》,《佳木斯大學社會科學學報》,2013 年第 6 期。
② 王樹枏撰:《陶廬老人隨年錄》,中華書局 2007 年,第 11 頁。
③ 尚秉和撰:《故新疆布政使王公行狀》,轉引自《陶廬老人隨年錄·附錄》,中華書局 2007 年,第 102 頁。

始。《隨年錄》對此有記載曰："惟已交夏令,正值農田栽種之時,須俟明春工作。"①

卷中共收公文二十三篇,是工程具體實施階段,主要是工程進度、用工用料情況、工程之難易與效果等。其中有魏光燾《致中衛縣》一文猶可關注。此文雖只有短短二百六十五字,卻生動勾畫出了當時清政府所面臨的局勢。內有義和團之亂,外有外國軍隊逼近,致原先修渠之兵員均先調防平涼,以備關隴,渠工遂暫止。

卷下共收公文二十二篇,是工程的完工、驗收階段。《隨年錄》"二十七年辛丑五十一歲"條載:"九月,紅柳溝暗洞成。春間,余在紅柳溝旁築室三間住居。四月,余即在此辦公聽訟,稍暇,手持一布傘,上下督工,與民同作同息,凡七閱月告成。"②這説明,光緒二十七年(1901)重修七星渠工程基本完工,"惟管道尚有六七十里"。《隨年錄》卷上"二十八年壬寅五十二歲"條下記載:"自七月起至八月二十五日畢工,開通大渠八十一里,全渠自此告成,隨即稟定渠章,立案永遵。"③《本末記》卷下有九月初四寫就的《全渠告竣稟》。由此可知,重修七星渠工程於光緒二十八年(1902)八月二十五日全部竣工。

四 文獻價值

寧夏中衛的七星渠至今仍在使用,是中衛市最主要的灌溉系統之一,對中衛乃至寧夏的農業發展有着至關重要的作用,所以《本末記》不僅有文獻意義,更有現實意義。

首先,是編是目前發現的較爲系統地記載寧夏古代水利工程的史料,完整地記錄了七星渠從倡議修濬至最後完工、驗收、訂立章程的所有環節與細節。且編纂此書者即爲主持七星渠工程之王樹枬,文獻來源更是王樹枬家抄之本,其真實性與可信性更高。

其次,《本末記》所記載的在修渠中遇到的困難及解決的方法,對如今七星渠的治理,甚至對西北相同地質環境下的水利工程的治理,都有可取之處。古人在生產力極其低下的年代,利用自己的智慧將原本頻受洪澇影響的荒蕪之地,變成了沃野千里之區,其治理經驗和方法在新時期同樣能夠發揮出應有的價值。

再次,可從中體會出時局之變換、國家之興亡。七星渠工程在修濬過程中因義和團之亂和八國聯軍侵華而被迫中止,王樹枬在《致中衛縣》志曰:"夏間北方

---

① 王樹枬撰:《陶廬老人隨年錄》,中華書局 2007 年,第 42 頁。
② 同上,第 43 頁。
③ 同上,第 44 頁。

拳匪亂起,啟衅強鄰,廷旨徵兵,急如星火。五月二十八日,魏帥札調陶、董兩旅由岑藩台統帶入衛,而宣威中旅及甘軍副前旅亦於七月間各調回防操練。渠工遂爾中止。"接着不禁發出"功虧一簣,惜哉"的感慨。可見國之興亡關乎民生切矣。

重修中衛七星渠本末記卷上

中衛知縣王樹枏輯

光緒二十四年冬抄，督部陶公檄余署理中衛知縣。稟辭時，公謂中衛諸渠以七星渠爲最大，緣受山水之害，荒廢數十年，[1]工鉅費重，無人倡議修復者。屬余到任履勘，能否重修，據實詳復。余查七星渠凡受山水之害四道，水性鹹鹵，淤渠壞田，而渠口山河直冲渠之咽喉，爲害尤巨。

光緒二十四年，前寧夏道胡廉訪景桂，築一山河大壩橫截入黄。四月間，山水陡發，未及合龍，壩身多被冲決。次年，陶副將美珍、陳游擊斌生來修此渠，謂此壩萬不可廢。士民皆慫恿增修高厚，較前加培，能保百年。余謂此壩去山河太近，正當其衝，山河較黄河低下，設一旦雨水並漲，束於一壩之内，水無去路，雖銅堤鐵壁亦未有不冲決者。現在舊口去大壩不過百餘步，壩若冲決，渠口必至淤塞，全渠乏水，其咎誰歸。且山河在黄河懷内，即此壩能支山水入黄，而山水循黄河南岸順流仍從渠口入渠，是有堵禦山水之名而究不能盡避山水之害，所謂狙公賦芧，朝三而暮四也。

余到任後，正值渠工委員高吏目攀斗與寧安巡檢童愛忠互相稟詰。陶公檄余細心確勘，余於是年四月初二日馳抵寧安，傳集士民並同韋旅官得勝齊集渠口，詳勘山河大壩，萬不可恃。緣農田用水在即，暫令首士等於渠頭修建減水閘二道，以爲宣洩山水泥沙之用。水小則與黄沙並流入渠，水大則從壩頭翻出以爲一時權宜之計。首尾當即灌通，農田無誤。至七月間，山水與黄水並漲，此壩冲決無餘，渠口淤廢，闔渠士民始服余之先見。可見天生順逆之勢，非人力之所能爭也。當即據實稟復。

四月二十四日，奉督部陶札，云：七星渠所修大壩合龍，既慮大水冲潰，有碍農田。現雖修補減水洩沙閘，不過爲目前敷衍計，終不能永資利賴，似不如另行相地修築之爲善。至鳴沙州以下舊修洞，可以次第舉行。及隨同廉訪勘工，始見山河大壩單薄，恐不足禦山河之勢，將來必須將渠口改下數里，讓出山水順流入河，方能爲一勞永逸之計。[2]小徑溝飛槽甚得地勢，惟放水之時察看飛槽，又較渠身隘二尺有餘，槽身亦仄。所過之水灌漑鳴沙一州尚難敷用，則紅柳溝以下即便修復亦必有缺水之虞。竊以利弊全在渠口，相度得地，避出山水之患，方能議及下游一帶。渠工前數十年內文武各員皆擬籌款興修，率以渠口爲難而工費又大，不敢輕舉。樹枬傳集寧安各堡一帶士民，沿渠度地，下七星渠口五里許爲柳星渠口，擬在此地與七星渠同開一口，築一分水石閘，各歸各渠。士民等皆同聲稱善，且言此係七星舊口，因黃河變徙之後，始改口於上游，每年遂受山河之害。今若仍歸舊地，則山水可以讓出，順流入黃，且兩渠夫料同攤一垪，尤爲眾擎易舉。但估計石閘工料爲數甚鉅，萬非民間所能籌辦。故沿日水渠灌田數萬餘畝，兵燹後荒廢已久，本督部堂擬添撥營旅一律修復，究竟渠身長若干里，需工料、經費若干，如何分別段落，某段應派民夫，某段應撥勇丁。勇丁即按四旅人數計算，民夫能派若干。務先籌備應用各項器具，擬本年七月內即行動工，併由司餄縣先行查勘，明晰詳細，妥議繪圖，貼説另行，專案稟奪。

上陶督部議修七星渠書　　光緒二十五年四月二十六日

睽侍慈顔，倏逾兩月，十八日接到何善孫來信，謹悉柱躬安泰福，並勛隆翹企，崇階慕思曷極。

善孫來信，代傳憲諭，以七星渠工程浩大，非實有把握，不可造次從事。聞命之下，欽悚莫名。竊以中衛一邑專靠水利，而七星渠綿亘一百七八十里，灌田七八萬餘畝，尤爲水利大宗。鳴沙以下荒廢三四十年，民户逖亡，國課無着，非官爲倡始，萬難修復。樹枬初意以爲胡廉訪既將鳴沙以上各工修好，則紅柳溝以下開渠，渠士民雖蓄此意，苦於力所難償，此不能不由官籌措者。小徑溝石墩明年必須再添木槽一箇，渠水方能足用。此二項既不能復派民間，而庫款支絀，又不敢輕易請領，再四思維，惟有於額征糧下變賣三四千石，明年秋後歸款，於變糧濟餉項下報銷。前任盧令陳令凡變賣一萬五六千石，皆係交價解庫。既不累民又不虧官，所謂一舉而眾善皆備也。

鳴沙州一堡田地聞有七八千畝，現在承種納糧者祇二千二百畝，居民一百餘家。渠溝向分兩支，其南支正溝無力開通，田皆荒廢。擬借兵力先開此渠，招户墾荒，每畝承領墾單收取一串上下。據彼處人言，水果暢通，則領地者蠭擁而至，即以此項歸還糧價有餘，則歸入渠工以作歲修之用。如此籌辦，明年果有大效，然後再議修復紅柳溝暗洞及開白馬灘即鳴沙以下地。一帶之田。次第舉行，庶有把握，不至鹵莽償事，上負我公軫心民瘼之懷。此事究竟可否如此辦法，伏候示遵，以便另具公牘詳細敘陳。

柳星渠口係當日七星渠舊口，若從此處與柳星貼渠同開一口，建分水石閘，则去山河較遠，因勢利導，山水可以順流入黃。奈柳星渠士民狃於私見，堅不肯共口分渠，及至閘壩修成，渠水暢足，柳星渠士民始悔從前之失計。今歲柳星渠口淤塞，河水不能入渠，反借七星渠水決堤灌溉。小民可與樂成，難與圖始，信哉！

辛丑九月二十五日，樹枏誌。

札中衛縣　　光緒二十五年五月十五日

陝甘總督部堂陶爲札飭事。案查中衛縣所屬七星渠往年灌地甚廣，自同治初年回匪擾亂後，渠身半就湮廢，田地荒蕪，無由墾復。現據王署令稟稱，欲濬渠身，先治渠口，數十年來渠口爲山水衝損，時濬時淤，必須改修。渠口能避山水之衝，方能收河水之利。下游五里許爲柳星渠，擬在此地與七星渠同開一口，築一分水閘，各歸各渠，並云此係七星舊口，前因黃河變徙，改口於上游。今若仍歸舊地，則山水可以讓出，且兩渠同撅一塀，尤爲衆擎易舉等情。

本督部堂查，往年渠口由下游改在上游，自必就水之勢，決非無故遷徙。今欲避山水之衝仍歸舊地，不知地勢、水勢如何，且欲與柳星渠同在一處，引水不知能否敷兩渠之用。必須通盤籌畫，方可定議。且下游另有山水，均能衝壞渠身，舊時做法或築飛槽，或修暗洞，除害興利，一切工程均未可鹵莽從事。

查謝守威鳳於該處地方情形最爲熟悉，現赴花定辦理鹽務，應飭順道至中衛，會同王署令周歷渠口上下，相度形勢，將改修渠口利弊詳細擘畫。並將下游應築飛槽、暗洞諸處妥爲籌度，悉心估計，先行稟覆核奪。

重修七星渠估計工程稟　　光緒二十五年六月初一日

竊某於五月初四日奉到憲臺批示，七星渠所修大壩合龍，既慮大水冲潰，有碍農田，現雖增減水洩沙閘，不過爲目前敷衍計，終不能永資利賴，似不如另行相地修築之爲善。至鳴沙州以下，舊日水渠灌田數萬餘畝，兵燹後荒廢已久。本督部堂擬添撥營旂一律修復，究竟該處渠身若干里，需工料資若干，如何分別段落，某段應派民工，某段應派勇丁。即按四旂人數計算，民工能派若干，務先籌備應用各項器具，擬本年七月內即行動工，併由司飭縣先行查勘明晰，詳細妥議，繪圖貼説，另行專案稟奪，各等因。奉此。

竊查中衛一縣全恃水利，大河南北凡二十餘渠，惟七星渠灌田七八萬畝，其利最溥，而其工亦最巨。渠自泉眼山開口至白馬、張恩延長一百數十里至牛首山下入河，其中凡受山水之害四：一渠口，一小徑溝，一豐城，一紅柳溝。四者惟渠口之南山河水最大，源出平涼，歷固原入縣境，即《水經注》之高平川水。其暴發也，挾泥而下，正當渠口之衝，屢爲渠患。前人於渠口建正閘以障之，歲久不修，遺迹無復存者。近歲黃河北徙，渠民移口於上，引水灌田。然去山河逾近，則渠患逾深，百餘年來文武官員屢欲興修，皆以渠口與山河地勢太逼，而工費又大，不敢身任其艱。於是山河之水年年冲決爲災，渠身愈墊愈高，受水微末而四百戶下之小徑溝暗洞又被山河冲毀，鳴沙州八千餘畝之田遂至常常缺水，土地荒蕪，其未逊之户祇餘數十家。沿山開渠，承七星渠之尾水，十年九旱，民生國課均受其弊。至鳴沙州以下之紅柳溝暗洞則自道光年間被山水冲毀，久未修復，白馬通灘數萬餘畝之田盡成赤壤，數十年以來無復人迹之存。此七星渠廢弛之大概情形也。

　　去歲胡升司以該渠關係農田甚大，慨然請帑興修，於山河下游里許之遙，横築一壩以截山水勁折入黃。但山水直下，勢若建瓴，一簣之堤恐不能禦此陡來之水。彼時宣威中旂管帶韋得勝專作壩工，兵力太單，訖未認真修築，合龍之際，山水陡發，厥功未就。小徑溝暗洞胡升司相度地勢，改爲飛槽，實於下游農田有益。惟飛槽稍狹，度水無多，以之灌溉鳴沙一州尚難敷用。今歲四五月，渠口挑水大壩凡被山水冲脫者三次，山河大壩亦冲塌十丈有餘，徒勞罔功，雖無大害，亦無大利。小徑溝飛槽再經某加高二尺，然亦不過爲將就一時之計。今欲大興水利，誠如憲台所諭，必須另行相地修築渠口，以避山河之害，方爲上策。又諭以柳星渠、七星渠合作一口，水之大小能否足溉兩渠之用，實爲籌畫周密。某隨於五月二十一日親到寧安堡，傳集士民之知水利者，通籌利弊，上下踏勘，查得山河口至柳星渠五里之内爲七星渠累年上下尋口之地。柳星貼渠以下尚有七渠，七星渠萬不能越貼渠、柳星渠下迤南尋口，柳星渠口相傳係當日七星渠舊口。自咸豐二年間，黃河正流北徙，南岸之渠悉用支流，而此處之水又係支流中之分支。彼處之民恐水不足用，又憚於淘浚渠身，於是改口於上，反借山河之水以爲灌田之用。詢之士民，僉稱山水小時並不爲害，惟其暴發勢不可遏，則全渠有冲決淤塞之虞。若數十丈之山水二三十年一或有之，不常經見。某丈量柳星渠河身寬四十餘丈，亦可濟兩渠之用，惟河勢不甚穩定，恐一旦遷變，便成廢渠。而兩渠士民又勢如水火，不欲合撅一壩，狃於積習，幾不可以理喻。情遣合渠之人，堅謂山河小水攪入黃河之大水，實於農田毫無妨碍，惟山河暴發，必須設法補救，方能爲一勞永逸之計。有渠民之老於水利者謂紅崖子河水寬深，地勢又順，從此處另開新口，則將來開挖白馬灘一帶農田方能足用。下流三里至泉眼山之鷹嘴石，西對高灘，渠從中度，其地狹而水勢平衍，擬在此處斜建進水閘三空，正建退水閘二空，接連閘頭，斜撅數十步長之跳水矮堽。山水小時則閉退水閘，開進水閘，以灌農田。山水若發則將進水閘封閉，開退水閘，使山水盡洩，黃河並可從跳水堽翻出。山水之來不過一二日，沙泥洩畢再閉退水閘，開進水閘，使水仍歸正渠，如此則全渠不至受山水淤決之患。據合渠人言，久蓄此意，第苦於工費不給，故因循至今，無人敢倡其議者。果如此則河水不缺，山水不災於渠工，實有裨益。

某以此渠既無法可避山水，依此辦法，實爲中策。再此渠向來之弊，輕於尋口而艱於挖渠，歷年以來民田侵佔，渠地沙泥淤墊，渠身不及舊日寬深十分之二。今欲通灌，必須開寬濬深，規復其舊。又此渠上下共有洩沙閘七道，亦名退水閘，沙泥淤墊，凡人力所不能施者，概賴此閘節節疏濬。今皆殘毀不完，非重加添補，無以爲洩沙之路。小徑溝飛槽一道，容水無多，擬由石墩兩旁再加木槽二道，則鳴沙下段庶可以全行灌漑。至紅柳溝暗洞，同治初年挖開檢視，被山水冲沒者十分之五，此處採石須由河北或靖遠一帶採運，工費巨而且艱。若同時動工，款既難籌，而石匠亦不敷用。某擬先將渠口及一切各工作好，溝身一律開通，果有明效，然後於明年秋後再議興修，則次第舉行，庶不至復踏今年覆轍。查各渠動工爲時甚迫，祇有春工四五十。秋後各渠皆係紮放冬水，民田侵佔之渠埝七八月間禾稼未收，亦未便遽行毀壞。所有渠工皆係明春之事，惟鳴沙州尚有未墾之田五六千畝，其渠道亦無人開挖。又鷹嘴石依山另開渠道約二里許，擬請憲台於八月間專派兵勇先開，此處秋禾告竣，即分段將渠口以下之渠埝積土照舊年所定之丈尺移擲田中，一至開春便行，一律開濬渠身，庶免臨時倒埝，耽延工作。某擬派民夫千名，以五百名作渠口之堽工、閘工，以五百名同兵勇千名分開段落，專修渠道。而應備石料器具即於秋後籌置齊全，庶不至於春工有誤。惟全渠工費必須預籌的款，鳴沙州民戶蕭條，而新寧安、麗下及四百户三莊之民去歲攤派壩料墊累不支，明歲除渠口撅堽夫料之外，萬不能再議攤派。至於近年庫款支絀又某所素知，反復思維，惟有就卑縣設法籌款。查額徵糧石近有變價濟餉及變價濟賑兩項，卑縣前任盧令、陳令凡變賣倉糧二萬餘石，均皆解價交庫，有案可稽。卑縣地處潮濕，去歲倉糧霉變者甚多，亦不能不及時設法變易。此次渠工所需費用，可否即照此例變賣倉糧市斗四千石。其銀兩暫歸渠工動用，統限明年內解價交庫。如此則上不虧帑，下不累民，似於國計民生兩有裨益。惟倉糧變價萬不能限定時日，爲緩急之需。倘秋後用項在即，擬請先由中衛釐局項下暫爲挪用，變價之後隨即歸款。愚昧之見，是否有當，伏乞批示祇遵。

再，五月二十七日，謝守威鳳到縣，會同履勘渠工三日，與某意見相同，謹繪具圖說及估計各工，并一切章程，另呈鑒核。再，卑縣距七星渠口一百一十餘里，渠口至鳴沙州亦一百一十餘里，工程浩繁，路途窵遠，某萬不能時時在工。渠寧巡檢一人上下百餘里，亦難兼顧。查有指分甘肅候補縣丞姚曾祺，因甘肅停止分發尚未到省，現在縣署，明幹勤慎，素所深知，擬派工所，會同渠寧巡檢稽查物料及一切帳目，並沿渠上下，逐段分查，必能於渠工有裨。可否仰懇札委該員幫同辦理渠工，庶士民不敢輕視，呼應較靈。至薪水夫馬一項，皆由縣自行籌給，不另開支。今年秋後，擬先清丈鳴沙州已墾未墾田畝，即派該員及渠寧巡檢認真督辦，敢乞一併札委，實為公便。再，此次派撥營勇赴渠做工，一切皆須自備，將來或酌加口糧，或由縣籌款擬賞，並乞示遵。

估勘七星渠工費及一切章程摺

　　一、估工。進退水石閘六墩，五空，淘至石底，密釘木樁，上鋪紅石。底塘凡寬七丈，長二十丈。進水南邊墻寬一丈，長八丈。進水中二墩皆寬一丈二尺，長二丈六尺。分水墩頭寬一丈五尺，尾寬四尺，長八丈。退水中墩寬一丈五尺，長三丈。退水北邊墩寬一丈六尺，長三丈五尺。進退水閘每空皆寬一丈六尺，接撅挑水矮埧寬一丈三尺，長四十三丈，入地一丈，出地三尺。約用石三萬車，舊歲每車一塊一車。石價及腳費一百六十文，共錢四千八百串文。用膠泥七千車，出膠泥之地，去渠二十五里，每日牛車僅運一次。舊歲每車運費錢四百文，共錢二千八百串文。用柳木樁一萬五千根，舊歲每根錢五十文，共錢七百五十串文。用木梁十六根，舊歲每根錢二十串文，共錢三百二十串文。石匠工錢約計二百串文。用石灰七萬觔，舊歲每觔三文，共錢二百一十串文。小徑溝飛槽現只一道，[3]擬再添修二道，約計石灰、氈、鐵、木料須錢八百四十串文。該渠舊歲凡退水閘七道，吳石閘已損，擬修葺，費錢二百串文。三空閘即通豐閘已損，擬修葺，費錢二百串文。宜民閘已廢，擬重修，費錢五百串文。利民閘即蕭家閘地勢最陡，已損壞無餘，擬重造，費五百串文。小徑溝上游宜再添一閘，以洩沙泥，擬修造，費錢一千四百串文。拖尾閘已損，擬修葺，費錢二百串文。至於應用鐵鍬，擬製五百把，挑筐一千箇，舊歲一鍬二筐合計錢九百文，共錢四百五十串文。以上以錢合銀，計九千五百餘兩。所有各工係就歷年工程價值約署比擬，估計大概。現在渠水正深，無從細測，將來一切工料，或有餘，或不足，尚難刻定，屆時必當督率士民，力求撙節，實報實銷。至於口埧腰埧工費，皆由民間自備物料。渠寧巡檢夫馬仍照胡升司所定，歲給費一百二十串，首士薪水及書差口食，由卑縣酌定，不與官帑相涉。

　　一、濬渠。查七星渠緊對山河，每歲五六月間山水泛漲，泥沙混濁，全冲入渠，一歲之濬不敵一歲之淤，以致渠身益高，水不能入。百餘年來，渠身為民田侵佔，既淺且狹，不及舊年丈尺十分之二。某於五月二十一日在寧安堡老農家得乾隆五十一年縣令龔景瀚稟定章程,內載自渠口至吳石閘,長五里,渠寬七丈,深八尺,有栽樁石高出渠底五尺有餘為準。自吳石閘至正閘,長三里,渠寬六丈五尺,深八尺。正閘至三空閘,長八里,渠寬六丈,深六尺。三空閘至宜民閘,長五里,渠寬五丈,深六尺。宜民閘至利民閘,長七里,渠寬五丈,深六尺。利民閘至鹽池閘,長十二里,渠寬四丈,深七八尺至三四尺不等。鹽池閘至恩和堡大渠橋,長十四里,渠寬三丈五尺,深三四尺不等。橋疊三石墩、三石盤作底,以石盤全露為準。大渠橋至小徑溝石洞,今洞已作廢,去歲改飛槽。長八里,渠寬三丈五尺,深三四尺不等。小徑溝至馮城溝石洞,長十里,渠寬三丈,深三四尺不等。馮城溝至鳴沙州,長十里,渠寬二丈七尺,深六七尺不等。鳴沙州至白馬灘、紅柳溝暗洞,今洞已廢,以下之田久不得水。長四里,渠寬二丈七尺,深三四尺不等。紅柳溝暗洞至渠稍,長五十里,渠寬一丈五尺,深三四尺、一二尺不等。今擬淘挖渠身,其間寬皆以龔景瀚所定丈尺為準。至濬深則視渠口之水高隘,以水平測量,定通渠之深淺,總以能概全渠惟準。

一、修閘。七星渠自紅柳溝上尚有七閘,既可減水,亦資洩沙,每歲春工,用力少而成功多。舊有吳石閘一座,長六丈六尺,寬一丈二尺,高八尺。正閘一座,二空,每空寬一丈二尺,長十一丈,高一丈三尺。三空閘一座,長十五丈,寬一丈四尺,高一丈。宜氏閘一座,長二十丈,寬一丈四尺,高一丈。鹽池閘一座,長十六丈,寬一丈二尺,高一丈二尺。拖尾閘一座,長五尺,寬八尺,高五尺。百餘年來,樁石損壞,民間無力修補,以致渠道淤塞,年甚一年。利民閘一座,損壞無迹。鹽池閘以下渠長閘少,當於小徑溝以上添建一閘,則恩和堡至鳴沙州方無沖決淤塞之虞。明歲擬皆量力補修,而工費甚巨,所佔之數,誠恐不敷。惟有擇其要者添葺而已。

一、夫料。舊章新寧安、龐下、恩和、鳴沙、白馬灘諸堡,額例田六十畝,出夫一名,通渠共夫一千四十四名。自鳴沙、白馬灘田不得水,民戶逃亡,夫不敷用,於是該渠自派三十畝出夫一名,而生監抗阻,委管包折,夫册牽搭不公不均,渠工遂至日壞。去歲改為官辦,派夫千名,物料費一百一十五文。今擬仍照胡升司派定夫數,其物料費則改歸民捐,舊章定為每畝七十文,以紓民力。

一、督工。七星渠自口至鳴沙,凡長一百餘里,必須分工督作,各專責成方,不至彼推此諉,致有貽悞。今選派貢生張明善,文生楊含潤、劉彥邦、党雍熙,武生王楨、陳紹武、王正學、趙積善、黃開科、王世憲、朱成章,監生黃魁,首民胡萬明,分工督修,如有違悞或弊混情事,應由卑縣詳請責革。渠口設立局所,委員常川駐工,與渠寧巡檢上下監察督催,以壹事權。

一、分段。七星渠延長寬遠,土工尤大,蒙撥四旗兵勇開修,益以民夫千名,約有二千名之數,明歲擬撥民夫五百名專修渠口。閘工、堰工及各段退水閘工,以五百名與兵勇分段開通渠道，視工之大小難易定每段之長短。各旂與各旂分做，不相牽混，以免推諉。[4]今歲秋後兵勇先做倒埂開渠無水之工，倒埂工尤緊要，所以爲明年開渠地步也。兵勇既分段做工，則鍋竈帳棚皆須攜帶，以免往返耽閣。

一、丈地。鳴沙州額征糧田舊册八千九百六十餘畝，今秖實征熟地二千三百八十畝，其中畝數不無隱匿，而實在未墾亦爲數不少。此處正渠有南北兩支，舊設分水閘，其南支渠道淤塞，秋後擬請兵勇先開此渠以復其舊。一面清丈田畝，酌擬領單之費，以爲歸還借款之用。白馬通灘額征糧田舊册二萬八千四百二十八畝，現征熟地三百畝，此處田皆荒蕪，民户逃散，無夫可派。擬俟明年春夏工畢之後，通渠得水，確有效徵，一面稟請復修紅柳溝暗洞，一面接撥兵勇開通白馬灘正渠。次第興作，則工費皆爲有餘，不至拮据。其一切子渠則歸領田之户自行開挖，其田亦隨領隨丈。

督部堂陶批：稟及圖説、章程查閲尚妥，七星渠非於此處改口建閘，荒田固難全闢，熟地亦將漸廢，其勢斷不能不修。該署令所擬一切辦法及修補各閘並於小徑溝再加木槽，估需工料經費，先請變賣市斗倉糧四千石，暫歸渠工動用，明年解價交庫，均應照准。一面聽候本督部堂派撥營旂前往，仍由該署令會商各營帶指點工作。另單請以姚縣丞曾祺與渠寧巡檢稽查物料及一切賬目，並沿渠上下逐段分查，本年秋後令先清丈鳴沙州地畝，認真督辦，亦應照准。即由該署令分別派委，俾專責成營勇赴渠做工，一切皆令自備。惟日事勞苦，准由公中按月籌給津貼，以示體恤可也。猶有慮者，黃河北徙，紅崖子在其南，地勢較高，僅分支流之支流，設或河水未漲時，水不能上，勢必坐困。鷹嘴石地狹，其溜必急，所稱水勢平衍，恐是揣度之詞。此處築基立閘，稍不穩固，必遭冲損，均應由該署令先事籌酌，據實稟復核奪，不可稍涉含糊，致將來又廢全功也。再，修渠用項爲數頗鉅，摺開一面清丈地畝，酌擬領單之費歸還借款等語，究竟領單費能收若干，如何收取，能否足敷。此次渠工之用，應由該署令勘酌妥擬，專案稟請核示，萬不可以利民之舉轉爲累民也。仰即遵照，并候行司查。照繳，圖、摺存。六月十九日。

藩台岑批稟：摺、單、圖均悉。該令於七星渠務相地勢，盡詢謀，酌古準今，創爲改口建閘之議，又能輾轉籌款以濟其事，非實心愛民而又有幹濟之才者，曷克臻此。所請各節已稟督憲札知，均經批准，應即遵照妥辦，並將鷹嘴石水勢是否確係平衍，丈地酌擬之領單費係按地，抑係按單收取若干，約可統收若干，地户是否願出之處，再行稟覆核奪。至姚縣丞曾祺，能襄理此工，亦甚難得。碍於未經驗看，本司未便札委，由該縣自行移請可也。此繳。六月十九日。

署臬台黃批據稟：已悉。嘗聞中衛七星渠爲該縣農田水利之冠，任其荒廢，殊爲可惜。然本署司未嘗躬履其地，聽之亦屬茫然，置之而已。茲據該令所稟，並繪圖貼説前來，展閲數四，無異馬伏波聚米爲山，形式盡在目中，前之茫昧者今則瞭然矣。本署司曩在江南廬州府任内，每歲春夏必督修江湖隄防數百里，凡擇地勢、計土方，實事求是，十二年中幸無潰決，農民賴之。然彼惟築隄以防水患，無所謂渠耳。今該縣農田之利以渠爲先，而又加之以隄，是濬與築二者兼而有之。茲就圖中所注，分別今年所挖之渠及所築之隄，詳細觀之，渠則傍高地而開，河水恐不能暢流而入隄，則攔山河而建，山水又從何而出，勢不至於橫流潰決而不止也。無怪該處紳民之阻撓，不肯合龍也。該令不憚勤勞，親自勘測，就迤西高灘之下，循往年河水漲時所行之跡，於明年新開一渠，引水由南而東，穿入土壩未合龍之口，向東而折竝南山之麓，迤迤而下，仍由白馬灘北折而入。河渠之所經，自吴石以下各閘，均受其益，是得治水因勢而利導之法，而其妙運尤在石垻與進水、退水兩閘之關鍵。一則洩山水之暴漲，一則束河流之暢利。具見賢有司爲民興利之誠心，有此精思，殊堪嘉尚。果能始終其事，必有成效可觀。至另摺所擬七條，均屬切實，若次第興舉，將見費不虛糜，工歸實濟，爲該縣興數十年已廢之地利，化瘠土爲膏壤，國計民生，均有裨益，西門、鄭國不得專美於前矣。尚其勉旃，有厚望焉。仍候督憲暨藩司批示。繳。圖、摺存。六月十八日。

護道台崇批：查勘估七星渠開做渠口，並建修進水、退水閘各工及一切渠工章程，尚屬詳細周妥。至稱工料費項以倉糧變價挪用之處，仰候各憲批示。飭遵。繳。清摺圖説存。六月二十三日。

甘肅候補知府謝威鳳通勘七星渠稟　　光緒二十五年六月初一日

竊卑府於五月十五日奉到憲札，内開，以往年七星渠口由下游改在上游，目必就水之勢，決非無故遷徙。今欲避山水之衝，仍歸舊地，不知地勢、水勢何如。且欲與柳星渠同在一處引水，不知能否敷兩渠之用。必須通盤籌畫，方可定議。且下游另有山水，均能衝壞渠身，舊時做法，或築飛槽，或修暗洞，除害興利，一切工程均未可鹵莽從事。查謝守威鳳於該處地方情形最爲熟悉，現赴花定辦理鹽務，應飭順道至中衛，會同王署令周歷渠口，上下相度形勢，將改修渠口利弊詳細擘畫,並將下游應築飛槽、暗洞諸處妥爲籌度,悉心估計,先行稟覆核奪。等因,奉此。仰見興廢盛德,感佩曷言。

卑府於二十六日抵中衛,王令樹柟即飛諭渠寧巡檢高攀斗傳集紳士張明善、劉彥邦等先至泉眼山等候。二十八日,卑府與王令同至七星渠口周勘形勢。二十九日,再量河面,並探河底。三十日,由寧安堡東勘小徑溝、紅柳溝,直至鳴沙州、白馬通灘止。小徑溝飛槽,石墩堅固,山水亦不常見,但嫌飛槽稍狹耳。紅柳溝暗洞雖未挖視,聞石料尚有一半可用者。其通渠下手最難之處,全在渠口。查泉眼山在寧安堡西南三十里南山之麓,泉眼山下原開七星、柳星、貼三渠。七星渠口略上而偏南,正當山河冲流之害,不若柳星渠口偏北,直吞黃河南支之流。而貼渠口又在柳星渠口內,依七星渠北埧開成之,同爲安靜也。七星渠原灌新寧安、麗下、恩和、鳴沙及白馬通灘之地,計一百七八十里。自渠口壞後,迄今荒地在三萬畝有奇。卑府細爲履勘,山河源出固原牛營,北流數百里,直將南山戈壁冲成深溝,而出平地半里許,河深近丈,寬七八丈。胡升道於此築一大壩以障之,長三四十丈,據高委員稱,合龍時口僅丈餘,自五月山水暴發,冲脫十餘丈,僅見兩岸土堆,而山河自此旋折而東一里有餘,而河身漸寬,水亦漸平。山下有石突出,曰鷹嘴,高如巨屋,聳峙河岸,石外山崖向河灣抱如弓。王令擬依大石斜築進水閘三空,就崖灣開新渠三里,以接舊渠之身,接連進水閘。橫築退水閘二空於舊渠正中,以洩山河暴漲之水,其新渠口則改自上游紅崖子,此處地勢既順,河水亦旺,足敷白馬通灘之用。其口開寬二十丈,順流二百餘步,以合山河,併流入閘。蓋七星渠口所惡者,山水暴漲,至則山水多而黃水少,宜閉進水閘,開退水閘以洩之;所喜者,暴漲不過三二日,消落之後則山水少而黃水多,宜閉退水閘,開進水閘以受之。如此則山水冲決之患可避矣。非得堅基,不加工非能永逸,不枉勞款雖鉅,必力求撙節而妥籌之。事雖難,必力求賢能以贊助之。精誠所至,金石爲開,況有把握之事乎。

王令之言令人興起。卑府比飭渠夫掘之,去沙一丈,果見石子依大石,量河寬約三十丈,北岸雖係沙灘,如王令所籌,從石底堅固做出,當亦可避冲決之患。此地黃河與山河并流,絕無高下,飛槽、暗洞均無所施,舍此別無辦法。聞憲台已派陶副將美珍來修此渠,美珍結實志同王令,乞飭早至幫同商辦,尤王令之願也。夫以數十百年之廢渠,昔人築口之法固不可尋,即武員勤能如馮故提督郁康,文員明幹如匡牧翼之,久欲謀此而計無所出,獨王令見及,且得我帥主持,竟使三萬餘畝之荒地復爲膏腴,此固國計民生之福,抑亦千載一時之事也。至若經費,卑府原不善估,以愚見度之,殆非二萬不可,此王令之責,自有估單。惟全渠廢弛已久,口工、閘工、土工浩大異常,又限於時日,兵勇與民夫并力趕做,已有汲汲之勢。紅柳溝以下之工，萬不能一時并舉，明春鳴沙上游諸工做好，秋後再行設法開修白馬通灘，則次第興工，萬不至於鹵莽。但此事非得王令一手辦成，深恐前功盡棄，殊爲可惜。卑府專爲興廢盛舉起見，是否有當，伏候鈞裁。

敬再稟者，夫治渠如治身也，身有咽喉胸膈臟腑三關之病，正今日七星渠之謂也。渠口其咽喉，小徑溝之飛槽、紅柳溝之闇洞即其胸膈臟腑之關也。今紅柳溝闇洞未復，白馬灘之荒無論矣。即視胡升道所修小徑溝飛槽，係一墩兩岸，埧中二空以出山水，上加飛槽，寬一丈，長七丈。釘氊於板，鋪沙以渡渠水，專爲引灌鳴沙一州荒地起見，功頗堅固，而水仍不來致鳴沙稍段。百姓見王令環跪，求水不已。王令首重修口，并能擇出鷹嘴石堅地，分建進水、退水之閘，并改修新渠三里以進河水，讓出舊渠正冲以洩山水。渠口堅定，然後幫飛槽、修闇洞、挑渠身以救全局。通計所費不過三萬金上下，即可收三萬餘畝荒地之利。而王令且有籌法款，尤不致終空，可謂事事有條，處處不苟，實治該渠國手，非鹵莽庸醫比也。所最奇者，王令文人，竟能深諳工作，躬耐勞苦。開工之日，擬搭棚居督，一切要案就此辦理，不講官派，祇求踏實，實出卑府意料之外。我帥委署中衛，殆亦該渠興復機關。卑府忝署寧夏知府兩次，中衛亦是子民，倘使王令竟此全功，卑府亦當頂祝欣感不違矣。

至若小徑溝之用飛槽，紅柳溝之用闇洞，皆古人至當不移之法，卑府前日面陳出自意度，今日見之，不敢自作聰明，妄議改轍。飛槽已修，祇待幫寬即如法矣。紅柳溝寬近三十丈，起甕架槽，難且不牢。闇洞東邊平鋪石條，尚在西邊不見，東西邊兩墻高近二丈，砌石如故，修築之料可就半而費當不少。昨經鳴沙州白馬通灘，地平如掌，溝塍宛然，立馬望之，渺然無際，得水即開，竟使荒廢，昔之守土不能辭其責也。慨嘆久之。再，周守景曾於是渠修復有益民生，志意甚堅。乞將兩稟發閱，以質所見。無任感叩。

札中衛縣　　七月初十日

陝甘總督部堂陶爲札飭事：照得現據署中衛縣王令稟准修理七星渠，改口建閘，挑濬渠身，工程浩大，非派撥營旅前往，日事工作，不足以期迅速而觀厥成。應飭駐省之鎮夏後旅率所部全隊拔往，駐寧安之宣威中旅、駐寧之甘軍副前旅及寧夏鎮標練軍各步隊，除留守防地外，各按八成隊伍迅即開拔。中衛由各管帶會商王署令，分別段落，各駐工所，督率弁勇踴躍工作，不可敷衍。弁勇於應支餉糧外，每名每日加給津貼銀二分，以示體恤。應自開拔之日起，至工竣回防之日止，按月隨餉請領轉給。至在工所需食用等項，即由各旅自行籌備，毋許再向地方官民稍有需索，違者查究。除分行外，爲此札，仰該縣即便照此。札。

覆陳七星渠開口建閘河水足用稟　　光緒二十五年七月十二日

竊某前因七星失修成廢有碍農田，擬就該渠改口建閘，曾經酌議章程，繪具圖說，並估計工費，稟候核示，飭遵在案。嗣奉憲台批示：以黃河北徙，紅崖子在其南，地勢較高，僅分支流之支流，設河水未漲之時，水不能上，勢必坐困。鷹嘴石地狹，其溜必急，所稱水勢平衍，恐是揣度之詞。此處築基立閘，稍不穩固，必遭冲損，應由該令先時籌酌，據實稟覆核奪等因。仰見憲慮精密、慎始圖終之至意。

某初以七星渠舊口爲柳星渠侵佔，擬仍在舊口與柳星渠合攔一壩，可避山河之害，旋因相度地勢，柳星渠所用之水係黃河支流之分支，且河勢不甚穩定，恐一旦缺水，不足濟兩渠之用。嗣至五月下旬，河水驟落，支流幾幾乾涸，柳星渠以下六渠全行缺水，惟七星渠所開之口較上，尚有水五六分之譜。若在紅崖子開口，則進而益上，係黃河之正支流，河水寬深，數十年來未經邊變，且地勢由高而下，來勢甚長。將來白馬灘一帶農田墾復，水利可期足用。下流三里許至泉眼山、鷹嘴石渠水經過之處，一面山，一面高灘，生成形勢，而水勢至此又平緩不急，從此建閘最得地勢，且渠水直射出閘，並無阻塞之處。水大之時，並有矮壩可以翻出。紳民等僉稱，如此辦法可以得山河之益，不受山河之害。惟工料必須堅固，費稍鉅耳。以下退水閘七道，係前人所修，已二百餘年，今皆損壞十之七八。所退之水各有河道，與貼渠等無相干犯，明歲惟擇其要者修補之，不然隨濬隨淤，雖日日挖渠，終歸無補。至應需物料，均應及時購辦，惟變賣倉糧，尚需日時，一刻難於應手，且卑縣又別無款項可動，再四思維，惟有仰懇憲恩俯准，札飭卑縣釐局委員遵照，先行挪款，及時撥兌，以應急需而免遲悞。一俟倉糧變價，即如數歸還，以便報解而清公項。某爲渠工需用起見，理合稟請憲台鑒核，俯賜批示祗遵。

督部陶批：據該縣夾單稟"修理七星渠工程所需經費請由中衛釐局挪借"一案，奉批，單稟已悉。修理七星渠工程所需購買物料經費，准由中衛釐局就近先行挪借，以資應用，俟倉糧變價，隨時歸款可也。仰甘藩司移局飭遵。繳。七月十九日。

藩台岑批：單稟已悉。紅崖口既無慮缺水，鷹嘴石亦生成平緩，均應如前稟辦理。至糧價一時難於應手，請由該縣釐局先行挪款應急，既據迻稟，應候督憲批示。仍將領單費辦法遵照前批，稟覆毋違。此繳。七月十七日。

移姚縣丞曾祺　　七月二十六日

案查：敝縣稟修七星渠工，蒙督部陶批准，撥帑興修，並准委派貴委員駐工經理一切，俾專責成等因。奉此。相應備文移請貴委員，請煩查照來移事理，並抄錄院批知照，認真辦理，望切施行。

移喻副將東高　　七月二十六日

竊照：敝縣稟修七星渠工，業蒙督部批准，撥帑興修，並派四旂兵勇下縣，於八月間開工修作。惟工程浩大，非得通諳渠務之人協同督理，恐致有悮要工。貴軍門前在寧夏帶隊修渠，歷有年所。相應備文移請貴軍門，俯念渠工關重，查照稟定章程，會同姚委員、高巡檢常川駐工，經理一切，是所盼禱。

札渠寧巡檢高攀斗　　七月二十六日

照得七星渠荒廢經年，業經本縣稟准列憲撥營發帑興修在案。惟查七星渠延長一百餘里，分工修作，上下稽查，本縣一人勢難兼顧。而渠口開工關重，尤須朝夕監修，認真經理，方免貽悮要工。爲此札仰該巡檢遵照稟定章程，會同姚委員等常川駐工，商辦一切，毋得疏忽怠慢，有負委任。

諭七星渠首士　　八月初一日

案照：本縣前因七星渠失修成廢，有碍農田，當經酌議章程，繪具圖說，並估計工料，稟請各憲鑒核，發帑興修，以資利賴。並懇委員督辦，經理一切，俾免貽悮各在案。惟查明春工程浩大，責重事繁，亟應先期分別工所，選派紳民幫同勷理，俾各專責成，合行諭飭。爲此，仰武生王楨、文生党雍熙遵照來諭內事理，刻即前赴渠口工所監修進水、退水各閘，並跳水、矮埧各工。查照章程，督率工匠，妥爲經理，總以工堅料實、經久不磨爲要。貢生張明善、楊含潤督撅渠口支水、迎水兩埧。武生王正學、黃開科、趙積善，貢生毛東華，督修小徑溝飛槽及拖尾閘各工。文生劉彥邦，武生王世憲、陳紹武，監生黃經五、朱成章、胡萬明督濬渠口以下。渠道開寬十二丈，深六尺餘爲的，該生等務須各勵精神，認真將事，毋得草率塞責，致負委任，而悮渠工。此係爲民興利之舉，如有營私悮公情事，一經察覺，定即查明，從嚴革究，毋得視爲具文，切切。特諭。

諭石廠匠頭　　八月初一日

案照：七星渠工程蒙各憲發帑興修，並請委員督率經理在案。此次須用石料甚多，急宜開廠採用，合行諭飭。爲此，仰該廠頭潘占鰲、光正明、張富貴、潘悅、田茂志，遵照來諭內事理，刻即分立五廠，勉日開廠興工。此係督憲飭修要工，須用石料甚多，酌定每車發給錢四十文，工竣厚加賞賜。該廠頭人等，不得故意揩勒，如有違悞，定即從嚴究辦不貸，其各凜之，切切。特諭。

諭監管石廠首士　　八月初一日

案照：七星渠工程業經本縣估計工程稟准各憲發帑興修在案。除按渠段分別諭飭遵辦、各專責成外，所有秋後所開石廠，特諭趙積善、朱成章監管。爲此諭飭該首士遵照來諭內事理，刻即前去該處，將石廠按五處分立，廠內一應事務，妥爲經理。其運石車輛，從前每車發給運腳錢八十文，此係列憲飭修要工，須用甚多，減半酌議，每車給錢四十文。自諭之後，務須按照定章，分別如數實發，毋得稍涉朦混，致干革究。

諭監修渠局首士　　八月初一日

案照：縣屬七星渠工程，業蒙各憲發帑興修在案。茲擬於鷹嘴石山創修龍王廟一所，以妥神靈。仍一面作爲渠局，俾委員、紳士有所棲宿。其應修工程特諭王楨、劉彥邦二人經手監修。合行諭飭該首士遵照，刻即前赴該處，將應修龍王廟地址詳細查閱，相度形勢，勉日興工。仍將需用各項物料及時採辦，以資應用。自諭之後，務須認真經理，毋得稍涉疏懈，並宜工堅料實，不得朦混取巧，切速切速，特諭。

諭楊承基　　八月初十日

案查：七星渠工費浩大，凡應備之器具、應購之物料，以及車價、匠工、渠夫、壩費，一切收支出納各項，亟應選派心精守潔之人經理賬目，俾專責成。爲此諭，仰五品軍功楊承基遵照來諭內事理，刻即前赴渠工局所，稟承局員將應需各項賬目細心經理。事關渠工要件，毋得稍有含混，致干查究。

會同四旅管帶官通報拔隊開工日期稟　　光緒二十五年八月初九日

敬稟者：竊標下等前奉憲台札開准修縣屬七星渠一案，因工程浩大，蒙飭標下等各帶隊伍開赴中衛，會同樹枏分別段落，督率興作，並飭將起程興工各日期具報查考。等因，奉此。標下美珍遂於六月二十四由省拔隊起程，於七月初四日行抵中衛，十五日開赴紅崖子渠口駐紮。標下斌生於七月十七日馳抵寧安堡防所。所有接帶日期及防所應辦一切各事宜，業經另文申報在案。標下南斌於七月二十二日由府城開拔，二十六日即抵縣屬恩和堡工所，隨就該處華嚴寺駐紮。標下萬全於七月二十五日由府城拔隊起程，二十七日到縣屬鳴沙州工所，現已駐紮就緒。標下等各按到工之期先行移會王令知照。樹枏於七月二十八、九等日先後馳諸各工所，以次面商一切。所有標下等均各撥八成隊伍以備興工，業由樹枏分別查照無異。隨即會同親往沿渠上下，週歷履勘，相度情形，分別次第，擇其緊要而不妨渠水者先行修作，分別段落，擇定日期，同時興工。標下美珍於八月初一日開濬鷹石嘴新渠一道，長三里餘。標下南斌於八月初一日開濬八畝灣退水河一道，長約六里許。標下斌生於八月初一日開寬蕭家閘以下渠埂。標下萬全於八月初一日開濬鳴沙州荒渠一道，長約三里許。惟此渠廢棄已久，淤塞漸平，此次興修，事與初創無異。現值工程經始，標下等自當會商王署令與委員等，協力同心，督率營勇，約束紳民，踴躍從事，俾功歸實踐，費不虛糜，以仰副我憲台振興水利之至意。所有興工日期，理合會銜稟報，仰請憲台電鑒，俯賜批示祗遵。

諭起秋夫　　八月二十日

諭七星渠首士張明善、王楨、毛東華、劉彥邦、黃開科、陳紹武、趙積善、王世憲、党雍熙、朱成章、胡萬明、楊含潤、黃經五、王正學知悉。照得該渠前蒙大憲督修此渠，興復舊規，並蒙派撥四旅兵勇幫同修作。惟工程浩大，今歲各旅分段興工，實有竭蹶之勢。秋後若不起夫會同修濬，明春只有四十日，恐不能依限竣工，所關於農田者甚大。此事係爲此渠規畫久遠，求一勞永逸之計，該士民等各有天良，各知利害。況秋夫一節又係乾隆五十一年舊章，並非創自今始，仰首士等速即傳諭各堡田戶遵照，於九月初十日換畝起夫，至地凍而止。今年多作一分之工，明年少用一分之力，務各踴躍從事，以顧要工。如敢抗違，定即提案究辦，切切。此諭。

起秋夫示　　八月二十日

　　爲出示曉諭事。照得七星渠工程已蒙督憲派撥四營兵勇到縣，業經分段興作，日起有功。惟工程浩大，轉瞬即屆地凍，且明春亦只四十日工期。現在兵勇雖有四營，而一經按段分作，人數反覺不敷，若不趁此起夫，倂力修作，誠恐功大人少，不能剋期竣事，於農田大有關碍。本縣竊維此次修理渠道，無非爲該渠紳民人等水利有賴起見，且極力規畫，以圖永逸之計，俾垂永遠。該紳民各有天良，亟應仰體此心，争先趨事，以關厥成。況秋後起派民夫有乾隆五十一年定章可援，相沿未更，並非今日創舉。且與民無累，於渠有益。除諭飭首士張明善等傳知各堡田戶遵照外，茲定於九月初十日爲起夫之期，合行出示曉諭。爲此，仰各堡有田花戶等，刻將自分田畝查明共有若干，照章約計，如數出夫。務於九月初十日按畝起派，前往工作，至地凍而止。衣食之源，所係在此，務各踴躍從事，以濟要工。自示之後，如敢故違，或隱匿畝數希圖脫夫情弊，一經查出，或被控告，定即提案嚴追究辦，並加倍示罰不貸。其各凜之毋違，切切。特示。

諭起車運料　　十一月初四日

　　諭七星渠首士張明善、黃開科、劉彥邦、毛東華、黃經五、楊含潤、王世憲、王楨、朱成章、党雍熙、王正學、趙積善、陳紹武、胡萬明等知悉。照得七星渠應需木料、石塊必須於今冬預備齊全，方不悮明春工作。現值秋收已畢，車牛無事之際，仰該首士等催令堡長將車輛分日備齊，並將所買椿木按料分運。毋得抗玩，貽悮要工，致干提究。

諭灰匠　　十一月初五日

　　諭灰匠李青知悉。照得七星渠口閘工開春即須修築，必須先期多修窰座燒灰備用。惟沿渠向無灰石，採運須在百里之外。昨於十五日在渠口里許挖出灰石一坑，不知何年搬運，備作修渠之用。仰該石匠趕緊挖取試燒，如果堅白可用，即多僱運炭開燒。至於工價一項，即與首士等議定，以便支給。切切。特諭。

四旂管帶官會報停工日期稟　　十一月初六日

　　竊本年七月間蒙派四旂兵勇修理七星全渠，業將開工日期稟明在案。現在天寒地凍，不能興作，均已次第停工。標下美珍新開鷹嘴石以下山灣，渠道寬十二丈，深四五尺不等，計長二里有餘。此處沙石最重，署施鍬鍤，水即溢出，兵勇多在水中工作，染病者每日不乏。刻下已作三分之二，開春水落方能濬深如式。又渠口荒涼，向無居人，樹枏於鷹嘴石山上建渠工局一所，連龍王廟，共十八間，其土磚皆係標下美珍親兵所作。兵勇皆於修渠之暇搭建房屋以居，皆美珍捐貲備辦。標下斌生修理渠道，自雙空閘起至鹽池閘止，共修一萬二千一百六拾九号，長三十餘里，加寬二丈五六尺不等。明春水落，始能挖取水平寬深如式。現與委員沿渠買樹三百餘下株，派兵幫同斫伐，以備閘椿之用。標下南斌於八畝灣以下新開退水閘河，長六百四十二号，寬三丈，深二三丈不等。又淘挖正渠，自八畝灣至小徑溝止，長二千六百四十号。又從雙廟子至華嚴寺止，長一千六百一十号，加寬六七尺不等。南斌復捐廉三十餘金購買木椽，就廟內添蓋房屋，以免兵勇寒凍。標下萬全新開鳴沙州南支生渠，自紅柳溝至分水閘止，長八百三十号，闊三丈三四尺，深九尺。分水閘以上皆係正渠，至馮城溝止，長二千二百二十号，開寬三丈五六尺，深一丈五六尺不等。馮城溝至小徑溝，長四千四百二十五号，開寬四丈，深一丈八九尺不等。樹枏查各旂兵勇今歲興作祇兩月有餘，披星而往，帶月而歸，協力同心，皆視公事如己事，故能取效神速。全渠工作已有六七分之譜，惟明歲興工祇四十日，為期甚迫。現在已催車運石，僱匠燒灰，並商派兵勇於操演之暇斫椿備用。大約膠泥須五六千車，閘石須三萬車，灰石須一千車，木椿須十萬科，必須備齊足用。鐵鍬、挑筐等器近已損壞多半，概須於今冬添補齊全，所費實屬不貲。標下於冬防無事之時認真操演，不敢稍耽逸安，致負委任。至於防哮，仍將渠工應作之事幫同辦理，以顧要工。所有各旂分作工程及停工日期，謹據實會稟電鑒。

督部陶批：據稟已悉。仍俟來年凍解，動工興修，務望同心協力，剋期告成，使農民及時同沾水澤，毋悞春耕為要。另單併悉。仍候行司查照。繳。十一月十二日。

【校勘記】

[1] 廢：原作"發"，據文意及下文改。
[2] 一勞永逸：原作"一勞永遠"，據文意及下文改。
[3] 槽：原作"糟"，據文意改。
[4] 矮：疑當作"諉"。

重修中衛七星渠本末記卷中

中衛知縣王樹枬輯

按畝派夫示　　十二月十三日

案照：縣屬七星渠工程浩大，業經詳請帑項及時修理，俾興水利而復舊額。現值興工伊始，雖經派撥營勇幫同修治，而工程緊要，仍須派用民夫併力工作，俾免遷就而速成功。查該渠所轄各堡向來舊規均按塘數派夫，中多朦混，苦樂不均。今特酌定章程，擬按熟田二十五畝，出夫一名，共做工四十五日，以四晌爲一日，按畝分工，每田一畝應攤工一日零三晌半。兹查新寧安堡原額共田六千二百一十七畝一分六釐，除荒廢外，就實徵紅册核對，該堡現墾成熟田五千一百五十二畝六分六釐，依計畝出夫、按日分晌之法，應工攤工九千二百七十四個三晌，每日應得夫二百六名。舊四庄原額共田二千五百九畝二分六毫二忽，除荒廢外，就實徵紅册核對，該堡現墾成熟田二千二十二畝六分六釐二毫，依計畝出夫、按日分晌之法，應共攤工三千六百四十個三晌，每日應得夫八十一名。恩和堡原額田共二萬二千四百六十六畝三分五釐七毫二絲六忽，除荒廢外，就實徵紅册核對，該堡現墾成熟田一萬七千八十六畝六分二釐，依計畝出夫、按日分晌之法，應共攤工三萬七百五十六個，每日應得夫六百八十四名。鳴沙州原額田共八千九百六十二畝七釐，除荒廢外，就實徵紅册核對，該堡現墾成熟田二千三百八畝四分九釐，依計畝出夫、按日分晌之法，應共攤工四千一百五十五個一晌，每日應得夫九十二名。合計四堡熟田共二萬六千五百七十二畝四分三釐六毫，共出夫一千六十三名，共工作四萬七千八百二十六個。如有短夫情事，不論何堡，即按一名罰錢三百文。至明年渠工需用顔料，斟酌舊規，每畝出錢七十文。合行出示曉諭。爲此示仰各該堡田户並紳耆士庶一體知悉。凡屬有田之户，務須查照定章，按畝攤派，每夫一名，攤工一日零三晌半，如不足分數或故意短夫，定即按名議罰，決不寬貸。自示之後，毋得視爲具文，其各凛之毋違，切切。特示。

徵收壩料錢文示　　十二月十八日

照得七星渠工程明歲壩料錢文，前經本縣明白示諭，按以熟地計畝完納在案。轉瞬春工到期，亟應定期抽收，以資撥用而便工作。茲定明歲正月十五日開徵，除派差分催外，合行出示曉諭。爲此示仰該七星渠上下各段受水田户人等遵照，各按定章每畝出工料錢七十文，該納户等務即趕速措借，前赴七星渠分局掃數完納，不得蒂欠，並隨時掣取串票收執。渠工關重，仍須踴躍爭先，毋得觀望拖延，致有遲悞。自示之後，倘有刁生劣監故意違抗，一經查出或被告發，定即提案嚴行究追，從重責罰，決不姑寬。其各凜之毋違，切切。特示。

開工日期稟　　光緒二十六年二月二十日

竊照卑縣七星渠工程自去冬寒凝冰結後，旋即停止，業經具稟通報在案。現值陽和始布，冰凍尚未全解，而工程浩大，不能不及早興修。某於二月初旬馳抵工所，會同各旂官相度土宜，自鹽池閘以下抵八畝灣，凡十五里，渠埂皆係沙土，推積高三丈不等，必須先將此處展開一二丈，方能修濬。渠身沙土向來經冬不凍，易於施工，因與各旂畫清段落，定期於二月十二日開工，以便合力修作。所有各旂兵勇，除舊原有廟宇以資棲息外，餘皆攜帶布棚率由隙地按段挨次屯紮，並無擅駐民房情事。所有興工日期，理合稟請憲台鑒核。

督部魏批：據稟已悉。仰即移會各該旂官，各按段落督飭兵勇趕緊妥爲修濬，以冀早告成工，是爲至要。繳。三月初二日。

渠工閘工告竣稟　　四月二十二日

竊卑縣七星渠荒廢經年，去歲蒙督帥陶飭令興修，並派撥四旂兵勇下縣協同修濬。某以渠口爲全渠之咽喉，而此處向來屢受山水之害，以致全渠淤廢，田畝荒蕪，人民迯散者約至十分之半。某親勘地勢，稟請於渠口之下鷹嘴石建築進水、退水二閘，以防山水不時之虞。業蒙允准在案。惟彼時正值農田用水之時，至冬水放後，地又凍結，皆不能及早興工。今歲清明後開工，至立夏前後，僅三四十日，即又到放水之期。工程浩大，迫於期限，興作之艱，祇以此故。

某奉札後於興修一切壩料皆在年前購齊，而各旂則自去年到工，皆先分段倒埂開寬，以爲今歲濬深之地。今年三月初二日起夫到工，值山水微細之時，先將大壩合龍，支入黃河，以便下游興作。彼時繩量黃河開渠處之口面，寬七十丈，凡撅支水石垻三十丈，迎水石垻十二丈，皆底寬十丈，出水頂闊七八尺。進水、退水閘六墩，五空，淘至石底，密釘木樁，上鋪紅石。底塘凡寬七丈，長二十丈。進水南邊牆寬一丈，長八丈。進水中二墩皆寬一丈二尺，長一丈六尺。分水墩寬一丈五尺，尾寬四丈，長八丈。退水中墩寬一丈五尺，長三丈。退水北邊墩寬一丈六尺，長三丈五尺。進、退水閘每空皆寬一丈六尺，接撅挑水矮垻，寬一丈三尺，長四十三丈，入地一丈，出地三尺，至沿渠之減水各閘，凡補修三道，而拖尾一閘則從新修築，以備灌溉鳴沙一帶之高田。以上諸工皆於四月初九日告竣。各旗兵勇則自今年二月十二日起工，凡開深渠道八十二里，渠口至鷹石嘴，長一里，開寬二十丈，深六尺。鷹石嘴以下係傍山新開渠道，長二里，寬十丈，深七尺，接舊渠。至龍王廟，長八里，寬七八丈不等，深六尺。龍王廟至插花廟，長五里，寬六七丈不等，深六尺。插花廟至石峽，長十里，寬五六丈不等，深六尺。石峽至鹽池閘，長十里，寬四五丈不等，深六尺。鹽池閘至大渠橋，長十四里，寬三丈餘，深五六尺。大渠橋至小徑溝，長八里，寬二三丈不等，深五六尺。小徑溝至鳴沙州，長二十里，寬二丈五六尺不等，深五六尺。以上各工均已一律修造堅固，疏濬深通。

惟小徑溝飛槽去春修築之石墩、邊牆皆爲水浸捐。[1]此工爲渠道中腰，最關緊要，非澈底改作堅實，難期久遠。而此間所用之石均係撬石，無能用鑽者，非知工匠人不能修築。某徧覓闔縣石匠，只得三十餘人，渠口閘工僅敷使用，迫於時限，萬不能兼顧他處，至誤要工。因依南山另開一渠，長三里許，接小徑溝上下之渠，權行渡水，以濟鳴沙州夏田之用。俟將槽洞作好，仍使改行舊道。

某已於初日調撥渠口匠人全在小徑溝工作，約計四月內必能告成。將來做畢即另爲圖說，恭呈鑒核。某謹於四月十一日祭河開水，洪流直注，刻已到稍，較之往年多至十分之七。鳴沙州荒熟各田概行灌溉，堪慰憲廑。至於一切工程可否派委寧夏本道本府就近驗工，以昭核實之處出自鈞裁。再，鳴沙州現在承領荒田四十餘頃，流亡復業者二百餘家，合併聲明。

督部魏批：據稟七星渠閘工告竣，渠道疏通，請就近委員勘驗工程稟由，仰甘藩司即便移飭寧夏道府會同查勘具報。繳。五月初八日。

藩台岑批：據稟知七星渠前定各工剋期蕆事，未盡各工確有把握，祭河開水，多於往年十之七，承領荒田，旋復流亡二百家。賢令尹長才實心，爲地方造此厚福，慶幸之餘，繼以欣美驗工之舉，似可俟飛槽一律工竣，再行照例委辦也。仍候督憲批示。此繳。五月初八日。

敬陳文武員弁在工出力稟　　四月二十二日

卑縣七星渠口至鳴沙州，長約百里，渠口以下十數餘里全係石子凝結而成，有累年不解之凍。龍王廟以下六七十里概係黃沙壓沒，渠身深不及尺，工程浩大，萬非民力所逮。若再不修作，則四五年後便成廢渠。去歲蒙憲台派撥四旂兵勇下縣，自七月間開工至今年四月放水之日，或分段興修，或通力合作。旂官陶美珍、陳斌生、董南斌，總哨長梁伏本等，督率兵勇認真將事，五更上工，日西始息，暴身於酷暑狂風之下，赤足於堅冰虐雪之中，淘濬之艱，力役之苦，實非筆所能述。前奉憲台札飭各旂以八成隊伍上工，某逐日在工查點，各旂人數尚有不止八成者。若非該旂官等躬親督作，視如己事，則立夏以前祇四十日，工程萬不能如此之速而且固也。至於河身之映水大壩，鷹石嘴之進水、退水二閘，小徑溝之飛槽，豐城溝之陰洞，以及三道拖尾，各處閘工皆係姚委員曾祺、署巡檢攀斗監修督作，晝夜奔馳，動逾百里，任勞任怨，艱瘁不辭。凡一切工程皆與某熟商辦理，毫無掣肘之虞，故能勠力同心，用蕆厥事。此皆目所親擊，萬不敢一言虛飾，上負憲台委任之至意。惟自放水以後，民夫皆務種田，不能再派工作。渠口以下三十餘里有蕭家閘一座，為退水、洩沙之要工，敗壞已久，尚須補修。又自八畝灣以下新添退水閘一座，河身尚有四五里未及開通，皆須各旂兵勇補修續作。此二處者修理完竣，即接修鳴沙以下紅柳溝暗洞，開白馬通灘三萬餘畝之田。將來如何修作，估工若干，容俟另案稟陳，恭呈鑒核。伏乞憲恩，仍將四旂兵勇及高署巡檢、姚委員留工辦理，始終其事，則造福生民為無既矣。

督部魏批：據稟七星渠以下蕭家閘等處要工敗壞已久，亟應接修完固，准如請，將四旂兵勇及高、姚二員仍留工作，以竟全功。繳。五月初十日。

藩台岑批：據稟已悉。文武隊伍之勠力同心，益見該員之作用有方，自應仍留四旂並高、姚二員以竟全功，仍候督憲批示。此繳。五月初十日。

敬陳七星渠首士在工出力稟　　四月二十二日

此次渠工浩大，溝路縣長，雖係重修，無異創始，必得熟悉水利、認真辦事之人分工督作，各專責成，方能收衆擎易舉之效。某集衆籌議，選派士民，飭武生王楨、党雍熙、張光耀督飭鷹石嘴之進、退水五空大閘，及接連之跳水長埧；飭貢生張明善、廩生楊含潤督撅渠口、迎水支水之大埧；飭增生劉彥邦、監生黃經五、武生王世憲督修渠口以下渠道；飭首民朱成章督修洩沙、退水三閘；飭武生王正學、黃開科、陳紹武、趙積善，首民胡萬民，督辦小徑溝飛槽物料，修理馮城溝橋洞及拖尾一閘；飭五品軍功楊承基經理一切壩料及出入賬項。自去年七月起今年放水之日，無日不住居工所，糲食露居，雨雪風沙，備嘗艱苦。凡地方刁生劣監阻撓公事者，皆能持平辦理，不避怨嫌。雖係爲身家切已之圖，而竭蹶微勞，不無足錄。合無仰懇憲恩，將王楨、党雍熙、張明善、楊含潤、張光耀賞給五品功牌，黃經五、王世憲、胡萬明、朱成章賞給六品功牌，以示鼓勵。出自逾格鴻慈，則感戴生成爲無既矣。

督部魏批：單稟已悉。該縣武生王楨等十人料理渠工一切事宜，不無微勞足錄，應一律填給六品功牌各一分，以示鼓勵。功牌隨批附發，仰查收，分給祗領具報。繳。五月初一日。

致中衛縣　　六月初一日

五月二十一、二等日，此間大沛甘霖，透士尺許，[2]農望頗慰。此次雨勢甚廣，想中衛一帶亦已膏澤同霑矣。前此畿甸之間拳匪滋事，外洋各國紛紛召兵保護使館各節，諒尊處早有所聞。迭接西安轉電，樞臣一意主撫，早已慮其難了。乃昨接敬電，竟以該匪不戢，致開釁端。現在各國之兵麕集天津海口，云已開戰，京師戒嚴，北望彌深焦痛。根本搖動，人心皇皇，赴援防堵各務，在在均須整備。擬將寧標練軍及鎮夏後旂調赴平涼，扼要駐紮，以資兼顧關隴。該旂等現辦渠工應即暫停，先其所急，俟軍務稍鬆，再議修理，卓見當亦喟然也。除另備公牘外，特此布知。魏光燾。

夏間北方拳匪亂起，啟釁強鄰，廷旨徵兵，急如星火。五月二十八日，魏帥札調陶、董兩旂由岑藩台統帶入衛，而宣威中旂及甘軍副前旂亦於七月間各調回防操練。渠工遂爾中止，功虧一簣，惜哉！辛丑六月初五，①樹枏誌。

---

① 辛丑：光緒二十六年（1900）。

小徑溝橋洞竣工稟　　光緒二十六年六月二十日

竊卑縣七星渠小徑溝向係單陰石洞，山水下渡，渠水上流，數十年經山水沖決，鳴沙州田畝荒廢至今。現時承種納糧者祇二千餘畝，年年缺水告災，人民迯散。去歲胡升司於單陰洞舊址之上百餘步造建飛槽兩空，頗著成效，而飛槽概係木質，風吹日炙，易於漏裂，不能經久。今年渠口來源浩大，渠道寬深，飛槽之石墩、邊牆爲水力壓損。某與陶副將美珍及閣堡士民商酌，仍改作單陰橋洞，以爲百年不敝之計。計自五月初一日起工，至六月初十日竣工，其洞下釘木樁，上鋪鑽石，洞上駕木樑、鋪木板，以桐油、石灰彌其縫，以石板鋪平底堂，以羊毛、膠泥鋪厚一尺，上築黃土二尺五寸。又通長二十丈，寬十二丈，鋪膠泥一尺，堅築之，得六七寸，復以黃土夯築三尺許，適與上下渠平。然後和馬蘭草築兩邊土埧，各寬三丈五尺，高八尺，中留渠道兩丈，前後置以水平，以爲淺深記識。洞長凡九丈，寬一丈一尺，高一丈，石邊牆東西前後四處各長四丈七尺五寸。凡用鑽石二千七百九十塊，紅毛石一千八百車，碎石二千車，石板一十六萬七千七百七十勏，邊樑八根，橫樑四十八根，立柱二十二根，鐵拉馬五十四枚，大鐵釘五百六十四枚，厚木板七十六塊，桐油六十二勏，羊毛五百勏，膠泥一萬三千車，石灰四十二萬八千勏，馬蘭草十萬勏。其工則陶副將美珍帶隊督修，遊擊董南斌協同興作。某復移請前甘肅補用副將喻東高常川駐工監視。六月初，陶、董兩旂調赴平涼，洞旁土埧尚未告竣。甘軍總哨梁伏本、管帶宣威中旂陳斌生接續，分築南北二埧，現已一律告成，水勢暢流，鳴沙一堡之田可保永無缺水之患。某查七星全渠被山水之害凡四處，閘工告成則咽喉已通，而山水之害去其一；小徑溝洞工告成則心腹無阻，而山水之害去其二。下此則豐城溝雙陰洞今歲已補修完好，惟餘紅柳溝暗洞一處尚未修復。然上游源頭已旺，則將來接續修作，勢如破竹矣。所有小徑溝工竣緣由，理合稟請憲台鑒核，一併札飭本府驗工，實爲德便。

寧夏本道府勘工札　　光緒二十六年七月初一日

五月二十日准藩司岑移奉督憲魏批：據中衛王令稟，七星渠閘工告竣，渠道疏通，請就近委員勘驗工程稟由，奉批，據稟已悉。仰甘藩司即便移飭寧夏道府，會同查勘具報。繳。等因。奉此。查此案前據該縣逕稟到司，當即批示印發在案。茲奉前因，擬合移知。爲此合移，請煩查照院批內事理，希即督同寧夏府前往中衛，將王令修竣七星渠工確切查勘，是否工堅料實，有無偷減浮冒情事，聯銜遴報督憲查核,並覆本司備案施行。等因。准此。本道府定於七月二十一日由寧起程前往會勘七星渠工程,除分別申咨,並道署公事札委寧夏縣代拆代行,府署公事札委寧朔縣代拆代行。外合行札飭該縣,即便知照。此札。

本道府憲勘工稟　　八月十六日

　　案奉藩司移奉憲台批:據中衛縣王令稟,七星渠閘工告竣,渠道疏通,請就近委員勘驗工程稟由,奉批,據稟已悉。仰甘藩司即便移飭寧夏道府,會同查勘具報。繳。等因,移道行府。奉此。職道於七月二十一日會同卑府輕騎減從,束裝起程,二十四日馳抵寧安堡,次早督率溫旂官澤林、中衛縣令王樹柟前往查勘。七星渠口下之鷹石嘴新建進水、退水石閘六墩,五空,規模宏峻,工程堅固,以及支水石埧、迎水石埧均甚得法。而接撅跳水矮埧,尤關緊要,與進水、退水閘相輔而行,水大則翻埧退入黃河流,水小則截攔入渠。蓋此渠向受山河之害,每患山水冲決,以致渠身淤塞。現在水之進退宛若臂之使指,操縱由我,下灌全渠,有利無害。尚慮山河水力無常,閘工或有不測之虞,詢之該渠士民,僉云本年連發山水四次,未見稍有撼動。此勘驗閘工之情形也。

　　隨沿路折至渠口以上山河大壩,前經胡升任修築,未免單薄。現經各旂勇加寬培厚十丈餘尺,足截山河之水,永資利賴。并勘一路渠道疏通,河水暢流。新堡橋迤下鹽池閘之旁復開支渠,增田數百畝,向之荒蕪者今則禾黍青蔥矣。此皆仰蒙憲台廣興水利,為萬民造無疆之福,王令實心實力,任勞任怨,克蕆厥功也。小徑溝工程亦經告竣,順道踏勘。原設飛槽誠易漏裂,現王令改作單陰橋洞,以為百年不敝之計。洞用石墻砌成,洞上木梁、木板以及鋪底石灰、膠泥等項尚無滲漏之處,工程亦極鞏固。水勢暢足達稍,誠能袪心腹之患,無山水之害。至洞頂渠埧,已飭首士等妥為巡護,以免來源過旺,致有疏虞。豐城溝雙陰洞修補完好,自七星渠口至鳴沙州通渠工程,兵民合作挑挖寬深,水勢甚旺。一切工程均屬工堅料實,與王令開報相符,足資經久,並無浮冒情事。惟八畝灣王令擬建退水閘,籍資宣洩。又紅柳溝洞年久淤塞,業已廢壞,將來修成,可開白馬灘數萬畝之田。應由王令斟酌籌辦。

　　查七星渠荒廢有年,幸王令才長心細,措置得法,竭力經營,不辭艱瘁,方能成此大工,實非尋常勞績可比。應如何獎敘之處,伏乞憲裁。至修理閘工首士党雍熙等,業經王令請獎六品頂戴。現在小徑溝工程一律告竣,所有出力之首事王正學、陳紹武、趙積善、黃開科四名,亦應一律給獎,以免向隅。所有遵札會勘緣由,理合稟覆大人查核。俯賜批示祗遵。

樹枬謹案：山河大壩修築不過一年，今秋果被山水沖決，不出余之所料。此工若果如是之易必不待今日始築此壩矣。辛丑九月十五日誌。

札中衛縣　　閏八月初十日

　　准署藩司何移奉署督憲魏批本道府：稟覆會勘中衛縣七星渠工，經該道府會同勘驗，均屬工堅料實，足資經久，閱稟實深歡慰。王令樹枬於前項渠道竭力經營，不辭勞瘁，卒能克竟厥功，實屬異常。出力各員并聽候專案具奏，分別酌請獎敘，以示鼓勵。其首士人等應先酌獎功牌者，并准王令查開職銜，呈候填發。至八畝灣及紅柳溝洞建閘、挑浚之處，併由該令斟酌損益，妥慎籌辦，俾期利賴同沾。仰甘藩司即便移飭遵照。繳。等因。奉此，查此案昨准貴道逕咨到司，正核辦間，適奉前因，擬合移知。爲此合移，請煩查照院札內事理，轉飭遵辦施行。等因。准此，合行札飭。爲此札仰該縣遵照院批辦理。切切。此札。

請獎功牌稟　　九月初十日

　　敬稟者：竊卑縣小徑溝橋洞工竣，業蒙憲台札委本道本府會勘七星渠上下工程會稟在案。頃奉本府札開，奉憲台批，飭首士人等應酌獎功牌者，并准王令查開職銜，呈候填發。等因。奉此，查卑縣閘工告竣，其首士王楨等業蒙獎給六品功牌。現在小徑溝橋洞大工亦經修築完固，其督修之首士武生王正學、陳紹武、黃開科、趙積善四人奉公半載，不無微勞足錄。合無仰懇憲恩，一律賞給六品功牌，以免向隅。是否之處，伏候裁奪。

　　督部魏批：據稟，七星渠首士王正學等督修小徑溝橋洞工程，不無微勞足錄。准如請，填給六品功牌四張，以示鼓勵。功牌隨批附發，仰即查收，分給祇領具報。繳。九月十一日。

七星渠報銷稟　　十月二十六日

　　竊卑縣七星渠灌田七八萬畝，延長一百七八十里，爲一邑諸渠之冠，而田土肥美，亦甲於諸渠。數十年前，渠口爲山水沖塞，小徑溝、紅柳溝兩處環洞、暗洞亦先後爲山水所壞。鳴沙及白馬灘各堡人民迯散，田畝荒蕪，其以上各堡僅能得水之田亦被山水所淤，變成斥鹵。時屢議興修而工費浩繁，因循不果。去歲，胡升皋司於渠口上游築一山河大壩，以禦山水，迄未合龍，小徑溝創建飛槽，未久即圮，以民力不足、修費太廉，暫顧目前，終無大效。

　　某去歲到任後，奉前督憲札諭，設法興修，並允變賣倉糧，通挪螯項，派撥四旂兵勇下縣興修，誠千載一時之遇。某當即傳集熟諳渠務之紳耆士庶，沿渠上下勘驗七次，以爲此渠大利雖在白馬通灘，然非次第興工，先將上游渠口治好，則來源乏水，即驟開白馬灘以下之田，終亦徒耗工費，歸於無濟。某稟請於渠口下游鷹石嘴山創築進水、退水二閘，以防山水冲塞之患。小徑溝爲全渠腰腹，飛槽易朽，改爲橋洞，以爲一勞永逸之計。自鳴沙州以上各閘皆依次修補完善，而兵勇則專濬渠道，近雖寬深，未能遽復舊軌，其鳴沙州以上一百一十餘里之田已無缺水之虞。咽喉既通，腹心無患，祇餘紅柳溝尾閭一處。某業於閘工告竣之時，稟請接續修作在案。嗣因京畿亂起，各旂停工他調，紅柳溝暗洞未及修復，功虧一簣，須待來年檢查。前卷迭次估計，全渠工程皆在十萬金上下。去歲謝守威鳳估計，渠口閘工及小徑溝橋洞兩處，亦稟稱非二萬金不可。某躬督修做，凡一切工料皆親自點檢，不假手紳衿。凡用中衛市平銀一萬三千七十三兩一錢五分三釐，業經告厥成功。本道本府逐一勘驗，工堅料實，稟明在案。除某墊銀一千五百四十五兩三錢六分四釐一毫七絲不計外，其變借倉糧中衛市平銀六千九百七十兩，挪借釐金庫平銀四千兩，前任移交挪借釐金湘平銀四百一十二兩五錢一分四釐二毫，皆已實用實銷。現正催收鳴沙州已領荒地價銀大約在二千兩之譜，擬收齊後儘數歸還釐金，借款容俟另案稟報。其不敷之數可否准其作正開銷，仰俟開通白馬灘三萬畝荒田後，經收地價再行歸還。謹繕造清冊，伏呈鑒核批示祇遵。

　　署藩憲爲札飭事：案奉護督憲何覆，據該縣稟齎興修七星渠閘工、橋洞一切製造工費報銷清冊奉覆。七星渠爲閤邑民食所關，數十年來渠塞田荒，皆因鉅費難籌，遂爾廢置。該令蒞任後，不憚煩難，躬親督修，卒收事半功倍之效。洵屬辦事認真，殊堪嘉尚。所有挪借釐金不敷之項，應俟開通白馬灘荒田收穫地價再行歸還，以清公款。其餘未竟各工，仍由該令接續修整，另文報核。希甘肅布政司即便查核飭遵，倂移行寧夏道府及釐局知照。此致。冊存。等因。奉此，查此案昨據該縣逕稟到司，正核辦間，茲奉前因，除分別移行外，合行札飭。爲此札仰該縣即便遵照院批內事理辦理。毋違。此札。十一月十五日。

倉糧變價報銷稟　　光緒二十六年十一月二十六日

　　竊某於十一月二十八日奉藩司札開，案奉憲台札開，據該縣稟齎興修七星渠閘工、橋洞一切製造工費報銷清册云云。等因。奉此,竊查卑縣七星渠一切工程係奉文挪用倉糧變價及釐金兩款,挪借釐金不敷之項,已蒙批准,俟將來開通白馬灘荒田收穫地價歸還,而倉糧一項事同一律,未蒙明示,應請一併立案遵行,實爲公便。

府憲崇爲飭知事:案奉道縣志札開,准署藩司潘移奉護督憲李覆,據中衛縣王令稟,七星渠挪用倉糧一項,懇請一併批示立案稟由,奉覆,該縣修理七星渠挪用倉糧變價准一併立案,俟開白馬通灘荒田收穫地價,同釐金、借項一併歸還,以清公款,希甘肅布政司即便查照飭遵,此致。等因。查此案前據該縣逕稟到司,正核示間,旋奉前因,擬合移知。爲此合移,煩照院批内事理,希即轉飭,遵照施行。等因。准此,合行札飭,札仰該府即飭中衛縣遵照。此札。等因。奉此,合行札知,爲此札仰該縣遵照。此札。光緒二十七年正月二十七日。

【校勘記】

[1] 捐:疑當作"損"。
[2] 士:疑當作"土"。

重修中衛七星渠本末記卷下

中衛知縣王樹柟輯

懇請撥營籌費續修紅柳溝以下工程稟　　十二月初九日

　　竊某於本年十一月二十八日奉藩司札開，案奉憲台札開批，該縣七星渠等處水利為闔邑民食所關，數十年渠塞、田荒，皆因鉅費難籌，遂爾廢置。該令蒞任後，不憚煩難，躬親督修，卒收事半功倍之效。其餘未竟各工，仍由該令接續修整。等因。奉此，竊查卑縣七星渠荒廢之田，盡在鳴沙州及白馬通灘一帶，前蒙派撥營勇四旂下縣修作，今歲七月以前將渠口、閘工及小徑溝橋洞次第修竣。鳴沙州荒熟各田概行澆溉，凡開墾四十餘頃。工竣之後稟准接修紅柳溝暗洞，開通白馬灘三萬餘畝之田。正擬八月開工，忽奉前督帥魏函，諭以北方拳匪滋事，京師戒嚴，擬將寧標練軍及鎮夏後旂調赴平涼，扼要駐紮，以資兼顧關隴。現辦渠工應即暫停，先其所急，俟軍務稍鬆，再議撥營修理。等因。隨於六七月間，各旂皆先後開拔，渠工遂爾中止。今幸天心厭亂，軍務敉平，若不及時稟請興修，殊無以仰副列憲振興水利、諄諄為民之至意。但查紅柳溝以下田戶逃亡，無一民夫可起，且上下渠身寬深尚未復舊，又加以紅柳溝以下之正渠、子渠皆須重新修濬，非派撥三四旂兵勇專力興作，萬難濟事。合無仰懇憲恩，仍照舊派撥寧標練軍及寧夏甘軍協同駐紮卑縣之宣威中旂，一併札調下縣修渠，以了未竟之功，實於國賦民生大有裨益。至於紅柳溝暗洞冲廢已久，將來修作需用灰石泥木，一切公料所費不貲，大約須六七千金之譜。此項或由憲庫撥款，抑或遵照前督憲陶批飭，仍由卑縣倉糧變價開支，統祈批示祗遵，實為公便。

　　護督何覆：本司詳覆核議，中衛縣稟請撥營籌費續修紅柳溝工程，詳由奉覆，如議辦理，希即飭遵。此致。三月十八日。

藩台核議詳覆稿

　　為核議詳覆事：竊奉憲台覆，據中衛縣王令樹柟稟，懇請撥營籌費續修紅柳溝以下工程批示祇遵一案奉覆，據稟已悉。該縣紅柳溝暗洞沖廢已久，工程浩大，請派營勇幫修，事屬可行，惟所需經費請由倉糧變價開支一層，並未聲明係何項倉糧，曾否報部有案，殊屬含糊，究竟該令上年修渠係由何款開支，希甘肅布政司迅速查案核議，詳覆察奪。飭遵。此致。等因。奉此，遵查該縣續修紅柳溝以下之正渠、子渠，攸關國賦民生，洵爲當務之急。惟現值和議方成，民心未定，又界連蒙境，尤須撥兵彈壓，以期相安。第該處工程亦屬緊要，未便置之高擱。本署司覈加酌核，擬請飭現紥中衛之宣威中旂，就近將紅柳溝暗洞迅速開通，所請派撥寧標練軍、寧夏甘軍協修之處暫存緩議。查前項渠工所需經費，上年該令修渠時曾請變賣倉存陳糧四千石，暫歸渠工動用，擬將領單之費歸還借款。嗣因倉糧變價，一時難於應手，稟請由中衛釐局先行挪借應用，俟倉糧變價隨時歸款，均奉前憲台陶批准照辦在案，並未報部。玆該縣續修紅柳溝以下工程應需經費，仍請照依前案由倉糧變價開支。至紅柳溝上下渠身既稱尚未復舊，應令該縣一併修復，總期工歸實在，費不虛糜。所有核議緣由，理合詳覆憲台鑒核批示，以便飭遵。爲此具呈，伏乞照詳施行。

請札派宣威中旂接修暗洞稟　　光緒二十七年八月二十五日

竊卑縣七星渠工前蒙派撥宣威中旂步隊修理紅柳溝暗洞，刻下已將西半洞修成，東半洞亦經挖開修作，約計九月中即可告竣。查此渠綿長一百七八十里，凡四受山水之害，數十年前被山水將飛槽、暗洞沖壞，田畝荒廢，民户逃亡。屢經前憲札議修復，因工費浩大，無人倡首興修。某到任之初，制憲陶即札飭估工修作，並派撥四旂兵勇下縣專力興修。某當即覆勘通渠，繪圖貼説，稟請先修渠口進退水閘并小徑溝飛橋，以去咽喉及腹心兩道山水之害。此二處修成，然後接開紅柳溝暗洞，則次第興作，方有把握。陶制憲一一照准，期以三年。

去年六月以前，已將渠口閘工及小徑溝橋工一律告竣。開寬渠道一百一二十里，鳴沙州荒田墾復四十餘頃。方擬接修紅柳溝暗洞尾閭一處，開墾白馬灘三萬餘畝荒田。而七月間因北方拳匪滋事，各旂兵勇或調赴北征，或回防操練，此工遂爾停止。今春復蒙派撥宣威中旂接續修作，以竟全工。此洞一成，則下可開二三萬畝之田，通渠大利全在於此。但洞成之後，以下渠道長四五十里，此間久荒成廢、曠無居人，非藉兵力開挖，萬難墾復。

昨奉總理營務處布政使何、按察使潘。札飭，案蒙憲台批，據署寧夏湯鎮來文，核與該營務處所稟相同，自應如議，將甘軍兩營改駐寧靈、寧安一帶，以期聲勢聯絡。惟宣威中旂步隊尚在幫修渠工，應否俟工竣再行更調，抑或留隊作工，仰即分別轉移遵照，妥籌辦理。此札。等因。仰見憲台籌畫精詳，因利利民之至意。竊以卑縣渠工正在功虧一簣之時，深恐甘軍不習工作，功廢垂成，不如仍飭宣威中旂始終其事，以資熟手。某係爲國課民生起見，可否之處，伏候鈞裁。

督憲崧批：據寧夏鎮申報留隊接修七星渠暗洞工程各情一案，奉批，據申已悉，仰甘藩、臬司查照。飭知。繳。十一月初三日。

臬台潘批：宣威中旂步隊修理七星渠暗洞功在垂成，此次寧夏總鎮湯抽調該旂赴寧夏府城駐紮，原議俟渠工告竣再行開拔，業經詳奉督憲批准在案。據稟前情，仍候咨請寧夏總鎮湯轉飭遵照辦理，仍候督憲暨布政司批示。繳。九月初九日。

紅柳溝暗洞工程告竣稟　　九月十八日

案奉前署藩司潘詳准，卑縣續修紅柳溝以下之正渠、子渠，攸關國賦民生，洵爲當務之急，飭令現紮中衛之宣威中旂就近將紅柳溝暗洞迅速開通。等因。由府轉行下縣。奉此。竊查紅柳溝山水發源於平遠一帶之羅山，駛出南山，入卑縣紅柳溝以達黃河。每當六七月間大雨時行，山水暴漲，高二三丈，挾泥帶沙，勢極洶涌，其性鹹鹵，最足害田。七星渠水由東達西。當年紅柳溝修環洞五空，渠水由橋洞上流，山水由橋洞下渡。乾隆年間，環洞被山水冲決，改修暗洞，使山水由洞上過，渠水入洞由地中暗行，白馬灘遂成富庶之區，年年豐稔。道光年間暗洞損壞，渠水不通，白馬灘三萬餘畝之田遂就荒蕪，人民迯散，無一存者，至今且數十年矣。

自後當事者屢議興修，歲歲委員勘估工費，皆以費用浩繁而止。某檢查舊册，即此一洞估費至數萬餘金，猶復人人畏難，無敢承辦。前督帥陶以七星渠爲中衛水利之大宗，國課民生之所係，決意興復，因飭某到任踏勘通渠興廢之由，利害之所在，並命詳陳辦法，繪圖貼説。某詳勘此渠長一百七十八里，渠道淤塞，來源不旺，即將暗洞修成，而下游之田乏水灌溉，亦爲徒勞罔功之舉。渠口山水爲通渠大患，於是詳請建立進水、退水二閘以利咽喉。小徑溝山水爲通渠腹心之患，於是詳請建築飛橋以達渠水於鳴沙州一帶。此二處工程告竣，然後接修紅柳溝暗洞，則次第興工，事有把握，方不至鹵莽僨事，枉費工力。陶憲一一批准照辦，並撥派四旂兵勇下縣幫同修濬。

自去年三月開工至七月止工，已將渠口之進退水閘、小徑溝之橋洞一律告成，開通渠道一百一十餘里，渠水暢流，田禾概行普種，鳴沙州一帶荒田墾復四十餘頃。方經稟准，接修紅柳溝暗洞，續開白馬灘田。嗣因北方軍務紛興，各旅營勇或調赴北征，或回防操練，此工遂爾停止。和議定後，今歲復蒙派撥宣威中旅步隊幫同接修紅柳溝暗洞，以竟全功。某與溫旅官澤林商酌，先將暗洞挖開一段，相視當年如何作法，然後購料興修。免至冒然誤事。此溝山水終年不絕，因於西半洞圍築高堤，逼水由東半洞上流駛，以便開洞興工。西半洞成功，再築圍堤於東半洞，使水由西半洞上流駛，如此方免水淹之患。自四月初一日開工，洞中泥石交纏，開挖三月有餘，始見舊時形迹。其作法上蓋下底俱用鑽子大石，兩牆係三和灰土筑成，洞身之兩旁底蓋則用油松、大木裝修，渾淪無縫。查驗梁柱板片未經冲脫者，質理甚為堅實。當年創造之善，人人稱歎。某仿照舊規從新修造，購添木石等料，其梁柱板片則較前增大增厚，兩牆仍用三和灰土築成。計洞長東西二十四丈，空寬九尺，高五尺五寸，兩牆各寬一丈一尺。兩牆內外豎柱五百二十八根，牆內裝板厚三寸，蓋板底板厚四寸，均長二十四丈。壓底板一百三十二塊，頂上大梁一百三十二根，壓梁一百三十二根，東西洞口大梁二十四根，托洞口大梁四根，頂柱八根。蓋底兩牆均以石灰、桐油、糯米、麻絨填築合縫，蓋板及石牆之上鋪築膠泥，厚五尺，寬三丈七尺，長二十四丈，分築堅實之後，再鋪鑽子大石，仍照前法用桐油、石灰等填補石縫。石上又鋪築膠泥二尺，兩旁上下鎖以木樁。迄九月下旬工始完竣。山水逕過，點滴不漏。現在工匠兵勇修築兩岸八字石牆，不日即可完工。

此洞既成，則通渠山水之害均已消除。明歲之工只開白馬通灘以下渠路，荒廢之田重新得水，一年之內即可領墾復額矣。至於一切工程可否派委本府就近勘驗，以昭核實之處，出自鈞裁。

督部崧批：所稟修築紅柳溝暗洞竣事情形備悉。該令於此項要工慘澹經營，卒能克竟厥功，使數十年荒灘一旦變為沃壤，小民深受其福，閱之殊堪嘉尚。仰甘藩司即飭寧夏府就近驗明，詳細繪圖貼說，呈賫察核。仍將該令先行傳語嘉獎可也。繳。十二月初五日。

七星渠下段白馬灘一帶請籌款開通渠道稟　　十二月十六日

竊卑縣七星渠之紅柳溝暗洞業於十月間修造完竣，稟明在案。查七星渠溉田七八萬畝，渠道長一百八十里，其上段為新寧安、麗下、恩和三莊，中段為鳴沙州一堡，下段為白馬通灘。某自去歲修建渠口之進、退水閘，上段磽鹵之田，均成沃土。小徑溝橋洞告成之後，鳴沙州中段之田開墾四十餘頃。紅柳溝暗洞爲白馬灘下段咽喉，而田畝荒廢之最多者亦在白馬灘一帶，此洞告成則全渠無復山水之災，而白馬灘以下荒田即可次第招人墾種。惟洞下渠道尚有六七十里未經挑濬，此處曠無居人，無夫可派。又近洞十里被山水沖塌，渠身二處必須避水開山，另尋渠路，此十里中層山疊嶺，施力頗難，以下五十餘里則一望平原，易於工作。

九月杪間，寧夏湯鎮與某沿渠踏勘，約估此工非四旂兵勇開挖八閱月不能竣工。竊以營勇工作姑無論其人數足額與否，而一日之內除飲茶喫飯、歇息往返之外，即認真工作至多不過四時，而曠野荒山之內運水有費，運柴炭、米麪有費，置辦鍬鑱、筐擔、繩索一切渠工應用之物有費，每月節犒賞有費，即此數項已在千金以外，倘不肯認真工作，恐八閱月亦不能告竣。若以加餉津貼一項改僱民夫四百名，每名每日給銀一錢，則估計工作四閱月可以畢工。民夫之作工也，披星帶月、朝出暮息，每人皆自帶乾糧，自携器具，山坳土洞皆可棲身，既無曠日之工，又省無名之費，春夏之交青黃不接，以工代賑，亦可爲本地窮民餬口之資。

某擬於每莊提民夫數十名以足成四百名之數，即擇其地公正耐勞紳士四人，每人責成管領一百名，而即以前督魏所委幫辦七星渠之革職副將喻東高督帶工作，約計四月，工值在五千兩之譜，與四旂營勇八月加餉之費不甚相懸。查此渠正在功虧一簣之時，其勢萬不能中輟，究竟僱夫派勇及如何籌費興工之處，伏乞憲台酌核批示，以便遵照籌辦。

督部崧批：據該縣稟，七星渠下段白馬灘一帶請籌款開通渠道一案，奉批，查紅柳溝暗洞爲白馬灘下段咽喉，自應一律挑濬，以興水利。據稟派撥民夫較營勇省費易於成功，應准照辦。惟前據王令進省面稟，即以營勇津貼改僱民夫，足資應用。茲據稟報約需銀五千兩之譜，與加餉不甚相懸，自係核實估計。仰甘藩司即飭該令斟酌開辦，本督部堂惟責其成功，至於詳細辦法應由王令隨時察看情形，妥籌辦理，以一事權。此繳。光緒二十八年二月初三日。

署臬台黃批：據已悉。該縣白馬灘渠工擬招僱民夫修理，即以營勇犒賞之費移充民夫口食，所擬甚妥，仰候督憲暨布政司批示。繳。正月十三日。

請借用釐金局銀兩開工稟　　光緒二十八年二月十一日

敬稟者：竊某稟卑縣七星渠下段白馬一帶請籌款開通渠道一案，奉藩司札開，轉奉督憲批，該縣紅柳溝暗洞爲白馬灘下段咽喉，自應一律挑濬，以興水利云云。等因。奉此,合亟札飭,札到該縣,遵照院批內事理妥籌辦理。毋違。此札。等因。奉此,某查現在天和凍解,三月二十以後即擬開工興作,招夫之費應用在急,懇乞憲恩批飭釐金總局,行知卑縣釐局委員,由某在於該局就近領用,以濟要工,實爲公德兩便。

札中衛縣　　四月十五日

藩台河札:中衛縣王令知悉,案奉督憲崧批,據該縣稟七星渠工懇請就近在卑縣釐局領取銀兩稟由,奉批據稟,并另單已悉。白馬灘渠道既已招夫開工,所需工費應由中衛釐局先行撥給銀三千兩以資應用,如有不敷,准隨時備文請領應用。仰甘藩司即移稅釐總局轉飭遵照,併令該令督率民夫趁此天氣和暖加緊挑濬,早完厥功。仍俟工竣詳細繪圖貼說,呈請委驗造報。繳。等因。到司,奉此。除移知甘肅釐金總局轉飭中衛釐局,先行撥給銀三千兩以資應用外,合行札飭,札到該縣,遵照院批內事理刻即派差,具領應用,督率民夫趁時挑濬,早完厥工。一俟工竣,繪圖貼說,呈請委驗。毋違。此札。

起夫示　　七月初一日

照得七星渠紅柳洞,去歲業已修成,今年迭奉列憲札飭,開挖白馬通灘渠道。在案。本擬春間民工告竣即起夫開濬,以顧要工。旋據七星渠委管等稟,稱立夏以後農功忙迫,懇乞夏收已畢再行按畝起夫,不過四十日工程即可一律告竣。本縣當即體念民艱,暫緩工作。刻下夏禾業已登場,急應趕派民夫開工興作,合行出示曉諭。爲此示仰該渠委管及軍民人等知悉,本縣定於七月初十日按照各莊堡田畝攤派民夫,每夫一名作工四十日,每日工價銀一錢,有願領米者每日領小米二升五合,有願領地者作工十一日,領地一畝,其工價概由紅柳溝局中持條照領,不准絲毫拖欠弊混。此工業經本縣通稟及督憲奏准之案,倘有抗違不遵或藉詞延宕種種情弊,仰該委管等指名稟究,以憑提案懲辦,絕不寬容。切切。特示。

報明公出稟　　七月初八日

竊卑縣七星渠工,自紅柳溝以下七十餘里尚未開挖,去歲業經稟明憲台,招夫修作,奉批允准。在案。查清明至立夏前後,向係民間自行修理渠工之時,工竣以後放水種田,農工忙迫。故自夏收以前民間實無夫可招,三四月內僅僱得南山民夫一百餘名，開通渠道七里有餘。現值夏收已畢，農有餘閒，因與該處首士商，起七星閘渠民夫共一千名，定於七月初十日開工，每夫每日照稟定工值隨作隨發。某即於初九日到工常川督作，以期迅速畢工。惟該處距縣城一百九十餘里，往返需時，縣中一切上下公事勢難兼顧，已由某暫委唐典史鴻勳代行代拆，合行稟明，所有公出日期，理合報明憲台鑒核示遵。

白馬灘渠道開通竣事稟　　八月二十九日

　　光緒二十八年四月十五日，案奉藩憲札開，轉奉督憲批，據白馬灘渠道招夫開工，所需經費應由中衛釐局先行撥給銀三千兩以資應用云云。等因。奉此，某自光緒二十五年到任之後，即蒙前督憲陶札飭修復卑縣七星廢渠，振興水利。某履勘地勢，設法興修，經營三載，始將閘壩、橋洞一切杜禦山水要工次第修造。去歲紅柳溝暗洞作成之後，白馬灘渠路咽喉始通，而灘地荒廢將近百年，舊日渠形杳無蹤跡，[1]且洞下渠道被山水冲斷者三處，開山改河工大費鉅，用力頗艱。去年寧夏湯鎮估工，謂非四旅營勇開挖一年不能蕆事。某奉札之後，上下查勘，估計工費，與該首士商議，期以兩月畢工。惟春夏之交，正民夫自行修濬渠工之日，無夫照雇，僅覓得山民一百六名，開渠四十日。自分水閘以下至紅柳溝暗洞止，共開通渠道七里有餘。夏禾收後，民力稍閒，遂定期於七月初十日大興工作。照七星渠按畝出夫之法，每田二十五畝出夫一名，共得夫一千二百名，每夫每日給銀一錢以爲口食。某住居工所，上下督作，自七月初十日起至八月二十五日畢，凡做工四十五日，開通大渠自紅柳溝暗洞以下至乾河子，計長八十一里。洞下六里，渠寬六丈，深五丈。再下渠身舊爲山水冲斷，遂開山鑿渠十二里，寬三丈，深三丈。再下二十里，渠寬三丈，深一丈五尺。再下二十里，渠寬二丈五尺，深八尺。再下十里，渠寬二丈，深六尺。再下十三里至稍，渠寬一丈五尺，深四尺。又開大支渠二十一道，共長一百五里，總共合計共開渠道一百八十六里。紅柳洞上七里修分水石閘一座，長三丈，寬一丈，深一丈。修紅柳洞上下石墻四座，各長二丈，寬八尺，高二丈。洞上改山河一道，長一里，寬十丈。築土堤一道，長一里，寬二丈。洞下三里築土壩一道，長五丈，寬八丈，高二丈。再下一里修通渠石洞一座，長三丈，寬七尺，高一丈六尺。再下二里補山一道，長一百一十丈，寬二十丈，高二丈。築映水草壩五座，各長二丈，寬一丈五尺，高一丈。改山河二道，長二里，寬三丈。築土坪兩座，各長五丈，寬五丈，高一丈五尺。再下十里築小山水溝土壩二座，長五丈，寬四丈，高二丈。再下十二里，築大山水溝土壩一座，長一丈，寬八丈，高三丈。再下八里，築土壩二座，長二丈，寬二丈，高一丈。再下三里築土壩一座,長一丈二尺,寬二丈,高八尺。工畢之後,業已放水試驗,大有建瓴之勢。目下白馬灘一帶逃亡之户見渠成水足,領地者紛紛而至,容俟丈領完畢,再行稟報。至民夫工資及泥灰草石一切用費,查算之後,即行造册報銷。所有白馬灘渠工完竣,大概情形,合先稟聞。再,七星渠一切工程均已報竣,容由卑縣將通渠情勢詳細稟陳,繪圖貼説,稟請委驗,批示祗遵。

　　督部崧批:據稟該縣修築白馬灘渠工既已告竣,試驗水到渠成,覽稟實深欣慰。仰甘藩司即移寧夏道前往查驗,是否工堅料實,有無浮齎,出結繪圖,呈賫查核。一面將費用各項逐細造册,詳請核銷。切切。繳。十月二十二日。

【校勘記】

[1] 沓:疑當作"杳"。

重修中衛七星渠本末記卷下

中衛知縣王樹枏輯

在工文武員并首士請獎稟　　九月初七日

　　案查光緒二十六年閏八月初十日，奉本道本府札開，准署藩司何移奉督憲魏批，本道府稟覆會勘中衛縣七星渠工，經該道府會同勘驗，均屬工堅料實，足資經久，閱稟實深歡慰。王令樹枏於前項渠道竭力經營、不辭勞瘁，卒能克竟厥功，實屬異常出力。各員并聽候專案具奏，分別酌請獎敘，以示鼓舞。其首士人等應先酌獎功牌者，并准王令查開職銜，呈候填發等因，轉行下縣。奉此。竊查七星渠所開大利全在鳴沙州、白馬灘兩處，彼時祇將上中兩段閘壩、橋梁一律修成，渠道開通一百餘里。自去歲奉憲台札飭，接續興修紅柳溝暗洞，開濬白馬通灘渠道。仰承訓示，並蒙籌給工費，兩年之內始將暗洞修成，開通渠道八十餘里，百年廢渠一旦全復，荒田迭戶開墾招徠，逐漸復業，皆我憲台軫心民瘼，實於民生國計大有裨益。此渠自光緒二十五年經始，其中撥勇招夫，屢因變端，時輟時作，雖係四年之久，然按時合計不滿一年，其營勇之勤勞、民夫之奮迅，皆係各旂官、首士認真督率，故能克集厥功。而首士等起夫起車、籌工籌料，終年奔走露宿於雪地冰天、炎風酷日之中，尤為異常出力。伏讀同治元年上諭：御史劉慶奏考覈州縣應以招集流亡、墾闢地畝為要，以此二事為課績之本等語。軍興以來，地方民多流徙，地半荒蕪，全賴牧民之吏加意撫綏，盡心招徠，庶幾田廬可復，戶口日增。嗣後各州縣官有能招集流亡、開墾地畝、盡心民事者，即著該省督撫藩司隨時登之薦牘，以備擢用，務期有裨實政，不得徒託空言以奠民生而飭吏治。欽此。而近年以來，又屢奉明詔，諄諄以墾荒田、興農務為當今之急。卑縣軍興以前，鳴沙州、白馬灘最為一縣富庶之區。自渠水不通，民戶迭亡，田皆荒廢。某到任，迭奉列憲札飭，修復此渠，不惜工費，期於必行。該首士等踴躍奉行，卒收群策群力之效。某奉承憲示，分所應為，不敢仰邀獎敘。而前後在事之文武員弁及首士人等，不無微勞足錄，可否仰懇憲恩，由卑縣開單，專案奏請獎勵之處，伏候鈞裁，批示祇遵。

倉糧變價稟　　九月十五日

　　光緒二十八年七月二十六日，奉憲台札飭，奉督憲崧批本司詳覆核議該縣申報續修紅柳暗洞糶過倉糧一案由。奉批，中衛縣興修紅柳溝暗洞需用經費，本有倉糧變價開支之請，嗣因變價一時難於應手，稟准由中衛鰲局先行撥借銀三千兩以資應用，如有不敷，准隨時備文請領。是前項修費，業有鰲金借款，自毋須再行提動倉糧，致滋轇轕。至從前出糶若干，應令收獲地價及時買補歸還，以重儲峙，毋任稍涉玩延。仰即飭遵，并令將辦理情形具文報核。繳。等因到司，奉此。合行抄詳細札飭札到該縣，遵照辦理，仍將辦理情形通報查考毋違。等因，奉此。查光緒二十五年，某稟修卑縣七星渠工，請仿照各州縣變賣倉糧，濟餉、濟賑兩項，將卑縣存儲霉變之糧變賣市斗四千石以作渠費，將來由白馬灘領田價內收還交庫。前督憲陶批准於光緒二十六年變賣新陳倉糧市斗三千八百石，計中衛市平銀六千九百七十兩，業經稟報立案。光緒二十六年十二月內，稟請籌費續修紅柳溝暗洞工程，業蒙憲台核准，仍照前案，由倉糧變價開支，於光緒二十八年三月內變賣霉變倉糧市斗二千二百石，計中衛市平銀四千二百八十兩。至此次稟請開通白馬灘渠道，招僱民夫工費，批准由卑縣鰲局撥給銀三千兩，如有不敷，隨時備文請領。應用此項與前兩次倉糧變價，均奉有札飭遵行在案。查前兩次倉糧變價率係霉變陳糧，不便久儲，致滋朽爛。因公動用，將來由地價內收銀交庫，兩得其便。歷查卑前任倉糧變價交庫皆係如斯辦理，今若以霉變陳糧之價再買新糧勢必不敷。而入秋以後糧價大漲，采買尤不易易，惟有仰懇憲恩，俯念此項係因公動用之款，允准仍照前兩次批准之案，將來由白馬灘領獲地價內解交憲庫立案施行。所有倉糧變價、交庫緣由，理合稟請憲台鑒核，批示祗遵。

全渠告竣稟　　九月初四日

　　竊卑縣擅黃河之利，大河南北大小渠二十餘道，惟河南之七星渠為最大，延長一百八九十里，灌田六七萬畝，其中凡受山水之害四處。渠口緊逼山水為全渠之害。渠口下七十里為小徑溝山水，小徑溝下五里為豐城溝山水，豐城溝下三十五里為紅柳溝山水，此四水者挾泥帶沙，一經入田，鹹鹵不毛，變為斥壤。舊年，渠口山水與河水並流入渠，夏秋之交，山水暴漲，冲斷渠身，上游田畝年年有乏水之虞。道光年間，小徑溝環洞、紅柳溝暗洞先後為山水冲壞，鳴沙州、白馬灘兩堡田畝一概荒蕪，民戶逃亡，悉成赤地，至今將及百年。前此列憲屢次札委寧夏鎮道勘工，皆以山河之害無法挽回，且工大費鉅，畏難而止。某自光緒二十五年到任之後，奉前督憲陶札飭興修，並蒙派撥四旂營勇下縣協同修作。某相度形勢，因地制宜，乃於渠口之上築山河大壩一道，曲折以抵渠口。築映水大石墩六座，使山河之水折而入黄。並於渠口之下二里之鷹石嘴建進水石閘三空，退水石閘二空，接連築跳水矮石坪一道，以爲開閉蓄泄之宜。於是渠口山水之患息，新寧安、麗下五堡田畝悉變膏腴。小徑溝環洞湮没無跡，某改建飛橋，使渠水從橋上通渡，山水由橋下流行。於是鳴沙州渠水始通，開墾荒田四十餘頃，流亡復業者四百餘家。去歲又蒙憲台派撥防營一旂，協同民夫將紅柳溝暗洞修復，使渠水下渡，山水上行，於是白馬灘渠水始通。今年又開通渠道八十餘里，開支渠二十一道，舊歲逃亡之户領地承墾者紛紛不絶。將來丈畢之後，荒田地畝共有若干，容俟詳細造册，另牘稟報。某開辦此渠，經營三載，一切閘洞要工均經歷年稟報某委勘在案。通計開通渠道一百九十餘里。自渠口至乾河子渠稍而止，上游寬自二十丈至四五丈不等，下游寬自四五丈至三二丈不等。乾河子下尚有地數千畝，將來渠道自領自開，特田户一手一足之力，不必由官督辦矣。所有全渠告成，謹重叙大略，繪圖貼説，稟請憲台鑒核。可否札委本府查勘之處，伏候裁奪，批示祇遵。再，某承修此渠，凡費用銀二萬餘兩，除倉糧變價及釐金借款不計外，某自行墊辦四千餘兩。渠口之閘壩及小徑溝之飛橋已經造報在案。去歲所修之紅柳溝暗洞及今歲開通白馬灘渠道之民夫工資，容俟分案造報，以昭覈實，合併聲明。謹將全渠圖説擇要呈覽。

山河大壩

渠口逼近山河爲全渠咽喉之患，山河源出平涼，匯固原平遠一帶，諸水從渠口上一里餘山峽而出，歲爲渠害。因建山河大壩，自西南山根折而東北，直抵渠口，凡長五百六十二丈，寬二十丈，高三丈。今年又於沿壩築大映水石墩六座，每墩各長三丈，高二丈五尺，寬一丈五尺，抵禦山水，折流入黄，使全渠不雜山河之水。近三二年内，山水不復入渠，斥鹵之田已變膏腴，大著成效。若每歲春工培高加厚，可以永保無山水之患。

進退水閘

渠口下二里餘，在鷹石嘴山下建進水閘三空，退水閘二空。此閘成於光緒二十六年，閘底淘至石底，密釘木樁，上鋪紅石。底塘凡寬七丈，長二十丈。進水南邊墻寬一丈，長八丈。進水中二墩皆寬一丈二尺，長一丈六尺。分水石墩頭寬一丈五尺，尾寬四丈，長八丈。退水中墩寬一丈五尺，長三丈。退水北邊墩寬一丈六尺,長三丈五尺。進、退水閘每空皆寬一丈六尺。退水閘係當年正渠,今改作退水,另依山開新渠一道凡二里餘,下接原渠。自渠口至此閘,其間沙泥石子全靠退水閘疏泄,以省人力。用水之時則閉退水閘,開進水閘入渠以灌田。萬一山河暴漲冲決,則閉進水閘,開退水閘,使泄入黃河。若水再大,則從跳水矮埧上翻出,使渠身無淤塞冲決之患。凡水之大小皆記有分寸,以為啟閉之準,僱有水手終歲看守。

跳水矮埧

跳水矮石埧與退水閘接連至西北高灘,長四十三丈,寬一丈三尺,入地一丈,出地三尺。此防河水暴漲,退水閘宣泄不及,則使水從矮埧上溢出入黃。全渠水制以此埧為度,水平此埧則渠水恰足用,再大則由埧上翻出,不至有決渠之患,全渠得勢全在於此。

小徑溝飛橋

小徑溝在渠口下七十里,舊為環洞度水。道光年間,洞為山水冲壞,鳴沙州五營田畝一概荒蕪,人民迯散。光緒二十五年,前寧夏道胡升司改建木槽度水,無多一年即圮。今改為飛橋單洞,洞下釘木樁,上鋪鑽石。洞上駕大木樑、鋪厚木板,以桐油、石灰彌其縫,以石板鋪平。底堂以羊毛膠泥鋪,厚一尺,上築黃土二尺五寸。又通長二十丈,寬十二丈,鋪膠泥一尺,堅築之得六七寸,復以黃土夯築三尺許,適與上下渠平。兩邊土埧各寬三丈五尺,高八丈,中留渠道兩丈。前後置以水平,以為淺深記識。洞長凡九丈,寬一丈一尺,高一丈。石邊墻東西前後四座,各長四丈七尺五寸。今已三年,滴水不漏,渠水上渡,山水下行,盛漲十餘次,屹然無恙。鳴沙州自此橋成後,田畝盡闢,永無缺水之患。

豐城溝雙陰洞

此係舊洞,在小徑溝下五里,渠水從洞上渡,山水從洞下渡。光緒二十六年,培修完具。此洞夏秋之際始有山水。

分水閘

此閘在豐城溝下十七里,亦係舊有,損壞不完。今歲始重為建筑,長三丈,寬一丈,深一丈。是閘為鳴沙州、白馬灘分水樞機,開之則水灌鳴沙州田畝,閉之則渠水下流,灌白馬灘田畝。亦有閘夫看守,以時啟閉。

紅柳溝暗洞

是溝山水最鉅。查乾隆二年，寧夏鈕道創建橋洞五空，甫成即圮，不知何時改爲暗洞。乾隆四十年後，龔令重修，至道光年間即爲山水冲壞，白馬通灘田畝荒廢、民户逃亡，至今無議修復之者。去歲始照舊製重築，畧爲變通。洞長東西二十四丈，空寬九尺，高五尺五寸，兩墻用灰泥三和土築成，各寬一丈一尺，洞之上下左右全用大木裝成而蓋以泥石，渾淪無縫。今歲放水，洞堅而利，山水迭發，駛從洞上流行，滴水不漏。渠水下趨白馬灘田畝，有建瓴之勢。

通渠洞

此洞在紅柳溝下四里，有南山小水經過渠身。昔時建有此洞，使山水上行，渠水下渡。洞壞已久，今歲始爲修復，長三丈，寬七尺，高一丈六尺。

補山開山

通渠洞下二里，舊渠在山中，紅柳溝山水繞行而南，山崩渠斷。今秋開渠補山一百一十丈，並修映水草壩五座，以禦山河南下對壩，將山河改直，東下開河二里，此處最爲要工。以下又開山十二里以作渠道，下游所築各土壩皆係南山小水冲斷之處，水不常見，無關緊要。

退水閘九座

自三道閘至鹽池閘皆係退水，凡九座，渠身延遠，挑挖不及，泥沙所積，皆賴閘中扯退，較人力尤大。且易小徑溝上應增退水閘一道，以洩八畝灣之沙。紅柳溝下十五里應增退水閘一道，以洩山內之土，將來由民間自行籌費補作。

督部崧批：據稟該縣修築七星全渠工程一律告竣，洵屬辦事認真，深堪嘉許。仰甘藩司即移寧夏道查照前飭，前往一併查驗結報，一面將費用各項核實造冊，詳請核銷。切切。繳。圖摺存。十一月初四日。

寧夏道勘驗渠工稟　　光緒二十九年正月十五日

竊職道前准藩司來移，奉憲台批，據中衛縣稟七星渠、白馬灘渠工一律完竣大概情形一案，奉批，據稟該縣修築白馬灘渠工既已告竣，試驗水到渠成，覽稟實深欣慰。仰甘藩司即移寧夏道前往查驗，是否工堅料實，有無浮飾，出結繪圖，呈賫查核。一面將費用各項逐細造冊，詳請核銷。切切。繳。

又准來移，奉憲台批，據中衛縣王令稟陳七星全渠一律告成，繪圖貼說，呈請鑒核稟由，奉批，據稟核縣修築七星全渠工程一律告竣，洵屬辦事認真，深堪嘉許。仰甘藩司即移寧夏道查照前飭，前往一併查驗結報，一面將費用各項核實造冊，詳請核銷。切切。繳。圖摺存。等因，奉此。即定於十二月初一日起程前往勘驗全渠各項工程，業將公出及旋署日期具報在案。職道由寧起身，於初五日馳抵寧安堡晤見王令，於初六日先赴七星渠口，逐處巡視。查渠口及小徑溝各工，前於二十六年，職道遵札驗報有案，距今隔三年。此次復驗得，原修進退水閘、山河大壩，迭經山水漲發，屹然無恙，實屬鞏固，而跳水矮垾尤爲得力。隨即沿渠踏視，小徑溝飛橋，經王令用木梁木板做成，兩邊橋洞均用石墻，渠水上流，山水由下而過，亦仍完固。此橋係鳴沙州咽喉，自修成以後水澤足用，斥鹵之田悉變膏腴之壤，流亡復業者已數百家，生機可期日盛。初七日復查紅柳溝暗洞，東西長二十四丈，此洞地勢低下，全用大木裝成，上以巨石泥土堅築，山水上行，渠水由洞中流出，必無滲漏之患，方免淤塞之虞。但時值隆冬，積水結冰數尺，暗洞木工未能進內勘視。此處實爲白馬灘喉路，以下山路崎嶇，於是舍車換騎，緣渠道前進，一遇有冰之處舍騎步行，詳細查勘。今歲報修各工，通渠洞係就舊基略加補葺，以下舊渠久已填沒，而倚山作垾又被山水冲斷。今王令開山十二里，新築土壩一百一十丈，與原報丈尺尚屬相符。

惟此工仍須明年春工之際加高培厚，庶資永久。其下新開渠道八十餘里，子渠二十一道，并添築各土壩，亦與做法相符，以水平量度，頗有建瓴之勢。第白馬灘地三萬餘畝，皆在渠稍，地勢高阜，得水不易，必須渠寬水旺，方足灌溉。職道與王令商議，自鹽池閘以下渠身分作三年，每年開寬四五尺，可再開寬一丈有餘，通渠洞以下渠身亦一律加寬，則白馬灘永無缺水之慮。刻因今秋河水低落以致未淌，冬水領地者尚在觀望。明春如能水澤暢流，必能踴躍，但補偏救弊，尤須善繼其後，終始不懈，斯徵實效。誠如藩司續移奉憲台批，該縣王令稟請造報紅柳溝暗洞及開通白馬灘渠道工費案，內有云將來歲修應如何籌款，如何報銷，是明知渠工實難一勞永逸，必須春工認真補修方資經久，早在洞鑒之中。今職道統核全渠，各工用款二萬餘金，經營四年之久，開山改河，筑壩修堤，及一切閘洞石墻各工，相地制宜，工繁而鉅。王令不辭勞瘁，卒底厥成，爲數堡生靈開無窮之大利，實非尋常勞績可比，應如何從優議叙之處，出自尊裁，非職道所敢擅擬。至該渠首事等，炎天凍地，效力三年，雖駕馭之得宜，實急公之足尚。可否仰懇憲恩俯准，擇尤給獎，以示鼓勵。所有勘驗七星全渠完竣，各工除用款清冊已由王令逐詳請銷外，茲取具保固甘結，加具印結，並繪圖貼說，稟呈憲台鑒核，批示祗遵。

督部崧批：中衛七星渠等工既經該道逐段勘驗，均屬工堅料實，足資經久，所有用過一切經費，應俟造册賷院，以憑飭司核銷。至王令經修渠工，于役數載，殫精竭慮，卒底厥成，實非尋常勞績可比，應有司核明，專案詳請奏獎，以昭激勸。其出力首事人等，昨據王令稟請酌給功牌，已飭開具年貌、籍貫清單，呈候填發。仰甘藩司即便轉移遵照，并飭該縣將紅柳溝新築土壩，乘此春融，加高培厚，妥爲修治，庶期一勞永逸。白馬灘地勢微高，得水不易，所擬自鹽池閘以下，渠身分作三年開寬培修，尚屬得法，併由該道隨時督同辦理，毋稍怠忽。切切。繳。圖結存。二月二十四日。

七星渠善後章程稟　　光緒二十九年正月二十三日

竊卑縣七星渠綿長近二百里，灌漑七莊田地，爲通縣最鉅之渠，嗣經山水冲脱要工，民田荒廢數十年，當事者屢議興修，皆以工大費繁而止。某蒞任以後，歷奉憲檄，經營四年，自渠口以至渠稍、閘洞、橋堤均經告竣，山河害絶，渠水通流，比户豐盈，流亡復業，此皆我憲台振興水利、粒我蒸民之至意。但莫爲之後，雖美弗彰，守成之難，甚於創始，非嚴定章程，通詳立案，泐碑垂世，永示遵行，誠恐異日奸猾之徒營私害公，籍端攪擾，則民生國課所關實非淺鮮。謹擬定渠規三十七條，開摺呈覽，伏乞憲台鑒核，批示遵行，實爲公便。

謹擬定七星渠善後條規，恭呈鑒核。

一、查該渠實徵糧册畝數：新寧安堡熟田五千一百五十二畝六分六釐，麗莊熟田二千零二十二畝六分六釐二毫，恩存莊熟田五千八百七十畝二釐，恩蔣莊熟田五千九百四十三畝三分，恩曹莊熟田五千二百七十三畝三分，鳴沙州堡熟田二千三百八畝四分九釐，又加新墾荒田四千一百六十四畝八分八釐，共六千四百七十三畝三分七釐。查各堡除去在他渠當差及高低不能得水之田外，新寧安堡原田五千一百五十畝，應出夫二百六名；麗莊實得田二千畝，應出夫八十名；存莊實得田五千五百畝，應出夫二百二十名；蔣莊實得田五千五百畝，應出夫二百二十名；曹莊實得田五千二百畝，應出夫二百八名；鳴沙州實得田五千四百二十五畝，應出夫二百一十七名。以上六莊共應攤夫一千一百五十一名。自此次議定之後，各莊夫數即照此攤派，不准混爭狡賴。如有一名缺脱，即將委管嚴究革辦。白馬灘田畝丈領完竣之後，再行稟官詳議夫數，定案遵守。

一、定章每田二十五畝出夫一名，作春工四十五日。如渠工浩大，春陶作不及，酌派秋夫，相工之大小，不拘時日，總期渠道寬深如法，水敷灌漑爲止。

一、每年渠工壩料不拘定數，須相度工之大小，按畝攤費定章，皆於年前冬至日會同水戶到局議工，每項應費若干，開單示衆，衆議僉同之後，稟官察核出示，以昭大公。

一、七星渠向歸民捐民辦，每年各莊舉管理渠務首士一人，名曰委管。紳民舉報由官牌委，刁生劣監爭充委管，侵吞夫料，漁肉良民，以致貽誤渠工，年年缺水，田畝荒蕪，人民流散。光緒二十四年，前寧夏道胡稟定此渠改爲官辦，各莊委管由官擇委，不准紳民揑名舉報，以杜弊端。委管之責爲農田水利所關，以後應承遵稟定章程，紳民營私舉充者概不予准。如該委管等有別項弊端，由官察訊究辦，不准劣紳挾嫌妄控、攪擾滋事，違者革究。

一、議定委管七名：新寧安一名，麗下一名，存莊一名，蔣莊一名，曹莊一名，鳴沙州一名，白馬灘一名。但事無總理之人，誠恐各莊各顧己私，互相推諉。今議酌增總管二名，經理通渠事件，以專責成，起夫收料，各莊委管任之，總管不准經手銀錢而有稽查夫料銀錢及約束委管之責。渠工告竣，總管會同委管邀集水戶到局認真核算，共入若干、共出若干，算明之後，開單呈交巡檢張示曉衆，以昭覈實。

一、每歲開工之日，各堡將夫册繕造兩分，以一分呈交巡檢，其一分則各堡委管收執，以便查核。地方官於開工之日到工，親身點夫，巡檢則常川駐工，每日點夫，如有脫名，差提責罰。

一、七星渠灌漑七莊田畝，興工之日同力合作，新寧安、麗下、恩存、恩蔣、恩曹五莊之夫由曹家橋以上起工，鳴沙州之夫由分水閘以上起工，三日後即同入大工，分段合作，淘挖而上，至渠口畢工。渠口爲全渠之咽喉，此處年年河水冲淤，石子填塞，必須照稟定寬深丈尺章程，認真淘濬，渠水方能足用，不如法者地方官嚴加懲辦。白馬灘荒田領出之後亦照章按畝出夫，由分水閘以下起工，至渠稍而止。如渠口工程浩大，聽候總管議派，與上六莊同力合作，以顧要工。

一、渠工同力合作，如有脫夫每名每日照章罰錢三百文，以作巡檢衙門辦公之費。

一、各堡民夫開工之日分塘合作，由總管會同委管劃開地段，按照舊定寬深丈尺一律修濬，不如法者稟官懲責長渠、鍬頭人等，從新補工。

一、渠口爲全渠咽喉，支水、迎水二埧所壓之石多多益善，萬不可偷工減料，致渠水有缺乏之虞。渠口宜開寬二十丈，儘力深淘，方敷白馬灘漑田之用。

一、渠身之土須用背簍移擲埧後，不准貼在兩埧牆內，以免水激風吹，仍行淤塞。

一、通渠田戶以水爲性命，點滴之來皆民汗血所致，均當愛惜如金如玉。灌田放水取其足用而止，不准點水放稍，棄之道路。如查出何田之水淹浸大路，即將口頭提案重懲，並將田主酌量議罰，以示警懲。

一、各子口議作木閘四五處，先行試辦。稍段田戶前來封水，即由該處委管盼示，口頭將閘封閉，不奉委管之命不得擅開。如有賄買私開等弊，即將口頭責罰。未經作閘者用草一律封閉，定限分溉。向來稍段田戶率衆封水，常有與上段械鬭傷人之事，以後封水，責成口頭稍段只准一二人來知會上段委管，督飭該處口頭眼同封閉，以免鬭爭之事。

一、大小子口共三十六道，除大口先行試建閘板外，其餘各口每年各備麥草五十束，交口頭經營以備封水之用。如臨時缺失，責令口頭賠償。

一、每年堤塀須加意培護，不准農民取土糞田致傷塀埂。

一、春冬二水必先封放到稍下段，委管持取田戶稍結爲止。凡澆灌田畝自下而上，由委管定立日限，輪流溉田。如有重澆復灌田見二水者，查出將田戶責罰，委管通同作弊，一併究辦。

一、渠水大小以鷹石嘴之跳水石塀爲准，水與塀平適足敷用，若漫出塀上，即開退水閘泄入黃河，以免堤身崩潰之患。

一、全渠一切閘壩橋洞如有應行修葺之處，由通渠委管估工派錢稟官裁定出示，如有抗不遵辦累害要工者，官爲提案懲辦，以警愚頑。

一、地方官到渠督工或下鄉封水，不准向委管及堡長等需索供應，一切日費絲毫不准累民，家丁跟役均由官發給口食，禁索陋規，違章者以贓論，許受害之家稟詰。

一、光緒二十四年，前寧夏道胡稟定章程，渠寧巡檢專司渠事，每年車馬費制錢一百二十串，工房造册紙筆費制錢二十串，均由壩料內攤派，此後應仍照章遵辦。巡檢一款，擬俟白馬灘荒田墾熟之後，丈出公田二百，每歲收租以抵此費用，省民間攤派之累。

一、總管、委管共九名，每年每名薪水制錢二十四串，共制錢二百十六串。

一、渠口總字識一名，每年口食制錢二十四串。新寧安、恩存、恩蔣、恩曹、鳴沙州五莊字識各一名，每年每名口食制錢二十串。麗下一名，每年口食制錢一十串。

一、新寧安、存莊、蔣莊、曹莊、鳴沙州渠長各一名，每年每名口食制錢十二串。新寧安長渠三名，麗莊長渠一名，存莊長渠三名，蔣莊長渠三名，曹莊長渠三名，鳴沙州長渠三名，每年每名口食制錢八串。

一、各莊各用伙夫一名，馬夫一名，新麗共用木匠一名，存、蔣、曹三莊共用木匠一名，鳴沙州木匠一名，新寧安鍬頭四名，麗莊鍬頭一名，存莊鍬頭四名，蔣莊鍬頭四名，曹莊鍬頭四名，鳴沙州鍬頭四名，均係民夫當差，不領口食。

一、渠口及雙空閘水手三名，專司閘壩，以時啟閉。山河雨水漲落，隨時稟報委管，以備不虞。每年口食制錢一百二十串。小徑溝水手一名，專司飛橋，一遇山水暴發，立報委管帶夫守護，以免冲崩，每年口食制錢一十二串。紅柳溝水手一名，專司暗洞兼管山河大壩及上下堤埧，如有損壞立報委管，設法補葺，每年口食制錢一十八串。通豐閘水手一名，每年口食制錢六串。蕭家閘水手一名，每年口食制錢六串。鹽池閘水手一名，每年口食制錢八串。分水閘水手一名，口食制錢六串。以後再有重修添築之閘，公議水手口食之費。

一、通渠大子口二十道，小子口十六道。上長行渠、下長行渠、上快水渠、李家渠、下快水渠五大子口，議定每渠頭口食制錢七串文。其餘大子口一十五道，每渠口頭口食制錢五串文。小口子十六道，每渠口頭制錢二串五百文。

一、通渠共設鑼夫一名，舊例歸稍段民夫撥充，起工住工聽鑼爲號。

一、新寧安、麗莊催差一名，存莊催差一名，蔣莊催差一名，曹莊催差一名，鳴沙州催差一名，每年每名口食制錢二十串。白馬灘荒田墾熟之後，差人口食照前發給，如有要事呈請添差之處，臨時酌議口食。

一、渠口之進退水閘、跳水矮埧、山河大壩、小徑溝之飛橋、豐城溝之陰洞、紅柳溝之暗洞、通渠洞下之大壩爲通渠要工，皆經一律修築如法，以後總管、委管等應年年培護，不可漠視。設有意外不虞之事，稟官籌款重修，若工程不甚浩大，則由通渠攤費立時補葺，上下田户不得各分畛域，貽誤要工。

一、渠口壓埧之石向在泉眼山左近取用，每車山價制錢六十文，車價制錢四十文。若他處工程取用紅石，則計道路遠近酌議車價。

一、通渠需用草束木椿等物，麥草每束制錢四十文，木椿每根制錢三十文，膠泥車價計里議付。

一、通渠舊建退水閘七座，現在惟三道閘、雙空閘、通豐閘、鹽池閘四處退水，餘皆損閉。查渠身延遠，淘挖不及，沙泥積塞，全靠節節退水，以省人工。舊閘多坍塌不完，急宜設法重修，用資宣洩。鹽池一閘尤關緊要，是閘間亦有損壞之處，以後田户稍爲充裕，應於攤派壩料之時擬出修閘一款，次第補葺，以復舊規。八畝灣以下全係沙渠，人力難施，通渠洞以下渠身綿遠，宜於此二處添置兩閘，以爲減水洩沙之用。

一、三道閘應填塞二道，只留一閘，已敷退水之用。緣上游鷹石嘴增建退水二閘，下游又有雙空閘，泥沙退洩不虞壅滯。此閘外連貼柳兩渠，往往水手受賄，偷濟貼柳，有害本渠，以後並責成渠口水手實心看護，如有以前弊端，從重懲治。

一、退水各閘凡桁條草束等一切應用之物，責成各水户經營，如有失損，惟該水手賠償。

一、局中製有水車二件,應責成白馬灘委管年年於灌放春水以前將紅柳溝暗洞車乾積水,淘取沙泥,并沿洞察看有無滲漏損壞,隨時修補。

一、渠口向係荒山大漠,四無居廬,每逢春工興作之時,狂風冷雨,無處遮身,異常寒苦。自光緒二十六年修建龍王廟渠工局一所,委管民夫如有棲身之地。又紅柳溝洞旁光緒二十七年亦建渠工局一所。以後應責成水手加意看護,如有損壞,立報委管,即時修補,以免傾圮。

一、白馬灘田丈領完竣之後,一切章程均照上中六莊添擬,一律遵守,不得差池。

一、紳士一舉一動關乎闔堡民生之休戚,往往紳士挾嫌互訟,以一二人之私心累及闔堡之公事,利害所係,實非淺鮮。以後充膺委管者,均須潔己奉公,不准包夫折料,貽誤要工。大户紳民亦不准因争充委管及催收夫料之嫌,藉端誣控,倘被控之人訊明無據,官即按律懲辦,以靖刁風。古人有言:和氣致祥,乖風致異。各堡紳士宜爲民息事造福,不可爲民生事作孽,如犯所戒,不但國法具在,且遭陰譴。

參考文獻

一、古代文獻

(一) 陝甘寧舊志

《陝西通志》：(明)馬理、呂柟等纂，華東師範大學圖書館藏明嘉靖二十一年(1542)刻本；三秦出版社2006年版董健橋等校注本。簡稱《嘉靖陝志》。

《陝西通志》：(明)汪道亨、馮從吾纂，中國國家圖書館藏明萬曆三十九年(1611)刻本。簡稱《萬曆陝志》。

《陝西通志》：(清)賈漢復、李楷等纂，中國國家圖書館藏清康熙六至七年(1667至1668)刻本。簡稱《康熙陝志》。

《甘肅通志》：(清)許容等修撰，中國國家圖書館藏乾隆元年(1736)刻本；影印文淵閣《四庫全書》本，(臺北)商務印書館1986年版。簡稱《乾隆甘志》。

《甘肅新通志》：(清)升允、長庚修，安維峻等纂，中國國家圖書館藏清宣統元年(1909)刻本。簡稱《宣統甘志》。

《〔正統〕寧夏志》：(明)朱栴撰，日本國立國會圖書館藏明萬曆二十九年(1601)重刻本；寧夏人民出版社1996年版吳忠禮箋証本；中國社會科學出版社2015年版胡玉冰、孫瑜校注本。簡稱《正統寧志》。

《〔弘治〕寧夏新志》：(明)胡汝礪撰，《天一閣藏明代方志選刊續編》影印明弘治刻本，上海書店1990年版；寧夏人民出版社2010年版范宗興整理本；中國社會科學出版社2015年版胡玉冰、曹陽校注本。簡稱《弘治寧志》。

《〔嘉靖〕寧夏新志》：(明)管律等修，《天一閣藏明代方志選刊》影印明嘉靖刻本，上海古籍書店1961年版；寧夏人民出版社1982年版陳明猷校勘本；中國社會科學出版社2015年版邵敏校注本。簡稱《嘉靖寧志》。

《〔萬曆〕朔方新志》：(明)楊壽等編，《故宮珍本叢刊》影印明萬曆刻本，海南出版社2001年版；《寧夏歷代方志萃編》影印明萬曆刻本，天津古籍出版社1988年版；中國社會科學出版社2015年版胡玉冰校注本。簡稱《朔方新志》。

《新修朔方廣武志》：(清)俞益謨修，甘肅圖書館藏康熙五十六年(1717)刻本。簡稱《朔方廣武志》。

《〔乾隆〕寧夏府志》：（清）張金城等纂修，中國國家圖書館藏乾隆四十五年（1780）刻本；寧夏人民出版社1992年版陳明猷整理本；中國社會科學出版社2015年版胡玉冰、韓超校注本。簡稱《寧夏府志》。

《〔乾隆〕中衛縣志》：（清）黃恩錫修纂，《中國地方志集成·寧夏府縣志輯》影印乾隆二十五年（1760）刻本；寧夏人民出版社1998年版范學靈等整理本；鳳凰出版社、上海書店、巴蜀書社2008年版。

《〔道光〕續修中衛縣志》：（清）鄭元吉等修纂，《中國地方志集成·寧夏府縣志輯》影印道光二十年至二十一年（1840至1841）本；寧夏人民出版社1990年版周興華等整理本；鳳凰出版社、上海書店、巴蜀書社2008年版。簡稱《續中衛志》。

《重修中衛七星渠本末記》：（清）王樹枬輯，中國國家圖書館藏本；線裝書局2004年影印版《中華山水志叢刊·水志》第20冊。

（二）經部

《周易正義》：（晉）王弼等注，（唐）孔穎達等正義，北京大學出版社2000年版。

《尚書正義》：（漢）孔安國傳，（唐）孔穎達等正義，北京大學出版社2000年版。

《毛詩正義》：（漢）鄭玄箋，（唐）孔穎達等正義，北京大學出版社2000年版。

《周禮注疏》：（漢）鄭玄注，（唐）賈公彥疏，北京大學出版社2000年版。

《禮記正義》：（漢）鄭玄注，（唐）孔穎達等正義，北京大學出版社2000年版。

《孟子注疏》：（漢）趙岐注，（宋）孫奭疏，北京大學出版社2000年版。

（三）史部

《史記》：（漢）司馬遷撰，中華書局2013年版。

《後漢書》：（南朝宋）范曄撰，中華書局1965年版。

《隋書》：（唐）魏徵等撰，中華書局1973年版。

《舊唐書》：（後晉）劉昫等撰，中華書局1975年版。

《新唐書》：（宋）歐陽修、宋祁撰，中華書局1975年版。

《元史》：（明）宋濂等撰，中華書局1976年版。

《明史》:(清)張廷玉等撰,中華書局 1974 年版。

《資治通鑒》:(宋)司馬光編著,中華書局 1956 年版。

《平定準噶爾方略》:(清)傅恒等撰,影印文淵閣《四庫全書》本,(臺北)商務印書館 1986 年版。

《明實錄》:臺灣"中央研究院"歷史語言研究所校印,1962 年版。

《清實錄》:中華書局 1985 年版。

《通志》:(宋)鄭樵撰,浙江古籍出版社 2000 年版。

《明清歷科進士題名碑錄》:(清)李周望撰,影印美國夏威夷大學藏清刻本,(臺北)華文書局 1969 年版。

《太平寰宇記》:(宋)樂史撰,王文楚等點校,中華書局 2007 年版。

《增訂廣輿記》:(明)陸應暘撰,(清)蔡方炳增訂,日本早稻田大學藏康熙二十五年(1686)刻本。

《大明一統志》:(明)李賢等撰,影印明天順監刻本,三秦出版社 1990 年版。

《水經注集釋訂訛》:(清)沈炳巽撰,影印文淵閣《四庫全書》本,(臺北)商務印書館 1986 年版。

《山西通志》:(清)覺羅石麟等修纂,中國國家圖書館藏雍正十二年(1734)刻本。

《通典》:(唐)杜佑撰,王文錦等點校,中華書局 1988 年版。

《唐會要》:(宋)王溥撰,中華書局 1955 年版。

《續文獻通考》:浙江古籍出版社 1988 年版。

《四庫全書總目》:(清)永瑢等撰,中華書局 1965 年版。

(四) 子部

《東原錄》:(宋)龔鼎臣撰,《叢書集成初編》據《藝海珠塵》本排印,中華書局 1985 年版。

《東坡志林》:(宋)蘇軾撰,影印文淵閣《四庫全書》本,(臺北)商務印書館 1986 年版。

《東坡志林·仇池筆記》:(宋)蘇軾撰,華東師範大學古籍所點校,華東師範大學出版社 1983 年版。

《藝文類聚》:(唐)歐陽詢撰,汪紹楹校,上海古籍出版社 1982 年版。

《太平御覽》:(宋)李昉等修撰,夏劍欽等校點,河北教育出版社 1994 年版。

《豳風廣義》:(清)楊屾撰,鄭辟疆、鄭宗元校勘,《中國古農書叢刊·蠶桑之部》,農業出版社 1962 年版。

《南村輟耕録》：（元）陶宗儀撰，中華書局 1980 年版。

（五）集部

《駱賓王文集》：（唐）駱賓王撰，《四部叢刊初編》影印涵芬樓藏明翻元刊本，商務印書館 1929 年版。

《駱臨海集箋注》：（唐）駱賓王撰，（清）陳熙晉箋注，中華書局 1985 年版。

《東雅堂昌黎集注》：撰人名氏不詳，影印文淵閣《四庫全書》本，（臺北）商務印書館 1986 年版。

《畫墁集》：（宋）張舜民撰，清知不足齋刻本。

《玩齋集》：（元）貢泰父撰，影印文淵閣《四庫全書》本，（臺北）商務印書館 1986 年版。

《趙時春文集校箋》：（明）趙時春撰，趙志强整理，天津古籍出版社 2012 年版。

《聖祖仁皇帝御製文集》：（清）康熙等撰，影印文淵閣《四庫全書》本，（臺北）商務印書館 1986 年版。簡稱《聖祖文集》。

《三魚堂文集》：（清）陸隴其撰，影印文淵閣《四庫全書》本，（臺北）商務印書館 1986 年版。

《曝書亭集》：（清）朱彝尊撰，上海書店 1989 年版。

《文選》：（梁）蕭統編，（唐）李善注，上海古籍出版社 1986 年版。

《文苑英華》：（宋）李昉等編，中華書局 1966 年版。

《苕溪漁隱叢話》：（宋）胡仔纂集，廖德明校點，人民文學出版社 1962 年版。

二、現當代文獻

（一）著作

《寧夏方志述略》：高樹榆等編著，吉林省圖書館學會 1985 年内部發行。

《中國地方志聯合目録》：中國科學院北京天文臺編，中華書局 1985 年版。

《中國地方志總目提要》：金恩暉、胡述兆編，（臺北）漢美圖書有限公司 1996 年版。

《甘肅省圖書館藏地方志目録》：甘肅省圖書館編，蘭州大學出版社 1996 年版。

《明清進士題名碑録索引》：朱保炯、謝沛霖，上海古籍出版社 1989 年版。

《中國恒星觀測史》：潘鼐，學林出版社 1989 年版。

《寧夏歷史地理考》：魯人勇等編著，寧夏人民出版社1993年版。
《中國理學大辭典》：董玉整主編，暨南大學出版社1995年版。
《敦煌天文曆法文獻輯校》：鄧文寬編，江蘇古籍出版社1996年版。
《明清宮藏地震檔案》（上卷）：中國地震局、中國第一歷史檔案館編，地震出版社2005年版。
《傳統典籍中漢文西夏文獻研究》：胡玉冰著，中國社會科學出版社2007年版。
《寧夏歷代碑刻集》：銀川美術館編，寧夏人民出版社2007年版。
《寧夏歷史地理變遷》：吳忠禮、魯人勇、吳曉紅著，寧夏人民出版社2008年版。
《方志與寧夏》：范宗興等著，寧夏人民出版社2008年版。
《寧夏地方志研究》：胡玉冰著，中國社會科學出版社2012年版。

（二）論文

《元潘昂霄〈河源志〉名稱考實》：雪子撰，《中國歷史地理論叢》1989年第2期。
《乾隆〈中衛縣志〉簡介》：杜玉冰撰，載高樹榆等編《寧夏方志述略》，吉林圖書館學會1985年內部發行。
《黃恩錫與中衛》：胡迅雷撰，載《寧夏歷史人物研究文集》，寧夏人民出版社1993年版。
《清代邊城文化風景：黃恩錫〈中衛竹枝詞〉》：王子今撰，《寧夏社會科學》2009年第1期。
《見證枸杞栽培的史詩——黃恩錫枸杞詩篇賞析》：陳永中撰，《寧夏史志》2011年第1期。
《介紹寧夏明代地方志五種（上）》：朱潔撰，《寧夏大學學報》1980年第2期。
《介紹寧夏明代地方志五種（下）》：朱潔撰，《寧夏大學學報》1980年第3期。
《寧夏方志考》：高樹榆撰，《寧夏圖書館通訊》1980年第1期。
《評寧夏舊志有關回族記述的史料價值》：余振貴撰，《寧夏史志研究》1985年第2期。
《寧夏方志錄》：高樹榆撰，《寧夏史志研究》1988年第2期。
《管窺〈中國地方志聯合目錄〉寧夏書目》：郭曉明撰，《銀川市志通訊》1989年第2期。
《寧夏方志評述》：高樹榆撰，《圖書館理論與實踐》1993年第3期。

《寧夏回族自治區地方志述評》：高樹榆撰，載金恩暉、胡述兆編《中國地方志總目提要》，漢美圖書有限公司 1996 年版。

《地方志與寧夏歷史文化（上）》：薛正昌撰，《固原師專學報》2004 年第 5 期。

《地方志與寧夏歷史文化（下）》：薛正昌撰，《固原師專學報》2005 年第 1 期。

《寧夏地方文獻研究述評》：黃秀蘭撰，載國家圖書館古籍館編《地方文獻國際研討會論文集（2004）》，北京圖書館出版社 2006 年版。

後　　記

胡玉冰

　　作爲《寧夏珍稀方志叢刊》主編，筆者非常感謝對本叢書出版給予支持的各位領導、學界同仁、研究生、責任編輯及家人們。感謝原自治區副主席姚愛興先生特批本叢書爲自治區成立 60 周年獻禮項目，解決了叢書出版費用的問題，感謝寧夏地方志辦公室給予的項目平臺，感謝崔曉華、劉天明、負有强等先生的大力支持。2011 年爲寧夏大學"學科建設年"，2016 年又逢"雙一流"建設期，感謝金能明、何建國、許興、謝應忠等校領導，感謝王正英、李學斌、李建設、陳曉芳、趙軍等職能部門領導，在你們的關心與支持下，以筆者爲學術帶頭人的學術團隊才能不斷推出新成果。合力出版本叢書，當是本團隊對學校的最好回報。邵敏、柳玉宏、蔡淑梅等寧夏大學人文學院青年教師作爲本叢書首批成果的作者，盡心盡力，不厭其煩，堅持不懈，保證了書稿的學術質量，爲完成好本項目帶了個好頭。田富軍、安正發等青年教師在本叢書計劃框架内會陸續出版高質量的學術成果。人文學院研究生韓超等同學在本叢書出版過程中也貢獻良多。孫佳、韓超、孫瑜、曹陽等是本叢書首批成果的作者，張煜坤、何玫玫、馬玲玲、魏舒婧、穆旋、徐遠超、孫小倩、李甜、李榮、張倩、曲絨、張娜娜、劉紅、蒲婧、王敏、韓中慧、付明易、何娟亮、姚玉婷等同學在舊志整理、書稿校對過程中也付出了辛勤的勞動。同學中有的已畢業離校，有的還將繼續求學。筆者想，無論他們將來身處何方，從事何種工作，大家共同追求學術的這段經歷應該是難忘的。研究生同學的青春朝氣讓筆者更加堅信：薪火相傳，學術常新。中國社會科學出版社張林等本叢書第一批成果的責任編輯、上海古籍出版社王珺等本叢書第二批成果的責任編輯，精心審讀、編輯，也讓本叢書學術質量得到了提升，謹致謝忱。本叢書的順利出版，也要感謝筆者及各位作者家人的理解與支持。你們默默無聞的奉獻精神，已幻化成萬千文字，在作者的成果中熠熠生輝。

　　學術成績從來就不是無源之水，無本之木。有了巨人的肩膀，我們才會看得更高、更遠。在寧夏，有一批從事地方文獻整理與研究的學者，他們的探索和努力爲我們今天的成績奠定了堅實的基礎，陳明猷、高樹榆、吳忠禮等老一輩學者更爲我們樹立了治學的榜樣。因篇幅所限,對學界各位同仁,恕不一一列舉大名。

　　此次全面整理寧夏地方舊志,主要由筆者策劃并組織實施。舊志整理的每一個環節,由筆者提出具體建議,各舊志底本的選擇、《總序》《前言》《整理説明》《後記》的撰寫等也皆由筆者完成。具體整理過程中,各團隊成員所取得的注釋或校勘等學術成果大家互享,這也體現了我們團隊合作的特色。宋朝沈括在《夢溪筆談》卷二五《雜志二》記載:"宋宣獻博學,喜藏異書,皆手自校讎,常謂:'校書如掃塵,一面掃,一面生。故有一書每三四校猶有脱謬。'"宋綬(諡曰"宣獻")家藏萬卷,博校經史,猶有"校書如掃塵"的感概,我輩於整理寧夏地方舊志而言,只能説:"盡心而已!"更如《詩經・小雅・小旻》所詠:"戰戰兢兢,如臨深淵,如履薄冰。"我們從主觀上力求圓滿,但因學識水平所限,成果中訛誤之處肯定在所難免,敬請學界同仁批評指正。

二〇一五年七月二十三日於寧夏銀川
二〇一七年八月三日修改於寧夏銀川